suhrkamp taschenbuch
wissenschaft 1225

Das Verhältnis von Philosophie und Literatur ist seit Platons Dichter-Kritik ein Thema der Philosophie selbst. Philosophie konstituiert sich in Auseinandersetzung mit der Dichtung. Ein Motiv für die fortdauernde Entgegensetzung von Philosophie und Literatur ist erstaunlich konstant: die Suche nach gut begründeten, sicheren Weisen der Gewinnung und Vermittlung von Erkenntnis innerhalb der Philosophie wird kontrastiert mit den unzuverlässigen und instabilen Formen des Wissens der Rhetorik, der Poesie oder der Mythologie.

Die Anerkennung der Relevanz literarischer Artikulation und Vermittlung von philosophischen Gehalten verdankt sich den jüngeren Transformationen eines Kernbereichs der Philosophie: der Erkenntnistheorie. Charakteristisch sind hier die Bemühungen um eine Erweiterung und Differenzierung des Begriffs der Erkenntnis. Zentrales Element ist dabei die Revision eines auf Aussagen und propositionsförmiges Wissen eingeengten Konzepts von Erkenntnis. Dementsprechend geht es allen Beiträgen dieses Bandes im Kern um eine adäquate Bestimmung der philosophischen Grundbegriffe der Erkenntnis und des Wissens. Es wird das Spektrum derjenigen Erkenntnis- und Wissensformen entfaltet, die in literarischen Texten praktiziert, reflektiert und exemplifiziert werden.

Philosophie in Literatur

Herausgegeben von
Christiane Schildknecht
und Dieter Teichert

Suhrkamp

Die Deutsche Bibliothek – CIP-Einheitsaufnahme
Philosophie in Literatur /
hrsg. von Christiane Schildknecht
und Dieter Teichert. –
1. Aufl. – Frankfurt am Main :
Suhrkamp, 1996
(Suhrkamp-Taschenbuch Wissenschaft ; 1225)
ISBN 3-518-28825-3
NE: Schildknecht, Christiane [Hrsg.]; GT

suhrkamp taschenbuch wissenschaft 1225
Erste Auflage 1996

Satz und Druck: Wagner GmbH, Nördlingen
Printed in Germany
Umschlag nach Entwürfen von Willy Fleckhaus
und Rolf Staudt

1 2 3 4 5 6 – 01 00 99 98 97 96

Inhalt

III. Philosophie in Literatur – Paradigmatische Einzeluntersuchungen

Anhang

Vorwort

Der vorliegende Band geht aus dem interdisziplinären Kolloquium »Philosophie in Literatur« hervor, das vom 4.-7. Oktober 1993 an der Universität Konstanz stattfand.

Wir danken Professor Jürgen Mittelstraß, der als Direktor des Zentrums für Philosophie und Wissenschaftstheorie den institutionellen und finanziellen Rahmen dieser Tagung bereitgestellt hat, für seine Unterstützung. Der Fritz-Thyssen-Stiftung gilt unserer Dank für die rasche Gewährung eines Zuschusses, der uns die Durchführung der ursprünglichen Gesamtplanung des Kolloquiums ermöglichte. Bei den Teilnehmerinnen und Teilnehmern der Tagung bedanken wir uns nochmals für die engagierte Diskussion und stimmige Atmosphäre.

Konstanz, im Dezember 1994

Christiane Schildknecht und Dieter Teichert

Christiane Schildknecht und Dieter Teichert
Einleitung

Seit Platons Dichter-Kritik ist das Verhältnis von Philosophie und Literatur ein Thema der Philosophie selbst. Diachron betrachtet, verfolgt die Philosophie über weite Strecken das Interesse, eine klare Trennung von der Dichtung durchzusetzen. Dabei erweist sich ein Motiv für die fortdauernde Entgegensetzung von Philosophie und Literatur als erstaunlich konstant: die Suche nach gut begründeten, sicheren Weisen der Gewinnung und Vermittlung von Erkenntnis innerhalb der Philosophie wird kontrastiert mit den unzuverlässigen und instabilen Formen des Wissens der Rhetorik, der Poesie oder der Mythologie.

Betrachtet man das Verhältnis von Philosophie und Literatur etwas genauer, so wird eine Vielfalt von Beziehungsmustern sichtbar. Das auffälligste dieser Beziehungsmuster ist in Fortführung des anfänglichen Konflikts durch einen offen zutage liegenden Antagonismus geprägt. Dabei kann man zwei Varianten unterscheiden: Im *platonischen Disjunktionsmodell* ist die Philosophie für Wahrheit und Erkenntnis zuständig, während die Literatur ›niederen‹ und nicht auf Erkenntnis gerichteten Bedürfnissen dient. Diese Auffassung bestimmt noch die emotivistischen Konzeptionen des Positivismus und logischen Empirismus.

Durch radikale Negation des platonischen Disjunktionsmodells konstituiert sich die Gegenposition, die *nietzscheanische Disjunktionsthese*. Hier wird die philosophische Suche nach begrifflicher Erkenntnis als ein Irrtum attackiert. An die Stelle der trügerischen philosophischen Wahrheit treten die von dem Zwang nach Wahrheitssuche befreienden Einsichten und Erfahrungen, die Dichtung und Künste vermitteln.

Die beiden Versionen des Disjunktionsmodells gemeinsame Einseitigkeit wird von den Vertretern unterschiedlicher Varianten einer *Komplementaritätsthese* vermieden. Diese drückt in ihrer allgemeinen Form die Überzeugung aus, daß sowohl Philosophie als auch Literatur jeweils eigentümliche Weisen der Erkenntnisgewinnung und Wissensvermittlung sind. Die in den Disjunktionsmodellen offen zutage tretende Konkurrenz von Philosophie und

Literatur kann sich jedoch auch im Rahmen der Komplementaritätsthese wiederholen, dann nämlich, wenn eine Komplementarität von ungleichgewichtigen Bereichen behauptet wird. Dies ist zunächst dort der Fall, wo die Komplementarität mit der (expliziten oder impliziten) Zusatzklausel eines Primats der Philosophie vertreten wird. Einer solchen Richtung lassen sich die wirkungsmächtigen Positionen Kants und Hegels zurechnen. Beide würdigen die Erkenntnisrelevanz ästhetischer Erfahrung ausdrücklich im Hinblick auf die Konstitution eines Welt- und Selbstverständnisses. Beide lassen aber auch keinen Zweifel daran, daß der begrifflichen Erkenntnis ein deutlicher Vorrang vor der sinnlichen Erkenntnis zukommt.

Die umgekehrte Strategie einer Höherbewertung der Bedeutung von Literatur und Kunst verfolgen diejenigen, die der sinnlichen Erkenntnis, der metaphorischen Rede oder den allegorischen und symbolischen Darstellungsweisen gegenüber der propositionalen und begrifflichen Erkenntnis der Philosophie den Vorrang zubilligen. Zu den Komplementaristen, die einen solchen Primat von Literatur und Kunst gegenüber der Philosophie vertreten, gehören Schelling, Heidegger und Adorno.

Von den genannten Auffassungen über das Verhältnis von Philosophie und Literatur hebt sich das *Entgrenzungsmodell* auf grundlegende Weise ab. Es unterläuft die Voraussetzungen der unterschiedlichen Varianten der Disjunktions- und Komplementaritätsmodelle, indem es bezweifelt, daß sich überhaupt eine eindeutige und unverrückbare Grenzlinie zwischen den Gebieten der Philosophie und der Literatur ziehen läßt. Durch Verallgemeinerung und Popularisierung von Überlegungen J. Derridas wurde diese Sichtweise zu einem geräumigen Paradigma ausgebaut. Mit der eigentümlichen und viel beachteten Form der Textarbeit, die unter der von Derrida übernommenen Bezeichnung »Dekonstruktion« geleistet wird, ist die Meinung verbunden, daß Philosophie und Literatur nicht zwei distinkte Bereiche seien: ›Philosophie‹ wird als Bezeichnung eines spezifischen literarischen Diskurses verstanden, der sich durch die rhetorischen Gesten der Ab- und Ausgrenzung von anderen literarischen Texten konstituiert und paradoxerweise seine Bedeutung dank genuin literarisch-rhetorischer Strategien generiert. Es ist die Verleugnung ihrer Literarizität, die der Philosophie Halluzinationen von semantischer Fülle hinsichtlich ihrer Grundbegriffe ermöglicht.

Die Bedeutsamkeit des literarischen oder textuellen Aspekts der Philosophie wird natürlich nicht nur im Rahmen der Entgrenzungsthese thematisiert, sondern sie ist in unterschiedlichen Zusammenhängen evident. Philosophie treiben ist in der westlichen Kultur gleichbedeutend mit der Lektüre und Produktion von Texten. Wenn die Tradition diesen Aspekt der Textualität des Philosophierens auch immer wieder als bloßes Sekundärphänomen in den Hintergrund gedrängt hat, so hat sich doch zumindest innerhalb der philologischen und hermeneutischen Randgebiete der Philosophie stets die Einsicht bewahrt, daß die literarische Form philosophischer Texte keine bloße Frage der Verpackung eines von der Textform unabhängigen Intelligiblen ist. Denn die Textualität ist für diejenigen ein elementares Faktum, die im Rahmen historischer, editorischer, kommentierender oder interpretierender Vorhaben am Korpus philosophischer Texte arbeiten.
In den Mittelpunkt einer breiteren Aufmerksamkeit ist die sprachliche und literarische Verfaßtheit der Philosophie allerdings erst im Zusammenhang mit den spektakulären Provokationen der Entgrenzungsthese getreten. Als kaum bestreitbaren Konsens kann man inzwischen festhalten, daß die Textualität der Philosophie als eine wesentliche Bedingung philosophischer Arbeit anzuerkennen ist. Nur wenige bezweifeln noch, daß Philosophie oft auf eine nicht auflösbare Weise mit einer spezifischen Form der sprachlichen Artikulation verbunden und daher das Philosophische der Texte häufig nur durch die Reflexion auf die literarische Form zugänglich ist. Das Absehen vom Literarischen der Philosophie zerstört in solchen Fällen den philosophischen Gehalt. Uneinigkeit tritt erst dann auf, wenn der Hinweis auf die Bedeutung der Textualität zu einem allgemeinen Prinzip ohne Einschränkung ausgeweitet wird, dem zufolge der Bedeutungsgehalt der Texte *in jeder Hinsicht* und *immer* unauflöslich mit der Form sprachlicher Artikulation verbunden sei.
Daß zumindest die moderate Auffassung von der Relevanz literarischer Artikulation und Vermittlung sich durchsetzt, verdankt sich auch den jüngeren Transformationen eines Kernbereichs der Philosophie, der Erkenntnistheorie. Charakteristisch sind hier die Bemühungen um eine Erweiterung und Differenzierung des Begriffs der Erkenntnis. G. Gabriel hat abseits der Gefechtsschauplätze der poststrukturalistischen Diskursanalysen und Dekonstruktionen für eine solche Erweiterung des Erkenntnisbegriffs

argumentiert. Durch diese finden die heterogenen Formen der Erkenntnis in ihrer Spezifik Beachtung. Zentrales Element dieser Bemühungen ist die Revision eines auf Aussagen und propositionsförmiges Wissen eingeengten Erkenntnisbegriffs. An die Stelle einer verbreiteten Gleichsetzung von Erkenntnis und Aussagenwahrheit tritt ein Spektrum von Erkenntnisformen: Neben den propositionalen finden nicht-propositionale Elemente und Formen der Erkenntnis nun auch innerhalb der Epistemologie Anerkennung. Die Formulierung einer komplementaristischen Kontinuitätsthese stellt klar, daß dieses Spektrum von Erkenntnisformen grundsätzlich nicht auf die Wahrheit von Propositionen zu reduzieren ist.[1] Diese Erweiterung des Erkenntnisbegriffs ermöglicht eine neue Einschätzung des literarischen Aspekts philosophischer Texte. Ihre Lektüre vollzieht sich nicht mehr ausschließlich als Jagd nach wahren Propositionen, sondern zielt auf die spezifischen, durch den Text vermittelten oder thematisierten Erkenntnisweisen.[2]

Der Hinweis auf ein genuin philosophisches Interesse an der literarischen und textuellen Dimension philosophischen Denkens stößt trotz der genannten Gründe bei vielen Fachphilosophen auf Ablehnung oder doch zumindest auf Skepsis. Der Common sense der akademischen Philosophie scheint ein Anhänger der platonischen Disjunktionsthese oder der Komplementaritätsthese mit Philosophie-Primat zu sein. Gewiß, Platons Texte seien auch literarische Kunstwerke. Aber der philosophische Gehalt lasse sich schließlich in propositionaler Form darstellen, so lautet ein typischer Einwand. Philosophie sei primär argumentierende Erörte-

1 Vgl. G. Gabriel, Zwischen Logik und Literatur. Erkenntnisformen von Dichtung, Philosophie und Wissenschaft, Stuttgart 1991, insbesondere: Erkenntnis in Wissenschaft, Philosophie und Dichtung. Argumente für einen komplementären Pluralismus, a.a.O., pp. 202-224.

2 Zum literarischen Aspekt der Philosophie vgl. G. Gabriel/C. Schildknecht (eds.), Literarische Formen der Philosophie, Stuttgart 1990 (mit Bibliographie); C. Schildknecht, Philosophische Masken. Literarische Formen der Philosophie bei Platon, Descartes, Wolff und Lichtenberg, Stuttgart 1990; P. Hadot, Philosophie als Lebensform. Geistige Übungen in der Antike, Berlin 1991 (frz.: ders., Exercices spirituels et philosophie antique, Paris 1981, 1987). Im Hinblick auf die Philosophie Platons vgl. W. Wieland, Platon und die Formen des Wissens, Göttingen 1982.

rung und Begriffsanalyse. Es gehe nicht an, den Philosophiebegriff aufzuweichen durch die Einbeziehung so problematischer und vieldeutiger Redeweisen wie der des Gleichnisses oder der Metapher. Vollends obskur erscheint in einer solchen Perspektive dann die Aufforderung, Dramen, Erzählungen, Romane oder andere nicht-argumentierende Textsorten als Orte philosophischer Erkenntnis ernst zu nehmen.

Die hier vorgelegten Arbeiten machen demgegenüber die philosophische Relevanz literarischer Texte deutlich. Es geht also nicht um Philosophie *als Literatur*, sondern um Literatur *als Philosophie*, um Philosophie *in* Literatur. Daß es sich bei dieser Problemstellung nicht nur um ein literaturwissenschaftliches Thema, sondern auch um ein philosophie*internes* Problem handelt, ist offensichtlich. In Frage steht eine adäquate Bestimmung der zentralen philosophischen Begriffe der Erkenntnis und des Wissens: Welche Erkenntnis- und Wissensformen werden in der nicht im engeren Sinne zum philosophischen Schrifttum gehörenden Literatur praktiziert, reflektiert oder exemplifiziert? Wenn der vorliegende Sammelband die Frage nach der Philosophie in der Literatur zunächst als eine *philosophische* Frage verhandelt, so bedeutet das nicht, daß die Philosophen hier unter sich bleiben. Im Gegenteil, für die Klärung der Problemlage sind der interdisziplinäre Austausch und die Fachkompetenz der Literaturwissenschaftler unverzichtbar. Deshalb kommen hier sowohl Philosophen als auch Literaturwissenschaftler zu Wort.

Im Hintergrund der einzelnen Beiträge stehen die folgenden Leitfragen: Wie verarbeitet Literatur philosophische Inhalte? Wie steht es um die Übersetzbarkeit literarischer Sprachformen in die begriffliche Rede der Philosophie? Auf welche Weise werden philosophische Reflexionen durch literarische Texte vermittelt? Läßt sich in den literarischen Texten selbst eine Unterscheidung von philosophischem und literarischem Diskurs nachweisen? Wie bestimmt die Dichtung ihre Differenz zur Philosophie? In welcher Weise integrieren literarische Texte genuin philosophische Terminologie, Ausdrucksweise und Schreibformen? Geschieht dies nur negativ (wie etwa in Satire oder Parodie) oder auch in positiven Formen? Welche literarischen Gattungen sind besonders oft verwendete Medien philosophischen Denkens? Wie läßt sich die Differenz zwischen dem philosophischen Aspekt von Literatur und den im engeren Sinn philosophischen Texten bestimmen?

Formulieren literarische Texte Probleme, die anschließend von der Philosophie aufgegriffen werden, oder reagiert die Literatur auf philosophische Arbeiten?

Das Spektrum der Autoren, denen sich die Überlegungen der einzelnen Aufsätze zuwenden, ist breit gefächert. Es umfaßt neben Schriftstellern, die im allgemeinen der Literatur zugerechnet werden (Aischylos, Euripides, Petrarca, Cervantes, Calderón, Montaigne, Sterne, Goethe, Schiller, Carroll, Broch, Musil, Kraus, Pinter, Lem) auch Autoren, die dem philosophischen Feld angehören (Descartes, Schopenhauer, Wittgenstein). Dabei werden nicht nur Analysen einzelner Texte und Autoren vorgestellt, sondern Verbindungen offen gelegt, Transformationen beschrieben und Überlegungen im Hinblick auf einzelne Epochen angestellt.

So formulieren die Beiträge im ersten Teil des Bandes allgemeine Überlegungen zum Verhältnis von Literatur und Philosophie.

K. Lorenz widmet seinen Beitrag der Bestimmung von Formen des Erkennens in Kunst, Wissenschaft und Philosophie. Er expliziert ihre Differenz mit Hilfe der Unterscheidung von Objekten als Zeichen und Gegenständen sowie der Opposition von propositionalem und operationalem Wissen.

Ausgehend von der Frage: »Wie kommt die Philosophie in die Literatur?« macht *L. Danneberg* deutlich, daß die Unterscheidung zwischen philosophischen und literarischen Texten keine klassifikatorische Frage ist, sondern von Modi der Lektüre abhängt, die ein Objekt *als* philosophischen bzw. *als* literarischen Text bestimmen.

Z. Radman plädiert für eine Ausrichtung des Erkenntnisbegriffs in Wissenschaft und Philosophie am kognitiven Potential fiktionaler und metaphorischer Rede.

Der Beitrag von *J. González García* geht schließlich den vielfältigen Formen nach, in denen die Metapher des *theatrum mundi* in heterogenen Wissensgebieten (Literatur und Soziologie) die soziale Wirklichkeit als Inszenierung und das Ich als Rollenträger zu begreifen erlaubt.

Der zweite Teil spezifiziert die allgemeine Frage nach dem Verhältnis von Philosophie und Literatur in Richtung auf die jeweiligen Beziehungsformen von Logik und Literatur.

Die Analysen von *K. Petrus* weisen auf die Bedeutung der Logik für die Regelung von Produktion und Rezeption der Lyrik im 17. und 18. Jahrhundert hin.

G. Gabriel behandelt unter Bezugnahme auf Goethe, Nietzsche, Carroll, Valentin und Morgenstern das Verhältnis von Logik und Rhetorik. Dabei wird die Komplementarität herausgearbeitet, die zwischen logischen und analogischen Sprachverwendungen im Hinblick auf die Erschließung von Bedeutungen besteht.
Sich ebenfalls auf die Texte von L. Carroll beziehend, untersucht *G. Bornet* das Verhältnis von Logik und Literatur bei diesem Autor, der die Synthese beider Gebiete auf exemplarische Weise verkörpert.
Der dritte Teil versammelt schließlich eine Reihe von Untersuchungen, die die Frage nach der Philosophie in Literatur im Hinblick auf einzelne Autoren und Texte stellen.
D. Teichert diskutiert die philosophische Dimension der antiken Tragödie als Medium der Selbsterkenntnis und Reflexion über dilemmatische Handlungssituationen unter Rekurs auf Überlegungen von H.-G. Gadamer und M. Nussbaum.
Der Beitrag von *C. Schildknecht* behandelt Reise-Darstellungen und den Gebrauch der Reisemetapher in der Philosophie im Zusammenhang mit der Bestimmung von Erfahrung, Erkenntnis und Selbsterkenntnis bei Petrarca, Schopenhauer, Montaigne, Descartes und Sterne.
Daß und in welcher Weise die Literatur auf Philosophie angewiesen ist, zeigt *B. Teuber*, indem er an den Texten von Juan de la Cruz und Teresa von Avila den komplexen Transformationen und Dekonstruktionen neuplatonischer Begriffe, Bilder und Metaphern nachgeht.
Drei zeitgenössische philosophische, nämlich skeptizistische, textualistische und rekonstruktionistische Lektüren Montaignes werden von *C. Thiebaut* im Hinblick auf ethische Fragestellungen und Probleme der Konstruktion von Identität präsentiert.
R. Zymner setzt sich mit der philosophischen Lyrik Schillers auseinander und arbeitet heraus, in welcher Weise lyrische Texte philosophische Verfahrensansprüche und Zielsetzungen übernehmen können.
R. Merkel fragt aus der Sicht des Strafrechtlers im Rahmen einer normtheoretischen Analyse der Satire nach den moralischen Grenzen der satirischen Angriffe der *Fackel* von Karl Kraus.
Vor dem Hintergrund einer allgemeinen These von der Inadäquatheit der Sprache geht es *C. Wilson* um Gründe der Vermeidung und des Aussparens von Wörtern in Philosophie und

Dichtung, insbesondere bei L. Wittgenstein und in den Dramen H. Pinters.
Abschließend behandelt *B. Gräfrath* die Gedankenexperimente der Science Fiction unter besonderer Berücksichtigung ihres erkenntnisvermittelnden Gehalts.
Die durch die Beiträge aufgezeigte Perspektivenvielfalt ist selbst ein Charakteristikum von Philosophie und Literatur: Beiden geht es wesentlich um die Eröffnung neuer Perspektiven und/oder um eine neue Sicht der Welt. Dazu dienen fiktionale Weisen der Darstellung ebenso wie metaphorische und analogische Elemente. Die Eröffnung von Perspektiven und Erweiterung von Horizonten konstituieren eine szientistischer Erkenntnis entgegenstehende Erkenntnisform. Diese Erkenntnisform zur Diskussion zu stellen, ist das Anliegen des vorliegenden Bandes.

Lutz Danneberg

Wie kommt die Philosophie in die Literatur?*

Für Wolfgang Proß

»Quis enim, ut ad hos veniam, tam demens tamque vecors erit, qui, legens in Buccolicis Virgilii: Namque canebat uti magnum per inane coacta. Una cum non nullis in hanc sententiam sequentibus carminibus; et in Georgicis esse apibus partem divine mentis et haustus cum applicitis ad hoc; et in Eneida: Principio celum et terras camposque liquentes, cum annexis, ex quibus merus phylosophie succus exprimitur, non videat liquido Virgilium fuisse philosophum...«
Giovanni Boccaccio, Genealogie Deorum Gentilium Libri

»In a dark time, the eye begins to see
I meet my shadow in the deepening shade;
...
I know the purity of pure despair,
My shadow pinned against a seating wall.«
Theodore Roethke, In a dark time

»Life's but a walking shadow, a poor player,
That struts and frets his hour upon the stage,
And then is heard no more; it is a tale
Told by an idiot, full of sound and fury,
Signifying nothing.«
Shakespeare, Macbeth, V, 5

Der Titel meines Vortrages bringt mich in eine gewisse Verlegenheit; meine Verlegenheit wächst noch, wenn ich gleich zu Beginn ankündigen muß, mein Thema nicht ordnungsgemäß zu traktieren: Weder stelle ich mir die Aufgabe, zu bestimmen, was Litera-

* Ich danke Wilhelm Schernus und Jörg Schönert für ihre Hinweise. Der Vortragsstil wurde beibehalten.

tur ist oder sein sollte, noch werde ich aus mir eine literarische Gestalt machen, indem ich zu bestimmen versuche, was Philosophie ist oder sein sollte. Über die *Beziehung* beider zueinander zu sprechen wird zweifellos davon beeinflußt, wie das eine und wie das andere aufgefaßt wird.[1] Ich möchte mein Thema einkreisen, indem ich mit dem beginne, womit ich mich nicht auseinandersetzen werde.

Dazu gehört die Ansicht, die man ohne sonderlichen Anspruch so zusammenfassen könnte, daß gerade in Literatur Philosophie statthabe, sei dies nun das Werk Hölderlins, Rilkes oder Trakls.[2]

1 Vgl. u. a. M. Weitz, Literature and Philosophy. Sense or Nonsense, in: J.P. Strelka (ed.), Literary Criticism and Philosophy, University Park/London 1983 (Yearbook of Comparative Criticism, X), pp. 3-39.

2 Hier können nur ausgewählte Hinweise auf Teile der neueren Forschung gegeben werden, die ein wenig die Themenbreite widerspiegeln, die sich an diese Frage insbesondere im Hinblick auf Heidegger anschließt – K. Harries, Heidegger and Hölderlin. The Limits of Language, Personalist 44 (1963), pp. 5-23, sowie ders., Language and Silence. Heidegger's Dialogue with Georg Trakl, Boundary IV/2 (1976), pp. 495-511; E. Feist Hirsch, Heidegger und die Dichtung, Journal of the History of Philosophy 6 (1968), pp. 271-283; W. Biemel, Dichtung und Sprache bei Heidegger, Man and World 2 (1969), pp. 487-514; R.-E. Schulz-Seitz, »Bevestigter Gesang«. Bemerkungen zu Heideggers Hölderlin-Auslegung, in: V. Klostermann (ed.), Durchblicke. Martin Heidegger zum 80. Geburtstag, Frankfurt am Main 1970, pp. 63-96; E. Heller, Thinking about Poetry. Hölderlin and Heidegger, in: G. Gillespie/E. Lohner (eds.), Herkommen und Erneuerung. Essays für Oskar Seidlin, Tübingen 1976, pp. 168-184; R. Berg, Heidegger on Language and Poetry, Kinesis 7 (1977), pp. 75-89; O. Pöggeler, Heideggers Begegnung mit Hölderlin, Man and World 10 (1977), pp. 13-61; D. A. White, Heidegger and the Language of Poetry, Lincoln/London 1978; P. C. Smith, Heidegger's Misinterpretation of Rilke, Philosophy and Literature 3 (1979), pp. 3-19; D. Halliburton, Poetic Thinking. An Approach to Heidegger, Chicago/London 1981; E. Kleinschmidt, Die Hermeneutik der heroischen Dekadenz. Zur Ausdrucksproblematik von Martin Heideggers Hölderlin-Interpretationen, Zeitschrift für Literaturwissenschaft und Linguistik H. 51/52 (1983), pp. 303-317; H. Anz, Das Ungesagte im Gesagten. Martin Heideggers Auslegungen von Dichtung und ihre Bedeutung für die Poetologie, in: J. Ekmann/B. Kristiansen/F. Schmöe (eds.), Literatur und Philosophie, Kopenhagen/München 1983 (Text & Kontext Sonderreihe 16), pp. 125-140; G. Aylesworth, Heidegger and Hölderlin, Philosophy Today 32

Meine Ausführungen werden für diese Sicht der Beziehung von Literatur und Philosophie *direkt* keine Konsequenzen haben, auch wenn es sicher nicht leicht sein dürfte, die hierbei zum Tragen kommende Vorstellung von Literatur mit meinen kritischen Überlegungen zu vereinbaren. Ignorieren werde ich die Etappen des alten Streits zwischen Philosophie und Dichtung, der mit den ›lügenden Musen‹ in Hesiods *Theogonie* anhebt und über Stationen wie Platons Auffassung im zehnten Buch der *Politeia* und der des Aristoteles in der *Poetik* – der definitiven Schlichtung dieses Streits, sofern man der dort formulierten Literaturauffassung zu folgen bereit ist[3] – bis in die Gegenwart reicht, wenn es zum

(1988), pp. 143-155; L. Orr, Thinking and Poetry. Heidegger and Literary Criticism, Studia Neophilologica 60 (1988), pp. 207-214; A. Gethmann-Siefert, Heidegger und Hölderlin. Die Überforderung des »Dichters in dürftiger Zeit«, in: dies./O. Pöggeler (eds.), Heidegger und die praktische Philosophie, Frankfurt am Main 1988, pp. 191-227.

3 Vgl. u. a. A. D. Skiadas, Objektive Wirklichkeit und dichterische Wahrheit (in der antiken Poesie), in: W. Becker/K. Hübner (eds.), Objektivität in Natur- und Geisteswissenschaften, Hamburg 1976, pp. 52-69; W. Stroh, Hesiods lügende Musen, in: H. Görgemanns/E. A. Schmidt (eds.), Studien zum antiken Epos, Meisenheim am Glan 1976 (Beiträge zur klassischen Philologie 72), pp. 85-112 (dazu H. Neitzel, Hesiod und die lügenden Musen. Zur Interpretation von Theogonie 27f., Hermes 108 (1980), pp. 387-401); W. Rösler, Die Entdeckung der Fiktionalität in der Antike, Poetica 12 (1980), pp. 283-319; J. U. Schmidt, Die Aufrichtung der Zeusherrschaft als Modell. Überlegungen zur Theogonie des Hesiod, Würzburger Jahrbücher für Altertumswissenschaft N. F. 14 (1980), pp. 39-69, insbes. pp. 44 ff., R. Schlesier, Les Muses dans le prologue de la Théogonie d'Hésiode, Revue de L'Histoire des Religions 199 (1982), pp. 131-167; zu Platons Auffassung ferner M. Fuhrmann, Einführung in die antike Dichtungstheorie, Darmstadt 1973, pp. 72-86; J. Dalfen, Polis und Poiesis. Die Auseinandersetzung mit der Dichtung bei Platon und seinen Zeitgenossen, München 1974 (Humanistische Bibliothek. Reihe I: Abhandlungen, XVII); G. Müller, Platons Dichterkritik und seine Dialogkunst, Philosophisches Jahrbuch 82 (1975), pp. 285-308; zu der des Aristoteles in der *Poetik*, Kap. 9, 1451 a 36 - 1451 b 7, vor allem K. von Fritz, Entstehung und Inhalt des neunten Kapitels von Aristoteles' Poetik (1958), in: ders., Antike und moderne Tragödie. Neun Abhandlungen, Berlin 1962, pp. 430-457; S. L. Radt, Aristoteles und die Tragödie, Mnemosyne, Quarta Series 24 (1971), pp. 189-205; H. Erbse, Aristoteles über Tragödie und Geschichtsschreibung (zum 9. Kapitel der *Poetik*), in: A. Lippold/N. Himmelmann

Beispiel heißt, die Dichter seien »Lügner im Dienste der Wahrheit«.[4] Bezweifeln will ich nicht, daß es Philosophie in Literatur gibt wie in Lukrez' *De rerum natura*, in Dantes *Divina commedia* und in Goethes *Faust*, um auf George Santayanas *Three Philosophical Poets: Lucretius, Dante, Goethe* anzuspielen[5] – und natürlich in der Dichtung Vergils, aus der der Saft der Philosophie rinnt, um mit Boccaccio zu sprechen[6], der sich Petrarcas *Invectiva contra medicum* anschließt und der damit Augustins *De civitas dei*[7], Boethius' *De consolatione* und schließlich Platon in der Mißachtung von Dichtung widerspricht. Weder werde ich die Frage aufwerfen, »welche bleibende Notwendigkeit den philosophierenden Geist zu den Gestalten der Dichtkunst« führe, noch »ob eine Bindung bestimmter philosophischer Aufgaben an bestimmte poetische Formen vorhanden und innerlich zu begründen ist« – Fragen, die sich neben anderen Max Dessoir in seinen

(eds.), Bonner Festgabe Johannes Straub zum 65. Geburtstag, Bonn 1977 (Beihefte der Bonner Jahrbücher 39), pp. 127-136; vgl. auch die zusammenfassende Behandlung bei R. Kannicht, ›Der alte Streit zwischen Philosophie und Dichtung‹. Zwei Vorlesungen über die Grundzüge der griechischen Literaturauffassung, Der altsprachliche Unterricht 23 (1980), pp. 6-36.

4 B. Allemann, Die Metapher und das metaphorische Wesen der Sprache, Weltgespräch 4. Welterfahrung in der Sprache. 1. Folge (1968), pp. 29-43, hier p. 31.

5 Zuerst: Cambridge, Mass. 1910. – Zu einem umfassenderen Blick auf das spezielle Thema *Sprach*philosophie in Literatur cf. L. Danneberg, Sprachphilosophie in Literatur, in: M. Dascal/D. Gerhardus/K. Lorenz/G. Meggle (eds.), Sprachphilosophie, II, Berlin/New York 1995, pp. 1538-1566.

6 Vgl. das einleitende Motto: Giovanni Boccaccio, Genealogie Deorum Gentilium Libri. A cura di Vincenzo Romano, Bari 1951, II, lib. XIV, cap. X, p. 710. Das erste von Boccaccio angeführte Zitat ist aus Vergils *Bucolica*, VI. Gedicht, Z. 31/32; das zweite aus *Georgica*, IV. Gesang, Z. 220/21; das dritte aus *Aeneis*, VI. Gesang, Z. 724/25.

7 Zu Augustins Auffassung z. B. H.-J. Horn, Lügt die Kunst? Ein kunsttheoretischer Gedankengang des Augustinus, Jahrbuch für Antike und Christentum 22 (1979), pp. 50-60. Zu Angriffen auf die Literatur zu Beginn des 14. Jahrhunderts neben E. R. Curtius, Europäische Literatur und lateinisches Mittelalter, Bern/München (1948) [6]1967, insbes. pp. 222 ff., vor allem R. Hollander, Dante *Theologus Poeta* (1976), in: ders., Studies in Dante, Ravenna 1980 (L'Interprète 16), pp. 39-89, insbesondere pp. 50 ff.

Kunstformen der Philosophie gestellt hat[8] und die in jüngerer Zeit etwa unter der These »Philosophy needs Literature« verhandelt werden.[9] Kein Blick wird auf Forderungen fallen wie die nach einer Art ›philosophischem Roman‹, auf den Otto Flake in seinem Aufruf zur Reform des Romans reflektierte und der ihm die scharfe Abfuhr Alfred Döblins einbrachte[10], oder auf Hermann Brochs Konzept einer »philosophische[n] Dichtung«.[11] Schließlich will ich auch nicht leugnen, daß es gerechtfertigt sein kann, zwischen philosophischer Literatur und literarisierter Philosophie zu unterscheiden. Um wenigstens anzudeuten, was damit gemeint ist, mag der Hinweis auf den Vergleich dienen, der gelegentlich zwischen Jean Paul Sartre und Albert Camus angestellt wird. Während das literarische Werk Camus' – seine Romane und Theaterstücke – als philosophische Literatur *par excellence* gilt und für viele sogar trefflicher als seine explizit philosophischen Äußerungen das zum Thema zu Sagende ausdrücken, wird dies bei den Theaterstücken Sartres bisweilen genau umgekehrt gesehen, wenn sie als *literarisierte Philosophie*, als die mehr oder weniger gelungenen literarischen Umsetzungen seiner philosophischen Ansichten gelten. Die Werke der sich literarisch betätigenden Philoso-

8 M. Dessoir, Die Kunstformen der Philosophie, Forschungen und Fortschritte 4 (1928), pp. 64-65, hier p. 64.

9 Vgl. J. Kalin, Philosophy needs Literature: Johan Barth and Moral Nihilism, Philosophy and Literature 1 (1977), pp. 170-182.

10 Vgl. O. Flake, Vorwort, in: ders., Die Stadt des Hirns. Berlin 1919, pp. 9-11; dazu A. Döblin, Reform des Romans, Der Neue Merkur 3 (1919/20), pp. 189-201, sowie O. Flake, Über *Die Stadt des Hirns*. Erwiderung auf Döblins Reform des Romans, op. cit., pp. 353-357.

11 Vgl. H. Broch, Theologie, Positivismus und Dichtung [ca. 1934], in: ders., Philosophische Schriften 1. Kritik, Frankfurt am Main 1977, pp. 191-239. Vgl. hierzu K. Lorenz, Brochs erkenntnistheoretisches Programm, in: P. M. Lützeler (ed.), Hermann Broch, Frankfurt am Main 1986, pp. 246-259 sowie ders., Philosophische Dichtung, in: P. M. Lützeler/M. Kessler (eds.), Brochs theoretisches Werk, Frankfurt am Main 1988, pp. 24-34; ferner F. Vollhardt, Hermann Brochs geschichtliche Stellung. Studien zum philosophischen Frühwerk und zur Romantrilogie »Die Schlafwandler« (1914-1932), Tübingen 1986 (Studien zur deutschen Literatur 88); ders., Hermann Brochs Literaturtheorie, in: P. M. Lützeler (ed.), Hermann Broch, op. cit., pp. 272-288, sowie ders., Philosophische Moderne, in: P. M. Lützeler/M. Kessler (eds.), Brochs theoretisches Werk, op. cit., pp. 85-97.

phen, etwa von Friedrich Heinrich Jacobi und Jakob Friedrich Fries bis zu Bertrand Russell und Alexander Sinowjew[12], und die der weitaus zahlreicheren philosophierenden Literaten gäben genug Stoff für ähnliche Vergleiche – gleichwohl möchte ich es hiermit bewenden lassen.

Mein Vortrag trägt aber nicht nur einen Verlegenheitstitel, denn meine Frage lautet: Wie *kommt* Philosophie in Literatur? – und nicht: Gibt es Literatur, die philosophisch ist, und in welcher Beziehung steht sie zu den ›eigentlichen‹ philosophischen und zu den ›eigentlichen‹ literarischen Werken? Mein Ziel ist damit auch bescheidener gesteckt, als Titel versprechen wie »Möglichkeiten und Grenzen philosophischer Interpretation von Dichtung«.[13]

In bestimmter Hinsicht scheint die Antwort auf meine Frage selbstverständlich zu sein. Philosophie kommt in die Literatur durch ihre Autoren. Damit ist allerdings noch keine Antwort auf die Frage gefunden, *wie* es die Autoren bewerkstelligen, daß Philosophie in den von ihnen verfaßten literarischen Werken ist. Ein einziges, allerdings nicht untypisches Beispiel soll diese Spezifizierung der Frage illustrieren. Dabei handelt es sich um den Versuch zu zeigen, wie Schopenhauers Philosophie in Thomas Manns *Der Tod in Venedig* kommt – genauer gesagt, wie sie das »semantische System« dieses Textes bestimmt. Manns Vertrautheit mit Schopenhauer wie dessen literarische Wirkung sei als bekannt vorausgesetzt.[14] Den als beispielhaft herausgegriffenen

12 Vgl. u. a. G. Andreev, A. Zinov'evs »Klaffende Höhen«. Im Land der alogischen Gesetzmäßigkeit, Köln 1978 (Berichte des Bundesinstituts für ostwissenschaftliche und internationale Studien 36); A. Spoede, Literatur als praktische Philosophie. Bemerkungen zum Werk von Aleksandr Zinov'ev, Wiener Slawistischer Almanach 20 (1987), pp. 115-132; auch L. Danneberg, Logik und Literatur, in: H. Wessel (ed.), Komplexe Logik. Symposium zu Ehren von Alexander Sinowjew, Berlin 1992 (Wissenschaftliche Zeitschrift der Humboldt-Universität zu Berlin, Reihe Geistes- und Sozialwissenschaften 41/9), pp. 58-66.

13 Vgl. E. Buddeberg, Möglichkeiten und Grenzen philosophischer Interpretation von Dichtung, Studium Generale 7 (1954), pp. 363-371.

14 Zum Einfluß Schopenhauers auf die Literatur vgl. u. a. F. Hiebel, Christian Morgenstern. Wende und Aufbruch unseres Jahrhunderts, Bern 1957, pp. 15 ff.; T. J. Reed, Kafka und Schopenhauer. Philosophisches Denken und dichterisches Bild, Euphorion 59 (1965), pp. 160-172; M. Dierks, Studien zu Mythos und Psychologie bei Thomas Mann. An seinem Nachlaß orientierte Untersuchungen zum *Tod in*

Versuch von Manfred Dierks möchte ich mit einem längeren Zitat eröffnen, nicht zuletzt auch deshalb, weil ich mich mit einer Paraphrase ein wenig schwer tun würde. Die Grundannahme besteht darin, daß Thomas Manns schriftstellerische Produktion zunächst als eine Leistung des »Vorbewußten, des Unbewußten vor allem«[15] anzusehen sei:

»Ich möchte nun eine *Annahme* wagen, wie sich die so geartete Textbeschaffenheit erklären lassen könnte und was Schopenhauers Philosophie dann damit zu tun hat... Ich nehme folgendes an: Da Thomas Manns narzißtische Konstitution – zu starken Anteilen auf ein archaisches Selbst fixiert – ihm nur schwache Objektbesetzungen ermöglicht, gleiten diese Besetzungen, sind gleichsam fließend. Die Libido haftet nicht derart an den Objekten, daß diese als einzigartig, mit fester Identität also, sich dem erwachsenen Selbst darstellten. Die Identitäten der Objektwelt sind so gewissermaßen offen, können sich ineinander schieben, oder aber entfernte Ähnlichkeiten zwischen ihnen leuchten umso deutlicher auf, weil sie keine scharf umgrenzten Charaktere haben können.«[16]

Venedig, zum *Zauberberg* und zur *Joseph*-Tetralogie, Bern/München 1972 (Thomas-Mann-Studien 2), insbes. pp. 211 ff.; P. Bridgwater, Kafka and Nietzsche, Bonn 1974 (Studien zur Germanistik, Anglistik und Komparatistik 23), insbes. p. 104; H. Steffen, Schopenhauer, Nietzsche und die Dichtung Hofmannsthals, in: ders. (ed.), Nietzsche. Werk und Wirkung, Göttingen 1974, pp. 65-90, insbes. pp. 72 ff.; G. Kurz, Traum-Schrecken. Kafkas literarische Existenzanalyse, Stuttgart 1980, pp. 6 f., 141 f., 146, 162 f., 204-14; W. Frizen, Zaubertrank der Metaphysik. Quellenkritische Überlegungen im Umkreis der Schopenhauer-Rezeption Thomas Manns, Frankfurt/Bern/Cirencester 1980 (Europäische Hochschulschriften, Reihe I: Deutsche Sprache und Literatur 342); U. Pothast, Die eigentliche metaphysische Tätigkeit. Über Schopenhauers Ästhetik und ihre Anwendung durch Samuel Beckett, Frankfurt am Main 1982, pp. 127 ff.; ferner J. Quack, Bemerkungen zum Sprachverständnis von Karl Kraus, Bonn 1976 (Abhandlungen zur Kunst-, Musik- und Literaturwissenschaft 232), pp. 204-14; G. Heintz, Franz Kafka. Sprachreflexion als dichterische Einbildungskraft, Würzburg 1983, pp. 49-57.

15 M. Dierks, Zur Bedeutung philosophischer Konzepte für einen Autor und für die Beschaffenheit seiner Texte, in: B. Ekmann/B. Kristiansen/F. Schmöe (eds.), Literatur und Philosophie (op. cit., Anm. 2), pp. 9-39, hier p. 17.

16 Ibid.

Ich raffe ein wenig die Argumentation: Auf die im Zitat wiedergegebene Konstellation gibt es nach Dierks zwei Reaktionsmöglichkeiten: «Panerotik« und – im vorliegenden Fall wichtiger – eine »kontrollierte Regression während des Schreibvorgangs«, die Thomas Mann als »Dunkelschöpfung« bezeichnet habe und in der »die so beziehungsreiche literarische Textur« entstehe. Ich überspringe die Erörterung der Frage, inwieweit dieser Beziehungsreichtum mit der Beziehungsarmut der gestalteten Personen konfligiert[17], und komme gleich zu der entscheidenden Etappe der Darlegungen, die eine Äußerung Manns zu seinem Arbeitsprozeß zum *Tod in Venedig* bietet:

»Ich liebe dies Wort: Beziehung. Mit diesem Begriff fällt mir der des Bedeutenden, so relativ er immer auch zu verstehen sei, durchaus zusammen. Das Bedeutende, das ist nichts weiter als das Beziehungsreiche ...«[18]

Ich ignoriere das Lob, das Thomas Mann dafür erhält, daß seine Bestimmung der ›Bedeutung‹ so modern, weil relational sei, und unterdrücke die Nachfrage, inwieweit das »Bedeutende« im Sinn Manns wirklich mit der »Bedeutung« im Sinne Saussures identifiziert werden kann. Vielmehr bin ich genauso gespannt wie Sie, wie die fast vergessene, aber gleich zweimal wieder in Erinnerung gerufene Frage beantwortet wird: »Was nun haben dieser Beziehungszauber der Texte und seine Entstehungsbedingungen mit der Philosophie Schopenhauers zu tun? ... Was nun also hat die Philosophie Schopenhauers hier zur *Textbeschaffenheit* beigetragen?«[19] Die Antwort lautet:

»Sie legitimiert und verstärkt eine Weltsicht, in der alle Erscheinungen und auch alle Namen (Wörter) miteinander zu tun haben, wenn es nur gelingt, diese Beziehungen zu entdecken. Es handelt sich ja immer um denselben Gedanken bei Schopenhauer: ›... daß in allen Ideen ... einer und der selbe Wille es ist, der sich offenbart, d.h. in die Form der Vorstellung, in die Objektivität eingeht. Seine Einheit muß sich daher auch durch eine innere Verwandtschaft zwischen allen seinen Erscheinungen zu erkennen geben.‹ ... Für den, der zu erkennen weiß, offenbart sich diese Verwandtschaft aller Erscheinungen in der Form der *Analogie* ..., der Entsprechung. In einer fiktionalen Welt herrscht dies Gesetz der Entsprechung zwischen den sprachlichen Ausdrücken, die diese Welt entwerfen. So spielen im *Tod in Venedig* die Entsprechungen nicht nur zwischen Sokrates und Aschen-

17 Op. cit., p. 18.
18 Op. cit., p. 19.
19 Ibid.

bach, zwischen Ganges und Lagune, zwischen rot und Tod – sondern es stellen sich Assoziationsketten ... her ...«[20]

Eine solche »Assoziationskette« wird zum Beispiel durch Alliteration gestiftet, nämlich durch die – allerdings nicht sonderlich beeindruckende – Reihe: »Das Wanderhafte«, »wanderhaft«, »Wildheit«, »das Wilde«, »Urweltwildnis«. Der sich Ihnen wie mir aufdrängende Einwand bleibt nicht ohne Erwiderung:

»Natürlich konnte Thomas Mann dies *sprachliche* Analogisierungsverfahren nicht an Schopenhauers System ausbilden. Doch, so nehme ich an, ein sich an diesem System ausbildender Denkhabitus gibt der psychisch bestimmten Assoziativität feste Strukturen vor, formt Assoziationsfiguren und Assoziationsrichtungen aus.«[21]

Ich unterbreche die Ausführungen in der Gewißheit, daß solche Spekulationen keine Hinweise enthalten, um auch nur eine Teilantwort auf die Frage zu bieten, *wie* Philosophie in die Literatur kommt, wenn man sie mit dem Hinweis auf den Autor zu beantworten versucht.
Ich werde daher den Autor verlassen und mich dem Interpreten, das heißt der Art und Weise zuwenden, in der Philosophie in Literatur entdeckt wird. Zunächst läßt sich fragen, unter welchen Voraussetzungen Philosophie in Literatur sein kann. Es zeigt sich, daß diese Voraussetzungen keineswegs unumstritten sind, so daß es zumindest nicht grundsätzlich ausgeschlossen ist, daß Philosophie – in bestimmter Weise – *nicht* in Literatur ist bzw. sein kann. Angenommen, man wüßte, was eine ›philosophische Aussage‹ ist und daß philosophische Texte aus philosophischen Aussagen – zumindest zum größten Teil – bestehen. Wenn nun eine Passage in einem literarischen Text gegeben ist, die hiernach als philosophisch klassifiziert wird, dann ließe sich sagen, daß in dem betreffenden Stück Literatur Philosophie sei; es sich mithin um ein Beispiel philosophischer Literatur, zumindest aber literarisierter Philosophie handle.[22] Diese Folgerung ist nicht ohne Probleme.

20 Op. cit., p. 20.
21 Ibid.
22 Auf die seltenen, allerdings zumeist wenig ertragreichen Versuche, ›philosophische Literatur‹ oder ›das Philosophische‹ in der Literatur zu bestimmen, gehe ich aus Platzgründen nicht näher ein, vgl. u. a.

Wenn Sie in einem Roman von Arthur Conan Doyle lesen[23], daß es am 22. November 1853 in Londons Baker Street geregnet habe, dann könnten Sie auf die Idee kommen, diese Angabe zu überprüfen – etwa anhand von Wetterberichten.[24] Wie auch Ihr Befund ausfallen mag, Sie lesen diese Angabe wie eine Feststellung über eine ausgezeichnete, zumeist als ›unsere‹ bezeichnete Welt. Zahlreiche Literaturtheoretiker sind – auch wenn sie über keinen präzisen Literaturbegriff verfügen – der Ansicht, eine angemessene Bestimmung von Literatur müßte eine solche Leseweise als unangemessen oder als irrelevant ausschließen, gleichgültig ob sich die Angabe in der eigentlichen Welt bestätigen läßt oder nicht. Zwar könne man einen literarischen Text in dieser Weise lesen, doch verfehle man seine charakteristische Besonderheit. Der Text werde nicht *als* Literatur, sondern *wie* etwas – sagen wir in diesem Fall: wie ein Wetterbericht – rezipiert. Prinzipiell ließe sich dieser Einwand auch auf das imaginierte Beispiel einer philosophischen Aussage in einem literarischen Text übertragen, und insoweit die Frage des Einflusses philosophischer Ideen auf literarische Werke dabei betroffen ist, findet sich eine starke Fraktion, die die Bezugnahme auf die Welt philosophischer Ideen in einem literarischen Werk als inadäquat zurückweist – sei es aus ästhetischen Bedenken, die eine Reduktion des besonderen Charakters von Literatur befürchten, sei es aus literaturtheoretischen Überlegungen, die das Vorliegen einschlägiger intertextueller Relationen bezwei-

Frank Gado, Toward a Definition of the Philosophical in Literature, in: J. P. Strelka (ed.), Literary Criticism (op. cit., Anm. 1), pp. 191-206.

23 Dieses Beispiel ist imaginiert; vgl. aber William S. Baring-Gould, Sherlock Holmes: Die Biographie des großen Detektivs aus der Baker Street (zuerst engl. 1962), Stuttgart 1978.

24 Das Beispiel ist mit Absicht imaginiert und trivialisiert, um die Überlegungen nicht mit Problemen philologischer und interpretatorischer Art zu belasten. Sehr viel spannender wäre zweifellos der 16. Juni 1904 und James Joyces *Ulysses*. Zu Frank Budgen hat Joyce über den *Ulysses* gesagt: »Ich will ein so vollständiges Bild von Dublin vermitteln, daß die Stadt, wenn sie eines Tages plötzlich vom Erdboden verschwände, nach meinem Buch wieder aufgebaut werden könnte«. (F. Budgen, James Joyce und die Entstehung des Ulysses (James Joyce and the Making of Ulysses, 1934), Frankfurt am Main 1977, p. 79). Hierzu auch der *Ulysses*-Führer von Robert Nicholson, The Ulysses Guide. Tours Through Joyce's Dublin, London 1988.

feln.[25] Worüber auch immer in Literatur gesprochen wird, es wäre hiernach weder das Wetter noch die Philosophie.

Wenn ein Text *als* ein literarischer Text untersucht wird, dann verbinden sich mit dieser Untersuchung zwei Anforderungen: zum einen, daß der untersuchte Text ein literarischer Text ist, zum anderen, daß das Ergebnis der Untersuchung für ihn als literarischer Text relevant ist. Ein Text kann aber auch *wie* ein literarischer Text untersucht werden. Entscheidend ist, daß in diesem Fall nicht dieselben Verpflichtungen gelten: Es muß nicht dafür eingetreten werden, daß es sich um einen literarischen Text handelt, und das Ergebnis der Untersuchung muß nicht mit den charakteristischen Eigenschaften des interpretierten Textes zusammenhängen. Eine Abhandlung Einsteins läßt sich wie ein literarischer Text untersuchen. Wir können einen philosophischen Text wie einen literarischen lesen und dabei sowohl auf Eigenschaften kommen, die für ihn als philosophischer Text interessant sind, als auch auf solche, die nur aufschlußreich sind, wenn er tatsächlich Literatur wäre. Befunde zu seiner sprachlichen Gestaltung, seiner rhetorischen Komposition, seinem argumentativen Aufbau – kurz: zur gewählten Darstellungsweise – *können* für ihn als philosophischer Text belanglos sein. Das gleiche läßt sich auch für Einsteins Abhandlung *Zur Elektrodynamik bewegter Körper* von 1905 veranstalten – mit im übrigen überraschenden Resultaten, sofern die gewählte Darstellungsform in den Blick genommen wird. Weder bedarf es in diesem Fall des Nachweises, bei der analysierten Abhandlung handle es sich um einen – nach irgendeiner spezifischen Bestimmung des Ausdrucks – »literarischen« Text, noch müssen die Ergebnisse der Analyse erhellend für die besonderen Eigenschaften sein, die diesem Text *als* einer physikalischen Untersuchung zugeschrieben werden.

Das Beispiel einer physikalischen Abhandlung mag ein etwas zu vorteilhaftes Exempel für die getroffene Unterscheidung sein. Ihre Beachtung ist indes uneingeschränkt angebracht. Das läßt sich an der gegenwärtig insbesondere in den angelsächsischen Ländern boomenden Verbindung von Literatur und Theologie zeigen. Hierbei versuchen sich mehr oder weniger im Umgang mit Literatur erprobte Literaturwissenschaftler an der Analyse der

25 Vgl. z. B. Duke Maskell, Locke and Sterne, or Can Philosophy Influence Literature?, Essays in Criticism 23 (1973), pp. 22-40.

Schriften des Alten und des Neuen Testaments mit Hilfe von Fragestellungen und Instrumentarien, die als charakteristisch für die Behandlung von Literatur gelten.[26] Welchen Wert man solchen Untersuchungen auch zubilligen mag, die alles entscheidende Frage lautet: Werden die als Heilige Schriften apostrophierten Texte *wie* oder *als* Literatur gelesen? Wenn sie *wie* Literatur gelesen werden – was hat das mit dem spezifisch theologischen Charakter dieser Schriften zu tun? Werden sie *als* Literatur gelesen – wird man dann der supponierten Besonderheit des Gegenstandes gerecht? Das gleiche läßt sich fragen, wenn literarische Texte wie oder als philosophische gelesen werden.

Einen Aspekt, der die vorangegangenen Überlegungen abschließt,

26 Es ist hier nicht möglich, die in der jüngeren Zeit kaum mehr zu überschauende Literatur zum Thema in ihrer Heterogenität darzustellen – ein paar Hinweise müssen deshalb als Belege genügen. Zahlreiche Exempel finden sich in neugegründeten Zeitschriften, so in *The Journal of Literature & Theology*; im deutschen Sprachraum in *Linguistica Biblica*. Vgl. z. B. die Beiträge in R. Schwartz (ed.), The Book and the Text: The Bible and Literary Theory, Cambridge/Mass. und Oxford 1990, oder die Untersuchungen bei H. Fisch, Poetry With a Purpose: Biblical Poetics and Interpretation, Bloomington 1988; T. J. Prewitt, The Elusive Covenant: A Structural Semiotic Reading of Genesis, Bloomington/Indianapolis 1988; und R. Alter, The Art of Biblical Poetry. New York 1985; auch G. Hammond, The Bible and Literary Criticism, Critical Quarterly 25 (1983), no. 2, pp. 5-20, und no. 3, pp. 3-15; stark der strukturalen Konzeption von A. J. Greimas verpflichtet sind u. a. A. Chené et al., De Jésus et des femmes: lectures sémiotique. Suivies d'un entretien avec A. Greimas, Montréal 1990 (= Recherches, Nouvelle Séries 14); D. Platte, Paul's Faith and the Power of the Gospel. A Structural Introduction to the Pauline Letters, Philadelphia 1983 (zudem ders., The Religious Dimension of Biblical Texts: Greimas's Structural Semiotics and Biblical Exegesis, New York 1990, und ders., Structural Exegesis for New Testament Critics, Philadelphia 1990). Eine Bibliographie bis zum Ende der siebziger Jahre bietet R. Bevan Hays, The Faith of Jesus Christ: An Investigation of the Narrative Substructure of Paul's Theology in Galations 3: 1-4:11. Ph. D. Emory University 1981, pp. 495-507; vgl. auch den ›Erfahrungsbericht‹ von R. W. French, Teaching the Bible as Literature, College English 44 (1982), pp. 798-807. – Zum Blick auf die weit zurückreichende Entwicklung literarischer Studien zur Bibel vgl. die Hinweise bei R. Morgan zusammen mit J. Barton, Biblical Interpretation, Oxford 1988, pp. 203-268.

will ich nur kurz streifen. Es handelt sich um die Ansicht, daß Philosophie – zumindest in bestimmter Art und Weise – nicht in Literatur bzw. in bestimmten literarischen Texten sein sollte, da dies der Qualität literarischer Texte schade. Damit meine ich weniger die alte Warnung, nicht »große Dichter zu mittelmäßigen Philosophen« zu machen[27], sondern ein ästhetisches Problem. Auch dieses Problem soll anhand eines Beispiels illustriert werden. In der Erzählung *Der Tag ohne Abend* von Leo Perutz wird auf wenigen Seiten von einem jungen, talentierten Mann, Georges Durval, berichtet, der zwar die verschiedenartigsten wissenschaftlichen und kommerziellen Projekte in seinem Kopf wälzt, aber – dem Leben nicht abgeneigt – keines beginnt oder zu Ende führt. In einem Restaurant wird er von einem Offizier beleidigt. Es kommt zur Ansetzung eines Duells, das sich aus zufälligen Gründen um mehrere Wochen hinauszögert. In dieser Zeit arbeitet Durval fieberhaft und ohne Unterbrechung, gleichgültig wo er sich befindet, an der Lösung mathematischer Probleme. Noch kurz vor dem Schußwechsel heißt es: Mit »dem Blatt Papier in der Hand kam er auf den Rittmeister Drescovich zu. In seinem Gesicht lag Ruhe und völlige Gleichgültigkeit. Er hatte seine Arbeit zu Ende gebracht.«[28] Seine Gedanken hingegen bleiben während des Ablaufs des Duells gleichwohl bei der Mathematik: »Die Formel läßt sich leicht in einen reellen und in einen imaginären Teil zerlegen ... Es muß noch eine andere, eine elegantere Art der Lösung geben. Gleichgültig. Immerhin, wenn ich heute am Abend –«[29] – diese Gedanken werden durch zwei Schüsse unterbrochen. Für Durval hat dieser Tag keinen Abend. Abschließend berichtet der Erzähler, daß eine »gelehrte Gesellschaft« es unternommen hätte, Durvals wissenschaftliches Werk zu edieren und daß die drei bereits erschienenen Bände nicht mehr als »den dritten Teil« seiner Schriften umfassen. Gleichwohl werde das Werk

27 G. Roethe, Wege der deutschen Philologie (1923), in: ders., Deutsche Reden, Leipzig 1926, pp. 439-456, hier p. 452 (unter Berufung auf Wilhelm Dilthey und bezogen auf Novalis und Hölderlin). Oder wie Karl Viëtor gesagt hat: Die Sprache der Kunst sei »kein Dialekt des philosophischen Idioms«.

28 L. Perutz, Der Tag ohne Abend (Erstpublikation unbekannt), in: ders., Herr erbarme dich meiner, Wien/Hamburg 1985, pp. 215-226, hier p. 225.

29 Ibid.

ein Torso bleiben; denn »[s]eine letzte, abschließende Arbeit wird nicht zu finden sein. Sie ist verteilt auf die Rückseite einer Wäscherechnung, auf die Marmorplatte eines Kaffeehaustisches und auf ein kleines Blatt aus dem Notizblock, das der Wind verweht hat«.[30] Damit endet die Geschichte.

Die Fabel ist einem historischen Fall nachempfunden, dem Evariste Galois'[31], und die eingestreuten mathematischen Signale – etwa Cayleysche Kurven und kubischer Kreis – waren immerhin so überzeugend, daß Gustav Bergmann, der später in den Vereinigten Staaten ein bekannter Wissenschaftsphilosoph wurde, sich bei Perutz erkundigte, ob dies ein authentischer Fall sei und wo gegebenenfalls der mathematische Nachlaß liege.[32] Der Grund, weshalb ich dieses Beispiel gewählt habe, rührt von einer Stelle, die zwischen dem Ende der Beschreibung des Duells und dem Nachbericht über den Werdegang des Werks Durvals steht und die ich Ihnen unterschlagen habe. Es sind die folgenden Zeilen:

»Die Geschichte Georges Durvals mußte erzählt werden. Es scheint mir manchmal, als gewähre sie einen gewissen Einblick in die Ökonomie des Weltgeschehens.

Es ist fraglich, ob die großen Frühverstorbenen der Wissenschaft, der Kunst und der Literatur, Puschkin etwa oder Lasalle oder Lord Byron, ihrem Lebenswerk auch nur eine einzige Zeile hinzugefügt hätten, wenn der Tod an ihnen vorbeigegangen wäre.

Vielleicht ist es so, daß das Schicksal nur Menschen abberuft, die nichts mehr zu sagen haben, die am Ende angelangt und leer und ausgebrannt sind.«[33]

Hier handelt es sich offenkundig um eine explizite philosophische Reflexion des Erzählers, die in den Text eingelagert ist – im Werk von Perutz ist das übrigens sehr selten. Der entscheidende Punkt

30 Op. cit., p. 226.

31 Zur Kritik an den Legendenbildungen um Galois vgl. T. Rothman, Genius and Biographers: The Fictionalization of Evariste Galois, in: ders., Science à la Mode. Physical Fashions and Fictions, Princeton 1989, pp. 148-193.

32 Brief von Gustav Bergmann und Hans Weisz, ohne Datum, an Perutz; eine Antwort von Perutz ist nicht bekannt (vgl. K.-D. Lehmann (ed.), Leo Perutz 1882-1957. Eine Ausstellung der Deutschen Bibliothek Frankfurt am Main, Wien/Darmstadt 1989 (Sonderveröffentlichungen der Deutschen Bibliothek 17), pp. 176 f.).

33 L. Perutz, Der Tag ohne Abend (op. cit., Anm. 28), pp. 225 f.

ist nun, daß man der Ansicht sein kann, Perutz' Erzählung sei aufgrund dieser expliziten philosophischen Reflexion literarisch mißlungen und sie würde durch die Eliminierung dieser Passage an Qualität gewinnen. Als *Kriterium* für eine solche Wertung kann der folgende Test gelten: Man eliminiere diese selbstinterpretierende Stelle und prüfe, inwieweit ihre Aussage aus dem Text zu erschließen ist. Das ist im vorliegenden Fall nicht möglich – ja, der Text widerspricht ihr in bestimmter Hinsicht, und zwar in der Passage, die ich zuvor bereits zitiert habe. Es heißt zum einen, daß Durval seine Arbeit zu Ende gebracht habe – das deckt sich mit der Ausdeutung in der expliziten philosophischen Passage, zum anderen aber setzt er die Gedanken an eine Verbesserung der Lösung fort.[34]

Philosophie muß – und daran besteht wenig Zweifel – keineswegs allein in der Form expliziter Aussagen in Literatur vorkommen. Selbst wenn man ein solches Vorkommen für literarisch inakzeptabel hielte – und davon war hier nicht die Rede, sondern lediglich von einem bestimmten Fall –, so könnte Philosophie noch immer mit Recht in Literatur sein und sich damit die hier traktierte Frage stellen, wie sie da hineinkommt. Die Konzentration auf das Vorliegen *expliziter* philosophischer Aussagen in einem literarischen Werk unterläuft in der Regel die Pointe, wenn es heißt, Philosophie sei in Literatur. In welcher Art und Weise Philosophie *indirekt* in Literatur sein kann, läßt sich zwar auch an der gerade betrachteten Erzählung zeigen; besser jedoch eignet sich hierfür ein anderer Text von Perutz.

Mein Beispiel liefert ein literarischer Text, zu dem ebenso wie zum vorangegangenen bislang wohl noch keine Interpretation veröf-

34 Ein anderes Beispiel spricht B. R. Tilghman, Literature, Philosophy and Nonsense, British Journal of Aesthetics 30 (1990), pp. 256-265, hier p. 263, im Hinblick auf Sartres *La Nausée* an: »As philosophy this is elementary confusion and scarcely worth the effort of straightening out. In using his novel to state philosophical theses Sartre falls victim to all the snares and delusions of this kind of philosophy. Fortunately for his readers it is possible to take the novel as offering something other than metaphysics. When we read it carefully in order to follow the fortunes of its hero we sense that Roquetin's worries about necessity and contingency, being and becoming, may be better understood as the manifestation of his dissatisfaction with the lack of direction in his own life and his repugnance at the bourgeois culture of Bouville.«

fentlicht worden ist. Die Geschichte der Erzählung *Gespräch mit einem Soldaten*, die nicht mehr als drei Seiten umfaßt, ist schnell erzählt. In Barcelona erkundigt sich ein des Ortes wie des Katalanischen unkundiger Fremder bei einem Soldaten nach dem Weg. Der Soldat beantwortet ihm die Frage nur durch Gesten, da er stumm ist; er schlägt ihm vor, die Tram zu nehmen. Während der Erzähler und der Soldat an der Haltestelle warten, unterhalten sie sich über die unterschiedlichsten Themen – Krieg, Pferde, Erlebtes, berufliche Tätigkeit – und, als sich eine junge Dame mit auf die Bank setzt, ist es der Soldat, der den Vermittler spielt und alles Wissenswerte erfährt, das allerdings die Lust auf ein Anbändeln vertreibt. »Wir verstanden uns vollkommen, wir unterhielten uns über alles mögliche. Auf der ganzen Fahrt durch das fremdsprachige Land habe ich keinen Menschen so gut verstanden wie diesen jungen, stummen Invaliden«[35] – heißt es in der Erzählung. An den beiden Wartenden fährt ein von Pferden gezogener, schwer beladener Lastwagen vorbei. Auf ein zu Boden stürzendes Pferd schlägt der Kutscher brutal ein. Wutentbrannt springt der stumme Soldat auf und – ich zitiere die letzten Zeilen der Erzählung:

»Er wollte etwas rufen oder schreien, aber aus seinem Mund kam nur ein dumpfes Gurgeln.
Er wandte sich an mich. Er wollte sprechen, erklären, anklagen, aber zum erstenmal versagten seine beredten Hände und er stand hilflos, stumm und verzweifelt vor mir.
Furchtbare und unauslöschliche Minute! Nie werde ich vergessen, wie Zorn, Jammer und Empörung mit einemmal den Stummen sprachlos machten.«[36]

Man kann sich dem Eindruck dieser Erzählung hingeben und die Geschichte auf sich beruhen lassen oder einem Tierschutzverein spenden. Man kann aber auch anfangen, ihren ›philosophischen Gehalt‹ zu erkunden. Den Hintergrund hierfür kann zum Beispiel die vornehmlich seit dem 17. Jahrhundert erörterte Auffassung zur besonderen Stellung der ›Gebärdensprache‹ gegenüber der Wortsprache abgeben: Sie galt als die eigentliche *lingua humana*, die frei von den Mängeln der Wortsprache einen unwillkürlichen

35 L. Perutz, Gespräch mit einem Soldaten, in: ders., Herr erbarme dich meiner (op. cit., Anm. 28), pp. 227-230, hier: p. 229.
36 Op. cit., p. 230.

und ›natürlichen‹ Ausdruck von Absichten, Gefühlen oder Gedanken biete[37] – zumindest aber in bestimmten Bereichen Vorrang besitze, sei es beim Ausdruck außerordentlicher Gefühle, sei es bei der Bewunderung des Erhabenen, und sie galt als *lingua franca*, die uneingeschränkte Verständigung erlaube – Marin Mersenne wünscht sich eine Sprache, welche die Dinge so natürlich bezeichnet, daß sie jeder schon beim Hören ebenso leicht versteht wie Gesten, und die somit eine ebenso direkte Kommunikation wie zwischen Engeln erlaubt.[38] Die Erzählung von Perutz – so ließe sich ihr Gehalt auf diesem Hintergrund umreißen – erteilt dieser Tradition eine Absage: Zwar besitzt die Gestensprache ihre Vorteile, indem sie im Unterschied zu den Wortsprachen zum Beispiel aufgrund ihres ikonischen Charakters als universell und damit als wirkungsvolleres Kommunikationsmittel erscheint; doch zugleich besitzt sie gegenüber den Wortsprachen offenbar entscheidende Defizite, und genau auf diese macht die Erzählung aufmerksam.

Im nächsten Schritt läßt sich diese Interpretation weiter entfalten, indem das dargestellte Exempel betrachtet und zu bestimmen versucht wird, worin die Vorzüge der Wortsprache nach der Erzählung liegen. Zunächst ist hiernach die Gestensprache kein taugliches Mittel, um *bestimmten* Gefühlen – wie Empörung oder Wut – in einer gegebenen Situation angemessen bzw. in der gewünsch-

37 Zur Gebärde als Universalsprache vgl. J. Knowlson, Universal Language Schemes in England and France, 1600-1800, Toronto/Buffalo 1975 (University of Toronto Romance Series 29), pp. 211-223.

38 Vgl. M. Mersenne, Harmonie universelle (1636). Paris 1963 (Neudr.), Bd. II, Kap. 1, p. 65: »Si l'on pouvoit inventer une langue dont les dictions eussent leur signification naturelle, de sorte que tous les hommes entendissent la pensée des autres à la seule prononciation sans en avoir appris la signification, comme ils entendent que l'on se réjouit lorsque l'on rit, et que l'on est triste quand on pleure, cette langue seroit la meilleure de toutes les possibles: car elle ferroit la mesme impression sur tous les auditeurs, que feroient les pensées de l'esprit si elles se pouvoient immediatment communiquer entre les hommes comme entre les Anges.« Mersennes Beispiel betrifft an dieser Stelle genau solche ›Gesten‹, die Ausdruck unwillkürlicher innerer Reaktionen auf äußere Reize sind – das erlaubt einen weitergehenden Anschluß an Epikurs Sprachauffassung, vgl. hierzu P. Friedländer, Pattern of Sound and Atomistic Theory in Lucretius. In: American Journal of Philology 62 (1941), pp. 16-34.

ten Weise Ausdruck zu verleihen. Man kann aber noch weiter gehen. Der entscheidende Mangel des Stummen ist das Fehlen der Möglichkeit, sich *akustisch* bemerkbar zu machen. Sprechen und Gestik sind in der Hinsicht gleichwertig, da sie jeweils eine spezifische Fähigkeit des Adressaten voraussetzen; doch gibt es einen wesentlichen Unterschied zwischen Sehen und Hören. Der Adressat muß bei der Gestikulation seine optische Aufmerksamkeit auf den Gestikulierenden gerichtet haben, damit eine Kommunikation gelingen kann. Der über Gesten kommunizierende Mensch ist in dieser Hinsicht passiv und vom Adressaten abhängig. Der sich akustisch über die Wortsprache Mitteilende hingegen kann aktiv die Kommunikation eröffnen. Das Nichthinsehen und das Nichthinhören unterscheiden sich: Das eine ist ohne Wahrnehmung, während das andere die Wahrnehmung hat, sie aber ignoriert. Hierin nun – so könnte man weiter interpretieren – liegt die Ohnmacht des stummen Soldaten, der von der optischen Zuwendung des Tierquälers abhängig ist und nicht unabhängig hiervon seine Empörung mitteilen kann. Die Stummheit, von der am Ende der Erzählung gesprochen wird, ist die der fehlenden optischen Aufmerksamkeit, die der Stumme nicht ohne körperliche Gewalt erzwingen kann. Letztlich wird er durch seine Umwelt zum Stummen gemacht. Darüber hinaus läßt sich diese Interpretation fortspinnen, wenn man den Blick auf beide, die gequälte Kreatur und den Soldaten, richtet. Beide sind hilflos. Im Zuge einer einflußreichen Tradition mit Höhepunkten bei – trotz unterschiedlichen Ursprungskonzeptionen und Sprachauffassungen – Condillac und Herder gilt die (menschliche) Wortsprache und das Redenkönnen als positiv bewertete »great Distinction between Men and Brutes«, wie es bei Swift zu Beginn des 18. Jahrhunderts heißt.[39] Diese Tradition wird in der Erzählung konfirmiert. Keine Anerkennung findet hingegen das bereits gegen Ende desselben Jahrhunderts einsetzende Mißtrauen gegenüber der zur Kommunikation dienenden Wortsprache – wie etwa in Tiecks *Geschichte des Herrn William Lovell*, wo es heißt, daß gerade aufgrund der Sprache, dieser »kläglichsten und unsinnigsten Spielerei«, der Mensch unter dem Affen stehe.[40] Damit wird eine

39 J. Swift, The Prose Works, ed. Herbert Davis, Oxford 1939-62, IV, p. 94 (1710).

Tradition zurückgewiesen, in der zu Beginn dieses Jahrhunderts bei Mauthner »alles Elend der Einsamkeit«[41] seine Quelle in der Sprache hat und die bei Samuel Becketts Proust-Essay zur Deutung von Kunst als »Apotheose der Einsamkeit« wird: »Es gibt keine Kommunikation, weil es kein Vehikel der Kommunikation gibt.«[42]

Ich möchte die Interpretation abbrechen – insbesondere ohne Parallelen zu Nietzsches Zusammenbruch in Turin, angeblich am 3. Januar 1889 beim Anblick des von einem Droschkenkutscher malträtierten Pferdes, auszunutzen[43], oder zu Lukians ΠΕΡΙ ΟΡΧΗΣΕΟΣ (*Saltatio*), wo der Besuch eines Königs der Barbaren bei Kaiser Nero erzählt wird, der bei einer Aufführung durch die Gesten des pantomimischen Tänzers alles versteht, nicht indes den begleitenden Gesang. Bei seiner Abreise wünscht er, diesen Tänzer mitzunehmen, um auf diese Weise sich mit seinen Nachbarn verständigen zu können.[44] Auch ohne diesen Rückgriff ist hinreichend klar, daß es kein ›natürliches‹ Ende gibt, den philosophischen Gehalt der Erzählung auszuspinnen. Angenommen, mit solchen Aussagen zum Text implementiere man ihm philosophischen Gehalt. Die sich im Hinblick auf das Thema ›Wie kommt die Philosophie in die Literatur‹ anschließende Frage lautet: Wie wird bei Interpretationen, wie der gerade vorgestellten, vorgegangen, um die philosophischen Implementierungen zu erzielen?

Am Anfang der skizzierten Interpretation steht die Verknüpfung mit einem ehrwürdigen sprachphilosophischen Thema, nämlich dem der Gebärdensprache im Unterschied zur Wortsprache.

40 L. Tieck, Werke, I-IV, ed. M. Thalmann, München 1965-67, p. 385 (1795/96).

41 F. Mauthner, Beiträge zu einer Kritik der Sprache I, Frankfurt am Main/Berlin/Wien 1982 (Neudr. der zweiten Auflage von 1912), p. 38 (1901).

42 S. Beckett, Proust. Essay, Frankfurt am Main 1989 (engl. zuerst 1931; dt. zuerst 1960), p. 57.

43 Diese Geschichte scheint zuerst von E. Podach, Nietzsches Zusammenbruch, Heidelberg 1930, verbreitet worden zu sein. Perutz' ›Gespräch mit einem Soldaten‹ wurde bereits am 15. 10. 1918 im ›Berliner Tageblatt‹ abgedruckt. Einer *philosophischen* Ausdeutung dieser Erzählung muß das jedoch keineswegs im Wege stehen. Vgl. C. P. Janz, Friedrich Nietzsche. Biographie, München (1979) 1981, III, pp. 34 f.

44 Vgl. Lukian, ΠΕΡΙ ΟΡΧΗΣΕΟΣ (*Saltatio*), 64.

Zweifellos spielt in der Erzählung die Gebärden- und Wortsprache eine Rolle. Aber was versichert uns, daß der für die Ausdeutung gebildete Kontext, über den Philosophie in den Text fließt, auch gerechtfertigt ist?
Meine erste These lautet: *Ohne die Einschränkung von Kontextbezügen läßt sich so viel Philosophie in einem literarischen Text entdecken, wie es einem gefällt.*
Wie grenzenlos der *lusus ingenii* mit der Bildung von Kontexten hantieren kann, mag ein imaginiertes Beispiel zeigen, bei dem Ähnlichkeiten mit dem poststrukturalistischen Interpretationstil nicht unbeabsichtigt sind. Eines der bekanntesten Beispiele der konkreten Poesie, Gomringers *worte sind schatten*, lautet:

worte sind schatten
schatten werden worte

worte sind spiele
spiele werden worte

sind schatten worte
werden worte spiele

sind spiele worte
werden worte schatten

sind worte schatten
werden spiele worte

sind worte spiele
werden schatten worte

Die Interpreten dieses Gedichts haben unisono die Zeile »worte sind schatten« wie selbstverständlich auf Platon bezogen.[45] Folgt

45 Vgl. u. a. T. Pelster, Das Motiv der Sprachnot in der modernen Lyrik, Der Deutschunterricht 22 (1) (1970), pp. 38-58, insbesondere pp. 47-50; R. Waldrop, Against Language? ›Dissatisfaction with Language‹ as Theme and as Impulse Towards Experiments in Twentieth Century Poetry, The Hague/Paris 1971, pp. 115-20; D. Kessler, Untersuchungen zur Konkreten Dichtung. Vorformen – Theorien – Texte, Meisenheim am Glan 1976 (Deutsche Studien 30), pp. 207-18; G. Saße, Sprache und Kritik. Untersuchungen zur Sprachkritik der Moderne, Göttingen 1977 (Palaestra 267), pp. 24-37.

man diesem Weg, so ist das jedoch bestenfalls ein Anfang für die Kontextbildung. Es öffnet sich die Welt der mehr oder weniger willkürlichen Anspielungen auf dieses Gleichnis, einschließlich der Frage, ob es wirklich weise sei, Platons Höhle verlassen zu wollen.[46] Der Hinweis auf Platons Höhlengleichnis kann leicht ergänzt werden durch Stellen bei Ingeborg Bachmann, Paul Celan, Johann Amos Comenius, J. W. v. Goethe, Hugo von Hofmannsthal, Jean Paul, Friedrich Gottlieb Klopstock – diese Autoren und zahlreiche andere haben in der einen oder anderen Weise Worte als Schatten bezeichnet. Ein in seinen Filiationen kaum zu überschauender Kontext eröffnet sich, wenn man eine vergleichbare Stelle Philons von Alexandria zur Bibelexegese zum Ausgangspunkt nimmt[47]: der ›Körper des Satzes‹ als Wortlaut, als wörtlicher Sinn, der auf die eigentliche Bedeutung, die Wahrheit verweist. Die Filiationen setzen mit der entsprechenden Charak-

46 Vgl. z. B. Erasmus von Rotterdam, Μωρίας Εγκώμιον sive Laus Stultitiae (1511), in: ders., Ausgewählte Schriften II, eingeleitet und mit Anmerkungen versehen von W. Schmidt-Dengler, Darmstadt 1975, pp. 1-211, hier pp. 106-108 (des Beispiels wegen soll die Stelle vorsichtshalber auf Latein zitiert werden; Hervorhebung von mir): »Si cui sit uxor egregie deformis, quae tamen marito, vel cum ipsa Venere certare posse videatur, nonne perinde fuerit, ac si vere formosa foret? Si quis tabulam minio lutoque male oblitam, suspectet, ac demiretur, persuasum habens, Apellis aut Zeuxidis esse picturam, nonne felicior etiam fuerit eo, qui eorum artificium manum magno emerit, fortassis minus ex eo spectaculo voluptatis percepturus? Novi ego quemdam mei nominis, qui novae nuptae gemmas aliquot adulterinas dono dedit, persuadens, ut erat facundus nugator, eas non modo veras ac nativas esse, verum etiam singulari atque inaestimabili pretio. Quaeso, quid intererat puellae, cum vitro non minus iucunde pasceret et oculos, et animum, nugas, perinde ut eximium aliquem thesaurum, conditas apud sese servaret? Maritus interim et sumptum effugiebat, et uxoris errore fruebatur, nec eam tamen sibi minus habebat devinctam, quam si magno empta donasset. *Num quid interesse censetis inter eos, qui in specu illo Platonico veriarum rerum umbras ac simulacra demirantur, modo nihil desiderent, neque minus sibi placeant? et sapientem illum qui specum egressus, veras res adspicit?*«

47 Vgl. L. Goppelt, Typos. Die typologische Deutung des Alten Testaments im Neuen, Gütersloh 1939 (Beiträge zur Förderung christlicher Theologie 2. Reihe, 43. Bd.) (Neudr. Darmstadt 1966), pp. 57ff.; E. Auerbach, Figura (1938), in: ders., Gesammelte Aufsätze zur romanischen Philologie. Bern/München 1967, pp. 55-92.

terisierung der typologischen Verbindung – *typus* und *antitypus* (*figura* und *res*) – der Schriften des alten und neuen Bundes ein[48] und schreiten mit dem Hinweis fort, daß die Typologese im Neuen Testament nicht nur als *forma* (Röm. 5, 14), *figura* (1 Kor. 10, 6), sondern auch als *umbra* (Kol. 2, 17[49], Hebr. 8, 5[50]) bezeichnet wird[51] – alles zugleich vor dem Kontext der Lichtmetaphorik.[52] Erweitert wird diese Betrachtung durch die Verwendungen des Ausdrucks »umbra« in der antiken, insbesondere römischen Literatur[53] und ergänzt um die Beobachtung, daß der Schatten in der nachrömischen Literatur erst wieder bei Dante auftaucht. Unüberschaubar sind die Anknüpfungsmöglichkeiten bei den *patres ecclesiae*, etwa bei Hieronymus – »Et hunc esse morem scripturae sanctae: ut futurorum veritatem praemittat in typis ... ex parte autem et quasi in umbra et imagine veritatis in Salomone praemissa sunt, ut in Domino Salvatore perfectius im-

48 Vgl. z. B. A. T. Hartmann, Die enge Verbindung des Alten Testaments mit dem Neuen aus rein biblischem Standpunkte entwickelt, Hamburg 1831, p. 632: »Der Ausdruck *Typus* oder *Vorbild* deutet, eben so wie der Schatten auf den Körper, auf ein entsprechendes *Gegenbild* hin, oder begreift in dem Sinne, den wir hier zu verfolgen haben, eine in fester Richtung vorbereitende Bezeichnung in der Vergangenheit ... auf eine bestimmte Erscheinung als Ziel in der Zukunft ...«

49 Nemo ergo, vos iudicet in cibo, aut in potu, aut in parte diei festi, aut neomeniae, aut sabbatorum: quae sunt umbra futuorum: corpus autem Christi.

50 ... si ergo esset super terram, nec esset sacerdos: cum essent qui offerent secundum legem munera, qui exemplari, et umbrae deserviunt caelestium. Vgl. auch *Hebr.* 10, 1.

51 Beispielhaft sei hier die Studie von J. S. Preus wegen ihres in jeder Hinsicht einschlägigen Titels erwähnt: ders., From Shadow to Promise. Old Testament Interpretation From Augustine to the Young Luther, Cambridge/Mass. 1969. Hinsichtlich des Titels kaum weniger einschlägig G. P. Landow, Victorian Types, Victorian Shadows: Biblical Typology in Victorian Literature, Art and Thought, London 1980.

52 Vgl. W. Beierwaltes, Lux intelligibilis. Untersuchungen zur Lichtmetaphorik der Griechen. Phil. Diss. München 1957, sowie H. Blumenberg, Licht als Metapher der Wahrheit. Im Vorfeld der philosophischen Begriffsbildung, Studium Generale 10 (1957), pp. 432-447.

53 Belege bei J. Nováková, Umbra. Ein Beitrag zur dichterischen Semantik, Berlin 1964 (Deutsche Akademie der Wissenschaften zu Berlin. Schriften der Sektion für Altertumswissenschaft 36).

plerentur«[54] – oder bei Augustinus, der den ›Schatten des Zukünftigen‹ gegen das Vorliegen der ›zeichenhaft angedeuteten Wirklichkeit‹ setzt.[55] ›Schattenliebe‹ ist für ihn das Verharren am Zeichen, ohne die *sententia* zu eruieren.[56] Wohl mit Anklang an Augustins ›De spiritu et litera‹ nennt Melanchthon den Buchstaben eine σχιογραφία, ein Schattenbild.[57] Und für Matthias Flacius Illyricus sind die Worte nur »Zeichen und Schatten« der sehr viel ›lebendigeren‹ *res*, und er bezieht hierauf die ›Typen‹ des Alten Testaments.[58] Die Belege über die anhaltende Tradition des typologischen Schattens führen zum Beispiel über John Donne[59]

54 Hieronymus, Commentariorum in Danielem libri III (IV), ed. F. Glorie, Turnholti 1964 (Corpus Christianorum, series latina 75 A), 915, 23/39.

55 Vgl. Aurelius Augustinus, De Spiritu et littera liber unus, in: ders., Opera Omnia (...) Tomus Decimus, Paris 1865 (Patrologiae Latinae 44), col. 198-246, cap. XIV.23: »Quamvis itaque illos quibus circumcisio presuadebatur, ita corripere atque corrigere videatur Apostolus, ut legis nomine eandem circumcisionem appellet, caeterasque ejusmodi legis observationes, quas tamquam umbras futuri jam nunc respuunt Christiani, id tenentes quod per illas umbras figurate promittebatur ...« – Zu weiteren Belegen H.-J. Spitz, Die Metaphorik des geistigen Schriftsinns. Ein Beitrag zur allegorischen Bibelauslegung des ersten christlichen Jahrtausends, München 1972 (Münstersche Mittelalter-Schriften 12), pp. 46 ff.

56 Augustinus, De libero arbitrio libri tres. In: Sancti Avreli Avgvstini Opera Sect. VI Pars IV. Recensvit et praefatvs est G. Weigel. Vindobonae 1961 (Corpvs Scriptorvm Ecclesiasticorvm Latinorvm 77), pp. 209-321, hier lib. II, XVI, 43, 169/170 (pp. 266 f.).

57 Melanchthon, Declamatiuncula in Divi Pauli doctrinam (1520), in: ders., Werke I, Reformatorische Schriften, ed. R. Stupperich, Gütersloh 1951, pp. 27-53, hier p. 36.

58 Flacius, Clavis Scripturae seu de sermone sacrarum literarum, in duas partes divisae quarum ... posterior De sermone sacraravm literarum plurimas generales regulas tradit. Francofurti/Lipsiae 1719, tract. V, col. 480: »Semper enim res ipsae, vividius quiddam potentiusque sunt, quam verba, quandoquidem haec quidem signa tantum ac umbrae sunt; illa vero res vere, suaque natura existentes. Huc referre possis omnes typos V. Testamenti: in quo non tantum illa sacra ritus, victimae, ac tabernaculum; sed & personae ipsae, earumque varia facta, casus & conditiones; quin & regiones ipsae, ac civitates, rerum N Testamenti picturae ac umbare sunt ...«

59 Vgl. z. B. J. Donne, Sermons I, ed. G. W. Potter und E. M. Simpson,

bis zum Pietismus etwa August Hermann Franckes, für den Christus im Alten Testament »im Schatten und Bilder-Werck bedeutet worden« sei[60], aber auch weit darüber hinaus.[61] Nicht auszulassen ist Johann Georg Hamann mit dem nicht auszulotenden Spruch: »Hier ist Fülle für Hunger und Durst – eine Fülle, die nicht bloß, wie das Gesetz, einen Schatten der zukünftigen Güter hat, sondern αϑτην την ειχονα των πραγματων, in so fern selbige, durch einen Spiegel im Räthsel dargestellt, gegenwärtig und anschaulich gemacht werden können; denn das τέλειον liegt jenseits.«[62] Fündig wird man allerdings auch bei Freidenkern, so dem berühmt-berüchtigten Johann Christian Edelmann, in dessen ›Moses mit aufgedecktem Angesichte‹ es im »zweiten Anblick« heißt:

»Denn *ewig ist die Welt allerdings*/ in Ansehung der Materie woraus sie bestehet, die, überhaupt betrachtet, nichts anders, als *ein Schatten* von dem grossen Wesen unseres GOttes ist, folglich eben so ewig seyn muß als GOTT selber ist: *Einen Anfang aber hat sie*/ in Ansehung ihrer verschiedenen Positur und Stellung, durch welche GOtt die Bildung der mancherley Dinge derselben von Zeit zu Zeit aus der Materie, als seinem Schatten hat hervorgebracht.«[63]

Berkeley 1953, p. 287: Christus ist das »subject of the Word of God, of all the Scriptures, of all what is shadowed in the Types, and figur'd in the Ceremonies, and prepared in the preventions of the Law, of all that was foretold by the Prophets ...«

60 A. H. Francke, CHRISTUS Der Kern heiliger Schrifft Oder Einfältige Anweisung/ Wie man CHristum/ als den Kern der gantzen heil. Schrifft/ recht suchen/ schmäcken/ und damit seine Seele nähren/ sättigen/ und zum ewigen Leben erhalten solle ..., Halle 1702, p. 109.

61 Dabei sollte der schwäbische Pietist Philipp Friedrich Hiller (1699-1769) nicht übersehen werden, der seinem Buch zur Typologie den grandiosen Titel gegeben hat: Neues System aller Vorbilder Jesu Christi ... in sechs Schattenstücken samt einem Anhang und Beleuchtung, Stuttgardt 1756/57.

62 J. G. Hamann an J. C. Lavater vom 18. Januar 1778, in: J. G. Hamann, Briefwechsel IV, ed. A. Henkel, Wiesbaden 1959, p. 6.

63 J. C. Edelmann, Moses mit aufgedecktem Angesichte. Erster, zweyter und dritter Anblick (1740), in: ders., Sämtliche Schriften in Einzelausgaben, VII/1, Faksimile-Neudruck der Ausgabe 1740 mit einer Einleitung von W. Grossmann, Stuttgart-Bad Cannstatt 1972, p. 97. – Zu Edelmann u. a. W. Grossmann, Johann Christian Edelmann. From Orthodoxy to Enlightenment. Den Haag/Paris (Religion and Society 3), E. Walravens, Johann Christian Edelmann (1698-1767), Bruxelles 1978.

Von hier zu Brecht ist der Weg nicht weit: »Virginia 37. Wie einen Schatten hat Gott den Menschen erschaffen. Wer kann ihn richten wenn die Sonne untergeht?«[64] – aus Brechts Arbeiten zu seinem Galilei-Stück. Noch kürzer ist dann der Weg von Brecht zurück zur Bibel – Prediger 6, 12[65]:

»Denn wer weiß, was dem Menschen nütze in seinem Leben, solange er lebt in seiner Eitelkeit, welches dahinfährt wie ein Schatten? Oder wer will dem Menschen sagen, was nach ihm kommen wird unter der Sonne.«

Die Heilige Schrift ist nicht nur eine Fundgrube für die schattenhafte Typologese – *Spiritus sanctus superveniet in te, et virtus Altissimi obumbrabit tibi.* (Lk 1, 35). Albertus Magnus wird diese ›Überschattung‹ in ungeahnter Weise deuten. Nicht als dunkler, undeutlicher Schattenriß, sondern als ein *deutliches Bild* (etwa wie das, das ein Spiegel gibt)![66]
Über Demokrits Fragment »Das Wort ist der Schatten der Tat«[67] läßt sich ein Bezug zur praktischen Philosophie und in Verbindung mit Wittgensteins Diktum »Worte sind auch Taten«[68] zur gegenwärtigen Sprachphilosophie herstellen. Demokrit verknüpft mit seinem Fragment, das sich erst auf diesem Wege seiner tiefsten Bedeutung entledigt, Gomringer und Wittgenstein. Über Celans Zeile »Wahr spricht, wer Schatten spricht« in seinem Gedicht *Sprich auch du*[69] erschließt sich dann auch das Feld erkenntnistheoretischer Fragen. Über John Drydens Anspielung: »You

64 B. Brecht, Werke. Stücke V. Große kommentierte Berliner und Frankfurter Ausgabe, ed. von W. Hecht, J. Knopf, W. Mittenzwei und K.-D. Müller, Berlin/Weimar/Frankfurt am Main 1988, p. 115.

65 Brecht bezieht sich an dieser Stelle auch auf Montaigne, vgl. den Zeilenkommentar p. 411.

66 Vgl. hierzu die bei A. Fries, Zur Entstehungszeit der Bibelkommentare Alberts des Großen, in: Albertus Magnus Doctor Universalis 1280/1980, eds. G. Meyer und A. Zimmermann, Mainz 1980 (Walberberger Studien 6), pp. 119-139, insbesondere pp. 129-132, gesammelten Belege.

67 H. Diels, Die Fragmente der Vorsokratiker. Griechisch und deutsch, I-III, 4. Aufl. (Abdruck der 3. mit Nachträgen), Berlin 1922, II, p. 145.

68 L. Wittgenstein, Philosophische Untersuchungen, in: ders., Werkausgabe I, Frankfurt am Main 1984, pp. 225-580, hier p. 445 (§ 546).

69 P. Celan, Gesammelte Werke in fünf Bänden, eds. B. Allemann/S. Reichert, Frankfurt am Main 1983, I, p. 135, Z. 16 (1955).

know who took the shadow for the meat«[70], aus seinem Gedicht *The Hind and the Panther, a Defence of the Roman Church*, öffnet sich der große Reichtum an Anschlüssen, die das Problem literaler und figurativer Sprache im Hinblick auf die Transsubstantiation zu bieten hat. Doch noch wichtiger ist, daß sich Drydens Frage beantworten läßt: Es ist der Hund aus Äsops Fabel *De Cane et Carne*. Ich überspringe ein ausführliches Eingehen auf das Thema in der Fabeldichtung und begnüge mich mit einem einzigen Beispiel aus Heinrich Steinhöwels Prosafabelsammlung *Esopus* (Erstdruck 1477/78):

»Ain hund truog ain stuk flaisch in dem mul, und lieff durch ain fließend waßer. Im durchlouffen sicht er das flaisch in das waßer schynen, und wänet er sech ain ander stuk in dem waßer, und ward begirig das selb ouch ze niemen, und so bald er das mul uff tett, das selb ouch ze erwüschen, enpfiel im das, das er vor truog, und fuort es das waßer bald hinweg. Also stuond er und hett das gewiß mit dem ungewißen verlorn.«[71]

Folgt man Alexander Richardsons *The Logicians School-Master*, so läßt sich hierüber leicht der Anschluß an weitere Bereiche der Philosophie gewinnen – gehören doch die Fabeln als Allegorien zur »natural« oder »morall Philosophy«.[72] Man kann Steinhöwels Fabel nach dem Diktum Arno Schirokauers deuten: »Die Fabelmoral ist der Herrenmoral entgegengesetzt«[73], oder nach dem Klaus Grubmüllers: »Fabelmoral rechtfertigt Herrenmoral«[74] –

70 J. Dryden, The Poems of John Dryden, ed. J. Kinsley, 4 Vols., Oxford 1970, II, p. 2, Z. 49 (1687).

71 H. Österley (ed.), Steinhöwels Äsop, Tübingen 1873 (Bibliothek des Literarischen Vereins in Stuttgart 117), p. 85.

72 Vgl. A. Richardson, The Logicians School-Master: Or a Comment Upon Ramus Logicke, London 1629, p. 241: »Now the Poets fall into many figments, but they meane thereby things, and so they belong to some speciall Arts: and all *Esops* Fables, and other fables, are but Allegories belonging to natural Philosophy, or to morall Philosophy.«

73 A. Schirokauer, Die Stellung Äsops in der Literatur des Mittelalters, in: Festschrift für Wolfgang Stammler zu seinem 65. Geburtstag dargebracht von Freunden und Schülern, Berlin 1953, pp. 179-191, hier p. 181.

74 K. Grubmüller, Meister Esopus. Untersuchungen zu Geschichte und Funktion der Fabel im Mittelalter, Zürich/München 1977, p. 213, wobei allerdings betont sei, daß Grubmüller sich auf die Fabel im Umkreis des Strickers (1. Hälfte 13. Jh. bis gegen 1250) bezieht.

oder in Steinhöwel den humanistischen Umgang mit der Textvorlage sehen.[75]

Der Zeitraum ist für weitere Anschlüsse äußerst ergiebig, etwa über die Lichtmetaphorik und Lichtmetaphysik.[76] Als Ausgangspunkt kann Bonaventuras vierfache Aufgliederung des Lichtes in *De reductione artium ad theologiam* dienen: Licht mechanischer Herkunft, Licht der sinnlichen Wahrnehmung, Licht des philosophischen Wissens und Licht der Heiligen Schrift, mit den ausgedehnten philosophischen und theologischen Weiterungen, die eröffnet werden.[77] Über Athanasius Kirchers großartige ›Ars magna lucis et umbrae‹[78] wird der Bezug zur Astronomie und wichtiger noch zur Astrologie, aber auch zu magischen Laternen, Phosphoreszenz und zu vielen anderen in jüngster Zeit so beliebten *curiosa* und separatistischen *mysticis* hergestellt. Für die dann noch fehlenden Bezüge zur Hermetik bietet Giordano Brunos Frühwerk *De umbris idearum* dunkle, aber zahlreiche Anschlußmöglichkeiten zur *ars lulliana* und zur *ars memoriae*.[79] Schließlich kann über das herrliche Frontispiz (zumindest der zweiten Auflage) der *Ars magna* die Erörterung auf Licht- und Schattendarstellungen ausgedehnt werden – beeindruckend ist in dieser

75 Zu Steinhöwel vgl. E. Bernstein, Die Literatur des deutschen Frühhumanismus, Stuttgart 1978, insbesondere pp. 75-90.

76 Zur Licht*metaphysik* David C. Lindberg, The Genesis of Kepler's Theory of Light: Light Metaphysics From Plotinus to Kepler, Osiris (2. Serie) 2 (1986), pp. 5-42.

77 Bonaventura, De Reductione Artium ad Theologiam (zwischen 1248 und 1256), in: S. Bonaventurae Opera Omnia. Tomus V: Opuscula varia theologica, Ad Claras Aquas (Quaracchi) 1891, pp. 317-325, I, p. 319: »Licet autem omnis illuminatio cognitionis interna sit, possumus tamen rationabiliter distinguere, ut dicamus, quod est lumen exterius, scilicet lumen artis mechanicae; lumen inferius, scilicet lumen cognitionis philosophicae; lumen superius, scilicet lumen gratiae et sacrae Scripturae. Primum lumen illuminat respectu figurae artificialis, secundum respectu formae naturalis, tertium respectu veritatis intellectualis, quartum et ultimum respectu veritatis salutaris.« Usw.

78 Vgl. A. Kircher, Ars Magna Lucis et Umbrae ... (1646), Amstelodami 1671 (zweite Ausgabe).

79 G. Bruno, De umbris idearum ... Ad internam scripturam, & non vulgares per memoriam operationes explicatis (1582). In: Jordanu Bruni Nolani opere latine conscripta publicis sumtibus. Eds. F. Fiorentino, F. Tocco und H. Vitelli. Neapel/Florenz 1879, II, pp. 1-77.

Hinsicht zum Beispiel auch die Titelseite von Francis Bacons *Sylva Sylvarum*.[80] Wenn man schon bei Bildern ist, dann bieten die Schattenrisse, die Silhouetten – »Lavaters Semiotik« – zahlreiche Anregungen, um über Adalbert von Chamissos *Peter Schlemihls wundersame Geschichte* – mit einem Exkurs über das Schattenproblem und die Nichtinterpretierbarkeit[81] – zu Michel Foucaults *Surveiller et punir* zu kommen.[82] Der Blick auf das *Leben als Schattenriß* Charlotte von Steins[83] und Hugo von Hofmannsthals Erzählung *Frau ohne Schatten*[84] vermag am Ende auch der ›feministischen Literaturkritik‹ neue Impulse zu geben. Aber damit ist noch lange kein Ende des Themas in Sicht. Beide Bezüge – also der zum Schatten und zum Hund auf der einen Seite und der zum Schatten und zur Tat auf der anderen Seite –, eingeklammert durch die Verbindung von Schatten und Worten verknüpfen sich in geradezu unglaublicher Weise in einem Epigramm Hugo von Hofmannsthals: »Zeig mir im Aug von dem Hund gleichfalls den Schatten der That.«[85] Ergänzen läßt sich dieser Zusammenschluß durch den Hinweis auf das Gedicht ›Der Genius der Zukunft‹ (1769) von Johann Gottfried Herder, wo das Schattenbild der vergangenen Taten zum prophetischen Verweis auf die Zukunft wird:

80 Francis Bacon, Sylva Sylvarum or A naturall History . . ., London 1629.

81 Vgl. W. Neubauer, Zum Schatten-Problem bei Adalbert von Chamisso oder zur Nicht-Interpretierbarkeit von *Peter Schlemihls wundersamer Geschichte*, Literatur für Leser 1986, pp. 24-34.

82 Vgl. L. Weissberg, Literatur als Repräsentationsform. Zur Lektüre von Lektüre, in: L. Danneberg/F. Vollhardt (eds.), Vom Umgang mit Literatur und Literaturgeschichte. Positionen und Perspektiven nach der ›Theoriedebatte‹, Stuttgart 1992, pp. 293-313.

83 Vgl. G. Neumann, Charlotte von Stein. Ein Leben als Schattenriß, in: H. Weigel (ed.), Festschrift für Horst Gronemeyer zum 60. Geburtstag, Herzberg 1993, pp. 421-459, u. a. p. 424/425: »Eine Konfiguration, eine Gewebe aus Wörtern, Schattenrissen und Imaginationen, beginnt sich abzuzeichnen: Sie besteht aus dem Autor, seinen erfundenen Figuren, deren *wirklichen* Vorbildern – und der Leserin.«

84 H. v. Hofmannsthal, Die Frau ohne Schatten (1919), in: ders., Sämtliche Werke. Kritische Ausgabe XXVIII: Erzählungen 1, Frankfurt am Main 1975, pp. 107-196.

85 H. v. Hofmannsthal, Sämtliche Werke. Kritische Ausgabe I: Gedichte 1, Frankfurt am Main 1984, p. 87 (1898).

»Vom dunklen Meer ... vergangener Thaten steigt
ein Schattenbild in die Seel' empor!
Wer bist du, Dämon! ... Kommst du leitend
mein Lebensschiff in die Höh' dort auf!
...
O Land! o Land! ... der schwarzen Ueberfart
Schlünden entrann ich, o Land!«[86]

Aber mehr noch: Unterbrochen durch den Hinweis auf Alexander Gottlieb Baumgartens Ausführungen in seiner *Aesthetica* zur Unterscheidung von *obscvritas aesthetica* und *vmbra aesthetica*, wonach der Schatten entscheidend für die Einheit des (literarischen) Kunstwerkes sei, da die ausführliche Klarheit des Ganzen die Verteilung von *Licht* und *Schatten* erfordere[87], gelangt man zu dem Thema, mit dem poststrukturalistische Interpretationen auf ihren Höhepunkt zuzustreben pflegen – der Selbstthematisierung. Hofmannsthals Epigramm bietet einen unerwarteten, aber natürlich nicht zeichenhaft kontingenten Anknüpfungspunkt, wenn man seinen Titel berücksichtigt: »Kunst des Erzählens«. Dem Schwadronieren über Autoreferenzialität und andere fashionable Themen, die in den wenigen Zeilen Gomringers angelegt seien, sind nunmehr keine Grenzen gezogen.[88] Schließlich läßt sich auch

86 Vgl. Herder, Sämmtliche Werke. Ed. von B. Suphan, IXXX, ed. C. Redlich, Berlin 1889, pp. 322f. Bei Herder heißt es auch: »... o warum ist man durch die Sprache, zu abstrakten Schattenbildern, wie zu Körpern, wie zu existirenden Realitäten verwöhnt!« – ders., Journal meiner Reise im Jahr 1769, in: op. cit., IV, ed. B. Suphan, Berlin 1878, pp. 343-461, p. 349.

87 Vgl. A. G. Baumgarten, Aestheticorum pars altera (1758), Hildesheim/New York 1961, cap. I, sect. XXXVIII, §§ 657-662, pp. 432-437 (auch sec. XXXX, §§ 666ff: »Ivsta lvcis et vmbrae dispensatio«).

88 Daß es zahllose, aufregende weitere Anknüpfungsmöglichkeiten gibt, sei betont und nur an einem Beispiel belegt – so z. B. an Hölderlins *Andenken*. Hilfestellung bietet z. B. der folgende Ausschnitt aus der Interpretation bei B. Witte, Homerische Schatten. Ein historisch-kritischer Kommentar zu Hölderlins ›Andenken‹, in: J. Janota (ed.), Kultureller Wandel und die Germanistik in der Bundesrepublik. Vorträge des Augsburger Germanistentags III: Methodenkonkurrenz in der germanistischen Praxis, Tübingen 1993, pp. 181-192, hier p. 189: »Der Dichter ruht unter Schatten: sein Tun ist im Gegensatz zu den gewöhnlichen Tätigkeiten der Frauen und Männer kontemplativer Art. Aber damit ist nicht nur auf eine idyllische Naturszene verwiesen. Die

der im deutschen Sprachraum so beliebten Gewohnheit, Walter Benjamin anzuzitieren, Genüge tun:

»Ich bin ein Maler der aus Schatten
Das wunderbarste Bild malt ...«[89]

Dabei werden die Zitate von ihren lästigen Kontexten, von ihrem »idyllischen Zusammenhang« (Walter Benjamin) befreit und in aufregende neue Umgebungen versetzt, etwa im Rahmen von Zitatenmosaiken und -collagen – ein Vorgehen, das sich auf Benjamin selbst berufen kann: »Methode dieser Arbeit: literarische Montage. Ich habe nichts zu sagen. Nur zu zeigen.«[90] Fürs Erotische sorgt der ›Schattenkoitus‹ in Peter Weiss' *Der Schatten des Körpers des Kutschers*.[91] Die obligatorische Vergangenheitsbewältigung gelingt mit Hilfe von Ivan Invanjis ›Schattenspringen‹.[92] Den Abschluß bildet die ›Dekonstruktion‹ des Themas.[93] Für die

Schatten, unter denen er ruht, sind nicht nur die der Bäume aus den obersten beiden Strophen, sondern es sind vor allem die homerischen ›Schatten‹, die Toten. Von ihnen sind die ›Gedanken‹ des Dichters erfüllt, weshalb sie im eigentlichen Wortverstand ›sterblich‹ genannt werden können ...«

89 W. Benjamin, Sonette ‹55›, in: ders., Gesammelte Werke. VII/1, eds. R. Tiedemann und H. Schweppenhäuser, Frankfurt am Main 1989, p. 54.

90 W. Benjamin, Aufzeichnungen und Materialien, in: ders., Gesammelte Werke, V, ed. Rolf Tiedemann, Frankfurt am Main 1982, p. 574. Zu Benjamin und das Zitieren vgl. u. a. R. Faber, Der Collage-Essay, Hildesheim 1979, pp. 30 ff.; R. S. Zons, Annäherungen an die ›Passagen‹, in: N. Bolz/B. Witte (eds.), Passagen. Walter Benjamins Urgeschichte des XIX. Jahrhunderts, München 1984, pp. 49-69, insbesondere pp. 67 ff.; P. Missac, Passage de Walter Benjamin, Paris 1987, p. 47, Anm. 45 und pp. 59 ff.

91 P. Weiss, Der Schatten des Körpers des Kutschers (1952), Frankfurt am Main 1960 (Erstveröffentlichung).

92 I. Ivanji, Schattenspringen, Wien 1993.

93 Vgl. C. Strub, »Blosse Ausdrückung« und »lautes Denken«. Zu Kleists Aufsatz *Über die allmähliche Verfertigung der Gedanken beim Reden*, Kodikas/Code 11 (1988), pp. 273-294, hier Anm. 34, p. 292: »Interessant ist folgende Bemerkung Kleists in diesem Zusammenhang: ›Wenn Du spazieren gehst und in die Sonne blickst, so wenden Dir alle Gegenstände ihre Schattenseite zu‹ ... Hier wäre a, eine direkte Wiederholung der platonischen Thematisierung der Sonne im ›Höhlengleichnis ... vorgenommen; b, kann hier im Vergleich mit Descartes' ›lumen

Epigonen glücklicherweise vorformuliert durch Jacques Derrida: »il n'y a plus d'ombre«[94] – gekontert mit dem Diktum Bonaventuras: »totus mundus est umbra«[95], und ergänzt durch die grüblerische Frage: Ist alles Schatten im *mare tenebrarum*?
Das Problem bei der Zuweisung von Philosophie an einen literarischen Text über die Bildung eines Kontextes besteht *mithin* – ich hoffe das Beispiel rechtfertigt die Wahl dieses Ausdrucks – in der Frage, welche Kontexte zulässig sind und wie sie sich begrenzen lassen.
In anderer Weise ist der zweite Schritt der Interpretation charakterisiert. Die Schwierigkeiten mit ihm, der zu Vermutungen verborgener philosophischer Reflexion in einem literarischen Text führen soll, sind kaum geringer als beim ersten Schritt, wenn auch von anderer Art.
Er besteht darin, daß die in der Erzählung von Perutz beschriebene Konstellation zum Ausgangspunkt genommen wird. Anhand bestimmter Eigenschaften, die sie besitzt, wird versucht, zu allgemeineren Annahmen oder Aussagen philosophischer Art zu gelangen. Dieses Vorgehen läßt sich mit der Bildung eines *sensus mediatus* oder – wie dieser in der älteren Hermeneutik auch genannt wurde – eines *sensus mysticus sive spiritualis sive occultus* vergleichen. Seit Augustinus den Sachsinn zwar nicht kreiert, aber ihm über seine autoritativen Formulierungen Heimatrecht in der Bibelexegese verschafft hat, hält die Diskussion über seine nähere Bestimmung wie über seine diversen Unterabteilungen an – *sensus typicus, anagogicus, allegoricus, parabolicus*. Im vorliegenden Fall

naturale‹, von dem alle Erkenntnis ausgeht ..., die These Derridas ... belegt werden, daß hinter diese Metapher der Sonne nicht zurückgegangen werden kann ...« usw.

94 J. Derrida, Otobiographies. L'enseignement de Nietzsche et la politique du nom propre, Paris 1984, p. 60.

95 Bonaventura, Hexaemeron, in: op. cit. Anm. 77, pp. 327-454, Collatio XII, § 14, p. 386; auch in ders., Collationes Hexaemeron. Ed. F. Delorme. Quaracchi 1934 (Bibliotheca Franciscana scholastica Medii Aevi 8), p. 144. – Vgl. auch Erasmus, Μωρίας (op. cit. Anm. 46), p. 62: »Adumbrata quidem omnia, sed haec fabula non aliter agitur.« Ferner aus den Adagia selecta: »Umbram suam metuere«, in Erasmus, Adagiorum Chiliades, in: ders., Ausgewählte Schriften VI, übersetzt, eingeleitet und mit Anmerkungen versehen von T. Payr, Darmstadt 1972, pp. 358-633, hier pp. 410-412.

der Zuweisung eines philosophischen Gehaltes über die Eigenschaften der erzählten Konstellation handelt es sich um einen *sensus*, der über *Exemplifikation* bestimmt ist oder ermittelt wird. Die in der Erzählung beschriebene Situation exemplifiziert philosophisch Prägnantes. Eine solche Bedeutungsrelation ist indes nicht ohne Tücken.[96]

Jede Eigenschaft eines (literarischen) Textereignisses *und* jede Eigenschaft der von ihm beschriebenen (fiktionalen) Textwelt kann als exemplifizierend aufgefaßt werden. Darüber hinaus kann ein Text bei Eigenschaften, die ihm nicht zukommen bzw. die ihm abgesprochen werden, ihr Nichtvorhandensein exemplifizieren.

Eine besondere Tücke der Zuweisung von Bedeutung an einen Text über Exemplifikation soll wiederum anhand eines Beispiels erläutert werden. Eugen Gomringers Bildgedicht *simultan/sukzessiv* besitzt im Zentrum ein Viereck, dessen Kanten durch eine entsprechende Anzahl von *simultan*-Ausdrücken gebildet werden. An dieses Viereck schließen sich offene Vierecke an, denen jeweils eine Kante fehlt. Sie sind in gleicher Weise aus den Ausdrücken ›sukzessive‹ – zwei Kanten (deren Knoten jeweils mit einem der Knoten des zentralen Vierecks identisch ist) – und ›simultan‹ – eine Kante – gebildet. In ihrem Aufsatz *Schrift als Aufhebung der Zeit. Zu Formen der Temporalreflexion in visueller Poesie und ihren spekulativen Voraussetzungen* sieht Monika Schmitz-Emans in Gomringers Gedicht einen Verweis »[a]uf die Dialektik zwischen Zeitlichkeit und Simultaneität«; sie sieht die Ausdrücke ›simultan‹ und ›sukzessiv‹ in der »Anordnung eines Gitters, eines Koordinatennetzes«.[97] Diesem kleinen Text wird schwerer philosophischer Ballast aufgebürdet, der hier nicht weiter zu interessieren braucht. Mich interessiert lediglich ein bestimmtes Problem, das sich bei solchen assoziativen Exemplifikationen einstellt und das die Verfasserin nicht einmal zu ahnen scheint.

Schon bei oberflächlicher Betrachtung läßt sich dieses ›Gitter‹ auch so beschreiben, daß es aus vier Hakenkreuzen zusammenge-

96 Vgl. auch L. Danneberg, Hermeneutiken. Bedeutung und Methodologie, erscheint Berlin 1995, Kap. III.1.

97 M. Schmitz-Emans, Schrift als Aufhebung der Zeit. Formen der Temporalreflexion in visueller Poesie und ihren spekulativen Voraussetzungen, arcadia 26 (1991), pp. 1-32, hier p. 31.

setzt ist, denen jeweils genau einer der vier Haken fehlt. Das *ganze* ›Gitter‹ stellt ein Hakenkreuz dar, dessen Kreuzlinien verdoppelt sind. Ohne Schwierigkeiten ließe sich von diesem Befund aus an das Verbot des öffentlichen Zeigens nationalsozialistischer Symbole und die diversen Versuche anknüpfen, diesem Verbot durch Variation zu entgehen. Die Anfangsbuchstaben der beiden Ausdrücke, aus denen dieses Hakenkreuz aufgebaut ist und die in dem einen Ausdruck wiederaufgenommen sind, lassen sich ohne Schwierigkeit in einen Zusammenhang mit dem Nationalsozialismus bringen (zumal dieses Buchstabenspiel in der Nachkriegsliteratur keineswegs selten ist). Es fällt nicht schwer, auf diesem Wege zu weiteren Ausdeutungen in die gewiesene Richtung zu gelangen. Ich hoffe, nur wenige wären glücklich, wenn ihre Werke in dieser Weise ausgedeutet würden. Vielleicht wird man im vorliegenden Fall der Ansicht sein, hier sollte die ethische Verantwortung die Freiheit – um nicht zu sagen: die Willkür – des Interpreten begrenzen. Auch wenn dem so ist: Aus welchem Grund bleibt diese Verantwortlichkeit auf politisch anstößige Ausdeutungen beschränkt, und warum erstreckt sie sich nicht auf die zahlreichen – gelinde gesagt – abstrusen philosophischen Vorstellungen, die in den Köpfen von Interpreten herumschwirren und mit denen sie literarische Texte quälen?
Diese Frage kann hier nicht beantwortet werden, und sie dürfte auch nicht leicht zu beantworten sein, wenn es etwa darum gehen soll, Texten spezifische ›Rechte‹ einzuräumen.[98] Es ist fraglich, inwieweit dabei letztlich nicht immer ein Rückgriff auf die Verfasser von Texten erfolgt. Daß aber auch die Interpreten hierdurch Schutz erfahren können, steht außer Frage. Ein Beispiel mag zumindest die Problematik andeuten. Es zeigt zugleich, daß die unsinnigen Buchstabenspielereien poststrukturalistischer Provenienz, das »Würfeln mit den Wörtern«[99], die ihre sorglosen Anwendungen in zahlreichen, auch ›feministischen Textlektüren‹ finden, zu einem nicht ungefährlichen Spiel für die Interpreten werden können, so daß ihre Handhabung größerer Vorsicht bedarf.

98 Vgl. z. B. A. Tormey, Aesthetic Rights, The Journal of Aesthetics and Art Criticism 32 (1973/74), pp. 163-170.

99 Vgl., allerdings nur des Titels wegen, L. Braun und K. Ruch, Das Würfeln mit den Wörtern. Geschichte und Bedeutung des Anagramms, Merkur 42 (1988), pp. 225-236.

In seinem Tischgespräch *Deipnosophisten* berichtet Athenaios über Sosibios, einen berühmten Ausdeuter, dessen Innovation unter anderem in der Konstruktion von Akrosticha und Anastrophen im Werke Homers bestand. Zwar war Sosibios Stipendiat des Königs Ptolemaios Philadelphus, doch verweigerten ihm die Verwalter auf des Königs Anweisung, das Stipendium auszuzahlen. Ihm wurde statt dessen mitgeteilt, daß er das Geld bereits erhalten habe. Ptolemaios prüfte die Beschwerde und wies sie als unbegründet zurück. Nach Prüfung der Unterlagen habe Sosibios in der Tat sein Stipendium ausbezahlt erhalten. Zum Nachweis verwies Ptolemaios auf die Liste der ausgezahlten Stipendiaten: Soteros, Sosigenos, Bionos, Appollonios, und forderte Sosibius auf, die Buchstabenfolge *so* von Soteros, *si* von Sosigenos, die erste Silbe von Bionos und die letzte von Appollonios zu nehmen. Der König erklärte, daß Sosibios – seiner eigenen Interpretationspraxis folgend – die Mittel seines Stipendiums bereits erhalten habe.[100]

Wie auch immer die Exemplifikationsrelation näher bestimmt sein mag, für jede Variante gilt, daß ein Text jede ihm zugesprochene Eigenschaft exemplifizieren *kann*; es gilt ferner, daß jede Variante an eine Grenze stößt, durch die zwar verhindert wird, daß nach der jeweiligen Exemplifikationsrelation ein Text jede Eigenschaft, die er besitzt, auch exemplifiziert, bei der aber unbestimmt bleibt, wo diese Grenze verläuft. Ein Text kann zwar jede Eigenschaft, die ihm zugeschrieben wird, exemplifizieren, aber nicht alle *zugleich* bzw. nicht alle im Hinblick auf eine bestimmte Exemplifikationsrelation. Wenn strenggenommen *alle* Eigenschaften eines Textes *zugleich* als exemplifizierend aufgefaßt werden, dann exemplifiziert der Text allein sich selbst. Die Exemplifikation soll aber gerade über den jeweiligen Text hinausweisen und Anschlüsse an vorhandene oder eigens kreierte Deutungsmuster schaffen. Hierin liegt ihre Stärke. Es gibt faktisch keine literaturwissenschaftliche Interpretation, bei der nicht auch über Exemplifikation dem Text Bedeutung zugewiesen wird; zumal wenn die

100 Vgl. Athenaeus, The Deipnosophists. Griechischer Text und englische Übersetzung von C. Burton Gulick, V, London/Cambridge (1933) 1963, Buch XI, Abschnitt 494, pp. 198-201. Die Botschaft des Königs lautet: εὑϱήσεις σαυτὸν ἀπειληφότα χατὰ τὰς σὰς ἐπινοίας (p. 198).

Exemplifikation auch noch metaphorisch sein darf, droht auch hier die Gefahr, literarische Texte beliebig philosophisch aufzuladen.

Meine erste These bezog sich auf den verwendeten Kontext. Meine zweite These bezieht sich auf die Exemplifikation und lautet: *Ohne zusätzliche Anforderungen an die Fähigkeit eines Textes zur Exemplifikation läßt sich in einem Text so viel Philosophie entdecken, wie es einem gefällt.*

Bei Ernst Behler, der an Maurice Blanchot anknüpft[101], heißt es zum fragmentarischen Stil Nietzsches:

»Fragmentarisches Schreiben ist zunächst Zurückweisung eines Systems, Leidenschaft für das Unvollständige, Gedankenreise. Es ignoriert Selbstgenügsamkeit, und wenn dieses Schreiben in den Bereich des Fragmentarischen eintritt, akzeptiert es das Risiko eines Denkens, das keine Einheit mehr garantiert. Fragmentarisches Schreiben ignoriert ebenfalls Widerspruch oder, positiv gesprochen, es bringt die Vielheit zum Ausdruck – aber nicht auf dialektische Weise, sondern in der grenzenlosen Art der Differenz ist eine eigenartige Form von Pluralismus, weder Vielheit noch Einheit ...«[102]

Man kann diese Ausführungen für schlichten Unsinn halten; doch wenn man sich der Mühe des Versuchs unterzieht, sie zu rekonstruieren, dann stellt man fest, daß hierzu komplizierte Exemplifikationsketten erforderlich sind. Für diese Ketten gibt es kein festgelegtes Ende. Findet sich ein bestimmter philosophischer Gehalt in einem Text nicht, so ist lediglich das eigene Ingenium gescheitert.

Ob ein (literarischer) Text bzw. die in ihm beschriebene Textwelt philosophische Annahmen *demonstriert*, hängt davon ab, ob er bestimmte Eigenschaften *exemplifiziert* und ob er sich dabei zudem auf die Annahmen, die mit den exemplifizierten Eigenschaften verbunden werden, *bezieht*. Ebenso wie es erforderlich ist, Grenzen für die zulässige Kontextbildung zu ziehen, ist es notwendig, Einschränkungen für die philosophischen Annahmen vorzusehen, die der Text über Exemplifikation demonstriert. Unter bestimmten Voraussetzungen kann ein und derselbe Text *nicht*

101 Vgl. M. Blanchot, Nietzsche und die fragmentarische Schrift (Nietzsche et l'écriture fragmentaire, 1969), in: W. Hamacher (ed.), Nietzsche aus Frankreich, Frankfurt am Main/Berlin 1986, pp. 47-73.

102 E. Behler, Derrida-Nietzsche. Nietzsche-Derrida, München/Paderborn/Wien/Zürich 1988, p. 26.

widersprechende Eigenschaften exemplifizieren. *Unter denselben Voraussetzungen* ist es aber möglich, daß ein Text widersprechende philosophische Annahmen demonstriert. Wenn ein literarisches Kunstwerk wortsprachlich ist, dann kann es die Eigenschaft exemplifizieren, sprachlich verfaßt zu sein. Dann läßt es sich mit allen Theorien verbinden, die über Sprache verfaßt sind, und dann kann es widersprüchliche philosophische Annahmen demonstrieren.

Eigenschaften eines Textes exemplifizieren und demonstrieren nur im Textzusammenhang; mithin gibt es keine Demonstrationen, die mit Eigenschaften textunabhängig verknüpft sind. Jede Eigenschaft kann grenzenlos zur Demonstration herangezogen werden, aber nur diejenigen sind einem Werk zuzuschreiben, die sich mit seinen anderen Eigenschaften verknüpfen lassen.

Wie kommt die Philosophie in die Literatur? – das war die Frage, die den Ausgangspunkt meiner Überlegungen bildete; der Versuch, sie zu beantworten, führt am Ende zu der Frage: Wie bewahren wir die Literatur vor zu viel Philosophie?

Kuno Lorenz
Sinnliche Erkenntnis als Kunst und begriffliche Erkenntnis als Wissenschaft

Immer wieder gab es Versuche, die beiden Gestalten des Wissens, die wissenschaftliche und die künstlerische, näher aneinanderzurücken, als sie gewöhnlich gesehen werden. Der Vergleich beider Gestalten, unter besonderer Berücksichtigung der Geschichte, in der künstlerische Tätigkeit deutlich weiter in die Vergangenheit zurückzureichen scheint als wissenschaftliche, sollte einen gemeinsamen Kernbereich freizulegen erlauben, der dann den Maßstab dafür bereitstellt, wie man zuverlässig ineinander übersetzen kann: Kunst in Wissenschaft und Wissenschaft in Kunst.

Von der Unterstellung, daß über die erste Art Übersetzung verfügt werden könne, lebt ein großer Teil unserer philosophischen Fakultäten beziehungsweise ihrer institutionellen Erben, aber auch die professionelle Kunstkritik; die Überzeugung von der Verfügbarkeit der zweiten Art Übersetzung wiederum liegt einem großen Teil gegenwärtiger künstlerischer Ausbildung zugrunde, die daran zuweilen anschließende ›zeitkritische‹ Kunstausübung eingeschlossen.

Wird hingegen auf diese Unterstellung aufmerksam gemacht, so wird sie regelmäßig sehr skeptisch beurteilt: weder könne es eine einwandfreie begriffliche Fassung für ein sinnliches Wissen noch eine eigenständige sinnliche Fassung für ein begriffliches Wissen geben. Im ersten Fall führe ein Versuch allenfalls zu ›Kopfgeburten‹, hingegen im zweiten Fall höchstens zu ›Illustrationen‹. Wie aber sollen dann Gemeinsamkeiten zwischen Wissenschaft und Kunst, insbesondere zwischen Philosophie und Dichtung, überhaupt möglich sein?

Angesichts überlieferter Kennzeichnungen, etwa Wittgensteins und Heideggers als dichterischer Philosophen – auch Platon und Nietzsche gehören in diese Ahnenreihe – und Brochs und Camus' zum Beispiel als philosophischer Dichter – Aischylos und Goethe ließen sich ebenso anführen – entsteht die dringliche Frage, worauf mit den Wendungen »dichterischer Philosoph« und »philosophischer Dichter« überhaupt angespielt ist. Gibt es eine derartige

Personalunion und, wenn ja, worin besteht sie? Läßt sich vielleicht gar jeder Text und damit jeder Autor unter begrifflich-philosophischem ebenso wie unter sinnlich-dichterischem Aspekt lesen? Nur ist im Normalfall ein im einen Aspekt guter Text im anderen Aspekt ein schlechter Text und deshalb nicht jeder Philosoph auch ein Dichter oder umgekehrt. Worin aber unterscheiden sich dann die beiden Aspekte?

Um diese Frage zu beantworten, sollten wir eine grundsätzliche Klarheit darüber anstreben, auf welche Weise einerseits die Wissenschaften und andererseits die Künste der Produktion und Organisation unseres Wissens über ›die Welt‹ dienen. Berücksichtigen wir, daß sich der Ausdruck ›Kunst‹ von ›können‹ herleitet, so müssen wir danach fragen, was Können (oder ›wissen zu ...‹) mit Wissen (im Sinne von ›wissen, daß ...‹) zu tun hat.

Jemand kann Bergsteigen (d. h. er weiß, Berge zu besteigen), aber er weiß, daß Berge (im Regelfall) besteigbar sind; jemand kann einen Baum mit Zweigen und Blättern zeichnen, aber er weiß, daß die Aussage ›ein Baum hat Zweige und Blätter‹ (im Regelfall) zutreffend oder wahr ist. Können bezieht sich auf Handlungen, meistens ausdrücklich auf Handlungen mit oder an Objekten beziehungsweise in Situationen, aber auch auf Zeichenhandlungen. Wissen habe ich über Objekte, darunter auch Zeichen, zum Beispiel Sätze; es wird in der Form von Aussagen über Objekte oder von Aussagen über Zeichen notiert. Lassen wir uns von diesen Sprechweisen leiten, so ist Wissen propositional, Können hingegen operational. Wir müssen also, wollen wir auch Können als eine Art von Wissen identifizieren, nach nicht-propositionalem, nämlich ›operationalem‹ Wissen suchen.

Gibt es eine Chance, zwei Weisen von Wissen dadurch auszuzeichnen, daß wir genauer darauf achten, wie Wissen zustande kommt? Natürlich wäre es unklug, dabei über die sprachlichen Ausdrücke hinweg – oder unter ihnen hindurch – direkt ›zur Sache‹ kommen zu wollen, steht doch bei einer Untersuchung der Wissensbildung eben der Zusammenhang zwischen einer Sache und dem Zeichen für sie in Frage, auch wenn es hier, scheinbar schon etwas differenzierter, um den Unterschied zwischen einer Sache, gleichgültig durch welches Zeichen sie zugänglich gemacht wird, und dem, was ich über sie sage oder weiß, geht. Denn jedes Prädikat eines Satzes über einen Gegenstand kann man auch attributiv bezüglich des Subjekts verwenden und so zum Zeichen, nämlich einem deiktischen Namen, für den Gegenstand machen; ebenso umgekehrt:

dieser Baum ist belaubt – dieser belaubte Baum (dieses Belaubte)
dieser Baum – dies ist ein Baum.

Wir müssen uns also mit den Zeichen befassen, die, so scheint es, zwischen uns und der Wirklichkeit stehen. Einerseits sind sie das Medium unseres Wissens, andererseits scheinen sie die Wirklichkeit zu verbergen. Oder ist gar dieser Unterschied für den Unterschied zwischen Wissenschaft und Kunst charakteristisch? Sind Kunstwerke also eher Ersatzwirklichkeiten, als Gegenwelten gebaute Fluchtburgen, und nur aufgrund von Mißverständnissen oder in den Fällen nicht ›reiner‹ Gestaltung auf etwas anderes, eine äußere oder innere Wirklichkeit bezogen, die sie in ›subjektiver‹ Verformung oder gar Entstellung ausdrücken? Und stehen den Künsten dann die Wissenschaften als menschliche Anstrengungen gegenüber, mit deren Hilfe sie Wirklichkeit ›objektiv‹ darstellen? Müssen wir nicht fürchten, bei solcher Denkweise auf einen Holzweg zu geraten, denselben, den einst Platon beschritt, als er die Künstler als ›Scheinbildner‹ und damit Verführer ächtete? Denn genauso überzeugend scheint die umgekehrte Argumentationsweise zu sein, bei der gerade den Künsten das Vermögen zugesprochen wird, Wirklichkeit wahrhaft zu erschließen, während es den Wissenschaften ihrer eingebauten methodologischen Scheuklappen wegen unmöglich sei, Wirklichkeit uneingeschränkt abzubilden.

Diesem Vexierbild können wir nur entrinnen, wenn wir uns entschließen, Zeichen und Bezeichnetes als korrelativ aufzufassen. Keines von beiden kann unabhängig vom anderen bestimmt und als Gegenstand einer Untersuchung gewählt werden. Zu glauben, man könne sich allein dem Bezeichneten, eben der Wirklichkeit, zuwenden und dabei darauf verzichten, wissen zu wollen, was man dabei tut, ist ein Irrglaube. Er führt zum blinden Aktionismus, sei es zu einem in den Wissenschaften zuweilen vertretenen ›anything goes‹ oder zu einem in den Künsten zuweilen geübten ›l'art pour l'art‹. Aber natürlich ist auch umgekehrt die Flucht allein ins Reich der Zeichen, in die scheinbar unbeteiligte Zuschauerrolle wissenschaftlicher Distanzierung oder in die Beliebigkeit künstlerischer Selbstgenügsamkeit, kein Ausweg: Zeichen allein verlieren ihren Charakter als Zeichen.

Um die Zusammengehörigkeit von Zeichen und Bezeichnetem zu

begreifen, müssen wir uns klar machen, daß die Trennung von Gegenstand und Zeichen ein Erbe der klassischen Gegenüberstellung von Sein und Erkennen ist. Nur durch einen Versuch, diese Gegenüberstellung in einen Entfaltungsprozeß einzubetten, haben wir die Chance, beide Seiten, die Gegenstände und die Zeichen, als gleichursprünglich zu begreifen: keine bringt die andere aus sich hervor. Die künstlerische und die wissenschaftliche Seite dieses Entfaltungsprozesses werden sich dann vergleichsweise mühelos als seine ›Subjektseite‹ und seine ›Objektseite‹ voneinander unterscheiden lassen.

Wir beginnen damit, uns zwei hergebrachte Verhaltensweisen zu vergegenwärtigen, zu denen immer dann aufgerufen wird, wenn die Selbstverständlichkeit der Lebensvollzüge einmal wieder abhanden gekommen scheint. Es heißt in solchen Situationen, man solle wieder lernen, sich in der Wirklichkeit zurechtzufinden oder aber an der Wirklichkeit zu orientieren. Soll man sich in der Wirklichkeit zurechtzufinden lernen, so ist unterstellt, daß man schon weiß, was wirklich ist, es fehlen nur die handlungsleitenden Wegweiser, also die Kenntnisse von den ›für uns‹ relevanten Zusammenhängen zwischen dem, was schon ›da‹ ist. Wirklichkeit ist in diesem Kontext die Welt der Gegenstände; deren Zusammenhänge erst bilden die Welt der Tatsachen, also das, was sonst unter Wirklichkeit verstanden wird. Dabei gehört es zu den besonders wirksamen Überlieferungen, die Welt der Gegenstände für ein Reich von grundsätzlich nur unseren Sinnen zugänglichen Individuen zu halten, während zur Erfassung von Zusammenhängen zwischen ihnen diese Individuen jeweils als Fälle eines Allgemeinen ›mit den Augen des Geistes‹ gesehen werden müssen, eben weil Zusammenhänge stets allgemein sind. Um einen Zusammenhang wissen heißt, ein allgemeines Wissen – um diesen Zusammenhang und alle gleichartigen Zusammenhänge – haben. In der sinnlichen Wirklichkeit von lauter Einzelgegenständen, seien sie als Dinge oder als Ereignisse bestimmt, kann man sich nur zurechtfinden, wenn sie als Instanzen der geistigen Wirklichkeit von Allgemeinem begriffen sind. Es ist ersichtlich unerheblich, welcher Seite die Palme des ›wirklich Wirklichen‹ überreicht wird, der der individuellen Gegenstände oder der der allgemeinen Formen; für beide Positionen, die empiristische und die rationalistische, ist allein die Unterscheidung zwischen beiden Seiten ›entscheidend‹.

Wenden wir uns jetzt der anderen Verhaltensweise zu, die durch die Wendung ›sich an der Wirklichkeit orientieren‹ gekennzeichnet war, so können wir sofort festhalten, daß in diesem Fall das Wirkliche dem bloß Ausgedachten, also dem allenfalls ›in der Vorstellung‹ Wirklichen und damit höchstens ›Möglichen‹ gegenübergestellt ist. Es entsteht die Aufgabe zu bestimmen, wie Mögliches in Wirkliches überführt werden kann, ganz in Übereinstimmung mit dem von Aristoteles gegebenen Beispiel einer Statue, die im Marmorblock bereits existiert, allerdings nur ›der Möglichkeit‹ nach, während erst der Bildhauer sie ›verwirklicht‹. Das durch mentale Akte, also ›geistige‹ Tätigkeit, bestimmte Subjekt wird entdeckt, dem eine in ihrer Existenz auf einmal nicht mehr selbstverständliche äußere Wirklichkeit der ›Objekte‹ als Aufgabe für das Erkennen gegenübersteht.
Nachdem der Versuch von Descartes, die Wirklichkeit der Außenwelt aus der Wirklichkeit des Denkens allein – unter Zuhilfenahme eines uns nicht böswillig täuschenden Gottes – abzuleiten, gescheitert war, unterzog sich Kant der heroischen Aufgabe, aus zwei Fähigkeiten, dem Vermögen der Sinnlichkeit oder Vorstellungsvermögen und dem Vermögen des Verstandes oder Denkvermögen, die äußere und innere Wirklichkeit als Erscheinung – und nichts anderes kann es als Inhalt unserer Erfahrung geben – aufzubauen. Der Preis war hoch: die eine ›objektive‹ Wirklichkeit läßt sich nur gewinnen, wenn die Handlungen, als deren Resultat sie erscheint, Handlungen auch nur eines ›Subjekts‹, des berühmten transzendentalen Subjekts, eines ›Dings an sich‹ sind, von dem man nichts wissen, das man als Bedingung der Möglichkeit eines als wirklich längst anerkannten Bereichs der Erfahrung nur postulieren kann. Es wurde dabei vernachlässigt, daß die ein Subjekt auszeichnenden geistigen Tätigkeiten gerade nicht gleichsam private, anderen zunächst unzugängliche ›innere‹ Handlungen sind, sondern einen Aspekt an gewöhnlichen Handlungen und damit eine Weise des Zusammenhangs verschiedener Subjekte, einen Aspekt des ›Handlungsspielraums‹ zwischen Ich und Du, bilden. Hier sind ›Ich‹ und ›Du‹ nur Titel für ebenden geistigen Anteil an Handlungen, der nicht einem Subjekt allein zugerechnet werden kann. Zum tätigen oder aktiven Anteil an einer Handlung, den ich mir – in der traditionellen Überschätzung: der Vernunft oder dem Geist in mir – zuschreibe, gehört nämlich stets auch ein hinnehmender oder passiver Anteil, der – psychologisch verkürzt als

Einfall oder theologisch überhöht als Offenbarung bezeichnet – schlicht nur der meiner Verfügung entzogene Anteil auch an einer Handlung ohne unmittelbares Gegenüber ist. Deshalb sollten auch alle Spezialisierungen des Ich-Du-Spielraums, durch Sprecher und Hörer oder Schreiber und Leser, auch durch Produzent und Rezipient, Lehrer und Schüler, usw., nicht mit dem neuzeitlichen Mißverständnis schon ›fertiger‹ Subjekte, die ›danach‹ in Beziehungen zueinander treten, belastet werden.
Versuchen wir also, uns weder in der Wirklichkeit zurechtzufinden noch an der Wirklichkeit zu orientieren, vermeiden wir es einerseits, so zu tun, als wüßten wir über das, was es gibt, Bescheid und suchten nur nach den Zusammenhängen, gerieten wir dann doch in eine Zweireichelehre von Einzelgegenständen und allgemeinen Gegenständen, und andererseits ebenso, uns dem Dualismus von erkennendem Subjekt und erkannter Welt der Objekte auszuliefern, müßten wir doch dann mit geistigem Leerlauf rechnen, statt konsequent von ›geistlosem‹ Verhalten zu reden, nämlich bei inhaltsloser mentaler Aktivität.
Wir beginnen daher weder mit dem ›ontologischen‹ Gegensatz von sinnlich (Einzelnem) und geistig (Allgemeinem) noch mit dem ›epistemologischen‹ Gegensatz von (subjektivem) Erkennen und (objektivem) Sein, sondern halten uns an das in den mannigfachen menschlichen Handlungszusammenhängen auftretende Können.
Wer etwas kann – rechnen, Flöte spielen, eine Geschichte erzählen, physikalische Experimente durchführen, sich verständlich machen, usw. –, dem kann ein Lernprozeß zugesprochen werden aus der Sicht dessen, der das Können zum Gegenstand seiner Aufmerksamkeit nimmt. Das mögen Handlungspartner ebenso sein wie Beobachter. Dabei braucht der Lernprozeß, wird er zugeschrieben, nicht empirisch stattgefunden zu haben. Manche können etwas, was andere nur mühsam oder gar nicht lernen, und es ist Sache der Wissenschaften herauszufinden, welche Prozesse, und seien es vielleicht gar genetische, abgelaufen sein müssen, damit ein derartiges Können vorliegen kann. Hingegen dient eine systematische Rekonstruktion des Lernprozesses für ein Können dazu, so etwas wie einen Maßstab bereitzustellen, der für die empirische Suche nach der Herkunft des Könnens die Orientierung darstellt, damit man überhaupt weiß, wonach zu suchen ist.
Offenkundig ist es nun so – die Beispiele machen das deutlich –,

daß diese Aufgabe nicht nur die Rekonstruktion des Lernprozesses für das Können, sondern diejenige für seine Darstellung, im allgemeinen mit Hilfe einer Wortsprache, einschließt. Es wäre eine bloße Einbildung, zu unterstellen, einer wüßte ohne weiteres, was ein anderer kann, ist er nur zugegen. Im Gegenteil, im Können, das zwei, die miteinander handeln, aktualisieren – man nehme als Beispiel das naheliegende von Lehrer und Schüler beim Vermitteln einer Kunstfertigkeit –, gibt es stets beides, ein Moment des Vertrautseins miteinander und ein Moment des gegenseitigen Fremdseins. Im Zusammenhandeln drückt sich zum einen die Verschiedenheit beider Menschen aus, und zum anderen ist das einander Gleichsein gewollt, beide Male natürlich nur im Blick auf das fragliche Können.

Ich schlage daher vor, ein Können durch einen elementaren dialogischen Erwerbsprozeß einer Handlungskompetenz zu rekonstruieren. Es gibt dann zwei unterschiedliche Gesichtspunkte, den des an einer bestimmten Stelle des dialogischen Erwerbsprozesses die Handlung gerade Ausführenden und den des dabei scheinbar gerade ›untätigen‹ Gegenübers, den des die Handlung gerade ›Wahrnehmenden‹. In einem sehr elementaren Sinn ist der ›Wahrnehmende‹ jemand, der die Handlung ›versteht‹, oder, in einer technischen Ausdrucksweise, jemand, der die Handlung ›anführt‹. Jedenfalls können wir nachträglich so reden, nachdem am Ende einer offenen Sequenz von Rollenwechseln zwischen Anführen und Ausführen beide über die fragliche Handlungskompetenz verfügen. Ein Können gibt es in dieser Rekonstruktion allein in Gestalt von Handlungsvollzügen auf seiten des Ausführenden und in Gestalt eines Handlungsverstehens oder eines die Handlung Auffassens auf Seiten des Anführenden. Natürlich kann empirisch derselbe Mensch auch beide Rollen übernehmen; es liegt dann ›wissende‹ oder ›von Aufmerksamkeit begleitete‹ Ausführung vor. Sein und Erkennen sind nur noch die zwei Seiten des Könnens.

Aber wir haben noch mehr gewonnen: Im Handlungsvollzug liegt das Können als etwas Einzelnes vor – der *terminus technicus* ist ›token‹ oder ›Aktualisierung‹ –, im Handlungsverstehen hingegen als etwas Allgemeines – der *terminus technicus* ist hier ›type‹ oder ›Schema‹. Auch der Gegensatz von Einzelnem und Allgemeinem ist damit überwunden.

Insofern jeder der beiden Dialogpartner beide Rollen im Verlauf des Erwerbs der Handlungskompetenz übernimmt, kann man auch sagen, daß im Verstehen eine ›Übersetzung‹ der Handlungsvollzüge stattfindet, das heißt, der Vollzug des einen ist ›gleichbedeutend‹ dem Vollzug des anderen (wenn dieser der Ausführende ist). Das führt dazu, die Vollzüge als jeweils verschiedene Perspektiven eines innerhalb des Handlungsspielraums errichteten gemeinsamen Weltstücks, eines buchstäblich ›geteilten‹ Könnens aufzufassen.

Natürlich hat die Rekonstruktion hier nicht ihr Ende, vielmehr fordert das eingeschlagene Verfahren dazu heraus, das, was als Standpunkt im dialogischen Erwerbsprozeß nur eingenommen wurde, Handlungsvollzug und Handlungsverstehen, seinerseits zu ›verstehen‹, und das heißt, die beiden Perspektiven des Ausführenden und des Anführenden in eigenständige Handlungen, in ein erwerbbares Können, zu überführen. Erst damit wird das Anführen selbst zu einer einübbaren Handlung, jetzt aber mit der Originalhandlung als dem Handlungsobjekt der Anführhandlung. Natürlich bleibt es nicht bei einer solchen Anführhandlung, eine Fülle von Handlungsmöglichkeiten, die Tätigkeiten unserer Sinne eingeschlossen, stehen für die verselbständigte Anführung einer Handlung zur Verfügung. Es ist hier nicht der Platz, auf die sich anschließenden weiteren Differenzierungen näher einzugehen.[1] Nur erwähnt sei, daß unter Verwendung des gerade angedeuteten Prozesses der ›Ojektivierung‹ eines Könnens sich die individuellen Objekte, Einzeldinge ebenso wie Einzelhandlungen und Einzelereignisse, als gleichbleibende ›Kerne‹ der verschiedenen sie anführenden Umgangsweisen bestimmen lassen; von ebensogroßer Wichtigkeit ist die Auszeichnung der Wahrnehmungshandlungen unter den Anführhandlungen und ihre Zerlegung in einen ästhetischen und einen artistischen Aspekt (z. B. ›etwas (visuell) wahrnehmen‹ etwa in ›etwas sehen‹ und ›etwas zeichnen‹).

Die Umgangsweisen mit Objekten artikulieren diese, und besondere verbale Umgangsweisen, unsere sprachlichen Ausdrücke, haben in einem eigenen Prozeß der Objektivierung, genauso übrigens, wie die sinnlichen Umgangsweisen, also die Wahrnehmungshandlungen in ihrem artistischen Aspekt, den Status von

1 Vgl. dazu: K. Lorenz, Einführung in die philosophische Anthropologie, Darmstadt 1990.

Darstellungsmitteln oder Zeichen bekommen für eine nur durch sie zugängliche, also ›erkennbare‹ Wirklichkeit. Unmittelbarkeit ist unsagbar.

Je nachdem nun, ob bei der Darstellung im Zeichen auch noch das Bezeichnete *pars pro toto* gegenwärtig ist, das Zeichen also ›symptomatisch‹ verwendet wird – es kann dann der ›semiotische Teil‹ des Bezeichneten genannt werden –, oder ob das Zeichen nur als Zeichengegenstand auftritt, es mithin Unabhängigkeit vom Bezeichneten und damit eine ›symbolische‹ Rolle gewonnen hat, nennen wir die besondere Zeichenhandlungskompetenz eine Objektkompetenz oder eine Metakompetenz. Im Fall der Objektkompetenz verfügen wir über Kennerschaft, ein Wissen um etwas, auch, zum Beispiel, mit den Mitteln des Sprechsinns, etwa im Erzählenkönnen; im Fall der Metakompetenz liegt ein Wissen über etwas vor, wie es sich, zum Beispiel, im Beschreibenkönnen schon anderweitig bekannter Situationen auswirkt. Traditionell werden beide Kompetenzebenen auch als Ebene des Erlebens oder Kennens und als Ebene des Erkennens auseinandergehalten[2], obwohl natürlich in beiden Fällen ein Wissen vorliegt.

Die Objektkompetenz zweiter Stufe nun als ein Zeichenbildenkönnen, mit dem man zeigt, daß man einen gegliederten Gegenstand kennt und erkennt, ist das Vermögen künstlerischer Tätigkeit; es geht um das Kennen des Kennens und Erkennens, eine reflektierte Kenntnis. Insofern das Kennen gezeigt wird, man also vorführen kann, daß man Gegenstände kennt und in diesem Sinne ein Wissen um Gegenstände hat, das auf die zumindest partielle Gegenwart der fraglichen Gegenstände angewiesen ist, nennt man die künstlerische Tätigkeit Poiesis. Es zählt das Zeigen dessen, was man an und mit Zeichengegenständen – Bildern, Musikstücken, Wörtern, etc. – tut, und nicht dessen, was sie bezeichnen. Insofern aber das Erkennen gezeigt wird, man also vorführen kann, daß man Gegenstände erkennt und in diesem Sinne ein Wissen über Gegenstände hat, nennt man die künstlerische Tätigkeit, ebenfalls im Anschluß an antike Begriffsbildungen, Mimesis. Hier zählt das Zeigen dessen, was die Zeichengegenstände bezeichnen; auf die Gegenwart der bezeichneten Gegenstände ist man nicht angewie-

2 Zum Beispiel bei M. Schlick, Allgemeine Erkenntnislehre, Berlin 1918; B. Russell, Knowledge by Acquaintance and Knowledge by Description, in: ders., Philosophical Essays, London 1910.

sen, man nehme als Beispiel etwa ein Portrait. Die elementarste Gestalt künstlerischer Tätigkeit im Aspekt der Mimesis ist der Mythos, eigentlich ein noch vorkünstlerisches, weil nicht reflektiertes Wissen.

Ganz entsprechend muß das Vermögen wissenschaftlicher Tätigkeit als eine Metakompetenz zweiter Stufe bezeichnet werden. Es geht in diesem Fall um eine Erkenntnis über Kennen und Erkennen und damit um eine reflektierte Erkenntnis, deren zwei Aspekte sich in ähnlich sinnfälliger Weise auseinanderhalten lassen wie bei reflektierter Kenntnis. Das Kennen erkennen, also beschreiben können, heißt nichts anderes, als das Wissen vom Kennenlernen von Gegenständen auszuarbeiten in der Lage sein; man nennt dies die Fähigkeit zu wissenschaftlicher Tätigkeit im Aspekt der Forschung. Hingegen bedeutet das Erkennen zu erkennen, also das Wissen über das Beschreibenkönnen von Gegenständen seinerseits ausarbeiten zu können, eine Fähigkeit zu wissenschaftlicher Tätigkeit im Aspekt der Darstellung. Die einfachste Gestalt von Wissenschaft als Darstellung ist die natürliche Weltauffassung; auch hier eigentlich ein noch vorwissenschaftliches, weil nicht reflektiertes Wissen. Das Bezeichnete ist als Bezeichnetes nicht gewußt. Solange nämlich Zeichen und Gegenstand nicht als unterschieden begriffen sind, das Wissen in Bezug auf Gegenstände nur vollzogen wird – in diesem Fall beziehen wir uns mit Hilfe der Zeichen auf Gegenstände, ohne die Zeichen dabei zu bemerken, wie bei einer Brille, die wir nur benutzen und dabei selbst nicht sehen –, haben wir es mit vorwissenschaftlichem Wissen, eben der natürlichen Weltauffassung, und mit vorkünstlerischem Wissen, eben dem mythischen Weltverständnis, zu tun.

Es lauert daher besonders im mythischen Weltverständnis die Gefahr, Form mit Inhalt zu verwechseln, das Zeichen für den Gegenstand zu halten, also der Magie zu verfallen. Historisch wiederum wird dies zum Anlaß für einen Prozeß der Entmythisierung. Töricht daher der gerade heute so häufig zu hörende Appell, man möge doch wieder den alten Mythen vertrauen, dient er doch nur als ein Ausweg, als eine Flucht ins Archetypische, wo nur gilt, was immer gilt. So ist man der Zeit und den Anfechtungen enthoben, angesichts ständiger Veränderungen den eigenen Stand unablässig überprüfen zu müssen. Viele, und nicht erst heute, sind der Versuchung erlegen zu glauben, weil es allen anderslautenden Versicherungen zum Trotz keinen archimedischen Punkt gebe, der es erlaube, uns dem Ganzen der Welt, sie aus den Angeln hebend, gegenüberzustellen, deshalb gelte es, den in den Mythen der Völker Gestalt gewordenen Überlieferungen, dem kollektiven Gedächtnis der Menschheit über unsere Zugehörigkeit zu einem uns vorausliegenden Ganzen, neue Aufmerksamkeit zu schenken. Erinnert werden möge an zwei prominente Beispiele: Martin Heidegger ist der genannten Versuchung philosophisch-wissenschaftlich erlegen, als er das Dasein, den existierenden Menschen, vom ›Platzhalter des Nichts‹ zum ›Hirt des Seins‹ erhob, und Richard Wagner ist derselben Versuchung philosophisch-künstlerisch erlegen, als er die von der Wissenschaft vorgenommene ›Entlarvung‹ des Mythos als bloße Fabel durch eine Wiederherstellung des Ganzen in der musikalischen Phantasie, wobei Teilhabe am Ganzen durch Teilnahme am Musikdrama vollzogen wird, wieder rückgängig zu machen suchte.

Dieser Versuchung gilt es standzuhalten. Das kann nur gelingen, wenn jeder Umgang mit einem Mythos, schon sein Weitererzählen, wobei die Fälle bildnerischen oder musikalischen Reproduzierens eingeschlossen sind, als ein Schritt zu seiner Umbildung, und das ist zugleich ein Schritt in die Entmythisierung, verstanden wird, gleichgültig ob durch Einführung begrifflich-wissenschaftlicher oder sinnlich-künstlerischer Elemente oder auch beider. Ganz entsprechend verhält es sich mit der natürlichen Weltauffassung, die nur dort, wo sie immer wieder neu gebildet statt unverändert weitergegeben wird, einem Prozeß zunehmender wissenschaftlicher ›Objektivierung‹ Raum gibt, der es verhindert, daß Wissen versteinert. Mythische oder Alltags-Darstellung einerseits und sinnlich-künstlerische oder begrifflich-wissenschaftliche Darstellung andererseits sind nur vom begrifflichen Denken ersonnene Unterscheidungen an den Äußerungen unserer Selbst- und Weltorientierung in der Absicht, auf diese Weise – aber natürlich nicht nur dadurch – zu besseren, lebenstauglicheren Orientierungen zu gelangen. Im übrigen wäre ein Verzicht auf Fortsetzung wissenschaftlicher Forschung oder künstlerischer Poiesis buchstäblich Selbstmord.

Philosophie ist in dieser Darstellung die Artikulation derjenigen Charakterisierung wissenschaftlicher ebenso wie künstlerischer Tätigkeit, die beide als reflektiertes Erkennen beziehungsweise reflektiertes Kennen sowohl zu erkennen erlaubt – Philosophie als Wissenschaft vom Reflexionsanteil in Kunst und Wissenschaft, mit den Ausdrücken ›Kunstphilosophie‹ und ›Wissenschaftsphilosophie‹ oder auch ›Wissenschaftstheorie‹ nur unvollständig wiedergegeben – als auch kenntlich macht – Philosophie als Kunst, den Reflexionsanteil in Kunst und Wissenschaft vorzuführen, eben in Gestalt philosophischer Dichtung oder dichterischer Philosophie.

Als Kronzeuge für dieses Verständnis von philosophischer Dichtung möge zum Abschluß Hermann Broch aufgerufen werden, ein ›Dichterphilosoph‹, der den dichterischen Weg, wie er selbst gesagt hat, nur aus ›Ungeduld der Erkenntnis‹ einschlug, er wäre sonst den wissenschaftlichen Weg gegangen.[3]

In immer neuen Wendungen erklärt er »wissenschaftliche und künstlerische Erkenntnis [zu] Zweige[n] eines einzigen Stammes«[4] und betrachtet es als »Aufgabe der wissenschaftlichen Erkenntnis ..., zur Totalität der Welt in unendlich vielen, unendlich kleinen rationalen Schritten vorzudringen«[5], während jedes »Kunstwerk die Totalität der Welt erstehen läßt«.[6] Dabei ist der wissenschaftliche Prozeß ein Approximationsprozeß immer reicherer Repräsentation der Welt – Broch spricht von ›rationaler Modellbildung‹ mit dem unerreichbaren Ziel eines ›Totalitätsbildes‹ – und das künstlerische Handeln eine ständig erneuerte Weltschöpfung in Gestalt vielfältig gegliederter Symbole – bei Broch durch Erschaffung eines ›Weltsymbols‹. Das Wissen um diese Verhältnisse könne nur durch eine Philosophie als ›Werttheorie‹ gesichert werden, und darunter versteht er die Beschreibung und Vorführung des Symbolhaften, das den Wertcharakter auszeichnet, also des Prozesses der Verwandlung von Gegenständen in handlungsorientierende Zeichen, eben die ›Werte‹. In beiden Fällen, der wissenschaftlichen und der künstlerischen Gestalt der Philosophie, wird die Zusammengehörigkeit von Objekt und Methode – ›Inhalt und Form‹ wäre die traditionelle Ausdrucks-

3 Vgl. meinen ausführlichen und dabei zugleich einen weiteren Kontext berücksichtigenden Essay: On the Way to Conceptual and Perceptual Knowledge, in: F. R. Ankersmit/J. J. A. Mooij (eds.), Knowledge and Language III (Metaphor and Knowledge), Dordrecht 1993, pp. 95-109.

4 Ich zitiere unter Angabe des jeweiligen Bandes nach: Hermann Broch, Kommentierte Werkausgabe, I-XIII, ed. P. M. Lützeler, Frankfurt am Main 1974-1981, hier: IX/2, p. 48.

5 Broch, op. cit., IX/2, p. 48.

6 Broch, op. cit., X/2, p. 243.

weise – sichtbar gemacht, die Brochsche Formulierung für das Sichtbarmachen des Reflexionsanteils an Kunst und Wissenschaft.

Die wissenschaftliche Gestalt der Philosophie ist nach Broch Erkenntnistheorie, verschmolzen mit philosophischer Kritik, ihre künstlerische Gestalt ist philosophische Dichtung, eine Dichtung, die zugleich Kunstkritik ist. Broch verwendet in Anlehnung an Kant den Ausdruck ›Kritik‹, um den Sachverhalt auszudrücken, der hier durch die Qualifikation ›reflektiert‹ markiert worden ist. Entscheidend aber ist es in beiden Fällen, daß weder Methodisches in ein inhaltliches Moment höherer Stufe, noch Inhaltliches bloß in ein Verfahrensproblem verwandelt wird, soll die Einheit von Objekt und Methode nicht wieder preisgegeben werden. Broch besteht daher darauf, daß eine rein interne, methodologische Charakterisierung des Erkenntnisprozesses in den Wissenschaften, etwa durch Rationalitätsstandards, nicht ausreicht, sondern durch die Herausarbeitung seiner externen, in Lebensvollzügen auftretenden ›irrationalen‹ Quellen ergänzt werden muß; entsprechend unerläßlich ist es für die Erkenntnis in den Künsten, auf den »unlöslichen Zusammenhalt ... von Archetypus und Logos«[7] in einem Symbol, also das Angewiesensein jeder Formung auf ein ›Lebensmaterial‹ zu achten. Die Einheit der Erkenntnis läßt sich nur in der ›Totalität des Erkennens und Erlebens‹ sichtbar machen.

Zeit seines Lebens reflektiert Broch systematisch und historisch die gemeinsame Wurzel von Wissenschaft und Kunst in den alltäglichen Lebensvollzügen, wenn er sie als Folge rationaler Formungen des Ungeformten darstellt. Dabei werden tradierte Formungen, Weltbilder, immer wieder von neuem als ungeformt und damit als umformungsbedürftig erlebt. Der wissenschaftliche Zugriff spielt sich auch bei Broch auf der Ebene der Metakompetenz zweiter Stufe ab, die künstlerische Formung hingegen auf der Ebene der Objektkompetenz zweiter Stufe, ebendeshalb, weil in beiden Fällen eine Reflexion hinzutritt, die sicherstellt, daß ein Wissen über das, was man tut, im wissenschaftlichen Fall und ein Wissen um das, was man tut, im künstlerischen Fall erworben wird. Wissenschaftliche und künstlerische Tätigkeit sind Formen des Wissens in Bezug auf Zeichengegenstände, also nachdem die

7 Broch, op. cit., IX/2, p. 68.

Erfahrung der Differenz von Gegenstand und Zeichen gemacht ist und damit das Wissen von dieser Differenz gewonnen ist.
In seiner bedeutenden späten Studie *Über syntaktische und kognitive Einheiten* hat Broch ein Modell sprachlich artikulierter Erkenntnis vorgestellt, aus dem für den Fall einfacher Sätze das Verfahren der Durchdringung von Objekt und Methode im einzelnen hervorgeht. Das philosophisch-poetische Verfahren – im Unterschied zum philosophisch-wissenschaftlichen – ist dabei dadurch charakterisiert, daß ein System von Symbolisierungen, ein ›Stil‹, das rational unerreichbare Resultat ständig wiederholter Verwandlung der Methode in ein Objekt beim philosophisch-wissenschaftlichen Verfahren sprachlich versinnlicht. Ein Satz beziehungsweise der ihm entsprechende prädikative Ausdruck wird zum Symbol dadurch, daß er, statt bloß Zeichen einer Schematisierung der Wirklichkeit zu sein, kraft bestimmter interner und externer Eigenschaften und Beziehungen, zum Beispiel zu Nachbarsätzen, exemplifizierend bezeichnet. Darunter versteht man seit Nelson Goodman[8], daß er Schemata mit Binnengliederungen oder Eigenschaften bezeichnet, die er selber aufweist. Das sprachliche Medium ist mit diesem Schritt selbst als gegenständlich entdeckt; es zum Symbol zu machen, heißt Wirklichkeit zu erzeugen. In einem gelungenen philosophisch-poetischen Werk sind die Symbolisierungen derart verflochten, daß vom ganzen Werk auch das Ganze der Wirklichkeit angedeutet ist. Kafka ist für Broch ein Dichter, dem solche Symbolisierungen gelungen sind.
Die poetische Welterzeugung erhält bei Broch ihren philosophischen Status als Erkenntnis durch die mit ihr vollzogene Symbolisierung der Wirklichkeit im Ganzen, wenn sie gelungen ist. Broch sagt dies in seinen theoretischen Überlegungen, wohl wissend, daß es sich begrifflich gerade nicht sagen läßt, sondern in philosophischer Dichtung nur symbolisierend erzählt werden kann. Es wäre daher Mißbrauch von Dichtung, wollte man sie zum Beweis eines philosophisch-wissenschaftlichen Gedankengangs heranziehen, und es wäre Hybris der Philosophie in ihrer wissenschaftlichen Gestalt, würde sie versprechen, sagen zu können, was philosophisch-künstlerische Welterzeugung vorführt.

8 Vgl. N. Goodman, Languages of Art. An Approach to a Theory of Symbols, Indianapolis 1976.

Zdravko Radman

Vom Umgang mit dem Unmöglichen oder »The Place of Fiction in the World of Facts«[1]

»Etwas Unmögliches kann man nicht glauben, sagte Alice. Du wirst darin eben noch nicht die rechte Übung haben, sagte die Königin ... zuzeiten habe ich vor dem Frühstück bereits bis zu sechs unmögliche Dinge geglaubt.«
Lewis Carroll, *Alice hinter den Spiegeln*

»›Wirklichkeit‹ heißt die erfolgreichste Fiktion.«
Odo Marquard

Einleitung

»Pure logic could never lead us to anything but tautologies; it could create nothing new; not from it alone can any science issue. ... To make arithmetic, as to make geometry, or to make any science, something else than pure logic is necessary.«[2]

Diese Ansicht H. Poincarés stellt den Ausgangspunkt oder die Prämisse meines Beitrags dar. Frei paraphrasierend könnte man auch sagen: die Logik allein ist unfähig zur Innovation, ihre Prinzipien – beispielsweise der Satz vom ausgeschlossenen Dritten – dienen zwar der Disziplinierung des Denkens, sie können aber die Entdeckung des Neuen nicht gewährleisten. Die mit der Logik verbundene algorithmische Exaktheit und die Präzision rationaler Verfahren weisen keinen Weg aus dem Gegebenen und Bekannten heraus. Die Logik hat ihre Grenzen: Präzision allein kann täu-

1 Diese Arbeit entstand im Rahmen eines Forschungsvorhabens im Zentrum Philosophie und Wissenschaftstheorie der Universität Konstanz. Der Autor dankt Prof. Jürgen Mittelstraß für wertvolle Unterstützung sowie Dr. Eva Maria Engelen und Dr. Dieter Teichert für die nicht nur sprachliche Verbesserung des Textes.
2 H. Poincaré, The Value of Science, New York 1958, p. 19.

schen, die Exaktheit der Identitätssrelation kann uns blenden, die operative Strenge kann sich als Begrenzung erweisen. Die Weisen, die »Enge des Bewußtseins« (Einstein) zu überwinden, sind vielfältig. Poincaré selbst hält die Intuition für einen gangbaren Weg. Im folgenden werde ich die Ansicht vertreten, daß die Fiktion der Modus ist, der die Eröffnung neuer Perspektiven auf die ›Wirklichkeit‹ oder die ›Welt‹ ermöglicht.

1. Fiktion als Dimension des Möglichen

Bereits Descartes vertrat die Auffassung, daß das, was imaginiert werden kann, auch möglich ist. Hume hat denselben Gedanken nur auf eine andere Weise ausgedrückt, als er schrieb: »... nothing we imagine is absolutely impossible«.[3] Das, was vorstellbar ist, ist für mögliche Wahrheit relevant. Diese Sicht der Dinge ist weit verbreitet, und sie wird oftmals durch den Hinweis auf die Analogie bekräftigt, derzufolge die Einbildungskraft für die mögliche Welt das ist, was die Wahrnehmung für die aktuelle Welt ist.[4] Diese Unterscheidung impliziert eine Konzeption, die die Einbildungskraft fast ausschließlich in Verbindung mit dem Möglichen (bzw. Unmöglichen) sieht. Das eigentliche Vermögen der Erkenntnis des Aktuellen bleibt in diesem Fall der Wahrnehmung vorbehalten. Eine solche Beschränkung der Reichweite der Imagination und ihre gezielte Isolierung im Reservat des Nichtaktuellen ist allerdings problematisch. Im Widerspruch zu dieser Auffassung behaupte ich, daß die Einbildungskraft im gesamten Erkenntnisbereich, der sich von den ›actualia‹ bis zu den ›possibilia‹ (oder umgekehrt) erstreckt, eine herausragende Rolle spielt. Ich werde versuchen, das ausgedehnte Feld des Möglichen auf das Medium des Fiktionalen zu reduzieren, wobei mein unmittelbares Interesse den literarischen Formen der Fiktion gilt.[5] Im Sinn dieser

3 D. Hume, A Treatise on Human Nature, Oxford 1965, p. 32.

4 Cf. W. D. Hart, The Engines of the Soul, Cambridge 1988, p. 10: »One wants to say that knowledge of possibilities should be grounded in imagination for the same reason that theoretical knowledge about actuality should be grounded in perception of actual objects.«

5 Dabei ist es notwendig hinzuzufügen, daß auch in den Wissenschaften (unter Miteinbeziehung der Naturwissenschaften), die Fiktion eine pro-

Fragestellung kann man die zu Beginn aufgestellte Behauptung reformulieren und die Bedeutsamkeit, die für das Mögliche reklamiert wurde, auch für die Fiktion beanspruchen. Mehr noch: was als Fiktion gilt, kann nicht nur einen Anspruch auf mögliche Wahrheit erheben, sondern es kann auch für die sogenannte aktuelle Wahrheit relevant sein.
Den Vorstellungen des sogenannten gesunden Menschenverstands entsprechend wird das Mögliche oder Fiktionale vom Aktuellen durch die Anwendung bestimmter Kriterien unterschieden, die das Wissen von den ›harten‹ – auf die aktuelle Welt bezogenen – Tatsachen eindeutig von anderem, d. h. fiktionalem, Wissen unterscheiden, welches *nicht* auf die unmittelbare Erfahrung bezogen ist. Auf Grund einer solchen Trennung entsteht ein weiterer Gegensatz, indem nämlich dem Wissen von den Tatsachen Objektivität und Realitätsansprüche zugeschrieben werden und das fiktionale Wissen in enger Verbindung mit Subjektivität und Imagination gesehen wird. Es ist unter anderem diese Art der Polarisierung, gegen die meine Kritik – wenn auch nicht immer explizit – gerichtet ist.
Ein erster Schritt bei der Formulierung dieser Kritik könnte eine Untersuchung der – wie in der Theorie häufig betont wird – entscheidenden Rolle des sinnlichen Beweises für die Konstituierung von Tatsachen sein. Es wird behauptet, daß sich der Status der Fakten mittels der Überprüfung durch die sinnliche Erfahrung sichern läßt. Mit anderen Worten: die Sinnesorgane sind in erster Linie dafür verantwortlich, was als aktuelle Realität gilt. Die Wahrnehmung entscheidet über die Wahrheit. Vor allem in der positivistisch orientierten Wissenschaftstheorie dienen die Beobachtungsdaten als feste Stützpunkte, die die Objektivität der Tatsachen sichern sollen. Dabei wird aber vernachlässigt, daß in vielen Fällen sehr viel Zeit verstreichen kann und möglicherweise viel kreative Energie verbraucht werden muß, damit das, was den Sinnen als evident erscheint, als ein Irrtum erkannt wird. Es genügt, daran zu erinnern, daß ein beträchtlicher Anteil kognitiver Entwicklungen der *Dementierung des Offensichtlichen* gewidmet ist. Hierfür gibt es eine Fülle von Belegen: Wir alle mußten uns beispielsweise große Mühe geben, unsere Meinung, daß die Erde

duktive Rolle spielt und dies gerade dort, wo es um ein innovatives Verlassen des Bereichs des Bekannten und Konventionellen geht.

flach ist – wie uns die visuelle Erfahrung lehrt –, zugunsten der Überzeugung aufzugeben, daß sie kugelförmig ist. In der gleichen Weise haben wir auch gelernt, daß die Sonne nicht morgens aufgeht und abends untergeht. Die gesamte Kopernikanische Wende geht zurück auf eine radikale Infragestellung der sinnlichen Erfahrung. Die Abwendung vom Selbstverständlichen und Offensichtlichen ist für die erste große wissenschaftliche Revolution verantwortlich, aber sie spielt nicht nur innerhalb der Wissenschaften eine bemerkenswerte Rolle. Wir wissen, daß ein von uns weit entfernter Mensch nicht tatsächlich die Größe einer Ameise, der auf die Retina projizierten Gestalt, hat – wie einige Indianerstämme annehmen –, sondern daß er wegen der räumlichen Entfernung optisch verkürzt erscheint. Die Wandlung der Form wird daher als Bewegung und nicht als Änderung der Größe interpretiert. Ebenso wird durch die Erfahrung klar, daß das, was sich optisch in Form einer Ellipse darstellt, eigentlich ein schräg gestellter runder Teller ist, oder daß ein in das Wasser getauchter Stock nicht halbiert oder gebrochen ist, obwohl er so aussieht. Schließlich lernt man aus optischen Illusionen und stellt fest, daß ein und derselbe optische Reiz zwei oder mehrere Wahrnehmungsbilder verursachen kann (Wittgensteins Ente-Hase-Vexierbild).

Mit etwas Flexibilität kann man diese Beobachtungen auf die Ebene der Sprache übertragen, indem man die oben angesprochenen Aspekte auf die beiden Bedeutungsebenen der Sprache bezieht, so daß eine Parallele zwischen der Unmittelbarkeit der sinnlichen Erfahrung und der wörtlichen Bedeutung auf der einen Seite sowie der Einbildung und der uneigentlichen/übertragenen Bedeutung auf der anderen Seite entsteht. Ebenso wie die auf Grund der Wahrnehmungserfahrung gewonnenen Beobachtungsdaten nicht unbedingt als adäquate Erkenntnisformen gelten müssen, erweist sich der wörtliche Sprachgebrauch keineswegs als unumstrittener und zuverlässiger Modus der Repräsentation und Verständigung.

Nach dem ›metaphorical turn‹ haben sich theoretische Überlegungen zu der Überzeugung verdichtet, daß die Bedeutung der Wörter im Bereich der primären Bedeutung tatsächlich sehr begrenzt ist und daß das Reich des Nichtwörtlichen nicht nur faktisch unerschöpflich, sondern von außerordentlicher Relevanz für die Artikulation der kognitiven Inhalte ist. Dieses Potential – und nicht die Neigung zur Figürlichkeit – erklärt das Ausmaß nichtwörtlicher Bedeutung in allen Bereichen des Denkens und rechtfertigt die Behauptung, daß die gesamte Sprache metaphorisch aufgeladen – ›metaphor-laden‹[6] – sei. Im Bewußtsein der Sprachbenutzer und der Theoretiker setzt sich die Einsicht durch, daß die Worte mehr bedeuten, als sie wörtlich bezeichnen. Wörtlichkeit ist ebensowenig wie empirische Offensichlichkeit ein neutrales oder objektives Element innerhalb der Erkenntniskette. Im Gegenteil: sie ist eher eine aus dem Sprachgebrauch und seinen Konventionen abgeleitete Größe:

»Literalness is a quality which some words have achieved in the course of their history; it is not a quality with which words were first born.«[7]

Die Sinnesorgane können nicht nur täuschen, sie können sogar völlig blind und taub sein. Es sind letzten Endes nicht die Augen und Ohren, die sehen und hören, sondern die Menschen, welche wiederum nur das wahrnehmen, was sie wissen, und nicht unbedingt das, was ihnen die Sinnesorgane vermitteln. Die Grenzen des Beobachtungsvermögens sind nicht durch das Sinnliche bestimmt, sondern durch die Limitierung der kognitiven Kompetenz. Dies ist der Grund dafür, daß man jahrelang dieselben Beobachtungen machen kann und dennoch zu keinen plausibel interpretierbaren Daten gelangt oder über völlig unterschiedliche Deutungen verfügt.[8]

Es gibt keine Eigenschaften der Sachen selbst, durch die sie verständlich, wahr, bedeutsam, nützlich, wichtig, schön usw. werden. Vielmehr werden sie als solche vor allem auf der Grundlage unserer kreativen Manipulationen erkannt. Man kann also festhalten, daß die Rede vom Offensichtlichen und Gegebenen auf der Ebene der Wahrnehmung sowie die Vorstellung der Dominanz wörtlicher Bedeutung auf der Ebene der Sprache äußerst proble-

6 Vgl. Z. Radman, On the Limits of Literalness, Zeitschrift für philosophische Forschung, 46.1 (1992), pp. 76-88.

7 O. Barfield zitiert nach: S. R. L. Clark, On Wishing there were Unicorns, Proceedings of the Aristotelian Society, 90.3 (1989/1990), p. 225.

8 Z. B. kann man den Donner als Wut der Götter oder eben als elektrostatisches Phänomen ›sehen‹ und erklären. Ein etwas weniger triviales Beispiel führt zu dem englischen Physiker Eddington zurück, der sagte, daß er zwei Schreibtische habe, einen statischen, aus festem Baumaterial zum Schreiben geeigneten Tisch und einen anderen, der aus dem dynamischen Spiel der unsichtbaren Teilchen konstituiert sei.

matisch sind. Man kann mit guten Gründen sagen, daß die Selbstverständlichkeit der sinnlichen Erfahrung und die Eindeutigkeit der buchstäblichen Bedeutung täuschen können. Die Wahrnehmung ist nicht immer ›wahrhaftig‹. Wenn die Sinnesdaten aber weder den entscheidenden noch auch nur einen stets zuverlässigen Beitrag für die Erkenntnisgewinnung leisten, dann muß der logischen Symmetrie nach gelten, daß das, was sich außerhalb der Reichweite der aktuellen Erfahrung befindet, eine relevante Rolle für die Erkenntnis spielen kann. Mit anderen Worten: für die Konstituierung unseres Weltbildes sind die auf sinnlichen Belegen beruhenden Daten nicht hinreichend.[9] Es sind die Weisen der Symbolisierung, die über die Offensichtlichkeit des aktuellen Zustandes der Dinge hinausgehen und sich für unser kognitives Vermögen als entscheidend erweisen. Sie stellen nicht nur die Dinge ›in absentia‹ dar, was Symbole im allgemeinen tun, sondern sie konstituieren die symbolischen Mittel, durch die man das Tatsächliche auch in ›unmöglichen‹ Weisen handhaben kann.

Diese Sachlage erklärt unsere Angewiesenheit auf künstliche Gebilde, auf Artefakte verschiedenster Art, und sie macht deutlich, daß wir gerade bei der Schöpfung der Tatsachen von diesen Artefakten abhängig sind. Die ›Tat-Sache‹ ist letztlich nicht nur eine Frage der ›Sachen‹, sondern genauso und vor allem ist sie eine menschliche ›Tat‹. Nicht nur die höheren Formen des Wissens, wie beispielsweise die Wissenschaften, sind durch die Formen der Symbolisierung bestimmt, sondern unser Alltagsleben ist vollständig durch sie geprägt.

Die Erzeugung der von Menschen auf authentische Weise entdeckten Bilder und die Neubildung der Formen, aus denen die Welt allererst entstehen soll, nicht die ›Re-Präsentation‹ der schon bestehenden Welt, ist das, was unsere kognitiven Möglichkeiten charakterisiert. Der Mensch stellt Artefakte her, die in der humanen Umwelt nicht existieren, und er erfindet Formen, die in der Natur nicht gegeben sind. Stadtpläne mit ihren stilisierten Straßen und Häusern, die wenig mit ihren realen Vorbildern zu tun haben; geographische Karten mit ihrer idealisierten Perspektive oder die Globen, die vom Äquator, den Meridianen und den Breitengra-

9 Sie würden in einem solchen Fall eine ähnliche Rolle wie bei den Tieren spielen, die die Grenzen der unmittelbaren Umgebung nicht durchbrechen können, weswegen ihre Welt auf die Umwelt beschränkt ist.

den überzogen sind; die kalendarische Messung des Zeitverlaufs: In allen diesen Fällen handelt es sich nicht um Elemente der natürlichen physischen Welt. Trotzdem hindert sie ihre Imitationsuntreue nicht daran, ihre Funktion als kognitive Schlüssel im Bereich der Symbolisierung auszuüben.

Die erwähnten Beispiele zeigen, daß der Begriff der *Evidenz* sich nicht allein aus dem Konzept der *Empirie* ableiten läßt oder – etwas spezifischer – daß er sich auf keine philosophisch relevante Weise auf ›Unmittelbarkeit‹, ›Ähnlichkeit‹, ›Imitation‹, ›Nähe zur Natur‹ und ähnliches bezieht. Alle diese Begriffe haben im Verlauf der langen Geschichte ihres Gebrauchs innerhalb der Kunsttheorie und Literaturwissenschaft auf Irrwege geführt, und es ist keine leichte Aufgabe, sich von den schädlichen, stereotypen Vorstellungen zu befreien, die mit ihnen verbunden sind.

Nicht die Ähnlichkeit, nicht die Treue der Wiedergabe ist für den Wissensprozeß entscheidend. Nicht die Exaktheit der Imitation, sondern eher das Verlassen der *etablierten Bahnen der Identität* enthält ein kognitives Potential. Um dies zu verdeutlichen, kann man an die zahlreichen künstlichen Gebilde denken, deren Aufgabe nicht die Flucht aus der sogenannten Realität, sondern eher die Annäherung an sie ist. Lange bevor wir von der Sonne als einem aus Gas bestehenden Himmelskörper gesprochen haben, haben wir sie in Bilderbüchern mit einem menschenähnlichen – meist lächelnden – Gesicht gesehen. Und im Zoo erkennen die Kinder viele Tiere dank der vorausgegangenen Lektüre des *Dschungelbuchs*. Unser Eintritt in die sogenannte wahre Welt – die ›Einführung in das reale Leben‹ – ist ontogenetisch gesehen *mythisch* und phylogenetisch betrachtet *märchenhaft*. Er ist von Geschichten und Dichtungen beeinflußt, durch die Kenntnis von Zeichnungen und Bildern geprägt. Und dieses Faktum hat sich im Laufe der Geschichte nicht geändert, nicht einmal in der gegenwärtigen technisch geprägten Welt, in der Kleinkinder mit Computern aufwachsen, deren fast perfekte Simulationen eben doch keinen Ersatz für die Phantasie darstellen.

Auch wenn der Mensch sich nicht mehr um die Artikulation einer frühen – beispielsweise mythischen – Weltauffassung bemüht, sondern forscht und sich der Entdeckung der Wahrheit mit höchsten Ansprüchen an Exaktheit widmet, hört er nicht auf, symbolische Surrogate zu erfinden. Die Gestaltung der wissenschaftlichen Modelle mit ihren Kügelchen, Stäbchen, Diagrammen,

Zeichnungen usw. ist die Anwendung desselben Prinzips, das die Menschen in vorwissenschaftlichen Stadien wie auch in Entwicklungsphasen der Kindheit zur Bildung ihrer mythisch-märchenhaften Formen treibt.
Die Behauptung, daß die Standards der Evidenz, die sich auf die eingespielten Ähnlichkeitsbeziehungen stützen, schwach sind, bringt uns der Überzeugung näher, daß die Unmittelbarkeit kurzsichtig ist[10], daß Nähe blind macht, daß Ähnlichkeit – wie auch Wörtlichkeit – ein ›leerer Begriff‹ ist und daß Identität – die Grundlage des Konzepts der Wörtlichkeit – im besten Fall zur Tautologie führen kann. Was der Ähnlichkeit entgleitet – die Wörtlichkeit mißachtet – und den wesentlichen Schritt über die Unmittelbarkeit hinaus ermöglicht, überwindet die Begrenzungen des Gegebenen oder weitet dessen referenzielle Reichweite aus, bringt untypische kognitive Einsichten und eröffnet neue Perspektiven. In diesem Kontext wird die Funktion und Bedeutung der Literatur als eine Form der Fiktion erkennbar. Dabei sollte auch deutlich werden, daß wir die Formen der Fiktion hier nicht als den ›Überbau‹ zu einer schon fertigen Welt, sondern als Zugang zu dieser Welt verstehen sollten. Die Fiktion bildet nicht die kognitive Infrastruktur einer schon festgelegten Erkenntnisarchitektur, sondern sie ist eine Voraussetzung für die Konstitution der Strukturen von Erkenntnis.
Im Rahmen der Verlagerung der Aufmerksamkeit auf den Bereich der Fiktion bzw. Literatur stellt sich die Frage ›Wie schafft man durch die Fiktion das, was nach populärer Vorstellung nur den Fakten zugeschrieben wird?‹ Eine ganz allgemeine Art, diese Frage zu beantworten, bestünde darin, auf die Inadäquatheit der Kategorisierung hinzuweisen, die besagt, daß die Gewißheit des Faktischen im Gegensatz zur Unbeständigkeit der Fiktion steht. Aufschlußreicher wäre es aber, die Mechanismen der Fiktion selbst in Betracht zu ziehen und dadurch ihre Auswirkung auf die Gestaltung unseres Weltbildes zu zeigen. Es ist dieser zweite Ansatz, der mich im folgenden beschäftigen wird.

10 Oder mit den Worten von K. Lorenz: »Unmittelbarkeit ist unsagbar.« Vgl. K. Lorenz, Was können Philosophie und Dichtung miteinander gemeinsam haben?, Magazin Forschung der Universität des Saarlandes, 1 (1993), pp. 33-37, hier: p. 35.

II. Die Kognitive Dimension des Fiktionalen Abstands

Ein Großteil der Kunst- und Literaturgeschichte ist durch ein Streben gekennzeichnet, das im Pygmalion-Mythos zum Ausdruck kommt. Dieses Streben zielt darauf ab, die künstlerische Illusion zur Perfektion zu treiben und damit in Konkurrenz zur Natur selbst, zu ihrer Vielfalt und Schönheit, zu treten. Seit der Antike versuchen Künstler, dieses Ziel – die Authentizität der Natur – zu erreichen, wodurch die Kunstwerke auf die Ebene der Naturprodukte ›gehoben‹ würden. Die Begriffe ›Imitation‹, ›Naturtreue‹, ›Authentizität der Widergabe‹ stehen in enger Verbindung mit diesem Projekt. Was würde die Verwirklichung dieses Ideals bedeuten? Was geschähe, wenn die fiktionalen Gestalten zu nicht-fiktiven, realen Gegenständen, zu Mitgliedern unserer Gesellschaft würden? Was wäre, wenn eine Statue sich in ein lebendiges Wesen verwandeln und ihrem Schöpfer in die Arme fallen würde? Wie würde unsere Welt aussehen, wenn es in ihr einen realexisitierenden Don Quixote oder Sherlock Holmes geben würde? Was würde es bedeuten, wenn wir einem Pegasus oder einem Einhorn tatsächlich begegnen könnten? Eine mit Geburtsdatum und Geburtsort versehene reale Person namens Don Quixote wäre nur ein lebendiges Beispiel für einen bestimmten Menschentypus, den es überall gibt, und ein wahrer Sherlock Holmes wäre sicherlich ein legendärer Detektiv, aber keine symbolische Figur. Wenn man ein exotisches Tier wie Pegasus an irgendeinem Ausstellungsort besichtigen oder das einst mythische Einhorn im Zoo beobachten könnte, wäre die Tierwelt eben um zwei neue Arten ergänzt. Oder mit den Worten Stephen R. L. Clarks: »A really existing ghost would only be an extra pest, and not a ghost at all.«[11]

Symbolischer Wert entsteht durch eine Emanzipation von dem Vorhandenen und in seiner Überwindung. Dabei kann auch eine Gegenstrategie eingesetzt werden, durch die das Symbolische aus dem ›Realen‹ gewonnen wird. Aber auch in diesem Fall reicht das ›Reale‹ allein nicht aus und kann nicht als Bedeutungsträger betrachtet werden.[12] Erst durch die bedeutungserzeugende ›Verzer-

11 Cf. S. R. L. Clark, op. cit., p. 252.

12 So ist etwa die Frage, ob Dracula tatsächlich existiert hat, ziemlich

rung‹ wird das Natürliche zum Imaginären: Was ist an Pegasus so außergewöhnlich? Der Umstand, daß er – anders als ein normales Pferd – Flügel hat. Was potenziert die Rätselhaftigkeit der Sphinx? Die ungewöhnliche Kombination der Körperteile, die man in der Natur so nicht finden kann.

Der Wunsch, die Grenzlinie zwischen Kunst und Wirklichkeit zu überschreiten oder aufzulösen, scheitert an dem falsch gesetzten Ziel, das die Adäquatheit der Repräsentation von der Ähnlichkeit mit dem Darstellungsobjekt abhängig macht. Daß ein solches künstlerisches Credo den menschlichen schöpferischen Tätigkeiten nicht gerecht wird, zeigt das Gedankenexperiment der Verwandlung von fiktionalen in reale Gegenstände. Es mag paradox erscheinen, daß das mögliche Gelingen einer solchen Verwandlung als totaler Verlust des Sinns der künstlerischen Tätigkeit erscheint, tatsächlich ist aber genau dies der Fall. Würden die fiktionalen Gegenstände durch reale Gegenstücke ersetzt, so würden sie dadurch in ihrem kognitiven Status degradiert. Die Landung der Fiktion auf dem harten Boden der sogenannten Realität könnte uns bestenfalls zurück zu der Ausgangssituation bringen, aus deren blinder Unmittelbarkeit die menschliche Neugier und der durch sie initiierte Prozeß mühsamer Forschung geführt hat. Die hypothetische Verwandlung des Imaginären in das Materielle oder Reale kann keineswegs als die Erfüllung der Grundfunktion der Kunst und Literatur angesehen werden, und sie kann unmöglich ein Ziel für den Künstler oder Schriftsteller sein. Sie würde sowohl die ganze Naivität der Aufforderung zeigen, sich ›den Sachen selbst‹ zuzuwenden, als auch diejenige der Behauptung, daß eine Reduktion des fiktionalen Abstands die notwendige Voraussetzung für die Adäquatheit der künstlerischen Repräsentation darstelle.

Die These, die ich hier vertrete, nähert sich daher der Überzeugung, daß gerade die Möglichkeit, sich in der symbolisierenden Handlungsweise von der aktuellen Umwelt zu entfernen, eine Eröffnung von Perspektiven erlaubt, die für das allgemeine Erkenntnisvermögen bedeutsam ist. Diese Möglichkeit wird im Medium der Fiktion realisiert. Das, was ich als *fiktionalen Abstand* be-

irrelevant, da die Authentizität dieser Figur in ihrem fiktionalen Leben verwirklicht wird und nicht durch den Bezug auf eine wirklich existierende Person.

zeichne, spielt in Literatur, Kunst oder Wissenschaft eine entscheidende Rolle. Dieser Fiktionsbegriff hat nichts zu tun mit der Propagierung exotischen Denkens. Durch ihn wird nicht die Schönheit imaginativer Prozesse, sondern ihre Notwendigkeit betont. Nicht der Genuß phantastischer Exkurse, sondern die Befriedigung der menschlichen Neugier und die Befreiung von lähmenden Stereotypen ist das, worauf sich die kognitive Funktion der Fiktion bezieht. Die kognitive Distanz wird zu einem Mittel, das dazu dient, die aktuelle Wahrheit aus einer neu geschaffenen Perspektive wahrzunehmen. Es ist äußerst schwierig, die Entwicklung des Wissens zu verstehen, ohne die elementare Fähigkeit des Menschen zu beachten, über das aktuell Gegebene hinaus zu blicken und zu denken. Wäre Kopernikus mit seiner Einbildungskraft nicht weit genug gegangen oder wäre er in seiner Imagination nicht ›hoch‹ genug gestiegen, er hätte die Erde nie kugelgestaltig ›sehen‹ und ihren Platz im heliozentrischen System ›entdecken‹ können. Es ist dieser durch die Einbildungskraft ermöglichte fiktionale Sprung, der sich als entscheidend für die Schaffung der neuen Theorie erwiesen hat, nicht der ›Beweis‹ von Beobachtungsdaten, die in diesem Fall eigentlich nur das Gegenteil der theoretischen Annahmen demonstrieren konnten.

Zwei Punkte sind es, die vor dem Hintergrund des bisher Dargelegten festzuhalten sind: Erstens wird eine Erklärung für die Notwendigkeit der Bildung eines fiktionalen Abstandes angeboten. Zweitens leuchtet nun der Schluß ein, daß es keine Selbstevidenz der Wahrheit oder der Welt und keinen exklusiven Modus ihrer empirischen Abbildung gibt. Der zweite Punkt steht in Verbindung mit den unausschöpflichen Möglichkeiten der Weisen der Welterzeugung.[13] Aus der Sicht eines Biologen stellt sich diese Vielfalt der Erkenntnisperspektiven folgendermaßen dar:

»Wie die Außenwelt wahrgenommen wird, hängt bei jeder Art sowohl von den Sinnesorganen als auch davon ab, wie das Gehirn sensorische und motorische Vorgänge integriert. Selbst wenn verschiedene Arten ein und dieselben Reize wahrnehmen, kann ihr Gehirn so organisiert sein, daß es unterschiedliche Einzelheiten heraussiebt. Die von verschiedenen Arten wahrgenommenen Umwelten können sich je nachdem, wie die Informa-

13 Ich beziehe mich hier auf den kognitiven Pluralismus wie ihn N. Goodman vertritt. Vgl. insbesondere sein Buch *Ways of Worldmaking*, Indianapolis 1978 (dt.: Weisen der Welterzeugung, übers. v. M. Looser, Frankfurt am Main 1984).

tion verarbeitet wird, so grundlegend voneinander unterscheiden, als kämen die Reize aus verschiedenen Welten. Wir selbst sind in dem Weltbild, das unsere Sinnesorgane und unser Gehirn uns liefern, so sehr gefangen, daß wir nur schwer begreifen, daß diese Welt auch anders gesehen werden kann. Die Welt einer Fliege, eines Regenwurms oder einer Möwe vermögen wir uns kaum vorzustellen.«[14]

An dem Punkt, an dem ein Wissenschaftler, beispielsweise ein Biologe, aufhört zu forschen, wo seine Mittel sich als ungenügend erweisen, dort tritt der Schriftsteller, der Dichter oder der Philosoph auf. Wo die Naturforschung an die Grenzen ihrer Möglichkeiten stößt, eröffnet sich der Literatur ein eigenes Tätigkeitsfeld. Dort wo eine Art der Fiktion sich als ohnmächtig erweist, kann eine andere Art der Fiktion fruchtbar sein. Während die Biologen vorsichtig und zurückhaltend darauf hinweisen, daß eine Fliege oder Möwe oder ein Regenwurm eigene Welten haben, stellen sich Schriftsteller die anspruchsvolle Aufgabe, sich in diese Welten einzuleben, in die Haut (oder Federn oder Pelze) dieser Tiere hineinzuschlüpfen und selbst eine Fliege, eine Möwe oder ein Regenwurm zu sein.

Kafka hat in seiner *Verwandlung* genau diese Möglichkeit verwirklicht. Wie hätten wir sonst je die Welt durch die Augen eines Insekts zu sehen bekommen? Wie könnte man überhaupt der eigenen Haut entfliehen, den eigenen Leib verlassen, es sei denn auf fiktionale Weise? Das literarische Beispiel der Metamorphosen ist nur eine radikale Form des menschlichen Strebens, sich ›in den Kopf der anderen‹ zu versetzen und ihre Gedanken zu ›lesen‹ oder ihre ›Absichten zu entschlüsseln‹. Das auf diese Art geschaffene Mitfühlen führt zu einem Verständnis der Leiden anderer, die uns nicht unmittelbar evident sind. Die Fähigkeit mitzufühlen ist eigentlich das Ergebnis der Bemühungen, die anderen so zu sehen, *als ob* es um uns selbst ginge, zu empfinden und zu urteilen, *als ob* wir selbst betroffen wären. Häufig möchten wir auch wissen, wie uns die anderen sehen oder wie wir – nicht nur äußerlich – ›in ihren Augen‹ aussehen. Solche Bemühungen können dann gelingen, wenn wir versuchen, uns selbst aus einer externen Perspektive zu begegnen, d. h. uns so wahrzunehmen, *als ob* wir von uns nur das wüßten, was man in der Beobachterperspektive über eine Person erfahren kann. Ebenso ist der Versuch, sich in ein Insekt

14 F. Jacob, Das Spiel der Möglichkeiten, München 1984, p. 78.

hineinzuversetzen, kein exzentrisches Experiment des Autors. Diese Metamorphose entspringt dem Bedürfnis nach einem wissenserweiternden Blickwinkel, den ich als fiktionalen Abstand bezeichnet habe. In der Literatur wird die gewöhnliche psychologische Flexibilität der Betrachtungsweisen zu einem Forschungsprogramm. Dieses Programm basiert auf der Erfindung neuer Beschreibungsmodi, durch die neue Zugangsmöglichkeiten zur Welt eröffnet werden.

Ein ähnliches literarisches Experiment wird durch das fiktionale Eintauchen in die Erlebniswelt eines Wesens, dessen Orientierungsorgane nicht mit denen des Menschen übereinstimmen, durchgeführt. In Italo Svevos Novelle *Argo und sein Herr* wird die Welt aus der Perspektive eines Hundes nicht primär durch visuelle und akustische Wahrnehmung erschlossen, sondern vorrangig durch den Geruchssinn erfahren.[15] Nicht visuelle Bilder, sondern Gerüche werden für die Umwelterfahrung bestimmend und stellen die maßgebliche Orientierungsweise dar. Damit ändern sich die Prioritäten: nicht mehr das, was schön oder angenehm ist, sondern das, was gut riecht, gewinnt an Bedeutung. Die Orientierungspunkte werden nach Maßgabe der Geruchsqualitäten festgelegt. Eine vernachlässigte Form der Sinneswahrnehmung wird wiederbelebt und aufgewertet. In diesem und in ähnlichen Fällen handelt es sich weder um einen bloßen Ausflug der Imagination noch um eine Übung in extravagantem Denken. Die Phantasie ist hier kein Selbstzweck, sondern sie dient der Schaffung des fiktionalen Abstands als Voraussetzung für die Bildung einer neuen konzeptuellen Perspektive. In Anlehnung an die traditionelle Spiegel-Metaphorik kann man auch sagen, daß die Autoren neue literarische Spiegel für die Darstellung des menschlichen Gesichts herstellen. In beiden Beispielen geht es letztlich nicht um Insekten und Hunde, sondern um Menschen.

Es ist also nur ein scheinbarer Widerspruch, daß man Masken benutzt, um die ›wahren Gesichter‹ der Menschen zu zeigen, oder daß man die menschliche Gestalt durch eine Puppe ersetzt, um

15 I. Svevo, Argo e il suo padrone, in: Raconti, Saggi, Pagine sparse (Opera Omnia III), ed. B. Maier, Milano 1968, pp. 310-328 (dt., Argo und sein Herr, in: ders., Die Erzählungen I (Gesammelte Werke in Einzelausgaben), ed. C. Magris/G. Contini/S. de Lugnani, Reinbek 1983, pp. 137-166).

das Menschliche trotz – oder gerade dank – der Verzerrung besser sehen und verstehen zu können. Die beschriebenen fiktionalen Exkurse sind keine Produkte literarischer Exzentrik. Es handelt sich einfach um Formen der Neugier, die uns immer wieder dazu treiben, uns die Welt eines Blinden vorzustellen oder uns in die geräuschlose Welt eines Tauben einzuleben. Das Gleiche gilt für die Unzugänglichkeit der mentalen Zustände eines psychisch Kranken, der uns dem äußeren Verhalten nach äußerst merkwürdig vorkommt, von dessen Innenleben wir kaum etwas Nachvollziehbares wissen können. Man könnte die Dimensionen der eigenen Welt so begrenzen, daß man alles das vernachlässigt, was nicht mit Konvention und Normalität in Einklang steht. Die Orientierung an einem solchen Bequemlichkeits- oder Opportunitätsprinzip hätte zur Folge, daß wir vieles ignorieren, auslassen oder verlachen würden. Doch dadurch würde die Lebenswelt enger, und unsere Menschlichkeit würde verarmen. Die Relevanz der Literatur besteht zu einem erheblichen Grad gerade darin, gegen Tendenzen zu Stereotypisierung und Verarmung anzugehen. Eine ›realistische Manier‹ hat an sich nichts, was sie realistischer, d. h. der Realität treuer macht, als andere Stile oder Darstellungsformen, die nicht durch ein solches Streben nach Wirklichkeitsnähe charakterisiert sind.[16] ›Realismus‹ und ›Romantik‹, ›Futurismus‹ und ›Dadaismus‹ sind verschiedene Formen der literarischen Produktion, die alle denselben kognitiven Status haben. Entscheidender als die Form ist die Funktion. In diesem Sinn kann man behaupten, daß es vor allem auf das Funktionieren der Fiktion ankommt.

Die fiktionale *Projektion*, wenn sie auch deutlich die Richtung von Bekanntem auf Unbekanntes, von Gegebenem zu Abwesendem, von Möglichem zu Unmöglichem suggeriert, ist nicht einspurig. Die einmal hergestellte, referentielle Bedeutungsbindung bleibt nicht ohne Rückwirkung auf unsere Erfahrungswelt. Da die Idee eines neutralen Blicks oder des ›nackten Auges‹ – neben dem Ausdruck ›naked eye‹ wird im angelsächsischen Sprachraum auch

16 In gleicher Weise besitzt der philosophische Begriff der ›absoluten Wahrheit‹ keine absolute Position, und der Begriff der ›objektiven Welt‹ kann keinen exklusiven Anspruch auf Objektivität erheben. ›Absolutheit‹ und ›Objektivität‹ sind bloße Formen fiktionaler Gestalt, die die Wahrheit oder die Welt nicht auf ausgezeichnete Weise erschließen.

der Ausdruck ›innocent eye‹ gebraucht – theoretisch nicht haltbar ist, scheidet auch die Idee einer neutralen Abbildung aus.[17] Wenn es aber kein eindeutig determiniertes Verhältnis zwischen symbolischen Formen der Darstellung und dem Dargestellten gibt, eröffnet sich ein weites Feld kreativen Handelns, auf dem die Mechanismen der Fiktion eine herausragende Rolle spielen. Die Relevanz der literarischen Fiktion ist in dieser Hinsicht vergleichbar mit der anderer Formen der Kreativität. Wenn man das Verhältnis von Philosophie und Literatur in der dargestellten Weise auffaßt, dann wird die Gemeinsamkeit beider auf der elementaren Ebene der Kognition sichtbar. Nicht so sehr die Darstellungsformen oder Arten der Rhetorik begründen die behauptete Interdependenz von Philosophie und Literatur, sondern der *kognitive Gebrauch der Fiktion*:

»Though the fictional projection of a world is an activity distinct from that of making claims about our actual world, yet one can make a claim about our actual world by fictionally projecting a work's world.«[18]

Noch klarer:

»So even though telling a tale is not to be identified with making a claim, yet one can make a claim *by* telling a tale. We can make a point by telling a story.«[19]

Die Grundzüge der Idee, daß das, was man im Bereich der Symbolisation tut, bedeutsam für das Wahrnehmungsvermögen des Aktualen ist, findet man auch bei E. R. MacCormac, und zwar in seinen Betrachtungen über Mythos und Metapher in Wissenschaft und Religion. Seiner Auffassung nach ist die Funktion des mythischen Denkens nicht im Bereich außermenschlicher Realität zu suchen. Mythen dienen sogar rein praktischen Zwecken (z. B. in Bezug auf moralisches Urteilen) und stellen sich als Mittel der Artikulation von Wahrheit dar.[20] Damit übernehmen sie die Rolle

17 Die überzeugendste Kritik dieser Auffassung hat E. H. Gombrich in seinen Büchern über die Geschichte und Theorie der Kunst geliefert, vor allem in seinem grundlegenden Werk *Art and Illusion. A Study in Pictorial Representation* (Princeton 1960).

18 N. Wolterstorff, Works and Worlds of Art, Oxford 1980, p. 107.

19 Ibid.

20 Dies entspricht der Vorstellung Berdyaevs: »Every significant myth is connected with reality ...« Cf. N. Berdyaev, The Divine and the Human, London 1946, p. 134.

eines *regulativen Systems*, das die Strukturierung der menschlichen Erfahrung unterstützt.

»... the reason that men accept myth can be found in their belief that the myth does describe *the actual state of the world*. This is the explanatory function of a myth. Without confidence that myths do in fact accurately depict the nature of reality, men would not adhere to the moral and the ritual demands incorporated in the myth.«[21]

Ob Mythen oder Märchen, Geschichte oder Gedichte, Erzählungen oder Allegorien, die Fiktion fungiert in all diesen verschiedenen Weisen der Symbolisierung als Versuch, eine *externe Perspektive* zu schaffen, die die Begrenztheit der unmittelbaren Erfahrung überwindet. In diesem Kontext ist auch die Rede vom fiktionalen Umgang mit dem Unmöglichen zu verstehen. Das Experimentieren mit Kontrafaktischem und das Testen des Unmöglichen verfolgt die gleiche Strategie, deren Aufgabe in der besseren Erklärung des Möglichen oder in der Erweiterung des Begriffs des Möglichen besteht. Man wird hier an den berühmten Ausspruch Goethes erinnert: »In der Idee leben heißt, das Unmögliche so behandeln, als wenn es möglich wäre«.

III. Schlußbemerkungen

Wenn man etwas aus dieser Diskussion lernen kann, dann ist es vor allem die Tatsache, daß die Erfahrung nicht als Ausgangspunkt des Erkenntnisprozesses zu betrachten ist, sondern eher als sein Ziel. Beobachtungen allein sind nicht bestimmend für die kognitive Kompetenz. Aus der Unzulänglichkeit empirischer Daten läßt sich schließen, daß die Wahrheit nicht allein durch die Sinne vermittelt wird und die Welt nicht von Anfang an transparent für uns ist. Beide – Wahrheit und Welt – werden zu Aufgaben für unsere kreativen Tätigkeiten und letztlich zu Produkten unseres Handelns, genau im Sinne N. Goodmans, der noch radikaler ist als Oscar Wilde und behauptet:

»That nature imitates art is too timid a dictum. Nature is a product of art and discourse«.[22]

21 E. R. MacCormac, Metaphor and Myth in Science and Religion, Durham, NC 1976, p. 115.

22 N. Goodman, Languages of Art, Indianapolis 1976, p. 33. O. Wilde

Bei dieser künstlerischen und diskursiven Herstellung der Natur spielt die Fiktion eine produktive Rolle. Literatur und Philosophie berühren sich, aus dieser Perspektive betrachtet, nicht nur dank der Ähnlichkeiten ihrer Darstellungsformen, sondern weil sie Teile der menschlichen Interaktion mit der Welt sind, die auf einer grundlegenden Ebene Gemeinsamkeiten aufweisen, auch wenn sie über je eigene symbolische Sprachen verfügen.

Die Befreiung von einem Determinismus, der das kognitive Tun innerhalb eines engen Rahmens von Kausalketten ansiedelt, und die Hervorbringung von Bildern und Bedeutungen, die das Aktuale revidieren und erweitern, sind ein wesentlicher Ausdruck menschlicher Freiheit. Diese Freiheit zeigt sich darin, daß man sagt: ich kann die Dinge auch anders sehen, darstellen und gestalten. Und eine solche Einstellung hat auch einen moralischen Aspekt.

Die Fiktion sorgt dafür, daß die kognitive Evolution an ihrem Ende offenbleibt. Möglich ist dies dank der imaginativen Bemühungen des ›homo faber‹, den Begriff des Unmöglichen immer wieder zu revidieren. Die Fähigkeit und Freiheit, sich außerhalb des Konventionellen bewegen zu können, ist von grundlegender Bedeutung für den Aufbau unseres allgemeinen kognitiven Horizonts, der gerade durch fiktionale Exkurse immer wieder erweitert wird. Für den kompetenten Leser, der gewohnt ist, mit den auf fiktionale Weise verkörperten ›Unmöglichkeiten‹ umzugehen, wird hierdurch die Möglichkeit eröffnet, sich in simultan existierenden literarischen Welten entsprechend seinen eigenen Bedürfnissen zu bewegen. Diese Idee scheint schon Johann George Sulzer vertraut zu sein: »[...] jeder Mensch (empfindet) weit mehr Wahrheiten als er zu beweisen im stande ist«.[23]

Die Fiktion kann nicht nur die Grenze der Empirie überwinden, indem man sich in der Einbildung etwas vorstellt, das kein reales Pendant hat, sondern sie kann gleichermaßen die Dimension der Zeit überbrücken, indem man antizipiert, was zwar nicht in der Gegenwart, aber möglicherweise in Zukunft die Wirklichkeit bestimmen wird. Man erzählt, jemand habe sich mit der kritischen Bemerkung an Picasso gewandt, daß sein Bild Gertrude Steins der

hatte das klassische Imitationsverhältnis zwischen Natur und Kunst umgedreht, indem er sagte, daß die Natur die Kunst imitiere.

23 J. G. Sulzer, Vermischte philosophische Schriften, Leipzig 1974, p. 190.

Porträtierten gar nicht ähnele, worauf der Maler geantwortet haben soll: »Macht nichts, es wird«. In ähnlicher Weise behauptet Goodman mit Blick auf die Unterscheidung des Originals von der Kopie, daß unsere gegenwärtige Unfähigkeit, ohne technische Hilfe eine Fälschung vom Original zu unterscheiden, möglicherweise durch ein Training unserer Wahrnehmungsfähigkeiten überwunden werden kann. So wie sich die Kunstkompetenz steigert – womit Picasso rechnet – und so wie sich ästhetische Sensibilität und Unterscheidungsfähigkeit entwickeln – woran Goodman glaubt –, so kann man auch an die Möglichkeit der *Evolution des fiktionalen Verständnisses* glauben. Auf den möglichen Vorwurf, daß ein literarisches Werk bloße Fiktion ist, die den Tatsachen nicht ähnelt, könnte die Antwort also lauten: »Macht nichts, es wird«.

José M. González García

Zwischen Literatur, Philosophie und Soziologie: Die Metapher des ›Theatrum mundi‹*

Das *theatrum mundi*, der Mensch als Schauspieler, die Masken des Ich, die persönliche und kollektive Identität, das Verhüllte, die Dialektik zwischen Schein und Wirklichkeit, die Enttäuschung, der Karneval als Theater im Theater ... sind alles alte Themen, die in unserem alltäglichen Leben und in unserer Sprache verwurzelt sind. Sie sind aber auch *topoi* der abendländischen *Philosophie* von den Griechen bis zur Gegenwart mit einer langen Geschichte: Descartes, die *idola theatri* Bacons, die aufgeklärte Kritik an der Ideologie, die Idee der Geschichte als Theater – das Drama der Geschichte – im deutschen Idealismus Kants, Schellings und Hegels[1] oder die sogenannten ›Meister des Verdachts‹, Marx, Nietzsche[2] und Freud, die dem Individuum unterschiedliche Masken zu entreißen versuchen. Bei allen diesen Autoren und bei vielen anderen sind die Maske und das Theater wichtige Elemente der Theorie oder spielen zumindest eine bedeutende Rolle als Metaphern. Darüber hinaus läßt sich das Verzeichnis der Schriftsteller, die in der abendländischen *Literatur* diese Themen behandelt haben, kaum vollständig erfassen. Und letzten Endes spielt das Theater die Rolle der bedeutendsten Metapher in der *Soziologie*. Deshalb sind alltägliches Leben, Literatur, Philosophie und Soziologie durch die unsichtbaren Fäden eines Marionettentheaters verbunden.

Es ist mein Ziel, ein bißchen Ordnung in dieses weite Feld zu bringen, um einiges von Bedeutung sagen zu können, das etwas

* Ich bedanke mich bei Christiane Schildknecht für ihre Hilfe bei der Übersetzung ins Deutsche.

1 Für eine Behandlung der Rolle der Theatermetaphern in historischen und politischen Texten cf. A. Demandt, Metaphern für Geschichte. Sprachbilder und Gleichnisse im historisch-politischen Denken, München 1978, Kap. VI.

2 Obwohl Nietzsche eine besondere Position bezieht, wonach »Jeder tiefe Geist ... eine Maske [braucht]« (Jenseits von Gut und Böse, in: F. Nietzsche, Werke, ed. G. Colli/M. Montinari, VI.2, Berlin 1968, p. 54).

mehr als eine bloße Wiederholung von Trivialitäten ist. Und ich hoffe, daß der folgende Beitrag als eine Materialsammlung für zukünftige Arbeiten verstanden werden kann.
Nachdem ich dies als Einleitung oder besser, als ›captatio benevolentiae‹ vorausgeschickt habe, so wie die alten Komödianten sich im voraus für die Fehler, die ihnen im Laufe der Vorstellung unterlaufen könnten, entschuldigen, komme ich zu der Vorstellung meiner kleinen Version des großen Welttheaters.

1. Die Wiederentdeckung eines alten Topos in der Zeit der Renaissance

Die alte Metapher des menschlichen Lebens als einer theatralischen Vorstellung wurde bereits in der spanischen Renaissance in einen allen bekannten und populären Gemeinplatz verwandelt. Deshalb kann Sancho, im 12. Kapitel des zweiten Teiles von *Don Quixote*, seinem Herrn antworten, daß er selbst die Metapher sehr gut kennt und beherrscht. Rufen wir uns den Text ins Gedächtnis: Es ist die Nacht nach der Begegnung mit dem Karren der Hofleute des Todes, in der sich die Komiker von einem Dorf zum anderen begeben, bereits verkleidet für die Rollen des Todes, des Engels, der Königin, der Soldaten, des Kaisers und des Teufels, die wichtigsten Rollen eines Fronleichnamsspiels, das am kommenden Tag aufgeführt wird. Don Quixote, der bereits über die Notwendigkeit, »den Anschein mit der Hand zu fassen, um keiner Täuschung Raum zu geben«, gesprochen hat und der die Theatergesellschaft in Ruhe weiterfahren läßt, weil er selbst in seiner Jugend eine Leidenschaft für das Theater entwickelt hat, ist trotzdem noch böse auf Sancho. Wenn Sancho ihn hätte gewähren lassen, hätte er als Beute zumindest »die goldene Krone der Kaiserin und die gemalten Flügel des Cupido« bekommen können.

»Die Szepter und Kronen der Komödienkaiser«, antwortete Sancho, »sind niemals von Gold, sondern von Goldschaum oder Messingblech.«
»Das ist wahr«, versetzte Don Quixote, »denn es kann sein, daß der Schmuck der Komödie nicht echt war: er war vielleicht unecht und nur zum Schein, wie es die Komödie selber ist, welche du, Sancho hochschätzen und in deine Gunst aufnehmen sollst, und aus dem nämlichen Grunde auch diejenigen, die sie vorstellen, wie die, welche sie schreiben; denn alle sind Mittel dazu, im Staate ein großes Gut hervorzubringen, indem sie uns

bei jedem Schritte einen Spiegel vorhalten, in welchem man die Handlungen der Menschen wahrnehmen kann, und keine andere Vergleichung gibt es, die uns so lebendig vor die Augen stellt, was wir sind und was wir sein werden, als die Komödie und die Komödianten. Hast du nämlich nicht schon eine Komödie vorstellen sehen, in welcher Könige auftreten, Kaiser und Päpste, Ritter, Damen und verschiedene andere Personen? Einer spielt den Raufer, ein anderer den Betrüger, dieser den Kaufmann, jener den Soldaten, ein anderer den Verständigen, noch einer den Verliebten, und wenn die Komödie nun zu Ende ist und sie ihre Kleidung ausziehen, sind alle Schauspieler gleich.«

»Das hab ich gesehen«, antwortete Sancho.

»Ebenso«, sagte Don Quixote, »geht es in der Komödie und der Darstellung dieser Welt, wo etliche Kaiser spielen, andere Päpste, und kurz, ebenso viele Figuren, als nur in der Komödie auftreten können; wenn es aber zu Ende ist, wenn das Leben nämlich aus ist, zieht der Tod allen die Kleider aus, nach welchen sie unterscheiden, und in ihren Gräbern sind sie gleich.«

»Eine herrliche Vergleichung!« sagte Sancho, »ob sie gleich nicht neu ist; denn ich habe sie schon zu unterschiedlichen Malen gehört, wie die vom Schachspiele, daß, solange das Spiel dauert, jeder Stein seine besonderen Verrichtungen hat; wenn das Spiel aber zu Ende ist, werden alle durcheinandergemischt und geworfen und so in eine Schachtel geschüttet, welches soviel bedeutet als das Leben in das Grab tun.«[3]

Ich habe mit dieser cervantesschen Formulierung der alten Vergleichung des menschlichen Lebens mit der Komödie begonnen, weil wir hier sehen können, daß der alte Topos der griechisch-lateinischen Philosophie so weit verbreitet ist, daß der Schildknecht mit seinem Ritter konkurrieren kann, um ein anderes Beispiel der Metapher anzuführen. Wie Antonio de Vilanova behauptet, erscheint Cervantes' Version des großen Welttheaters als eine persönliche Synthese einer im Ambiente der Zeit schwebenden Idee. Diese Idee wurde von der literarischen und gebildeten Tradition weitergereicht, besonders von Seneca, Epiktet, Lukian, Erasmus, durch die Predigt Fray Alonso de Cabreras sowie den Roman Mateo Alemáns[4], *Guzmán de Alfarache* (1599).

Wahrscheinlich kannte Cervantes die Leichenrede des bekannten Dominikaner-Predigers Fray Alonso de Cabrera, die 1598 in der Kirche *Santo Domingo el Real* von Madrid gehalten wurde: *A las*

3 M. de Cervantes, Leben und Taten des scharffsinnigen Edlen Don Quixote von la Mancha, übersetzt von L. Tieck, Berlin 1984, II, pp. 76f.

4 Cf. A. Vilanova, Erasmo y Cervantes, Barcelona 1989, p. 472.

honras de nuestro señor el serenísimo y católico Rey Philipo Segundo. Bei dieser Leichenrede wurde noch einmal die ernste stoische Betrachtung über die Vergänglichkeit der menschlichen Komödie in dem Welttheater wiederholt, und außerdem wurde die Gleichheit aller Menschen vor dem Tode mit dem Schachspiel verglichen.[5]

Antonio Vilanova und Ernst Robert Curtius folgend, könnte man kurz die Geschichte der Idee des *theatrum mundi* bis zur Zeit der Renaissance rekonstruieren, wobei die ursprüngliche Idee schon bei Platon zu finden ist: Im *Philebos* (50b) spricht Platon über die »Tragödie und die Komödie des Lebens« und in den *Nomoi* (I, 645d) drückt er die Meinung aus, daß alle Menschen nur Marionetten in den Händen der Götter sind. Erst in der stoischen Tradition und besonders bei Seneca und Epiktet erreicht dieser Topos seine höchste Entfaltung. Die Briefe Senecas an Lucilius lehren uns, wie der wirkliche Mensch hinter Purpurmantel und Kothurn zu entdecken ist: »Willst du aber den Wert des Menschen ermitteln und ihn in seiner wirklichen Beschaffenheit kennen lernen, so mußt du ihn nackt betrachten. Laß ihn sein Erbgut, laß ihn seine Ehrenstellen samt allen trugvollen Gaben des Glückes von sich werfen, ja sich seines Leibes entäußern: beschaue nur seine Seele und betrachte sie nach ihrer Beschaffenheit und Größe, frage, ob sie durch fremden Schmuck oder durch sich selbst groß sei.«[6] Und am Ende des Briefes 77 kann man lesen: »Es steht mit dem Leben ähnlich wie mit einem Theaterstück: nicht auf die Länge kommt es an, sondern auf die Güte des Spiels. Es liegt nichts daran, wo du aufhörst. Höre auf, wo du willst. Nur an einem guten Schluß laß es nicht fehlen.«[7]

Ein anderer Ort für den Vergleich des Lebens mit der Komödie ist Epiktets *Encheiridion*. Hier wird den Menschen empfohlen, die Rolle, die sie von dem Autor der Komödie erhalten haben, so gut wie möglich zu spielen. In der Spätantike sowie im Mittelalter wird die Metapher ›Welttheater‹ mittels zweier Traditionen weiterverbreitet: einmal durch die heidnische Tradition des Schicksals und des Fatums; aber auch durch die christliche Tradition der

5 Cf. op. cit., pp. 468-471.

6 L. A. Seneca, Briefe an Lucilius, Brief 76 (in: Philosophische Schriften, ed. O. Appelt, III, Hamburg 1993, p. 319).

7 Brief 77, op. cit., pp. 326 f.

göttlichen Vorsehung. Beide Stränge konvergieren im 12. Jahrhundert in dem Hauptwerk Johannes von Salisburys, dem *Policraticus* (1159).

Am Anfang des 16. Jahrhunderts und mit einer kleinen Zeitverschiebung erscheint die Idee der Maske bei zwei wichtigen Autoren: bei Machiavelli und Erasmus. In *Der Fürst* werden dem Herrscher die Lüge und der Schein empfohlen, d. h. gute Eigenschaften nicht in Wirklichkeit zu besitzen, sondern sich nur den Anschein zu geben, als ob man sie besäße; das gegebene Wort nicht mehr zu halten, wenn es nicht mehr nötig ist, und »die Fuchsnatur gut zu verbergen und Meister in der Heuchelei und Verstellung zu sein. Die Menschen sind ja so einfältig und gehorchen so leicht den Bedürfnissen des Augenblicks, daß der, der betrügen will, immer einen findet, der sich betrügen läßt.«[8] Demgegenüber stellt das *Lob der Torheit* eine bissige Kritik an der Macht dar, an dem Lebensstil der Fürsten, Päpste, Kardinäle und Bischöfe, an der Benutzung der »Maske des Rechtes«, um seine »monströsen Iniquitäten« zu verdecken, an der großen Kluft zwischen den Symbolen der Gerechtigkeit und der bloßen Wirklichkeit, in der jene Symbole nur Theaterschmuck sind, die von einem schlechten Schauspieler getragen werden. So spricht die Torheit:

> »Was soll ich schließlich über die Edelleute bei Hofe sagen? Obgleich es niemanden gibt, der so bedingungslos ergeben, charakterlos unterwürfig, persönlich farblos und moralisch verwerflich ist wie sie, beanspruchen sie dennoch hartnäckig, als die wichtigsten Diener des Staates angesehen zu werden. Wahrhaftig sind sie äußerst bescheiden, da sie sich damit begnügen, Gold, Juwelen, Purpur und alle übrigen Symbole der Tapferkeit und Weisheit an ihrem Körper nur herumzutragen, hingegen jedoch die Verwirklichung dieser Tugenden ausschließlich den anderen Menschen zu überlassen.«[9]

Diese zwei Darstellungen der politischen Maske, obwohl in verschiedenen Variationen, bleiben bis zur Gegenwart erhalten.

Darüber hinaus beschreibt Curtius, wie die Metapher des *theatrum mundi* sich im Laufe des 16. Jahrhunderts in ganz Europa verbreitet. In Deutschland betrachtet Luther die ganze profane Geschichte als ein »Puppenspiel Gottes«, spricht über die Recht-

8 N. Machiavelli, Der Fürst, ed. R. Zorn, Stuttgart 1978, pp. 72 f.

9 Erasmus von Rotterdam, Lob der Torheit, ed. U. Schultz, Bremen 1966, p. 86.

fertigung als »Spiel Gottes« und über die Helden als »Gottes Larven«. In Frankreich, wo der Hof 1564 in Fontainebleau den Karneval feiert, kann man die Worte Ronsards hören, dem das Leben als *theatrum mundi* erscheint, mit den Menschen als Schauspielern, dem Himmel als Zuschauer und Fortuna als Regisseurin. Und in England spielt die Metapher eine wichtige Rolle bei Francis Bacon sowie bei Shakespeare. Das *Globe Theatre*, das 1599 in London eröffnet wird, arbeitet unter dem Motto *Totus mundus agit histrionem*. Eines der ersten aufgeführten Werke war Shakespeares *As you like it*, in dem sich die berühmte Rede des Jacques findet, der die Welt mit einer Bühne und die sieben Lebensalter mit den sieben Akten des Menschenlebens vergleicht.[10] Diese Rede ist, wie wir sehen werden, auch sehr wichtig für die Soziologie und wird als Beispiel für die soziologische Rollentheorie benutzt.

Im folgenden werde ich mich mit zwei Gesellschaften beschäftigen, die besonders ›vermummt‹ waren: mit dem Spanien der Barockzeit und mit Österreich um die Jahrhundertwende. In beiden Fällen können wir zwei antagonistische Versionen des Lebens als Theater finden.

II. Das Barock als theatralisierte Gesellschaft

Es ist zur Genüge bekannt, daß der Topos des *theatrum mundi* seine vollkommene Verwirklichung im Zeitalter des Barock erreicht, in einer Gesellschaft, in der das Theater und die Maske als Prinzipien des öffentlichen und privaten Lebens eingeführt werden. Wenn man heute über die Theatralisierung unseres politischen Lebens spricht, sollte man sich auch daran erinnern, daß die Politik immer ein Element der Theatralisierung besessen hat und daß sich dieses Element in der barocken Gesellschaft verstärkt hat. Bereits Felipe IV. nahm Theaterunterricht und lernte dabei die Körperbewegungen, die Stimmbildung, die Gestik und Mimik sowie die anderen Prinzipien der Schauspielkunst, die so wichtig für den schönen Schein eines Königs waren. Die Neuheit unserer Tage besteht nicht darin, daß die Könige Theater spielen lernen,

10 Cf. E. R. Curtius, Europäische Literatur und lateinisches Mittelalter, Bern/München [6]1967, p. 150.

sondern darin, daß zweitklassige Komödianten Könige werden und in ihren Händen das Schicksal des mächtigsten Landes der Erde halten.

Der ›kleine Kommunikator‹ des Barock hatte nur das Theater als ›mass medium‹ und als Ausdruck seiner Macht zur Verfügung, und er wußte genau, wie es funktioniert. Die Macht verwirklicht und erneuert sich bei jeder Zeremonie, jedem höfischen Etikett, jedem Festzug und jeder Prozession, die als Inszenierung der höfischen Hierarchie gelten, jedem Fronleichnamsspiel, Autodafé, Feuerwerk, in der vergänglichen Architektur vieler politischer und religiöser Triumphbogen, im Theater, kurz gesagt: in den höfischen Festen der Barockzeit.[11] Unzweifelhaft erreicht das *theatrum mundi* im Barock den Gipfel seiner Entwicklung, aber das Wichtigste ist, daß das Barock selbst ein Welttheater ist, in dem jeder Mensch – maskiert – seine Rolle spielt.

Die öffentliche und politische ›Repräsentation‹ bestand nicht in dem Hören auf die Stimme des Volkes, sondern in der theatralischen Darstellung der Macht, und je prunkvoller diese Darstellung war, desto größer war die Macht des Königs und sein Prestige dem Volk gegenüber.[12] Nur einige hellseherische Menschen hatten die Fähigkeit, den Unterschied zwischen dem Fest und dem traurigen, alltäglichen Leben bzw. zwischen der Maske und der Wirklichkeit zu bemerken. José Antonio Maravall zitiert in seiner Analyse der Barockkultur einige verzweifelte und bittere Paragraphen von Barrionuevo über die Seefeste, die Felipe IV. in der Parkanlage von *Buen Retiro* in Madrid organisieren ließ:

»Es gibt kein Geld, um Schiffe zu bauen und mit Artillerie und Munition auszustatten. Die Flotte oder die einzelnen Schiffe, die aus Amerika kommen oder längs der Halbinselküste fahren, sind von den Feinden gekapert worden; England erklärt, daß es Spanien von der See aus unter permanente Belagerung genommen habe, und im Retiro wurden die Teiche und Kanäle zum Vergnügen für die Könige und sein Gefolge verbreitert und verlängert, ein Riesending von Galeere wurde gebaut, sie trägt Artillerie und Musiker, ist in Begleitung von mehreren Schiffen, und in diesen lächer-

11 Für eine allgemeine Darstellung des Barock, die eine systematische Verbindung zwischen höfischen Festen und Welttheater herstellt, cf. R. Alewyn, Das große Welttheater. Die Epoche der höfischen Feste, München 1989.

12 Zum Begriff der ›repräsentativen Öffentlichkeit‹ cf. J. Habermas, Strukturwandel der Öffentlichkeit, Neuwied 1969.

lichen und traurigen Zug kommen die Könige, großen Herren, Höflinge hinein und spielen Krieg.«[13]

Auch damals gab es Spielverderber. Aber die Maskerade des Retiro sowie viele andere Maskeraden jener Zeit, mit denen die Pracht und der Prunk des Barock verstärkt werden, erreichen ihr Ziel, dem Bewußtsein der Untertanen die Idee einer totalen Herrschaft und dem Bewußtsein der Glaubenden die Idee der Nichtigkeit im Angesicht eines allmächtigen Gottes einzuprägen.

Das barocke Fest ist die entgegengesetzte Seite eines schwarzen und tragischen Zeitalters von Krieg, Hunger, Elend und Pest. Pessimismus, Enttäuschung, Desillusionierung und Melancholie bilden die zentralen Begriffe für das Verständnis von Mensch, Geschichte und Welt in diesem Zeitalter.[14]

Die Metapher des *theatrum mundi* ist in Verbindung mit anderen barocken Topoi zu sehen, mit Themen wie ›die Torheit der Welt‹, ›die verkehrte Welt‹, die Welt als verwirrendes Labyrinth, als ›gran plaza‹, Markt oder Gasthaus, wo man das Leben lernt, sowie mit der pessimistischen Auffassung der Beziehungen zwischen den Individuen als theatralisch, scheinbar, betrügerisch und falsch. Der barocke Mensch ist eine Maske in einer tief vermummten Gesellschaft, und er denkt, daß nur mittels Verkleidung und Maske sein wahres Gesicht entdeckt werden kann; daß die wahre Person nur in seinen Rollen existiert und daß die Maske die wahre Wirklichkeit ist. In einer Welt der täuschenden Perspektiven muß man erst einen Umweg über die Fiktion machen, um die Wirklichkeit finden zu können.[15]

Was ich hier betonen will, ist, daß der Höhepunkt des Topos des *theatrum mundi* im Zeitalter des Barock auf zwei verschiedenen Wegen erreicht wurde: erstens auf religiös-theologische Weise, in

13 J. A. Maravall, La cultura del barroco, Barcelona 1975, pp. 490f. Barrionuevos Kritik wurde in den Jahren 1657 und 1658 geschrieben und ist in seinen *Avisos* zu finden (Biblioteca de Autores Españoles, CCXXII, Madrid 1971, pp. 89ff.).

14 Man sollte nicht vergessen, daß Robert Burtons Buch, The Anatomy of Melancholy, 1615 in London veröffentlicht wurde, und daß die Enttäuschung eine wichtige Rolle im spanischen Barock spielte. Zu diesem letzten Topos cf. H. Schulte, El desengaño. Wort und Thema in der spanischen Literatur des Goldenen Zeitalters, München 1969.

15 Cf. J. A. Maravall, op. cit., p. 404, und J. Rousset, La littérature de l'âge baroque en France, Paris 1954, p. 54.

der Linie der Gegenreformation und der Legitimierung des Absolutismus, und zweitens in einer profanen Version, in Richtung einer Kritik an dem Schein, der Heuchelei und der kollektiven Täuschung. Das bedeutendste Beispiel für die theologische Version ist Calderóns Fronleichnamsspiel *Das große Welttheater* (aller Wahrscheinlichkeit nach zwischen 1633 und 1635 geschrieben), und man kann *Der hinkende Teufel* (1641) von Luis Vélez de Guevara als die Spitze der sozialkritischen Version betrachten. Deshalb zwei Versionen: eine göttliche und eine teuflische, obwohl es sich bei letzterer um eine besondere Art von Teufel handelt. Beide Werke, zwischen denen ein kleiner Zeitunterschied besteht, sind durch die Fäden des Enttäuschungs-Topos verbunden, wobei es sich um zwei verschiedene Arten von Enttäuschung (*desengaño*) handelt. Bei Calderón führt die Enttäuschung über die Vergänglichkeit und Eitelkeit der Dinge dieser Welt in die Richtung einer religiösen Antwort mit dem Akzent auf der Wirklichkeit eines zweiten und göttlichen Lebens jenseits dieser Welt der Erscheinungen. Bei Vélez de Guevara handelt es sich um einen enttäuschten Blick auf die soziale und politische Realität, damit »uns nicht Phantasien für Wahrheiten verkauft werden«.[16] Aber beide gehören zur ›höfischen Gesellschaft‹ ihrer Zeit, und das könnte ein Interpretationsschlüssel für die zwei Arten von Enttäuschung sein.[17]

Ohne auf *Das große Welttheater* schon im einzelnen einzugehen, möchte ich nur daran erinnern, daß Gott Autor der Komödie sowie richtender Zuschauer und die Welt eine Bühne ist, und daß die Menschen Schauspieler mit verschiedenen Rollen sind. Mit den folgenden Worten verteilt Gott die Rollen:

> »Wollte ich die unruhvollen
> Menschen um die Wahl befragen,
> Auch nicht einem wohl behagen

16 L. Vélez de Guevara, El diablo cojuelo, ed. E. Rodríguez Cepeda, Madrid 1984, p. 129. Die zitierten Worte des Studenten, die Astrologie und Alchimie betreffend, könnten auch eine allgemeine Bedeutung haben.

17 Zu Guevara als höfischem Menschen cf. G. A. Davies, Luis Vélez de Guevara and Court Life, in: C. G. Peale (ed.), Antigüedad y actualidad de Luis Vélez de Guevara, Amsterdam/Philadelphia 1983, pp. 20-38, und C. G. Peale, Ingenio y cortesanía en *El diablo cojuelo*. (Dos notas sobre el haz y el envés de Vélez de Guevara), in: op. cit., pp. 233-253.

Möchten dann des Leidens Rollen,
Alle würden herrschen wollen
Über alle frank und frei,
Und es fiele keinem bei,
Daß auf dieser Bühnenwelt,
Was er für das Leben hält,
Eben nur ein Schauspiel sei.
Doch ich, Autor dieser Märe,
Weiß, was jeder leisten kann,
Und so nimm denn jedermann,
Welchen Part ich ihm beschere.«[18]

Die alte stoische Idee der Gleichheit aller Menschen vor dem Tod erscheint immer wieder (»... und wenn einst der Vorhang fällt,/werden beide gleichgestellt«, VV. 414 f.). Ebenso wird ständig wiederholt, daß »dieses ganze Leben nur ein Schauspiel vorstellt«, sowie schon fast als Motto: ›tue recht – Gott über euch‹ (›obrar bien, que Dios es Dios‹). Auch das Thema der Eitelkeit und Vergänglichkeit des Lebens fehlt nicht, ein Thema, das stoischer Abstammung und im Barock sehr verbreitet ist:

»Kurz war das Schauspiel; aber wann verwehen
Nicht rasch des Lebens Spiele, kaum erklungen,
Wo alles nur ein Kommen ist und Gehen,
Das keinen überrascht, ders recht durchdrungen?«[19]

Vielleicht kann man die Perspektive Calderóns mit den Titeln zweier seiner bekanntesten Werke zusammenfassen: das Leben – ein Traum und die Welt – ein Theater.

Aber betrachten wir noch eine andere Version des *theatrum mundi*: *Der hinkende Teufel*, nach Auskunft der alten Titelblätter ein Roman des jenseitigen Lebens in diesem Leben, von Luis Vélez de Guevara übersetzt. Das Thema der Welt als Theater kommt an den drei wichtigsten Stellen des Werkes zum Vorschein: beim Ausblick auf Madrid von dem Kirchturm S. Salvadors, beim Spaziergang in den Straßen der Hauptstadt und bei der magischen Spiegelvision von Sevilla auf der Hauptstraße Madrids.

Wie bekannt wird der hinkende Teufel aus seinem Kerker von einem Studenten befreit und zeigt diesem alle Geheimnisse des theatralischen Hoflebens von dem höchsten Aussichtspunkt

18 P. Calderón de la Barca, Das große Welttheater, deutsch von J. Freiherrn von Eichendorff, Stuttgart 1924, p. 19.

19 Op. cit., p. 51.

Madrids jener Zeit aus: dem Kirchturm von S. Salvador. Dafür hebt er die Dächer der Stadt hoch und zeigt dem Studenten das wirkliche Leben hinter den Kulissen der Gebäude Madrids. Die ganze Stadt wird als Theater betrachtet, und für einige Minuten können beide die Wirklichkeit des menschlichen Lebens hinter den Fassaden beobachten.

Wir werden den hinkenden Teufel bei seiner Beschreibung des spanischen Babylons nicht begleiten. Ich möchte nur in Erinnerung rufen, daß der Kirchturm von S. Salvador an der Nordseite der *Plaza de la Villa* lag und deshalb Calderóns Zimmer einer der ersten Innenräume war, die der Teufel und der Student sehen konnten. Denn Calderón wohnte nur wenige Meter von S. Salvador entfernt: auf der heutigen *Calle Mayor*, damals *Calle de las Platerías* genannt. Es ist eine Ironie des Schicksals, daß Calderóns sterbliche Hülle in einer Kapelle dieser Kirche ruhte, von seinem Tod im Jahre 1681 bis zur Mitte des 19. Jahrhunderts, als aus dem Gebäude bereits eine Ruine geworden war. Calderóns Leiche wurde auf einer offenen Bahre in diese Kapelle getragen, da er es so in seinem Testament festgelegt hatte, mit der religiösen Absicht, die Eitelkeit der Menschen exemplarisch zu bestrafen. Wenn das ganze Leben eine Vorstellung ist, so ist es auch die letzte Reise.

Beim Spaziergang am Vormittag durch die »villa y corte« entdekken der Teufel und der Student alle Täuschungen der Gestik-Straße, des Namentrödelmarktes[20], des Plätzchens, wo Menschen als Lakaien oder Waffenträger ausgeliehen wurden, oder auch des Irrenhauses. Ich möchte mich nur auf den Anfang dieses Spazierganges beziehen, weil dort das Verkehrsproblem, das Madrid schon im 17. Jahrhundert hatte, deutlich wird. Die Kutsche – von Guevara »Wal mit Rädern« genannt – wird als Status-Symbol oder als Symbol der Maske des Ichs, des Betruges und der Heuchelei betrachtet. Außerdem kann man das wahre Gesicht der Personen

20 Das Thema der Diskrepanz zwischen Name und Wirklichkeit wird bereits von Quevedo in dem Traum *Die Welt innen* (1610-1612 verfaßt) behandelt. Hier führt die Enttäuschung den Autor zur Hauptstraße der Welt, ›Heuchelei‹ genannt, nachdem sie zu ihm gesagt hat: »Ich will dir die Welt zeigen, wie sie ist: bist du allein, siehst du nur den Schein«. Und alles – die Menschen, die Bezeichnungen, die Anreden, die Namen – alles ist Heuchelei. Cf. F. de Quevedo, Die Träume, ed. W. Muster, Frankfurt 1966, besonders pp. 100-104.

wegen des Staubes, den die Kutschen aufwirbeln, nicht erkennen.
Die Kritik an der Kutschen-Kultur oder, besser gesagt, an der Kutschen-Unkultur erscheint als ein Leitmotiv Guevaras, da der Teufel bereits beim Betrachten Madrids vom Turm S. Salvadors aus über ein Ehepaar spottet, das seit vier Jahren die Kutsche nicht verlassen hat; nachdem es sein ganzes Vermögen in die Kutsche investiert hat, muß es da wohnen: »Sie werden zusammen in die Hölle mit Kutsche und Seele gehen«.[21]
Nichts Neues unter der Sonne. Zuletzt nach Sevilla – zu jener Zeit »Bauch Spaniens und der Welt« – gelangt, zeigt der hinkende Teufel dem Studenten und der Hauswirtin durch einen Spiegel – noch einmal der barocke Spiegel – den Spaziergang der ›guten Gesellschaft‹ auf der *Calle Mayor* Madrids, wo so viele ›Figuren‹ – mit der Beschreibung dieser Figuren sind fast fünf Seiten gefüllt – »in jenem *theatrum mundi* so viele verschiedene Rollen darstellen«.[22]

III. Maske und Enthüllung in Österreich um die Jahrhundertwende

Ein anderer Fall einer besonders maskierten Gesellschaft, bei der die Metapher des *theatrum mundi* eine wichtige Rolle spielt, ist das lustige und tragische Wien der Jahrhundertwende. Die Verbindungen mit dem spanischen Barock lassen sich nicht auf die ›Familien-Ähnlichkeiten‹ der Habsburger reduzieren. Wenn wir bei unserem Thema bleiben, kann man auch hier die doppelte Fassung des Topos des Lebens als Theater finden.
Wie Edward Timms schreibt, gewinnt dieses alte literarische Thema seit Nietzsche in der deutschen und österreichischen Literatur zunehmend an Bedeutung:

»The image of the world as a stage is an age-old literary topos. But in German and Austrian writing from Nietzsche onwards this motif becomes exceptionally prominent. The generation of authors who came to maturity around 1900 was acutely aware of the discrepancy between official ideology and inner identity, between private self and public role. In Imperial Germany (as the historian Fritz Stern argues) hypocrisy had become a ›governing system‹ – a system of ›villainous dissembling‹. In

21 L. Vélez de Guevara, op. cit., p. 84.
22 Op. cit., p. 145.

Austria-Hungary the need for systematic ›dissembling‹ was even more acute, though perhaps less villainous. For the strategy of dissembling had a practical purpose, corresponding to unresolved tensions in the social and political fabric.«[23]

Die politischen Spannungen des Industrialisierungsprozesses sowie diejenigen, die mit dem Erwachen des nationalistischen Bewußtseins der verschiedenen Völker der Doppel-Monarchie verbunden sind, bilden die Grundlage einer scheinbar stabilen Gesellschaft. Den Kontrast zwischen Sein und Schein auf politischem Felde spiegelt Musils Analyse Kakaniens in *Der Mann ohne Eigenschaften* deutlich wider:

»Es [Kakanien] war nach seiner Verfassung liberal, aber es wurde klerikal regiert. Es wurde klerikal regiert, aber man lebte freisinnig. Vor dem Gesetz waren alle Bürger gleich, aber nicht alle waren eben Bürger. Man hatte ein Parlament, welches so gewaltigen Gebrauch von seiner Freiheit machte, daß man es gewöhnlich geschlossen hielt; aber man hatte auch einen Notstandsparagraphen, mit dessen Hilfe man ohne das Parlament auskam, und jedesmal, wenn alles sich schon über den Absolutismus freute, ordnete die Krone an, daß nun doch wieder parlamentarisch regiert werden müsse.«[24]

Die Trennung zwischen Wirklichkeit und Schein ist aber nicht nur eine Besonderheit der Politik, sondern man kann sie in verschiedenen Bereichen des öffentlichen und privaten Lebens wie dem der Sexualität oder der konventionellen Sitten des Militärs, der Beamten oder der Journalisten finden. Es war eine Gesellschaft, die in ihrer Theaterleidenschaft die Art zu reden und die Selbstdarstellung der bekanntesten Schauspieler imitierte, und so wird das Theater zum Vorbild des alltäglichen Lebens sowie der öffentlichen Zeremonien. In diesem Sinne kann man sagen, daß das Leben eine Nachahmung des Theaters ist. In dieser Gesellschaft wird das barocke Fest auf die Spitze getrieben: bei feierlichen Staatsakten, Tanzfesten, militärischen Paraden, religiösen Prozessionen, Fastnachtsveranstaltungen und Maskenbällen.
In der Kunst spiegelt sich diese Gesellschaft des Scheins und des Theaters wider. Man braucht zum Beispiel nur an das Bild Gustav

23 E. Timms, Karl Kraus: Apocalyptic Satirist. Culture and Catastrophe in Habsburg Vienna, New Haven/London 1986, pp. 26f.

24 R. Musil, Der Mann ohne Eigenschaften, I-II, Hamburg 1992, I, pp. 33f.

Klimts zu denken, auf dem die sogenannte ›gute Gesellschaft‹ während der letzten Vorstellung des alten Burgtheaters erscheint: der Maler wirft seinen Blick nicht auf die Theaterbühne, sondern ins Parkett, wo die echte theatralische Vorstellung der Zuschauer stattfindet. Oder man kann sich Theodor Zasches Bild *Spaziergang auf der Ringstraße* in Erinnerung rufen, wo unter anderem Freud und Mahler beim täglichen und langsamen Defilieren der ›guten Gesellschaft‹, der Teilnehmer an der gewöhnlichen Zeremonie des Sehens und Gesehenwerdens, zu erkennen sind.
Vielleicht kann man die öffentliche Diskussion über architektonische Fassaden als Symbol anderer Fassaden, Erscheinungen und Dekorationen verstehen. In einer Gesellschaft, wo der schöne Schein eine so wichtige Rolle spielt, können die Ansichten des Architekten Adolf Loos über das Ornament als Verbrechen nur als Scherz oder Witz verstanden werden. In einer Stadt, wo die Börse und die Universität sich hinter einer Neorenaissance-Fassade verstecken, wo das königliche Schloß hinter einer Neobarock-Fassade steckt, die Votiv-Kirche und das Rathaus sich hinter einer neogotischen Fassade verbergen, und die Wohnungen der gehobenen Bourgeoisie im Stil von Palästen der Renaissance-Zeit gebaut sind, kann der Entwurf von Adolf Loos für das Kaufhaus am Michaelerplatz (1910) nur als eine Provokation verstanden werden. Einem Befehl Franz-Josephs folgend, wurden die Schloßfenster am Michaelerplatz geschlossen, um das neue, aber nackte Gebäude nicht sehen zu müssen: Man durfte keinen Blick auf ein nacktes Haus werfen.
Nach dem Untergang der Doppel-Monarchie als Folge des Ersten Weltkrieges und nach der entsprechenden Verringerung der österreichischen Bevölkerung von fünfzig auf fünf Millionen Einwohner versucht Hugo von Hofmannsthal die calderonische Tradition noch einmal wiederzubeleben. 1922 schreibt er das Drama *Der Turm*, das sich auf Calderóns *La vida es sueño* bezieht, und er erneuert darüber hinaus die alte Tradition des *theatrum mundi* mit seinem *Das Salzburger große Welttheater*. Das ist insofern die zweite wichtige Wiederentdeckung Calderóns in Österreich, als bereits Grillparzer im letzten Jahrhundert eine Übertragung der barocken Ideen von der Welt als Traum und dem Leben als Theater in seinem dramatischen Märchen *Der Traum, ein Leben* versucht hatte. Während es sich bei Grillparzer um die Wiederherstellung der traditionellen Ideologie nach den Napoleonischen

Kriegen handelt, geht es bei Hofmannsthal um die konservative Wiedereroberung schon untergegangener Weltwerte. In diesem Sinne behauptet Hermann Broch in seiner Analyse Hofmannsthals:

»Allzugenau war es ihm sichtbar, daß er allüberall auf verlorenem Posten stand: aussichtslos war der Weiterbestand der österreichischen Monarchie, die er geliebt hatte und nie zu lieben aufhörte; aussichtslos war die Hinneigung zu einem Adel, der nur noch ein karikaturhaftes Scheindasein führte; aussichtslos war die Einordnung in den Stil eines Theaters, dessen Größe nur mehr auf den Schultern einiger überlebender Schauspieler ruhte; aussichtslos war es all das, diese schwindende Erbschaft aus der Fülle des maria-theresianischen 18. Jahrhunderts, nur im Wege einer barock-gefärbten großen Oper zur Wiedergeburt bringen zu wollen. Sein Leben war Symbol, edles Symbol eines verschwindenden Österreichs, eines verschwindenden Adels, eines verschwindenden Theaters –, Symbol im Vakuum, doch nicht des Vakuums.«[25]

Auf der anderen Seite wird die kritische Variante der *theatrum mundi*-Metapher von Robert Musil und Karl Kraus im Hinblick auf zwei verschiedene Aspekte weiterentwickelt.
Der ganze Musil-Roman *Der Mann ohne Eigenschaften* läßt sich als eine mehrstufige Variation des Topos der Theatralisierung kollektiven und individuellen Lebens verstehen. Die Organisation und Entwicklung der sogenannten Parallelaktion, die Beschreibungen Kakaniens und der Persönlichkeiten, die Kritik an österreichischem Charakter und kollektiver Identität, der Bezug auf den ›ewigen Kaiser‹, den ältesten von allen, der zwischen Wirklichkeit und Phantasie beheimatet ist, die Idee der Auflösung des Ich in seine sozialen Rollen – all das ist von der Stimmung einer theatralischen Vorstellung geprägt, in der das Individuum und die ganze Gesellschaft als Elemente einer Komödie erscheinen. Ein paar Anmerkungen, die die persönliche und kollektive Identität in dieser theatralisierten Welt betreffen, müssen genügen. Zwei Texte

25 H. Broch, Hofmannsthal und seine Zeit, in: Dichten und Erkennen. Essays, I, ed. H. Arendt, Zürich 1955, p. 149. Für einen Vergleich zwischen Calderón und Hofmannsthal cf. C. Heselhaus, Calderón und Hofmannsthal. Sinn und Form des theologischen Dramas, in: H. Flasche (ed.), Calderón de la Barca, Darmstadt 1971, pp. 257-290, sowie den klassischen Aufsatz von E. R. Curtius, George, Hofmannsthal und Calderón, in: ders., Kritische Essays zur europäischen Literatur, Bern 1950, pp. 172-201.

möchte ich hier, in der Hoffnung, daß sie überzeugende Belege dieses Themas sind, zitieren. In bezug auf die kollektive österreichische Identität sagt Musil:

»Dieses österreichisch-ungarische Staatsgefühl war ein so sonderbar gebautes Wesen, daß es fast vergeblich erscheinen muß, es einem zu erklären, der es nicht selbst erlebt hat. Es bestand nicht etwa aus einem österreichischen und einem ungarischen Teil, die sich, wie man dann glauben könnte, ergänzten, sondern es bestand aus einem Ganzen und einem Teil, nämlich aus einem ungarischen und einem österreichisch-ungarischen Staatsgefühl, und dieses zweite war in Österreich zu Hause, wodurch das österreichische Staatsgefühl eigentlich vaterlandslos war. Der Österreicher kam nur in Ungarn vor, und dort als Abneigung; daheim nannte er sich einen Staatsangehörigen der im Reichsrate vertretenen Königreiche und Länder der österreichisch-ungarischen Monarchie, was das gleiche bedeutet wie einen Österreicher mehr einem Ungarn weniger diesen Ungarn, und er tat das nicht etwa mit Begeisterung, sondern einer Idee zuliebe, die ihm zuwider war, denn er konnte die Ungarn ebensowenig leiden wie die Ungarn ihn, wodurch der Zusammenhang noch verwickelter wurde. Viele nannten sich deshalb einfach einen Tschechen, Polen, Slowenen oder Deutschen, und damit [begann] jener weitere Zerfall.«[26]

Der zweite Text behandelt die Auflösung des Ich in seinen sozialen Rollen, und er ist von Ralf Dahrendorf verwendet worden, um die Paradoxa des sogenannten *Homo sociologicus* zu erklären:

»Denn ein Landesbewohner hat mindestens neun Charaktere, einen Berufs-, einen National-, einen Staats-, einen Klassen-, einen geographischen, einen Geschlechts-, einen bewußten, einen unbewußten und vielleicht auch noch einen privaten Charakter; er vereinigt sie in sich, aber sie lösen ihn auf, und er ist eigentlich nichts als eine kleine, von diesen vielen Rinnsalen ausgewaschene Mulde, in die sie hineinsickern und aus der sie wieder austreten, um mit andern Bächlein eine andere Mulde zu füllen. Deshalb hat jeder Erdbewohner auch noch einen zehnten Charakter, und dieser ist nichts als die passive Phantasie unausgefüllter Räume; er gestattet dem Menschen alles, nur nicht das eine: das ernst zu nehmen, was seine mindestens neun anderen Charaktere tun und was mit ihnen geschieht; also mit andern Worten, gerade das nicht, was ihn ausfüllen sollte.«[27]

26 R. Musil, op. cit., I, p. 170.

27 Op. cit., p. 34. Cf. R. Dahrendorf, Homo sociologicus. Ein Versuch zur Geschichte, Bedeutung und Kritik der Kategorie der sozialen Rolle, Köln [4]1964, pp. 62 ff. Für eine andere Perspektive, aber ebenfalls im Rahmen einer soziologischen Deutung Musils, cf. G. Mozetic,

Karl Kraus seinerseits beschäftigt sich mit der Kritik an der österreichischen Maskerade, der kollektiven Heuchelei, dem Mißverhältnis zwischen Schein und Wirklichkeit, deren Höhepunkt in dem von ihm sogenannten ›blutigen Karneval‹ des Ersten Weltkrieges erreicht worden ist. Der Name der Zeitschrift von Karl Kraus verwundert von daher nicht: *Die Fackel* versucht, die dunklen Aspekte oder die Hinterbühne einer theatralisierten Gesellschaft zu beleuchten, und es ist ebenfalls stimmig, daß auf dem Titelblatt die Masken der Komödie und der Satire erscheinen, weil die von ihm satirisierte Gesellschaft auf maskierte Weise komisch ist.

Die Bedeutung von Karl Kraus besteht aber nicht nur in der Schöpfung eines *theatrum mundi,* ausgehend von wirklichen Persönlichkeiten, sondern eher auf seiner Metamorphose in einen begabten Schauspieler bei den öffentlichen Lesungen aus seinen Werken. Diese Lesungen waren viele Jahre lang in Wien sehr stark besucht und können als ein weiteres Schauspiel für eine an sich schon schauspielernde Gesellschaft betrachtet werden. Auf diese Weise wiederholt sich noch einmal das alte barocke Thema des *Theaters im Theater.* Wie Timms behauptet, hat Kraus eine dreifache Beziehung zum Theater:

»First, the condition of the contemporary theatre furnishes Kraus with highly suggestive symptoms of the decay of civilization in general. ... World and stage are regarded as concentric, and theatre criticism becomes part of the wider satirical indictment. Secondly, the realm of theatre, costume and carnival provides Kraus with a rich source of imagery to express the falsity of the society in which he lives – the ›Operettenkultur‹ of Austria before the First World War, the ›Köpenickiade‹ of the war itself, and the ›Walpurgisnacht‹ of Hitler's Germany. Thirdly, his histrionic temperament leads him to formulate a very substantial part of the satirical narrative of *Die Fackel* in implicitly dramatic form. And most important

Der Mann ohne Eigenschaften und die Zwänge der Moderne. Ein soziologischer Beitrag aus zivilisationstheoretischer Perspektive, in: H. Kuzmics/I. Mörth (eds.), Der unendliche Prozeß der Zivilisation. Zur Kultursoziologie der Moderne nach Norbert Elias, Frankfurt 1991, pp. 153-171 sowie P. L. Bergers Aufsätze *The problem of multiple realities: Alfred Schutz and Robert Musil*, in: M. Natanson (ed.), Phenomenology and Social Reality. Essays in Memory of Alfred Schutz, The Hague 1970, pp. 213-233, und *Robert Musil und die Errettung des Ich*, Zeitschrift für Soziologie 17.2 (1988), pp. 132-142.

of all, it provides the impulse behind Kraus's self-dramatization in the role of satirist.«[28]

IV. *Theatrum mundi* als soziologische Metapher

Vielleicht wegen ihrer Popularität oder wegen ihrer Verwurzelung in unserer Kultur seit den Griechen hat die *theatrum mundi*-Metapher eine zentrale Rolle in der Soziologie gespielt, und sie kann als die wichtigste sozialwissenschaftliche Metapher betrachtet werden. Die alte etymologische Verbindung zwischen Theorie und Theater scheint noch einmal lebendig zu werden, insofern der Bühnenvergleich im Kern der heutigen soziologischen Theorie enthalten ist.

Dieser Vergleich zwischen sozialer Welt und Theater ist häufig in der Soziologie oder Sozialpsychologie in Verbindung mit jenen alten Bildern der Barockzeit – dem Spiegel und der Maske – zu finden.[29] Die ganze Linie soziologischer Analyse vom symbolischen Interaktionismus George Herbert Meads bis hin zu Alfred Schütz' Phänomenologie und dessen heutigen Vertretern beharrt darauf, daß die Menschen sich in das verwandeln, was sie im Spiegel anderer Menschen oder ihrer Gesellschaft sehen können. Aber das ist nur die eine Seite der Medaille. Die andere besteht aus der Maske in ihren verschiedenen Versionen. Und das ist ein ständiges Thema von Literatur, Philosophie und Soziologie.

Über die große Bedeutung der Maske schrieb der junge Descartes schon am Anfang der philosophischen Neuzeit:

»Um zu vermeiden, daß sich Schamröte auf ihrem Gesicht zeigt, tragen Schauspieler eine Maske: Ich werde dasselbe tun. Ich bin dabei, dieses Welttheater zu betreten, in dem ich bis jetzt ein Zuschauer gewesen bin, und ich trete maskiert auf [larvatus prodeo].«[30]

28 E. Timms, op. cit., p. 176. Cf. dazu auch K. Grimstad, Masks of the Prophet: The Theatrical World of Karl Kraus, Toronto 1982.

29 Anselm Strauss benutzt Spiegel und Maske als Bilder der menschlichen Identität in: Mirror and Masks. The Search for Identity, Mill Valley 1969.

30 R. Descartes, Cogitationes Privatae, in: Œuvres, ed. C. Adam/P. Tannery, XI, p. 213. Zitiert nach: C. Schildknecht, Philosophische Masken. Literarische Formen der Philosophie bei Platon, Descartes, Wolff und Lichtenberg, Stuttgart 1990, p. 18. Zu Descartes cf. das 2. Kapitel dieses Buches.

Die Notwendigkeit von Maske und Vorstellung ist auch von Kant und Schopenhauer gesehen worden. Die optimistische – man könnte fast sagen naive – Perspektive Kants finden wir in seiner *Anthropologie*:

»Die Menschen sind insgesamt, je zivilisierter, desto mehr Schauspieler: sie nehmen den Schein der Zuneigung, der Achtung vor anderen, der Sittsamkeit, der Uneigennützigkeit an, ohne irgend jemand dadurch zu betrügen; weil ein jeder andere, daß es hiemit eben nicht herzlich gemeint sei, dabei einverständigt ist, und es ist auch sehr gut, daß es so in der Welt zugeht. Denn dadurch, daß Menschen diese Rolle spielen, werden zuletzt die Tugenden, deren Schein sie eine geraume Zeit hindurch nur gekünstelt haben, nach und nach wohl wirklich erweckt, und gehen in die Gesinnung über.«[31]

Im Gegensatz zu Kant verteidigt Schopenhauer eine pessimistische Auffassung der Gesellschaft als einer großen Maskerade, bei der sich jeder Mensch hinter der Maske der Macht, des Geldes, der Philosophie, der Religion oder des Rechts versteckt, entweder um sich selbst zu verteidigen oder um die anderen zu täuschen. Deshalb ist es für ihn sehr wichtig, »schon früh, in der Jugend darüber belehrt zu werden, daß man sich auf der Maskerade befindet.«[32]

In drei Bereichen der heutigen Soziologie ist die *theatrum mundi*-Metapher besonders wichtig: in der historischen Soziologie, in

31 I. Kant, Werkausgabe, ed. W. Weischedel, Frankfurt 1977, XII, pp. 442 f. In mehreren Texten benutzt Kant die Theater-Metapher. Cf. zum Beispiel *Über den Gemeinspruch: Das mag in der Theorie richtig sein, taugt aber nicht für die Praxis*, wo sich der folgende Text findet: »... das menschliche Geschlecht von Periode zu Periode zur Tugend hinauf Schritte tun, und bald darauf eben so tief wieder in Laster und Elend zurückfallen zu sehen. Eine Weile diesem Trauerspiel zuzuschauen, kann vielleicht rührend und belehrend sein; aber endlich muß doch der Vorhang fallen. Denn auf die Länge wird es zum Possenspiel; und, wenn die Akteure es gleich nicht müde werden, weil sie Narren sind, so wird es doch der Zuschauer, der an einem oder dem andern Akt genug hat, wenn er daraus mit Grunde abnehmen kann, daß das nie zu Ende kommende Stück ein ewiges Einerlei sei« (op. cit., XI, pp. 166 f.). Cf. auch A. Demandts Analyse in: Metaphern für Geschichte, op. cit., pp. 350-351.

32 A. Schopenhauer, Sämtliche Werke, ed. W. von Löhneysen, V, Frankfurt am Main 1986, p. 250.

der Rollentheorie und in der sogenannten ›Dramaturgie‹. Dazu noch kurz einige Bemerkungen:

Innerhalb der soziologischen Analyse der Geschichte sind die Werke von Norbert Elias und Richard Sennett hervorzuheben. Norbert Elias beschreibt in *Zum Prozeß der Zivilisation* und in *Die höfische Gesellschaft* die Genesis des Absolutismus und die Verwandlung des mittelalterlichen Kriegers in einen neuen Menschentyp, den höfischen Menschen, der auf besondere Weise seine Instinkte beherrschen muß. Entsprechend dem Aufbau der höfischen Gesellschaft entfaltet der Mensch folgende Charakteristika: Die Kunst der Menschenbeobachtung und der Selbstbeobachtung, die Kunst der Menschenbehandlung und eine bestimmte Form der Rationalität, d. h. die höfische Rationalität, die zu einer Beherrschung der Affekte zugunsten einer genau berechneten Haltung im Umgang mit den Menschen im Rahmen des Konkurrenzkampfes des höfischen Lebens zwingt.[33]

Richard Sennett seinerseits analysiert in *Verfall und Ende des öffentlichen Lebens* die Metapher des Öffentlichkeitsmenschen (*public man*) als eines Schauspielers. Seiner Meinung nach sind im Laufe des 18. Jahrhunderts drei Ansichten besonders hervorgetreten:

»Die erste war bei den Weltbürgern der damaligen Zeit am meisten verbreitet: Wenn wir ein *theatrum mundi* bewohnen und zu Schauspielern geworden sind, dann haben wir eine neue, glücklichere Sittlichkeit erlangt. Die zweite, kritischere Ansicht wurde von Autoren wie Diderot vertreten, die das Schauspielen in seinem Verhältnis zum öffentlichen Leben und zur Natur untersuchten. Die dritte Ansicht, die originellste, stammt von Rousseau. Dieser hat für seine Epoche die bedeutendste Theorie über die Verbindung von weltbürgerlichem Leben und Theater entwickelt – und zugleich hat er diese Verbindung scharf verurteilt.«[34]

Die Rollentheorie hat die Theateranalogie immer in vollem Bewußtsein der langen Geschichte dieser Metapher in der Literatur und in der Philosophie benutzt. Zum Beispiel widmet Ralf Dahrendorf in seinem Buch *Homo sociologicus* mehrere Seiten der philologischen Rekonstruktion der Begriffe ›Maske‹, ›Person‹,

33 Cf. N. Elias, Die höfische Gesellschaft. Untersuchungen zur Soziologie des Königtums und der höfischen Aristokratie, Frankfurt 1990, pp. 158-170.

34 R. Sennett, Verfall und Ende des öffentlichen Lebens. Die Tyrannei der Intimität, Frankfurt 1983, p. 130.

›Charakter‹ und ›Rolle‹ in der Geschichte des abendländischen Denkens und behauptet außerdem, daß Shakespeares Komödie *As you like it* die Kategorie der sozialen Rollen und viele Merkmale des soziologischen Rollenbegriffs vorwegnimmt. In dieser Komödie legt Shakespeare Jacques folgenden Gedankengang in den Mund:

»All the world's a stage,
And all the men and women merely players;
They have their exits, and their entrances;
And one man in his time plays many parts,
his acts being seven ages.«[35]

Die Menschen tragen verschiedene Masken auf der Bühne des Lebens, wo sie ihre Rolle spielen als Kind, Jüngling, Liebhaber, Soldat, Richter, Erwachsener und Greis. Letzterer »is second childishness, and mere oblivion;/Sans teeth, sans eyes, sans taste, sans everything«. Mit Recht kommt Dahrendorf zu dem Schluß, daß Shakespeares Metapher heute zum konstruktiven Grundprinzip der Soziologie geworden ist.

Aber, obwohl sie sie verwenden, warnt Dahrendorf – und später auch Goffman – davor, diese Metapher zu wörtlich zu verstehen. Die Idee des Menschen als eines sozialen Wesens ist mehr als eine Metapher, seine Rolle mehr als eine Komödie bzw. Tragödie, von der der Schauspieler immer zur Wirklichkeit des alltäglichen Lebens zurückkehren kann.[36]

Die Verbindung der soziologischen Rollentheorie mit der Literatur und der Philosophie ist in den letzten Jahren von Gottfried Eisermann in seinem Buch *Rolle und Maske* vertieft worden. Aber damit kann ich mich hier nicht mehr beschäftigen.

Ebenso kann ich hier nicht die Werke Erving Goffmans untersuchen. Seit der Veröffentlichung seines Buches *The Presentation of Self in Everyday Life* (1959) ist er als Ahnherr der sogenannten Dramaturgie betrachtet worden. Seine Werke haben eine Art der soziologischen Analyse eingeführt, in der die *theatrum mundi*-Metapher bis zur letzten Konsequenz gedacht worden ist. Seine

35 Shakespeare, As you like it, II.7, zitiert nach: Dahrendorf, op. cit., p. 20.

36 Cf. Dahrendorf, op. cit., p. 33. Für eine ausführliche Analyse der Grenzen theatralischer Metaphern cf. B. Wilshire, Role Playing and Identity. The Limits of Theatre as Metaphor, Bloomington Ind. 1982.

Terminologie der Selbstdarstellung im Alltag, seine Idee der Identität, der Rollendistanz, der dramatischen Gestaltung, des Ensembles, der Eindrucksmanipulation, der Inszenierung des Selbst usw. sind von mehreren Autoren in den Bereichen der Sozialanthropologie, der Psychologie, der politischen Wissenschaft oder der Soziologie verwendet worden. Mit Recht ist Goffman zu einem der Klassiker der heutigen Soziologie geworden.

* * *

Ich komme zum Ende. Vielleicht hat dieser Text aufgrund seiner Kritik an der Täuschung und am Schein, die unser Leben beherrschen, einen zu moralistischen Eindruck erweckt. Bis jetzt habe ich hinter der Maske der Tragödie gesprochen. Man könnte dieses Thema aber auch mit der Maske der Komödie behandeln. Dann könnten wir die Haltung des barocken Schauspielers einnehmen und wie er einen positiven Anspruch auf das Leben als Theater und auf den schönen Schein als Kunstprinzip erheben. Oder wir könnten, wie bei Goffman, die Kreativität des ›Mannes auf der Straße‹ verteidigen, um ein Minimum an Würde und an eigener Identität unter extremen Umständen oder unter der Herrschaft ›totaler Institutionen‹ zu bewahren.

Der positive Anspruch auf das Leben als Theater hat auch für die letzte Reise Gültigkeit, wie in dem Gedicht des Dramatikers Gerhart Hauptmann: »Schauspieler sollen mich zu Grabe tragen/nachdem der Vorhang endlich ist gefallen«.[37] Und auch der Komiker kann uns – warum nicht – nach seinem Begräbnis zum Lächeln bringen, wie Groucho Marx mit seinem Epitaph: »Gnädige Frau, verzeihen Sie bitte, daß ich nicht aufstehe«.

Aber diese zweite Version der Maske der Komödie ist das Thema eines anderen Aufsatzes.

37 G. Hauptmann, Testament, (zitiert nach: G. Eisermann, Rolle und Maske, Tübingen 1991 p. 45).

Gottfried Gabriel

Logik in Literatur

Über logisches und analogisches Denken

1. Vorbemerkungen

Das Rahmenthema »Philosophie in Literatur« läßt erwarten, daß es um die Verarbeitung philosophischer *Inhalte* in literarischen Texten geht. So gesehen möchte ein Beitrag »*Logik* in Literatur« fehl am Platz sein; denn die Logik hat es bekanntlich nicht mit Inhalten, sondern mit *Formen* zu tun, seien diese nun als Formen des Seins, des Denkens oder der Sprache verstanden. Gleichwohl wird niemand leugnen, daß die logischen Gesetze (und deren Status) ein Gegenstand der Philosophie sind. Wie aber werden sie zu einem Thema der Literatur? Die Antwort lautet: weil sie zu ihr in einem antagonistischen Verhältnis stehen. Aus der Sicht der Logik wird die Gegenüberstellung häufig sogar so weit getrieben, daß der Literatur (im Rahmen des allgemeinen Gegensatzes von Kunst und Wissenschaft) jeglicher Erkenntniswert abgesprochen wird, um ihr dann statt dessen die Funktion zuzuweisen, als emotives Kompensat wissenschaftlicher Rationalität zu dienen. Alternativ zu dieser Auffassung empfiehlt sich eine Position, die (auf der Grundlage einer Unterscheidung von propositionaler und nichtpropositionaler Erkenntnis) Wissenschaft und Kunst, im besonderen Logik und Literatur, in ein Verhältnis gleichberechtigter, komplementärer Erkenntnisformen rückt.

Vor diesem Hintergrund ist der Titel meines Beitrages durchaus wörtlich zu nehmen. Es geht tatsächlich um Logik *in* Literatur und nicht etwa um die Logik *der* Literatur oder, wie es bei K. Hamburger heißt, um die »Logik der Dichtung«. Angesprochen ist also die Logik als Thema der Literatur sowie der Umgang der Literatur mit logischen Gesetzen. Dieser Umgang ist vielfach dadurch bestimmt, daß Literatur nicht den üblichen grammatischen und logischen Regeln der Sprachverwendung folgt, ja, von diesen abweicht oder sich sogar gegen sie auflehnt. Sogenannte Abweichungstheorien der Literatur finden hier Anwendung und

Bestätigung.[1] Sie schließen außerdem semantische und pragmatische Regeln und deren Verletzung bzw. Aufhebung ein. So hat sich das Abweichungsmodell insbesondere bei der Bestimmung des Begriffs der Fiktion und des Erkenntniswertes der Dichtung, verstanden als fiktionale Literatur, bewährt. Neuere Einwände gegen Abweichungstheorien sehen hier Ordnungsdenken am Werk. Ein gutes Chaos mag besser sein als eine schlechte Ordung. An einer *guten* Ordnung aber vermag ich nichts Nachteiliges zu finden, sofern sie der besseren Übersicht dient. Verzerrungen könnten sich nur dann ergeben, falls man dem Gedanken der Andersheit ein *hierarchisches* Ordnungs- oder Bewertungsschema unterlegen würde, falls man eigentliche und uneigentliche Rede so gegenüberstellen wollte, daß die letztere ein defizienter Modus der ersteren sei. Natürlich gibt es auch diese Auffassung. So wurde von logischer Seite lange (und teilweise bis heute) die Ansicht vertreten, daß man sich vor Metaphern deshalb zu hüten habe, weil deren Verwendung die Bewertung von Aussagen als wahr oder falsch verhindere. Macht man dann den Wahrheitsbegriff bzw. den Begriff der Wahrheitsbedingung zum zentralen Begriff der Semantik und bestimmt die Bedeutung von sprachlichen Ausdrücken als ihren Beitrag zum wahrheitswertfähigen Inhalt ganzer Aussagesätze, so bleibt der Erkenntniswert von Metaphern auf der Strecke. Die ›ordentlichen‹ Verteidiger dieses Erkenntniswertes sehen sich nun aber durch den Dekonstruktivismus in der Tradition Nietzsches überholt, indem nicht nur der *durchgehend* metaphorische Charakter der Sprache behauptet wird, sondern mit dieser Begründung außerdem der logische Wahrheitsbegriff in Frage gestellt wird. Damit befinden wir uns mitten in dem Streit zwischen Logik und Rhetorik, der gegenwärtig maßgeblich durch ein Aufbegehren von seiten der Rhetorik gegen die Logik bestimmt ist. Nun ist dieser Streit nicht neu. Hat er sich doch seit Platons (oder Sokrates') Auseinandersetzung mit den Sophisten in mannigfachen Formen wiederholt. Wesentlich für ein angemessenes Verständnis des gegenwärtigen Streites könnte es daher sein, ihn als Wiederholung zu begreifen, um so seiner Überbewertung entgegenzutreten. Auf diese Weise läßt sich die Provokation des Dekonstruktivismus entschärfen, und es bie-

1 Vgl. H. Fricke, Norm und Abweichung. Eine Philosophie der Literatur, München 1981.

tet sich gleichzeitig die Möglichkeit, dem rhetorischen Anliegen, sofern es berechtigt ist, im Vergleich Genüge zu tun.
Ein solches Anliegen manifestiert sich als Widerstand des analogischen gegen das logische Denken, der sich vor allem auch in literarischen Texten selbst findet, sofern in ihnen Logik parodistisch thematisiert wird (wie in der Schülerszene in Goethes *Faust*) oder gegen logische Gesetze gezielt verstoßen wird (wie in der Nonsens-Poesie). Eine mögliche komplementaristische ›Versöhnung‹ deutet sich dagegen bei Lewis Carroll an, der es vermochte, den Logiker und Nonsens-Literaten in *einer*, wenn auch ›gespaltenen‹ Person zu verbinden. Ausgehend von literarischen Textbeispielen, in denen Logik zur Sprache oder zur Anwendung kommt, soll in Auseinandersetzung mit Überlegungen Nietzsches und Wittgensteins die Komplementarität von logischem und analogischem Denken verteidigt werden.

II. Mephisto, Goethe und die ›ganzheitliche‹ Logikkritik

Klassischen Ausdruck hat die Ablehnung der Logik in Literatur in den Worten des Mephistopheles in Goethes *Faust* (Erster Teil) gefunden. Erinnern wir uns an die berühmte Schülerszene, die zweite Studierzimmerszene! Ein Studienanfänger tritt ein, um den Professor Faust zu sprechen. Dieser macht aber gerade seine wissenschaftstheoretische Krise der mittleren Jahre durch und entflieht der ›Sprechstunde‹. Mephisto schlüpft in Robe und Rolle des Professors und führt seine Form der ›Studienberatung‹ durch. Sie beginnt mit der ironischen ›Empfehlung‹ der Logik:

»Gebraucht der Zeit, sie geht so schnell von hinnen,
Doch Ordnung lehrt Euch Zeit gewinnen.
Mein teurer Freund, ich rat' Euch drum
Zuerst Collegium Logicum.
Da wird der Geist Euch wohl dressiert,
In spanische Stiefeln[2] eingeschnürt,
Daß er bedächtiger so fortan
Hinschleiche die Gedankenbahn ...«.[3]

2 Ein mittelalterliches Marterinstrument.

3 Faust. Erster Teil, Vers 1908-15. Zitiert wird nach Goethes Werke (Hamburger Ausgabe, I-XIV), III.

Paul Lorenzen hat (vor 30 Jahren) diese Szene zum Anlaß genommen, *gegen* Mephisto *für* ein Collegium Logicum zu werben,[4] das die Form einer ›Logischen Propädeutik‹ annahm. Lorenzen betont das ›zuerst‹ in der Zeile »Zuerst Collegium Logicum« und setzt sich damit gegen das positivistische Verständnis ab, die Philosophie mit der Logik der Wissenschaften gleichzusetzen. Die Logische Propädeutik wurde denn auch stets als *Vorschule* verstanden, als »Vorschule des vernünftigen Redens«, wie es im Untertitel des gleichnamigen Büchleins heißt.[5] In seiner Erläuterung des historischen Prozesses reiht Lorenzen die Kritik Goethes unbesehen in die Tradition des neuzeitlichen wissenschaftlichen Denkens ein, das sowohl im Rationalismus (R. Descartes) als auch im Empirismus (J. Locke) eine polemische Abwertung der Logik vollzog. Dieser Einordnung ist entgegenzuhalten, daß Goethes Denken im Gegensatz zu dem analytischen Wissenschaftsideal eines Descartes steht, wie seine Kritik Newtons nachdrücklich belegt. Einig ist man sich nur negativ darin, daß das syllogistische Schließen methodisch unfruchtbar sei. In welche Richtung Goethes Einwände zielen, wird erst an der Fortsetzung deutlich, auf die Lorenzen nicht weiter eingeht. Hier reklamiert Goethe ganzheitliches gegen analytisches Denken. Freudige Zustimmung aus der esoterischen Ecke der ›New-Age‹-Bewegten sollte man durch den Hinweis dämpfen, daß es *Mephisto* ist, der diesen Angriff gegen die Logik führt, und daß *er* es ist, der zuvor die Krise des Faust mit den Worten kommentiert:

> »Verachte nur Vernunft und Wissenschaft,
> Des Menschen allerhöchste Kraft,
> Laß nur in Blend- und Zauberwerken
> Dich von dem Lügengeist bestärken.
> So hab' ich dich schon unbedingt ...«.[6]

4 P. Lorenzen, Collegium Logicum, in: ders., Methodisches Denken, Frankfurt am Main 1968, pp. 7-23.

5 W. Kamlah/P. Lorenzen, Logische Propädeutik. Vorschule des vernünftigen Redens, Mannheim 1967.

6 Vers 1851-55.

Mit anderen Worten: Es ist gerade nicht der rationale Wissenschaftler, den zu holen, der Teufel sich anschickt. Stellen wir die Klärung des Verhältnisses von Autor Goethe zu seiner Figur Mephisto noch zurück und vergegenwärtigen uns die Fortsetzung der ›Empfehlung‹ des Collegium Logicum. Angesprochen wird nun die Unterbindung des sozusagen ›spontanen‹ Denkens.

»Und nicht etwa, die Kreuz und Quer,
Irrlichteliere hin und her.
Dann lehret man Euch manchen Tag,
Daß, was Ihr sonst auf einen Schlag
Getrieben, wie Essen und Trinken frei,
Eins! Zwei! Drei! dazu nötig sei.
Zwar ist's mit der Gedankenfabrik
Wie mit einem Weber-Meisterstück,
Wo *ein* Tritt tausend Fäden regt,
Die Schifflein herüber hinüber schießen,
Die Fäden ungesehen fließen,
Ein Schlag tausend Verbindungen schlägt:
Der Philosoph, der tritt herein
Und beweist Euch, es müßt' so sein:
Das Erst' wär' so, das Zweite so
Und drum das Dritt' und Vierte so,
Und wenn das Erst' und Zweit' nicht wär',
das Dritt' und Viert' wär' nimmermehr.
Das preisen die Schüler aller Orten,
Sind aber keine Weber geworden.
Wer will das Lebendige erkennen und beschreiben,
Sucht erst den Geist heraus zu treiben,
Dann hat er die Teile in seiner Hand,
Fehlt leider! nur das geistige Band.
Encheiresin naturae nennt's die Chemie,
Spottet ihrer selbst und weiß nicht wie«.[7]

Wenn auch vor einer Identifizierung des Autors mit den Einwänden seiner Figur zu warnen ist, was die allgemeine Einschätzung der Logik anbetrifft, so dürfen wir Mephisto als Sprachrohr Goethes verstehen, der hier seine eigenen Studienerfahrungen verarbeitet hat. In *Dichtung und Wahrheit* heißt es:

7 Vers 1916-41.

»In der Logik kam es mir wunderlich vor, daß ich diejenigen Geistesoperationen, die ich von Jugend auf mit der größten Bequemlichkeit verrichtete, so aus einander zerren, vereinzeln und gleichsam zerstören sollte, um den rechten Gebrauch derselben einzusehen«.[8]

Dieses Zitat belegt, daß Goethes Bedenken allgemein dem analytischen Denken gilt, dem vorgeworfen wird, daß es den Zusammenhang der Teile zerstöre und dadurch dem wirklichen Denken in seiner Komplexität nicht gerecht zu werden vermöge. Und die Logik wird insofern als Repräsentantin des analytischen Denkens gesehen, weil sie in ihrem Begründungsbemühen auf die einfachen Bestandteile zurückzugehen sucht, aus deren Kenntnis heraus sich dann die Wahrheit des Komplexen entscheiden läßt. Orientiert sich die Logik an der Metaphorik der Bausteine und des Fundaments, so tritt Goethe hiergegen mit seiner Metaphorik des organischen Gewebes an. In der Beschreibung der Entstehung des ›Weber-Meisterstücks‹ und der Behauptung, daß die Logik-Schüler keine ›Weber‹ geworden seien, wird die *implizite* (›ungesehene‹) Komplexität des Denkens, die in dem wiederholten Gegensatz von ›ein‹ und ›tausend‹ ihren Ausdruck findet, gegenüber der *expliziten* Deutlichkeit der Logik hervorgehoben.

III. Logisches Denken und klassifizierende Begriffsbildung

In seiner Kritik folgt Goethe einem alten Mißverständnis, indem er die Logik im Sinne einer Methodenlehre des Denkens, einer Kunst des Findens (ars inveniendi) von Einsichten versteht, wie dies die *Logik von Port-Royal* im Anschluß an Descartes ausgeführt hatte. Tatsächlich bietet die Logik aber, mit Kant zu sprechen, kein ›Organon‹ der Wahrheit, sondern einen ›Kanon‹ der Beurteilung, und dies auch nur in formaler Hinsicht. Es ist also ohne weiteres zuzugestehen, daß das wirkliche Denken ›reicher‹ ist, als es in formaler Darstellung erscheint. Wenn Goethe bemängelt, er habe im Logikunterricht ›Geistesoperationen‹ analysieren müssen, die er längst beherrschte, so ist er offensichtlich mit der

8 J. W. Goethe, Dichtung und Wahrheit. Goethes Werke, IX, pp. 247f. Vgl. bereits Lorenzen, op. cit., der diese Stelle zitiert, ohne allerdings auf die eigentliche Pointe einzugehen.

irrigen Erwartung an die Logik herangegangen, diese würde das Denken allererst lehren. Hier hilft ein Vergleich mit der Sprache weiter. Deren Regeln lernen wir *theoretisch* auch erst (nämlich im Grammatikunterricht), nachdem wir ihnen längst *praktisch* gefolgt sind. Und es ist auch kein Geheimnis, daß derjenige, der ein theoretisches Wissen über grammatische Regeln besitzt, damit nicht schon über das bessere praktische Wissen einer Sprachkompetenz verfügt. Dieser Unterschied (von ›Wissen, daß‹ und ›Wissen, wie‹) ist als das Verhältnis von Sprachwissenschaftler und ›native speaker‹ bestens bekannt. Dabei haben wir es mit einem besonderen Fall des Verhältnisses von propositionaler und nicht-propositionaler Erkenntnis zu tun. Allgemein gesagt: Deutlichkeit in den Begriffen impliziert nicht Klarheit in den Beispielen, Verstand impliziert nicht Urteilskraft. Grammatik und Logik versuchen, klare Erkenntnis auf deutliche Begriffe zu bringen und dadurch die implizite Rationalität der Regeln explizit zu machen.

Obwohl die Logik also keine Methode des Findens an die Hand gibt, stellt sie als Kanon doch eine normative ›Richtschnur‹ von Regeln dar, mit dem Anspruch, daß das Denken gegen diese nicht verstoßen darf. Auch wenn es sich um Rahmenregeln handelt, die daher das Denken nicht in seiner konkreten Ausprägung festlegen, bleibt doch die Frage, wie weit sich deren Anspruch erstreckt, was *innerhalb* der von der Logik vorgegebenen *Grenzen* möglich ist. Hier wird man die Unterscheidung zwischen Entdekkungs- und Begründungszusammenhang heranzuziehen haben. Der Entdeckungszusammenhang läßt fruchtbare Irrtümer zu. Neue Ideen werden häufig zunächst bloß assoziativ entwickelt, und nicht nur falsche Prämissen, sondern auch logische Fehlschlüsse können zu wahren Konklusionen führen, die dann allerdings auf andere Weise *begründet* werden müssen, als sie *gefunden* worden sind. Eine solche Unterscheidung wird im *Faust* nicht getroffen, und entsprechend fällt Mephistos Zerrbild desjenigen aus, der auf Begründungen von Geltungsansprüchen drängt:

> »Der Philosoph, der tritt herein
> Und beweist Euch, es müßt' so sein:
> Das Erst' wär' so, das Zweite so
> Und drum das Dritt' und Vierte so,
> Und wenn das Erst' und Zweit' nicht wär',
> Das Dritt' und Viert' wär' nimmermehr«.

Des Philosophen Form der Begründung wird hier zunächst einseitig mit dem logischen Beweis identifiziert, und die naheliegendste Lesart des folgenden Textes (nach dem Doppelpunkt) würde besagen, daß dieser Beweisart am Beispiel eines bestimmten Schlußschemas der Erkenntniswert abgesprochen wird. Folgen wir dieser Interpretation, so fällt uns die Zustimmung leicht, wenn auch aus anderen Gründen als den vorgebrachten. Das angegebene Schema ist nämlich gar nicht gültig. Es beruht auf dem logischen Fehler, eine bloß hinreichende Bedingung auch als notwendige Bedingung aufzufassen. Wenn wir die moderne aussagenlogische Darstellung zur Erläuterung heranziehen und das »und drum« als Subjunktion interpretieren, so können wir das so ausdrücken:

Aus ›$(p \wedge q) \rightarrow (r \wedge s)$‹ folgt *nicht* ›$\neg (p \wedge q) \rightarrow \neg (r \wedge s)$‹,
weil das Schema
(1) ›$[(p \wedge q) \rightarrow (r \wedge s)] \rightarrow [\neg (p \wedge q) \rightarrow \neg (r \wedge s)]$‹
keine *logische* Wahrheit ist. Vgl. die vereinfachte Darstellung nach Ersetzung von ›$p \wedge q$‹ durch ›u‹ und ›$r \wedge s$‹ durch ›v‹:
›$(u \rightarrow v) \rightarrow (\neg u \rightarrow \neg v)$‹.

Der Text läßt auch die folgende Interpretation zu:
(2) ›$\{[(p \wedge q) \rightarrow (r \wedge s)] \wedge \neg (p \wedge q)\} \rightarrow \neg (r \wedge s)$‹.
Vereinfacht: ›$[(u \rightarrow v) \wedge \neg u] \rightarrow \neg v$‹.
(2) ist aber logisch äquivalent mit der vorigen Formel (1) und daher ebenfalls keine logische Wahrheit. Es folgt also auch nicht
›$\neg (r \wedge s)$‹ aus ›$[(p \wedge q) \rightarrow (r \wedge s)] \wedge \neg (p \wedge q)$‹,
oder vereinfacht: Es folgt nicht ›$\neg v$‹ aus ›$(u \rightarrow v) \wedge \neg u$‹.

Da der Bezug der Verneinungspartikeln »nicht« und »nimmermehr« nicht eindeutig ist, sind noch weitere Interpretationen möglich. Sprachlich können sich die Verneinungspartikeln auf die Konjunktion oder auf die beiden Glieder der Konjunktion beziehen, so daß wir die Wahl haben zwischen der Lesart ›nicht beide‹, d. h. ›$\neg (u \wedge v)$‹, und der Lesart ›beide nicht‹ bzw. ›weder - noch‹, d. h. ›$\neg u \wedge \neg v$‹. Die erste Lesart ist in (1) und (2) eingegangen.

Die zweite Lesart ergibt die folgenden Darstellungen:
(1*) ›$[(p \wedge q) \rightarrow (r \wedge s)] \rightarrow [(\neg p \wedge \neg q) \rightarrow (\neg r \wedge \neg s)]$‹
(2*) ›$\{[(p \wedge q) \rightarrow (r \wedge s)] \wedge (\neg p \wedge \neg q)\} \rightarrow (\neg r \wedge \neg s)$‹.

Auch hier liegen keine logischen Wahrheiten vor, so daß die entsprechenden Schlüsse logisch nicht zulässig sind. Auf eine Behandlung der möglichen prädikaten- und regellogischen Lesarten wird hier verzichtet.
Die Tatsache, daß der Beweis bzw. das Beweisschema logisch fehlerhaft ist, wirft die Frage auf, wem der Fehler anzulasten ist. Der Autor Goethe läßt seine Figur Mephisto sagen, was der Philosoph angeblich tut. Unter Berücksichtigung der verschiedenen Sprecherebenen bieten sich die folgenden Deutungen an: (1) Goethe hat einen logischen Fehler gemacht, (2) Goethe wollte den sophistischen Charakter des ›Lügengeistes‹ dadurch unterstreichen, daß er Mephisto Fehlschlüsse lehren läßt, (3) Goethe wollte durch Mephisto den Philosophen als sophistischen Dialektiker erscheinen lassen. Vermutlich ist (1) richtig, daß Goethe also tatsächlich einem elementaren, wenn auch nicht seltenen, Fehlschluß aufgesessen ist; denn er läßt Mephisto mit den Worten fortfahren:

»Das preisen die Schüler aller Orten,
Sind aber keine Weber geworden«.

Diese Einschätzung geht von der Gültigkeit des Schlusses aus und stimmt mit derjenigen Goethes in *Dichtung und Wahrheit* überein.
Ein Versuch, die logische Ehre Goethes zu retten, möchte gleichwohl in Erwägung zu ziehen sein. Wenn die ganze Beweis-Passage im Anschluß an die Worte »Und beweist Euch, es müßt' so sein« so aufzufassen wäre, daß hier nicht ein Beweis*schema* vorgestellt wird, sondern ein Beweis*ziel*, dann läge kein Fehlschluß vor. Wir hätten es dann lediglich mit einer allgemeinen Beschreibung des Bemühens zu tun, von einer jeweils bestimmten Bedingung zu beweisen, daß sie nicht nur hinreichend, sondern auch notwendig ist. Selbst wenn wir uns für diese Interpretation entscheiden, das Ergebnis läßt sich in jedem Falle dialektisch gegen Goethe wenden, nämlich gegen dessen Einschätzung der Logik. Wie wir gesehen haben, bedarf es der logischen Analyse sogar, um seinen eigenen Text angemessen zu verstehen.
Die Logik, die Goethe vor Augen hatte, war nicht die moderne Logik, die in den vorangegangenen Analysen zugrunde gelegt worden ist, sondern die traditionelle Logik mit ihrer Einteilung in die Lehren vom Begriff, vom Urteil und vom Schluß. Das analy-

tische Verfahren des Rückgangs auf die einfachen Bestandteile ergibt sich dabei aus der Forderung nach Anwendbarkeit der Schlußregeln auf Urteile. In Schlüssen werden Urteile aus Urteilen gewonnen. Dabei muß deren Inhalt, der sich aus Begriffen zusammensetzt, genau bestimmt sein. Urteilsbildung setzt ›klassifizierende‹ Begriffsbildung voraus, in der festgelegt ist, was unter den Begriff fällt und was nicht. Gefordert ist bereits hier, was der Begründer der modernen Logik, Gottlob Frege, später die »scharfe Begrenzung« der Begriffe nannte. Diese Forderung ist angesprochen in Mephistos ironischer Vertröstung des verwirrten Studienanfängers (»Kann Euch nicht eben ganz verstehen«):

> »Das wird nächstens schon besser gehen,
> Wenn Ihr lernt alles reduzieren
> Und gehörig klassifizieren«.[9]

Danach hat der Reduktionismus der neuzeitlichen Wissenschaft seine Grundlage in der klassifikatorischen Begriffsbildung. Begriffsbildung bedeutet Verallgemeinerung, Abstrahieren oder Absehen von den Besonderheiten oder Eigenheiten der einzelnen Dinge, die unter einen gemeinsamen Begriff gefaßt werden. Diese Allgemeinheit ist nicht die Allgemeinheit *formaler* Regeln, sondern eine solche *inhaltlicher* Bestimmungen. Sie ermöglicht die Darstellung der Begriffsverhältnisse als Über- bzw. Unterordnung.

IV. Nietzsche und die Kritik des identifizierenden Denkens

Im Ausgang von der Kritik an der klassifizierenden Begriffsbildung gewinnen wir den Anschluß an die neuere Logikkritik, die auf Nietzsche und die Rhetoriktradition zurückgeht und seit Adorno noch dadurch verschärft worden ist, daß die logische Ordnung der Begriffe gezielt in einen Zusammenhang mit den Herrschaftsverhältnissen politischer Ordnung gestellt wird. Es ist davon die Rede, daß Begriffsbildung ›identifizierendes Denken‹ in dem Sinne voraussetzt, daß *Verschiedenes* als *dasselbe* in bestimmter Hinsicht aufgefaßt wird. Ein prinzipieller Einwand wird dar-

9 Vers 1943-45.

aus durch Nietzsches weitergehende Behauptung, daß solches Identifizieren ein ›Verfälschen‹ sei:

»Das *Urteil* – das ist der Glaube: ›Dies und dies ist so.‹ Also steckt im Urteil das Geständnis, einem ›identischen Fall‹ begegnet zu sein: es setzt also Vergleichung voraus, mit Hilfe des Gedächtnisses. Das Urteil schafft es *nicht*, daß ein identischer Fall da zu sein scheint. Vielmehr es glaubt einen solchen wahrzunehmen; es arbeitet unter der Voraussetzung, daß es überhaupt identische Fälle gibt. Wie heißt nun jene Funktion, die viel *älter*, früher arbeitend sein muß, welche an sich ungleiche Fälle ausgleicht und verähnlicht? [...] *Bevor* geurteilt wird, *muß der Prozeß der Assimilation schon getan sein* ...«.

Etwas später heißt es dann:

»Die Logik ist geknüpft an die Bedingung: *gesetzt, es gibt identische Fälle*. Tatsächlich, damit logisch gedacht und geschlossen werde, *muß diese* Bedingung erst als erfüllt fingiert werden. Das heißt: der Wille zur *logischen Wahrheit* kann erst sich vollziehen, nachdem eine grundsätzliche *Fälschung* alles Geschehens angenommen ist. Woraus sich ergibt, daß hier ein Trieb waltet, der beider Mittel fähig ist, zuerst der Fälschung und dann der Durchführung seines Gesichtspunktes: die Logik stammt *nicht* aus dem Willen zur Wahrheit«.[10]

Der Zusammenhang zwischen klassifizierender Begriffsbildung und identifizierendem Denken ergibt sich dadurch, daß die ›identischen Fälle‹ Nietzsches zu verstehen sind als Fälle desselben *Allgemeinen* unter Absehung von individuellen Unterschieden. In der traditionellen Logik steht der Satz ›A=A‹ in erster Linie für die Identität von Begriffen, nicht von Gegenständen. Unterschieden werden diese Fälle häufig nicht, weil man Gegenstände als Individualbegriffe betrachtet. Die moderne Logik ist hier (seit Frege) genauer, und da sie zudem Identität in erster Linie als *Gegenstands*identität faßt, kann die Rede vom ›identifizierenden Denken‹ vor diesem Hintergrund leicht mißverstanden werden. Die sogenannten »Anwälte des Nicht-Identischen«[11] der rhetorischen Tradition, wie Nietzsche, Adorno und Derrida, sind Autoren, die (aus unterschiedlichen Motiven) gegen ein Denken in scharf begrenzten *Begriffen* Front machen. Dieser Anwälte be-

10 F. Nietzsche, Werke, ed. K. Schlechta, München 1966, III, p. 476.

11 Hier übernehme ich eine Formulierung von A. Wellmer, Zur Dialektik von Moderne und Postmoderne. Vernunftkritik nach Adorno, Frankfurt am Main 1985. Vgl. insbesondere die Ausführungen pp. 85 f., 141 f., 148 f.

darf es immer dann, das wollen wir zugestehen, wenn die Logik sich anschickt, einen universalen Anspruch zu erheben. Hiergegen gilt es, die Erinnerung an die Wahrheit des ›omnis determinatio est negatio‹ komplementär wachzuhalten. Anders sieht es aus, wenn man Identifizieren bzw. Klassifizieren nicht als eine *generelle* Maßnahme, sondern als eine Maßnahme zu einem *bestimmten* Zweck versteht, z. B. zu einem solchen wissenschaftlicher Art. Unter dieser Einschränkung erweist sich die besonders bei Adorno ausgeprägte Tendenz, Ordnungsdenken als solches zu diffamieren, als abwegig. Sie verdankt sich einer einseitigen ästhetischen Weltauffassung und deren analogischem Denken.

Nietzsches Beschreibung des Vorgehens bzw. der Voraussetzung der Logik ist zutreffend. Problematisch sind nur seine Konsequenzen. Unterschiede zwischen ähnlich erscheinenden Dingen festzuhalten, indem man begriffliche Grenzen zieht, und Ähnlichkeiten zwischen verschieden erscheinenden Dingen sichtbar zu machen, indem man die begrifflichen Grenzen öffnet, das sind einander entgegengesetzte Denkbewegungen, die im Einzelfall dialektisch gegeneinander ausgespielt werden können. Damit dieses Spiel ausgewogen bleibt, gilt es aber, beide Formen zu beherrschen, das differenzierende und das analogisierende Denken.[12] Nur so kann es gelingen, logische und ästhetische Weltauffassung in ein angemessenes komplementäres Verhältnis zu bringen.

Wenn wir davon ausgehen, daß Unterscheidungen zu treffen und Ähnlichkeiten zu bemerken eine Sache der Perspektive und nicht der Dinge selbst (an sich) ist, so erweist sich Nietzsches Vorwurf gegen die Logik, daß diese im Urteil eine »grundsätzliche *Fälschung* alles Geschehens« vornehme, indem sie die Existenz »identischer Fälle« voraussetze, als fehl am Platz. Die in den Unterscheidungen gemachten Unterschiede sind ja nicht *die* Wirklichkeit. Von »Fälschung« zu sprechen, hätte überhaupt nur Sinn, wenn es – was von Nietzsche gerade bestritten wird – einen Zugang zur Wirklichkeit *an sich* gäbe, so daß die Fälschung ›als

12 T. Rehbock findet ein solches Bemühen bereits bei dem in der analogischen Tradition stehenden Goethe, für den die Analogiebildung vor dem Hintergrund vorgängiger Differenzierungen zu erfolgen habe. Vgl. Goethe und die ›Rettung der Phänomene‹. Philosophische Kritik des naturwissenschaftlichen Weltbilds am Beispiel der Farbenlehre, Konstanz 1995, insbesondere Kap. VII.6: Analogie und Identität: Goethes Reduktionismuskritik.

Fälschung‹ entlarvt werden könnte. Verdächtig ist in diesem Zusammenhang, daß Nietzsche von ›an sich‹ ungleichen Fällen spricht und damit unterstellt, wir hätten doch einen Zugang zur Wirklichkeit an sich. Diese Kritik führt sich selbst ad absurdum. Würde man sie ernst nehmen, so müßte das analogisierende Denken ebenfalls als täuschend angesehen werden.

v. Nonsens-Poesie oder der Sinn des Unsinns

Übertreiben kann man nicht nur das klassifizierende, sondern auch das analogisierende Denken. In spielerischer Form geschieht dieses in assoziativen Wortspielen, die uns das weite Feld der Nonsens-Poesie eröffnen, einer erklärten Konkurrentin des logischen Denkens. Die Linie des Spiels mit Worten läuft von den zur Weltliteratur gehörenden ›Kindergeschichten‹ eines Lewis Carroll über die aufsässigen Texte des Dadaismus und die beängstigend-skurrilen Mono- und Dialoge Karl Valentins[13] bis zu den hintersinnigen ›Galgenliedern‹ Christian Morgensterns und den ›blödelnden‹ Kalauern Robert Gernhardts.
Die Rückführung der Nonsens-Poesie auf das Wortspiel ist umstritten.[14] Ich denke aber, daß sie möglich ist, wenn wir Spiel allgemein genug verstehen und nicht – in allen Fällen – als ›bloßes‹ Spiel zum Selbstzweck der Unterhaltung. In den ersteren Fällen ist das Wortspiel Mittel zum Zweck, dem Unsinn wohnt ein tieferer Sinn inne.[15] Diese Fälle sind gerade für den philosophischen Logiker (im weiteren Sinne der transzendentalen Logik) aufschlußreich; denn hier wird die Aufhebung der Gesetze der Wirklichkeit (Raum, Zeit und Kausalität) und sogar des Denkens geprobt. Das Selbstverständliche, die stillschweigenden Voraussetzungen unseres Weltbildes werden dadurch bewußt gemacht, daß sie einmal außer Kraft gesetzt erscheinen. Indem die Sprachspiele anders, ja, widersinnig gespielt werden, erkennen wir deren

13 Vgl. K. Valentin, Kurzer Rede langer Sinn. Texte von und über Karl Valentin, ed. H. Bachmaier, München 1990.

14 Vgl. P. Köhler, Nonsens. Theorie und Geschichte der literarischen Gattung, Heidelberg 1989, pp. 13 f.

15 Vgl. L. Wittgenstein, Philosophische Untersuchungen, § 282: »Auch ein Unsinn-Gedicht ist nicht Unsinn in der Weise, wie etwa das Lallen eines Kindes«.

Regeln. Die Nonsens-Poesie liefert uns in ihrem »Anrennen gegen die Grenzen der Sprache« (Wittgenstein) sozusagen eine Kategorienlehre ex negativo.[16] Sie realisiert in besonderem Maße Wittgensteins Aufforderung: »Scheue Dich *ja* nicht davor, Unsinn zu reden! Nur mußt Du auf Deinen Unsinn lauschen«.[17] Kategorienfehler, die uns sonst unterlaufen, führt die Nonsens-Poesie gezielt vor. Ihr Mittel ist der ›grammatische Witz‹, wobei der Ausdruck ›Witz‹ aber nicht nur im Sinne der Wortkomik zu nehmen ist, sondern auch an den ›Witz einer Sache‹ denken läßt und damit allgemeiner auf das analogische Erkenntnisvermögen des so genannten ›ingenium‹ verweist. Diese Ergänzung ist wichtig mit Blick auf die erkenntnistheoretischen Konsequenzen. Witze (im Plural) sind Erfindungen des entsprechenden Erkenntnisvermögens, des Witzes (im Singular). Vor diesem Hintergrund leuchtet ein, daß ein grammatischer Witz mehr bieten kann als ein wortspielerischer Scherz, nämlich aufgrund des kategorialen Gewichts, das dem Witz seine ›philosophische Tiefe‹ gibt:

»Die Probleme, die durch ein Mißdeuten unserer Sprachformen entstehen, haben den Charakter der *Tiefe*. ... – Fragen wir uns: Warum empfinden wir einen grammatischen Witz als *tief*? (Und das ist ja die philosophische Tiefe.)«[18]

Wittgenstein hat sogar gemeint, daß ein gutes philosophisches Werk vollständig aus Witzen (jokes) bestehen könnte, ohne scherzhaft (facetious) zu sein.[19] Zumindest in Teilen sind die *Phi-*

16 Das Material hierzu tragen besonders Abweichungstheorien der Literatur bei. Vgl. Fricke, op. cit., pp. 47-62. Am Beispiel Valentins hat dies T. Rentsch überzeugend vorgeführt: ›Am Ufer der Vernunft‹ – Die analytische Komik Karl Valentins, in: K. Valentin, Kurzer Rede langer Sinn, op. cit., 13-42.

17 L. Wittgenstein, Vermischte Bemerkungen, Frankfurt a. M. 1977, p. 108. Vgl. auch Wittgensteins Bemerkung zu Heidegger und Augustinus in: Wittgenstein und der Wiener Kreis, ed. B. F. McGuinness, Frankfurt am Main 1967, pp. 68 f.

18 Wittgenstein, Philosophische Untersuchungen, § 111.

19 N. Malcolm, Ludwig Wittgenstein. A Memoir, Oxford 1978, p. 29. Vgl. R. Merkel, ›Denk nicht, sondern schau!‹. Lichtenberg und Wittgenstein, Merkur 42 (1988), Heft 1, pp. 27-43, insbesondere pp. 31-34, wo die Bedeutung des Witzes für Wittgenstein überzeugend dargelegt wird. Der Vergleich mit Lichtenberg macht es aber notwendig, den erkenntnistheoretischen Hintergrund aufzurufen. Aus der einschrän-

losophischen Untersuchungen ein solches Werk. Klassische literarische Beispiele verdanken wir dem von Wittgenstein geschätzten Lewis Carroll. Dieser berufsmäßig strenge Logiker[20] scheute sich nicht, als Literat in Werken wie *Alice's Adventures in Wonderland* und *Through the Looking Glass* die Welt mit Hilfe der Wörter kategorial auf den Kopf zu stellen oder sie, dem zweiten Titel gemäß, ›durch den Spiegel‹ zumindest ›seitenverkehrt‹ zu präsentieren. Es begegnen uns auf Schritt und Tritt – in Geschichten und Begegnungen verpackt – bekannte philosophische Probleme, vor allem solche der Logik und Erkenntnistheorie.[21] Da haben wir das Problem des Ichs (»Wer in aller Welt bin ich denn dann? Ja, *das* ist

kenden Formulierung bei Malcolm (»ohne scherzhaft zu sein«) geht hervor, daß Wittgenstein der Sache nach gerade nicht an ›jokes‹ im üblichen Sinne gedacht hat. Wenn Merkel (op. cit., p. 34) aus Lichtenbergs *Sudelbüchern* den Satz zitiert »Der Witz ist der *Finder* ... und der Verstand der Beobachter« (J 1620), so wird durch die vergleichende Gegenüberstellung von Witz und Verstand deutlich, daß hier die Erkenntnisvermögen gemeint sind. Der Witz als »Finder« ist das schöpferische ›ingenium‹. Zum Zusammenhang cf. G. Gabriel, Rätsel. Zur Logik und Rhetorik des Erkennens, in: L. Danneberg/A. Graeser/K. Petrus (eds.), Metapher und Innovation. Die Rolle der Metapher im Wandel von Sprache und Wissenschaft, Bern/Stuttgart/Wien 1995, pp. 172-195, besonders pp. 190ff.

20 Vgl. Lewis Carroll's Symbolic Logic, ed. W. W. Bartley III, New York 1977. Die Beispiele dieses Lehrbuchs sind freilich nicht ohne Hintersinn.

21 Aufschlußreich ist hier die kommentierte Ausgabe: The Annotated Alice, ed. M. Gardner, Harmondsworth 1970. Vgl. ferner den Sammelband zur Sekundärliteratur: Aspects of Alice, ed. R. Phillips, Harmondsworth 1971, insbesondere den Beitrag von R. W. Holmes, The Philosopher's ›Alice in Wonderland‹, op. cit., pp. 199-216. Als Folie seines humorvoll-satirischen Plädoyers für die Philosophie der modernen Logik benutzt bereits P. E. B. Jourdain die Schriften Carrolls in: The Philosophy of Mr. B*rtr*nd R*ss*ll. With an Appendix of Leading Passages From Certain Other Works, London 1918. Die »leading passages« sind ausschließlich Carrolls literarischem Werk entnommen. Jourdain war der erste Übersetzer der Werke Freges ins Englische. Vgl. den von C. Thiel bearbeiteten Briefwechsel mit Frege in: G. Frege, Wissenschaftlicher Briefwechsel, ed. G. Gabriel/H. Hermes/F. Kambartel/C. Thiel/A. Veraart, Hamburg 1976, pp. 110-133; ferner op. cit., pp. 275-301.

das große Rätsel!«)[22] und besonders das der Ich*identität* (»ich bin gar nicht ich«) in der »Beratung durch eine Raupe«[23]; weiter das Problem der Identität des Ununterscheidbaren in dem Pärchen Zwiddeldum und Zwiddeldei (engl. Tweedledum und Tweedledee). Diese beiden konfrontieren Alice dann auch noch mit dem Traumargument in der Realitätsfrage.[24]
Eine für Logiker und Literaten gleichermaßen bedeutsame Geschichte ist Alicens Begegnung mit Humpty Dumpty (in der deutschen Übersetzung heißt er »Goggelmoggel«). Humpty Dumpty verwirrt Alice dadurch, daß er die Wörter nicht in ihrer gewöhnlichen Bedeutung verwendet und solches Verhalten auch noch durch einen voluntaristischen Konventionalismus begründet. Als Alice ihm dieses zu verstehen gibt, kommt es zu folgendem klassischen Dialog:

»›Wenn *ich* ein Wort gebrauche‹, sagte Goggelmoggel in recht hochmütigem Ton, ›dann heißt es genau, was ich für richtig halte – nicht mehr und nicht weniger.‹
›Es fragt sich nur‹, sagte Alice, ›ob man Wörter einfach etwas anderes heißen lassen kann.‹
›Es fragt sich nur‹, sagte Goggelmoggel, ›wer der Stärkere ist, sonst nichts.‹«[25]

Humpty Dumpty stellt also auf seine Weise Nietzsches Macht-Frage. Nonsens-Poesie besteht hier darin, die Herrschaft über die Wörter und damit über die Bedeutungen zu gewinnen, einmal die Ketten der Regeln abzuwerfen, an die wir im Alltag gebunden sind, wenn es darum geht, verstanden zu werden. Gezielt wird versucht, die Konventionen hinter sich zu lassen, die Herrschaftsverhältnisse umzukehren und mit den Herren des Alltags, den Wörtern, zu spielen. Seine Macht demonstriert Humpty Dumpty im weiteren Verlauf des Gesprächs dadurch, daß er auf Anfrage von Alice die erste Strophe des Nonsens-Gedichts *Jabberwocky* erläutert, durch dessen Lektüre Alice nach ihrem Eintritt in die

22 Alice im Wunderland, übers. von C. Enzensberger, Frankfurt am Main 1973, p. 22.
23 Alice im Wunderland, p. 47.
24 L. Carroll, Alice hinter den Spiegeln, übers. von C. Enzensberger, Frankfurt am Main 1975, pp. 63 f.
25 Alice hinter den Spiegeln, p. 88.

Spiegel-Welt verwirrt worden war.[26] Tatsächlich wird der Unsinn des Gedichts nicht aufgelöst, sondern durch den Kommentar noch potenziert.[27] Insbesondere holt Humpty Dumpty aus einigen unsinnigen Wörtern scheinbar Sinn heraus, indem er ihnen unterstellt, daß sie als Schachtelwörter gebildet sind.[28] Dieses Verfahren macht ihn zum Künder einer folgenreichen Form der Nonsens-Poesie, unfreiwillig sozusagen, weil er sich selbst als allwissender Interpret aufspielt (»I can explain all the poems«).

In der Figur Humpty Dumpty werden von Lewis Carroll die Übertreibungen der Philologie parodiert, die in die Wörter eine verborgene Beziehung hineinliest und so gewaltsam eine »Sinngebung des Sinnlosen«[29] versucht. Die Bildung von Schachtelwörtern findet als poetisches Verfahren reiche Anwendung in der Literatur der Folgezeit, insbesondere – mit direktem Bezug auf Carroll bzw. Humpty Dumpty – in J. Joyc' *Finnegans Wake*.[30] Humpty Dumpty hat aber auch unter Logikern und Sprachphilosophen viele Freunde, die in ihm einen Vertreter des Nominalismus sehen.[31] Die eigentliche Pointe seiner Sprachauffassung ist

26 Text und Kommentar des Gedichts in: The Annotated Alice, pp. 191-197.

27 Vgl. K. Reichert, Lewis Carroll. Studien zum literarischen Unsinn, München 1974, p. 122. Nach Reichert ist der *Jabberwocky* nicht nur das berühmteste Nonsens-Gedicht, sondern eines der berühmtesten Gedicht der englischen Sprache überhaupt (op. cit., p. 119).

28 Schachtelwörter sind Wörter, die aus zwei (oder mehreren) Wörtern zusammengezogen sind. Deren eigene Thematisierung geht auf Carroll zurück, der sie »portmanteau words« nennt. Vgl. The Annotated Alice, op. cit., p. 271, wo Humpty Dumpty die Erläuterung gibt: »You see it's like a portmanteau – there are two meanings packed up into one word.« Beispiele im Text sind »slithy« (aus ›lithe‹ und ›slimy‹), »mimsy« (aus ›flimsy‹ und ›miserable‹) und »mome« (als Kurzform für ›fro*m* ho*me*‹).

29 Diese treffende Formulierung, die ihrerseits einen Titel von Theodor Lessing aufgreift, findet sich bei K. Reichert, op. cit., p. 120.

30 J. Joyce, Finnegans Wake, London/Northhampton ³1964. Die zahlreichen Bezüge auf den *Jabberwocky* und andere Texte von Carroll nehmen bereits auf der ersten Seite mit einer Anspielung auf Humpty Dumptys ›Fall‹ ihren Anfang.

31 The Annotated Alice, pp. 268 ff., Anm. 6. Der Kommentator M. Gardner verweist darauf, daß L. Carroll selbst Nominalist gewesen sei. Gerade dieser Umstand spricht aber dagegen, in Humpty Dumpty

damit allerdings nicht erfaßt; denn Humpty Dumptys Willkürlichkeitsthese erstreckt sich ja nicht einfach auf das Verhältnis der Wörter zu den Sachen, sondern auf die Wortbildung, die er zur Grundlage seiner pseudo-semantischen Deutung macht.[32]
In Umkehrung des Verfahrens von Humpty Dumpty kann eine morphematische Neustrukturierung aus Sinn auch Unsinn machen. In einem »wissenschaftlichen Vortrag über den Nutzen und Schaden der Haustiere« führt K. Valentin ausgerechnet eine Parodie des klassifizierenden Denkens mit Mitteln eines assoziativ analogisierenden Denkens vor. Nach der Bestimmung von Haustieren, daß diese »am Haus oder im Haus« leben, gehören auch die Läuse dazu. Über »Lausbuben«, »Gewandläuse«, »Blattläuse«, »Filzläuse« (»die sich aber nur in Bierfilzln und Filzschuhen aufhalten«), schließt Valentin seine Klassifikation wie folgt ab:

»Eine Laus tritt nur einen Tag auf, ist von den Kindern gefürchtet und heißt Nikolaus. – Auch die Bühnenkünstler, Sänger, Schauspieler und Komiker haben die Läuse gern, jedoch nicht Kopfläuse, sondern Appläuse«.[33]

Ein solches Spiel mit Worten zum eigenen Thema macht auch R. Gernhardt in einem seiner Gedichte über den »Dichter Dor-

einen Nominalisten zu sehen, es sei denn, man unterstellt, Carroll habe sich selbst parodieren wollen. Diese Auffassung scheint mir deshalb ausgeschlossen zu sein, weil Humpty Dumpty im Text *ernsthaft* Interpretationen vertritt, die Carroll zuvor (in der Erstveröffentlichung der ersten Strophe des *Jabberwocky*) als Parodie eines philologischen Glossars präsentiert hatte. Zum Zusammenhang cf. op. cit., p. 191, Anm. 11.

32 Nicht willkürlich erfunden, sondern systematisch konstruiert sind die Schachtelwörter, die N. Goodman, ein im doppelten Sinne des Wortes ›wirklicher‹ Nominalist (und Carroll-Freund), im Rahmen seiner Formulierung eines »neuen Rätsels der Induktion« verwendet. Das bekannteste, in der Analytischen Philosophie bereits ›klassische‹ Beispiel ist die Wortbildung ›grue‹ aus ›green‹ und ›blue‹. Im Deutschen ist die entsprechende Zusammenziehung von ›grün‹ und ›blau‹ zu ›grau‹ nicht möglich, weil diese einen unerwünschten Eigen-Sinn ergibt. Daher wird hier ›grot‹ aus ›grün‹ und ›rot‹ gebildet. Vgl. N. Goodman, Fact, Fiction, and Forecast, Indianapolis ^{2}1965, p. 74 (dt. Tatsache, Fiktion, Voraussage, Frankfurt am Main 1975, p. 98).

33 K. Valentin, Der Naturprofessor, in: ders., Mögen hätt ich schon wollen, aber dürfen hab ich mich nicht getraut!, ed. H. Bachmaier, München/Zürich 1990, p. 26. Den Hinweis auf dieses Textbeispiel verdanke ich H. Bachmaier.

lamm«. Hier sind wir endgültig am anderen Ende des analogischen Denkens angelangt, dem bloß assoziativen Wortspiel.

Dorlamm meint

Dichter Dorlamm läßt nur äußerst selten
andre Meinungen als seine gelten.

Meinung, sagt er, kommt nun mal von mein,
deine Meinung kann nicht meine sein.

Meine Meinung – ja, das läßt sich hören!
Deine Deinung könnte da nur stören.

Und ihr andern schweigt! Du meine Güte!
Eure Eurung steckt euch an die Hüte!

Laßt uns schweigen, Freunde! Senkt das Banner!
Dorlamm irrt. Doch formulieren kann er.[34]

Es wird der bloß klanglichen Analogie zwischen »mein« und »Meinung« eine Bedeutung unterstellt (so als wäre die Bedeutung von »mein« ein Teil der Bedeutung von »Meinung«). Diese Analogie wird dann fortgeschrieben als »dein« und »Deinung« usw., und die ganze »Etymogelei« (selbst ein Schachtelwort, das aus ›Etymologie‹ und ›Mogelei‹ gebildet ist) dient der Begründung des kategorialen Unsinns, daß Meinungen aus semantischen Gründen privater Natur seien. Die selbstbezügliche letzte Zeile »Dorlamm irrt. Doch formulieren kann er« weist das eigene Verfahren in die angemessenen Schranken.
Schachtelwörterbildung kommt auch, jedenfalls beim zweiten Hinsehen, in dem folgenden der »Galgenlieder« Morgensterns zur Anwendung:

Anto-Logie

Im Anfang lebte, wie bekannt,
als größter Säuger der *Gig*-ant.

34 R. Gernhardt, Wörtersee, Frankfurt am Main 1981, Nachdr. Zürich 1989, p. 183. Vgl. ergänzend H. Rowohlt, Pooh's Corner. Meinungen und Deinungen eines Bären von geringem Verstand, Zürich 1993. Die Bild-Zeitung hält dagegen und textet auf Plakaten (Januar 1994) »BILD Dir Deine Meinung«. Aus eigenen Studienzeiten sei noch die Wortbildung ›APO-Theke‹ als Bezeichnung für Stammkneipen der sogenannten Außerparlamentarischen Opposition beigesteuert.

Wobei *gig* eine Zahl ist, die
es nicht mehr gibt, – so groß war sie!

Doch jene Größe schwand wie Rauch.
Zeit gab's genug – und Zahlen auch.

Bis eines Tags, ein winzig Ding,
der *Zwölef*-ant das Reich empfing.

Wo blieb sein Reich? Wo blieb er selb? –
Sein Bein wird im Museum gelb.

Zwar gab die gütige Natur
den *Elef*-anten uns dafur.

Doch ach, der Pulverpavian,
der Mensch, voll Gier nach seinem Zahn,

erschießt ihn, statt ihm Zeit zu lassen,
zum *Zehen*-anten zu verblassen.

O ›Klub zum Schutz der wilden Tiere‹,
hilf, daß der Mensch nicht ruiniere

die Sprossen dieser Riesenleiter,
die stets noch weiter führt und weiter!

Wie dankbar wird der Ant dir sein,
läßt du ihn wachsen und gedeihn, –

bis er dereinst im Nebel hinten
als *Nulel*-ant wird stumm verschwinden.[35]

»Anto-Logie« (ohne ›h‹) meint danach die Lehre vom »Ant«, eine Lehre, die eine unsinnige Variation auf die Silbe ›ant‹ mit verstohlenem Blick auf den Elef-ant darstellt, wobei das ›Elef‹ als ›11‹ und entsprechend alle anderen Vorsilben von ›ant‹ als Zahlwörter zu deuten sind. Möglich werden solche unsinnigen Wortspiele nur vor dem Hintergrund sinnvoller Sprache, vor dem sie als ›Abweichungen‹ durchschaubar sind. Ohne einen solchen Hintergrund wären sie ohne Witz. Ohne die Vorlage der bekannten Sprichwörter wären Kurt Schwitters' Variationen »Fliegen haben kurze Beine« und »Ewig währt/am längsten«[36] bloße Triviali-

35 C. Morgenstern, Werke und Briefe, III, ed. M. Cureau, Stuttgart 1990, pp. 81 f.
36 K. Schwitters, Das literarische Werk, ed. F. Lach, I-V, Köln 1973-1981, I, pp. 170 u. 171. Vgl. P. C. Lang, Literarischer Unsinn im späten 19. und 20. Jahrhundert, Frankfurt am Main/Bern 1982, p. 120.

täten, die erste eine empirische und die zweite eine ›grammatische‹. Der ›Witz‹ dieser Depotenzierung tagtäglich zitierter Spruchweisheiten besteht in dem Verfahren, daß wortspielerisch solche phonetisch ähnlichen Satzsubjekte (»Fliegen« für »Lügen« und »ewig« für »ehrlich«) substituiert werden, auf die die ursprünglich metaphorisch zu nehmenden Prädikate nun wörtlich zutreffen.

VI. Logisches und analogisches Denken

An Beispielen aus der Literatur hatten wir gesehen, wie das analogische Denken gegen das logische aufbegehrt und sich so zu seinem Recht verhilft. Die Frage bleibt, ob sich beide Denkweisen in Einklang miteinander bringen lassen. Unser Gewährsmann für ein Miteinander, Lewis Carroll, gilt als Repräsentant eines eher zwiespältigen Verhältnisses. Was er vom logischen Standpunkt aus parodiert, nutzt er doch selbst in poetischer Absicht. Aus historischen und psychologischen Gründen hat man hier kompensatorische Verdrängung am Werk gesehen und geradezu auf eine in den offiziellen Logiker Dodgson und den inoffiziellen Literaten Carroll ›gespaltene‹ Persönlichkeit geschlossen, der als Unsinn tarne, was er sich nicht hat erlauben dürfen, als Sinn offen auszusprechen. Sogar die Thematik der Schachtelwörter wird dabei in Verbindung gebracht mit Freuds These, daß »bei unverständlichen Wortneubildungen an Zusammensetzungen aus Bestandteilen mit sexueller Bedeutung« gedacht werden dürfe.[37] Es ist hier nicht der Ort, sich auf die allgemeine These Freuds und deren Anwendung im besonderen ›Fall‹ einzulassen. Mag es sein, wie es wolle. Unsere Frage ist, ob das Verhältnis von logischem und analogischem Denken komplementaristisch statt antagonistisch gesehen werden kann. Keiner ist nur einer. Dieses zugestanden, kann die Idee einer Spaltung hier nur dann aufkommen, wenn man die Möglichkeit einer *Zusammengehörigkeit* des Verschiedenen übersieht. Dann verfällt man zwangsläufig auf Verdrän-

37 So aus S. Freuds *Die Traumdeutung* zitierend K. Reichert, op. cit., 126. Warum man der Bildung von Schachtelwörtern eine unbewußte und dazu noch sexuelle Tiefenschicht meint unterstellen zu dürfen, vermag ich nicht zu sehen. Zur psychologischen Deutung der Schachtelwörter vgl. ferner ibid., pp. 183 ff.

gungs- oder Kompensationsmodelle, erst recht, wenn man sich bereits einseitig auf eine besonders ausgeprägte Form des analogischen Denkens festgelegt hat, wie es die Psychoanalyse nun einmal ist.

Der angesprochene Konflikt, wenn er denn überhaupt einer ist, läßt sich auch dadurch lösen, daß man sich auf die Seite des (tatsächlich oder vermeintlich) Verdrängten schlägt. Was bei Carroll als Parodie der Philologie in Form des Glossars gemeint ist, wird bei Joyce (in *Finnegans Wake*) zum ernsthaften, geradezu angestrengten, literarischen Verfahren selbst. Diese Wendung zwingt die Philologen des Autors Joyce paradoxerweise, die Rolle Humpty Dumptys zu übernehmen, d. h. in *Kenntnis* des zugrundeliegenden Bildungsverfahrens dieses offenzulegen. Im Falle der zusammengezogenen Schachtelwörter bedeutet das, sie in umgekehrter Richtung wieder auseinanderzuziehen. Dabei ist dieser Prozeß natürlich nicht umkehrbar eindeutig. Eine *ein*fältige Schachtelung erlaubt auf seiten des Interpreten die unterschiedlichsten phone- und morphematischen Substitutionen und damit die *viel*fältigsten Interpretationen. Das freie Spiel der assoziativen Einbildungskraft der Interpreten, zumindest der Leser, ist hier nicht nur legitim, sondern vom Autor sogar intendiert. Die »polysemantische Gleichzeitigkeit« der Interpretationen erfüllt die Intention des Autors von *Finnegans Wake* deshalb, weil in diesem Buch »alles« aufgehoben sein soll.[38] Der Text stellt sich damit als Versuch dar, der logischen Wahrheit des ›omnis determinatio est negatio‹ die literarische Gestaltung einer offenen Synopsis entgegenzusetzen. Der Schein einer Gegenwärtigkeit von ›allem‹ wird dadurch erzeugt, daß es dem Leser erlaubt bleibt, ideenfluchtartig alles Mögliche, fast Beliebiges, zu durchlaufen. Der Text enthält insofern alles *und* nichts, nämlich nichts Bestimmtes.

Wie steht es nun mit der Ausweitung des analogischen Denkens in der Weise, daß das beschriebene Verfahren auf Texte übertragen wird, die gar nicht nach demselben Muster ›gestrickt‹ sind? Dabei wird dann etwa das bewußte (intentionale) Verfahren eines modernen Autors einem älteren Autor als unbewußtes Verfahren unterstellt. Die von Humpty Dumpty praktizierte freie Assoziation bliebe dann keine Parodie der Philologie, wäre aber auch kein

38 Vgl. K. Reichert, op. cit., p. 120.

innerliterarisches Verfahren, sondern würde zur tatsächlichen Methode der Interpretation avancieren. In Abwandlung des bekannten Diktums von Karl Kraus über die Psychoanalyse möchte man sagen: Diese Methode ist selbst der Irr-Sinn, den sie zu entdecken vermeint. Unfreiwillig scheint mir daher die Komik einer ›Lektüre‹ zu sein, die das analogische Denken etwa dazu mißbraucht, das werkerzeugende Schreibinstrument (englisch) »pen« als Sublimierung des realerzeugenden »penis« des (französischsprachigen) Autors Montaigne zu begreifen, »pen« also geradezu als ›Verkürzung‹ von »penis« zu lesen. Als Wortspiel von *Pen*nälern mag dies durchgehen, nicht aber als ernst gemeinte Interpretation.[39]

Solche Übertreibungen sollten uns jedoch nicht dazu verleiten, das analogische Denken in umgekehrter Richtung auf den innerliterarischen Bereich einzuschränken. Die Grenzen zwischen logischem und analogischem Denken sind durchlässig, allerdings im Sinne eines kontinuierlichen Übergangs. Die Durchlässigkeit besagt also keineswegs, daß nun alles ›eins‹ würde. Ein solcher Schluß wäre selbst ein Beispiel für verfehltes analogisches Denken, das die Pole zusammenfallen läßt, weil die Zwischenstufen fließend sind. Hier sehen wir die alte Strategie des »Sorites« oder »Haufenschlusses« am Werk, die bereits in der Antike von der Rhetorik gegen die Logik eingesetzt worden ist. So wurde anhand von vagen Begriffen, wie ›Haufe‹ und ›Kahlkopf‹, also Begriffen, die gerade nicht scharf begrenzt sind, zu argumentieren versucht, daß die Gegensätze zusammenfallen, weil man additiv (z. B. von Korn zu Korn) oder subtraktiv (z. B. von Haar zu Haar) nicht entscheiden könne, wann ein Haufe bzw. eine Glatze beginne.[40]

Die angesprochene Durchlässigkeit zwischen logischem und analogischem Denken wird insbesondere an dem Verhältnis von Philosophie und Literatur deutlich, wie es zwei der hier behandelten Autoren bezeugen, K. Schwitters mit seiner »Merzweltanschauung« und L. Wittgenstein mit seiner »Weltanschauung« der

39 Als entsprechendes Beispiel cf. G. van den Abbeele, Travel as Metaphor. From Montaigne to Rousseau, Minneapolis/Oxford 1992, pp. 18 f.

40 Vgl. ausführlich B. Buldt/E. A. Schmidt, Artikel »Sorites«, in: Historisches Wörterbuch der Philosophie, ed. J. Ritter†/K. Gründer, IX, Basel 1995.

»übersichtlichen Darstellung«.[41] Wie sich Wittgenstein von seiten der Philosophie der Literatur nähert, indem er sich ihrer Formen bedient, so geht Schwitters den umgekehrten Weg.[42] Beide Denker sind in unterschiedlicher Weise dem analogischen Denken verpflichtet. Schwitters hebt die Bedeutung ›ähnlicher Dinge‹ mit der Begründung hervor, daß das Gleichnis »neben der Erfahrung der beste Lehrmeister der Menschen« sei.[43] Wittgenstein beschreibt sein eigenes Denken mit den Worten: »Was ich erfinde, sind neue *Gleichnisse*.«[44] Beide sind sich aber auch der Grenzen des analogischen Denkens bewußt. Schwitters, dessen analogistische Botschaft lautet: »Wir alle gleichen in gewissem Sinne allem«, fügt doch ironisch hinzu, daß alle Vergleiche »hinken«.[45] Und Wittgenstein, für den ein »gutes Gleichnis« den Verstand erfrischt,[46] weist immer wieder auf die Gefahr hin, daß ein Gleichnis auch »einen falschen Schein« bewirken könne, der uns »gefangen« hält.[47] Obwohl Schwitters die »Gegensätze ausgleichen« wollte,[48] ist für seine Merzkunst charakteristisch, daß er gerade nicht von einer *bestehenden*, ontologisch fundierten analogischen Seinsordnung ausging, sondern von der anarchischen Möglichkeit, alles mit allem in Beziehung *zu setzen*. Die Bezeichnung »Merz«, die seinem Programm den Namen gegeben hat, verdankt sich selbst der Sinngebung einer sinnlosen Silbe eines ursprünglich sinnvollen Wortes, nämlich des Wortes ›Kommerz‹. Demontage und Neumontage sind künstlerisches Programm und Verfahren einer

41 Wittgenstein, Philosophische Untersuchungen, § 122. Schlüsselbegriff von Wittgensteins analogischem Denken ist der Begriff der »Familienähnlichkeit«, der Wittgensteins Denkweise derjenigen Goethes verwandt erscheinen läßt. Die Zusammenhänge hat zuerst J. Schulte nachgewiesen: Chor und Gesetz. Zur ›morphologischen Methode‹ bei Goethe und Wittgenstein, in: ders., Chor und Gesetz. Wittgenstein im Kontext, Frankfurt am Main 1990, pp. 11-42.

42 L. Wiesing, Stil statt Wahrheit. Kurt Schwitters und Ludwig Wittgenstein über ästhetische Lebensformen, München 1991, stellt als gemeinsames Anliegen von Schwitters und Wittgenstein heraus, »die Opposition von Kunst und Philosophie aufzulösen« (p. 10).

43 Schwitters, op. cit., Bd. 5, p. 336.

44 Vermischte Bemerkungen, op. cit., p. 43.

45 Schwitters, op. cit, Bd. 3, p. 137.

46 Vermischte Bemerkungen, op. cit., p. 11.

47 Philosophische Untersuchungen, §§ 112 ff.

48 Schwitters, op. cit., Bd. 5, p. 134.

möglichen Sichtweise. Eine *mögliche* Sichtweise ist aber nicht die *einzig* mögliche Sichtweise oder gar die Sache selbst. Sie bedarf der Ergänzung durch andere, zu denen auch die logische gehört.

Gérard Bornet
Lewis Carroll und die Metamorphosen der Philosophie

1. Ein Wandler zwischen Welten

Hinter der klassifikatorischen Frage, welche philosophischen Themen in welchen literarischen Gattungen verarbeitet werden, steht die prinzipielle Frage nach der Möglichkeit des Auftretens von Philosophie in Literatur überhaupt. Gerade wer besonders strenge Anforderungen an die Formulierung philosophischer Probleme stellt, wird geneigt sein, diese Möglichkeit zu leugnen. Denn die Qualität eines literarischen Textes liegt ja beispielsweise kaum in der Eindeutigkeit und Konsistenz des beschriebenen Sachverhaltes begründet, während die eigentliche Schwierigkeit des philosophischen Geschäftes sehr oft darin besteht, eine unmißverständliche und systematische Darstellung zu finden. Wenn (Fach-) Philosophie sich aber nicht so sehr im Thema selbst, sondern vielmehr im Umgang mit diesem zeigt, dann wird ihr Verhältnis zur Literatur antagonistisch.

Nun ist es keineswegs zwingend, Literatur und Philosophie so einander entgegenzusetzen, daß an ein Miteinander nicht zu denken ist. Bereits die eben benutzte Unterscheidung zwischen einem Thema und seiner Behandlung scheint genügend Handhabe für eine Versöhnung zu bieten, wäre da nicht das Bedenken, ob es in den abstrakten Gefilden der Philosophie überhaupt möglich ist, einen Gegenstand unabhängig von seiner Darstellung zu identifizieren. Für jene, die diesen Einwand für sehr schwerwiegend halten, wird im Folgenden versucht, ihm möglichst gerecht zu werden und trotzdem für die Rede, Philosophie sei *in* Literatur enthalten, einen exakten Sinn zu finden.

In diesem Zusammenhang von »Metamorphosen« zu reden stellt deshalb einerseits ein Zugeständnis an jene Sichtweise dar, die Philosophie und Literatur streng zu trennen versucht, andererseits soll damit zum Ausdruck kommen, daß die Grenze als überschreitbar angesehen wird. Nur geht es nicht wie im Altertum um die Verwandlung göttlicher und menschlicher Wesen in

Tiere, Pflanzen oder Steine, sondern um das Auftreten philosophischer Probleme und Positionen in einer literarisch präsentierten Welt.

Lewis Carroll[1], der von 1832 bis 1898 im England der Königin Viktoria lebte und den bürgerlichen Namen Charles Lutwidge Dodgson trug, lieferte in seinem schriftlichen Werk nicht nur ein äußerst reichhaltiges Anschauungsmaterial für solche Metamorphosen, sondern diente selbst wiederholt als Beispiel für einen Gestaltwandel, auch wenn man nicht so weit gehen muß wie C. J. Woollen, der einen (freundlich gemeinten) Vergleich mit *Dr. Jekyll and Mr. Hyde* zieht.[2]

Warren Weaver beschreibt die hier involvierte »doppelte Persönlichkeit« mit den Worten: »... die eine ist ein ziemlich langweiliger Mathematiker und Logiker namens Reverend Dodgson, der täglich sieben Stunden Mathematik vortrug ..., die andere ein fröhlicher und ergötzlicher Geist namens Lewis Carroll, der im Reich des Unlogischen umherstreifte und Wunderland entdeckte«.[3]

Die Literaturliste der beiden umfaßt knapp 900 Einträge (davon sind 256 Arbeiten zu Lebzeiten gedruckt worden), von ihren 16 Büchern wenden sich 6 an Kinder, und 10 sind der Mathematik und Logik gewidmet.[4] Die Werke, welche weiter unten zur Illu-

1 Eine neuere, reich bebilderte Biographie liefert D. Stündel, Charles Lutwidge Dodgson alias Lewis Carroll. Poet zwischen Mathematik und Fotokunst, Siegen 1982. Einen ersten Zugang zu Carroll bieten die kommentierten Ausgaben von Gardner und Heath sowie die Monographie von Sutherland. M. Gardner, The Annotated Alice, New York 1960, und ders., More Annotated Alice, New York 1990; P. Heath, The Philosopher's Alice, London 1974; R. D. Sutherland, Language and Lewis Carroll, The Hague 1970.

2 C. J. Woollen, Lewis Carroll: Philosopher, Hibbert Journal 46 (1947), pp. 63-68, hier p. 63. R. B. Braithwaite, Lewis Carroll as Logician, Mathematical Gazette 16 (1932), pp. 174-178, hier p. 177, erwähnt, daß Dodgson selbst sein »doppeltes Wesen« unterstrichen habe. Wie für D. B. Eperson, Lewis Carroll – Mathematician, Mathematical Gazette 17 (1933), pp. 92-100, hier p. 92, gibt es für ihn aber keinen Grund, von einer eigentlichen Persönlichkeitsspaltung zu reden.

3 Warren Weaver, The Mathematical Manuscripts of Lewis Carroll, Proceedings of the American Philosophical Society 98 (1954), pp. 377-381, hier p. 377.

4 Nach W. Weaver, Lewis Carroll. Mathematician, Scientific American,

strierung philosophischer Metamorphosen beigezogen werden, sind alle unter dem Namen Lewis Carroll erschienen, wurden also vom Autor selbst als Ausdruck seiner literarischen Seite betrachtet.

Carrolls Beiträge zur Gattung der »viktorianischen Unsinnliteratur«[5] sind derart von Logik durchdrungen, daß R. B. Braithwaite sich zur Behauptung verstieg, dessen Ruf als phantastischer Schriftsteller sei hauptsächlich auf die begleitenden Illustrationen zurückzuführen. Denn »nahezu alle von Carrolls Späßen sind Späße in reiner oder angewandter Logik«.[6] William Sacksteder stellt das Werk *Alice hinter den Spiegeln*[7] als Karikatur einer logischen Abhandlung dar, in der systematisch das verbale Instrumentarium des Geistes erforscht wird.[8] Dabei gehe es um Mittel der Verallgemeinerung, um Probleme der Anwendung in konkreten Fällen oder um Fragen der Festlegung einer Referenz.[9]

Mit solchen Feststellungen, die den Dichter Carroll als Denker erweisen wollen, der in seinen Schriften Probleme der Logik, Metaphysik, Erkenntnistheorie und Ethik behandelt,[10] sind wir je-

April 1956, pp. 116-128, hier p. 117. Von den 256 zu Lebzeiten gedruckten Arbeiten befassen sich insgesamt 58 mit Mathematik und Logik.

5 K. Reichert, Lewis Carroll. Studien zum literarischen Unsinn, München 1974, hier p. 7, läßt diese Epoche mit Edward Lears *Book of Nonsense* 1846 beginnen und mit Lewis Carrolls Tod 1898 enden. Diese literarische Einteilung ist von philosophischer Seite nicht unbestritten. So weist Heath, op. cit., p. 5, Carrolls Produktionen dem Absurden und nicht dem Unsinnigen zu.

6 Braithwaite, op. cit., p. 176. Eine wichtige Studie in dieser Richtung ist H. M. Pycior, At the Intersections of Mathematics and Humor: Lewis Carroll's ›Alices‹ and Symbolical Algebra, Victorian Studies 28 (1984), pp. 149-170.

7 L. Carroll, Through the Looking-Glass and what Alice found there, London 1871. Zitiert nach der Übersetzung von C. Enzensberger, Ulm 1963.

8 W. Sacksteder, Looking Glass: A Treatise on Logic, Journal of Philosophy and Phenomenological Research 27 (1966), pp. 338-355, hier p. 339.

9 Sacksteder, op. cit., p. 345.

10 So R. W. Holmes, The philosopher's ›Alice in Wonderland‹, Antioch Review 19 (1959), pp. 133-149, hier p. 134.

doch bereits weit in jenes chimärische Gebiet der Identifikationsversuche vorgedrungen, das wir zu meiden trachten. Hier finden sich Kommentare wie der von Roger W. Holmes zum Vorschlag der Weißen Königin, Alice mit Marmelade zu entlohnen, welche es nur jeden anderen Tag, nie aber heute gibt.[11] Kann es sich dabei wirklich zum Teil um das *philosophische* Problem handeln, zu wissen, wann die Gegenwart zur Vergangenheit und die Zukunft zur Gegenwart wird, wie Holmes mit namentlicher Erwähnung von William James und den Idealisten behauptet?[12] Dann nämlich würde umgekehrt das Geschäft der Philosophie zum Teil auch in der Behandlung von Wortspielen bestehen müssen.

Schieben wir die Antwort auf diese Frage auf und betrachten einen Fall, in dem sie klar negativ ausfallen muß. Es geht um Calvin R. Petersen, der sich nicht scheut, als Einstieg in seine Carroll-Darstellung auf die Spezielle Relativitätstheorie zurückzugreifen. Diese sei von Albert Einstein in nur fünf Wochen nach der entscheidenden Einsicht konzipiert worden, daß »die Zeit die Schuldige ist«. Aber, fährt Petersen fort, Einstein war nicht der erste, der herausgefunden hat, daß es an der Zeit liegt, »Lewis Carroll scheint sein Werk auf *ähnlichen* Einsichten aufgebaut zu haben«.[13]

Damit im maßgeblichen Sinn ähnliche Einsichten vorliegen, müßten Einstein und Carroll ungefähr dasselbe gemeint haben, wenn sie von der Zeit sprechen. Das festzustellen dürfte jedoch (aus rein sachlichen Gründen) schwierig sein. Man könnte auf einen Nachweis allenfalls verzichten, wenn Einstein selbst (und nicht bloß Petersen) behauptet hätte, bei Carroll seinen Zeitbegriff wiedergefunden zu haben. Das allein wäre dann zwar immer noch kein schlüssiges Argument, die Beweislast würde dann aber doch denen überbunden werden müssen, welche das Vorliegen einer Gleichheit der beiden Zeitbegriffe verneinen.

Diese Überlegung enthält den Kern des Lösungsvorschlages und bestimmt auch die der folgenden Betrachtung zugrunde gelegte Auswahl der Texte von Lewis Carroll. Im sechsten Kapitel seiner

11 Carroll 1871, op. cit., Kapitel 5.

12 Holmes, op. cit., pp. 147f.

13 C. R. Petersen, Time and Stress. Alice in Wonderland, Journal of the History of Ideas 46 (1985), pp. 427-433, hier p. 427 (meine Hervorhebung). Es folgt ein Hinweis auf den Verlust des »verläßlichen raumzeitlichen Referenzrahmens« im »Wunderland«.

zweiten Alice-Geschichte und den zwei Kurzgeschichten, welche in der Zeitschrift *Mind* erschienen sind, hat die *philosophische Gemeinschaft selbst* den Ausdruck einer philosophischen Position oder eines philosophischen Problems gesehen und mit dem Einbezug in die laufende Diskussion dafür gesorgt, daß »Philosophie *in* Literatur« vorliegt.

Der Fall liegt damit deutlich anders als etwa die bekannte Verwendung der Carrollschen Vorlagen durch Philip E. B. Jourdain 1918 oder Douglas R. Hofstadter 1979, um nur zwei Beispiele von vielen zu nennen.[14] Solchen Anleihen fehlt das Engagement der Fachwelt und somit das relevante soziale Element – ein zugegebenermaßen schwammiges Kriterium, das durch die folgenden Beispiele zwar etwas an Konturen gewinnen wird, jedoch nicht genug, um scharfe Grenzen zu ziehen. Wir kommen darauf am Schluß der Betrachtung zurück.

Im gleichen Sinn ist auch die Bemerkung von Braithwaite zu kommentieren, es sei in Cambridge seiner Zeit geradezu zwingend »für Nationalökonomen wie für Logiker, vorzugeben, ihre Eingebungen von Lewis Carroll zu haben«.[15] Dies ist zwar ein soziales Phänomen, jedoch zu unverbindlich, um die Fachwelt inhaltlich darauf zu behaften, solange sich ihre Mitglieder mit Carroll-Zitaten nur schmücken, ohne dadurch eine Diskussion auszulösen.

II. Philosophie in Literatur – drei Beispiele

a) Humpty Dumpty

Ein mit Augen, Nase und Mund versehenes Ei, das auf einer hohen und schmalen Wand balanciert, ist in der Fachliteratur zur Personifizierung einer philosophischen Position geworden. Humpty Dumpty begegnet in Titeln von Artikeln ebenso wie im

14 P. E. B. Jourdain, The Philosophy of Mr. B*rtr*nd R*ss*ll, London 1918, und D. R. Hofstadter, Gödel, Escher, Bach, an eternal golden braid. A metaphoric fugue on mind and machines in the spirit of Lewis Carroll, New York 1979. Während Jourdains Ambitionen wohl nur auf dem humoristischen Sektor liegen, vertritt Hofstadter einen ernsthaften Anspruch.

15 Braithwaite, op. cit. p. 177.

Stichwortverzeichnis von Büchern[16], es gibt eine Humpty Dumpty-Haltung[17], einen Humpty Dumpty-Effekt[18] und eine Humpty Dumpty-Theorie.[19] Dem Eigennamen ist nicht einmal das Schicksal erspart geblieben, zum Adjektiv abgeändert zu werden [»Humpty Dumpty-ish«].[20]

Alice trifft Humpty Dumpty (oder deutsch »Goggelmoggel«) in ihrem zweiten Abenteuer »hinter dem Spiegel« und wird von ihm in eine Diskussion verwickelt. Bald einmal kommt das Gespräch auf »Ungeburtstage«, das Ei bringt Alice dazu, deren Zahl auszurechnen und bemerkt dann zum Ergebnis:

»... daraus geht hervor, daß du an dreihundertvierundsechzig Tagen im Jahr etwas zum Ungeburtstag geschenkt bekommen kannst – «
»Schon«, sagte Alice.
»Aber zum Geburtstag nur an *einem*, nicht wahr. Wenn das keine Glocke ist!«
»Ich verstehe nicht, was Sie mit ›Glocke‹ meinen«, sagte Alice.
Goggelmoggel lächelte verächtlich. »Wie solltest du auch – ich muß es dir doch zuerst sagen. Ich meinte: ›Wenn das kein einmalig schlagender Beweis ist!‹«
»Aber ›Glocke‹ heißt doch gar nicht ›einmalig schlagender Beweis‹«, wandte Alice ein.
»Wenn *ich* ein Wort gebrauche«, sagte Goggelmoggel in recht hochmütigem Ton, »dann heißt es genau, was ich für richtig halte – nicht mehr und nicht weniger.«
»Es fragt sich nur«, sagte Alice, »ob man Wörter einfach etwas anderes heißen lassen kann.«
»Es fragt sich nur«, sagte Goggelmoggel, »wer der Stärkere ist, weiter nichts«.[21]

Martin Gardner sieht in Humpty Dumpty (alias Goggelmoggel) einen Nachfahren der mittelalterlichen Nominalisten, welche die Ansicht vertraten, »daß Allgemeinausdrücke nicht auf objektiv

16 M. Dummett, Origins of Analytical Philosophy, London 1993.
17 H. Tennessen, Vindication of the Humpty Dumpty Attitude Towards Language, Inquiry 3 (1960), pp. 185-198.
18 E. D. Hirsch, Validity in Interpretation, Yale 1967. Nach M. Hancher, Humpty Dumpty and Verbal Meaning, The Journal of Aesthetics and Art Criticism 40 (1981-82), pp. 49-58.
19 Hancher, op. cit., p. 51.
20 T. E. James, Alice Through the Looking Glass of Logic, The New Scholasticism 45 (1971), pp. 596-599.
21 Carroll 1871/1963, op. cit., pp. 87f.

Existentes verweisen, sondern nichts anderes als *flatus voci*, verbale Äußerungen sind«.[22] Es kann hier natürlich nicht darum gehen, ob Gardner recht hat. Was interessiert, ist die Frage, wie seine Analyse im Text selbst abgestützt ist. Humpty Dumpty beruft sich ja weder auf Ockham, noch spricht er von *flatus voci*. Diese Frage mag als Spitzfindigkeit empfunden werden – daran zeigt sich aber lediglich, wie subtil der Vorgang der Metamorphose vor sich gehen kann. Gardner ist natürlich nicht der einzige, der Humpty Dumpty eine ganz bestimmte Theorie vertreten läßt, wenn auch (typischerweise) die Zuschreibungen sich im Detail ändern können. Der springende Punkt ist nun der: obwohl Gardner seine Behauptung nicht *logisch* im Text von Lewis Carroll abstützen kann[23], sind wir – je nach Kenntnis der mittelalterlichen Philosophie natürlich – trotzdem geneigt, ihm beizupflichten. Damit ist es letztlich *unsere* Zustimmung, welche die Brücke schlägt zwischen einer bestimmten philosophischen Schule und den Äußerungen einer literarischen Figur.[24]

Diese Schlußfolgerung wird noch durch den Umstand erhärtet, daß die Position, welche die Fachwelt Humpty Dumpty zuschreibt, nicht der Absicht des Autors entspricht, wie Michael Hancher überzeugend argumentiert.[25] Während Humpty

22 Gardner 1960, op. cit., p. 268: »Diese Ansicht wurde geschickt durch Wilhelm von Ockham verteidigt und wird heute von praktisch allen zeitgenössischen Empiristen vertreten.« Einen vergleichbaren Kommentar liefert Heath, op. cit., pp. 192 f. Nach Gardner 1990, op. cit., p. 253, könnte die Figur des Humpty Dumpty durch eine Stelle aus dem Werk »des selbstgefälligen Britischen Eierkopfes« Thomas Hobbes inspiriert worden sein. Gardner verweist hierzu auf W. Gaffney, Humpty Dumpty and Heresy; Or, the Case of the Curate's Egg, The Western Humanities Review (Spring 1968).

23 Das Problem ist mit dem der indirekten Rede vergleichbar, welche unter Umständen auch nicht in eine logische (d. h. deduktive) Beziehung zur direkten Rede gebracht werden kann, obwohl niemand die Korrektheit der Wiedergabe bestreitet.

24 Wie in Abschnitt IV unten ausgeführt, könnten sich Äußerungen einer Schule zuordnen lassen, wenn sie sich deren Fachsprache bedienen. In diesem Fall wäre die Zuordnung nicht von unserer Zustimmung abhängig.

25 Hancher, op. cit., pp. 49 f. Er stellt wie Gardner 1960, op. cit., p. 268, Heath, op. cit., p. 193, und W. W. Bartley (ed.), Lewis Carroll's Symbolic Logic, Sussex 1972, p. 232, einen Bezug her zu L. Carroll,

Dumpty heute allgemein als jemand gesehen wird, der glaubt, Wortbedeutungen im Alleingang festlegen zu können, bestand für Carroll die Pointe des Dialogs darin, daß Humpty Dumpty eine Konvention trifft, nachdem er das Wort bereits verwendet hat. Sein Fehler besteht in der zeitlichen Reihenfolge eines an sich korrekten Vorganges und nicht in der Absurdität, in einer Privatsprache kommunizieren zu wollen. Ihm eine (subjektiv-)nominalistische Position zuzuschreiben[26] bildet demnach ein Musterbeispiel dafür, daß nicht die Intention des Autors, sondern die Meinung seiner Interpreten ausschlaggebend ist. Man könnte sogar um des Argumentes willen unterstellen, daß sich Carroll überhaupt nichts dachte, als er die zitierte Stelle geschrieben hatte, und trotzdem würde Humpty Dumpty eine philosophische Schule vertreten.

b) Achilles und die Schildkröte

Obwohl in der Originalvorlage[27] der schnelle Achilles die langsame Schildkröte nicht einzuholen vermag, weil sie ihm immer ein Stückchen voraus ist, überläßt Carroll in dieser Kurzgeschichte[28] den Sieg auf der Rennstrecke von vornherein Achilles. Es sei ja auch nicht verwunderlich, daß dem Schnelleren das Überholen gelingt, schmelze doch der Rückstand immer rascher, meint der Läufer selbstzufrieden. Da beginnt die Schildkröte von einer Bahn zu erzählen, »von der die meisten Leute sich einbilden, ihr Ende in zwei, drei Schritten zu erreichen, während sie *in Wirklichkeit* aus einer unendlichen Zahl Strecken zusammengesetzt ist, von denen jede länger ist als die vorhergehende«. Und sie läßt Achilles in sein Notizbuch die logische Folgerung schreiben:[29]

Symbolic Logic, Part 1: Elementary, London 1896, p. 169. Diese Stelle belegt, daß Carroll durchaus einen Autor akzeptieren würde, der am Anfang seines Buches festlegt, daß bei ihm »weiß« »schwarz« bedeutet und »schwarz« »weiß«.

26 So präzisiert Heath, op. cit., p. 192.

27 Zur Darstellung von Zenons Paradoxien der Bewegung siehe R. Ferber, Zenons Paradoxien der Bewegung und die Struktur von Raum und Zeit, Stuttgart 1995 (2. erw. Aufl.).

28 L. Carroll, What the Tortoise said to Achilles, Mind N. S. 4 (1895), pp. 278-280.

29 Zitiert nach J. F. Thomson, Achilles und die Schildkröte, Ratio (dt.) 3

(A) Dinge, die demselben gleich sind, sind einander gleich.
(B) Die zwei Seiten dieses Dreiecks sind Dinge, die demselben gleich sind.
(Z) Die zwei Seiten dieses Dreiecks sind einander gleich.

Die Frage ist nun, wie jemand gezwungen werden kann, den Schluß von (A) und (B) auf (Z) zu akzeptieren, der sich nur an schriftlich[30] festgehaltene Regeln hält? Man muß – so geht die Geschichte weiter – eben die Regel niederschreiben:

(C) Wenn (A) und (B) wahr sind, dann ist (Z) wahr.

Doch damit beginnt ein unendlicher Regreß, den Achilles nicht zum Abschluß bringen kann, denn natürlich ist von dieser Ausgangslage her (Z) erst zuzugeben, nachdem das Notizbuch von Achilles um den Satz bereichert worden ist:

(D) Wenn (A), (B) und (C) wahr sind, dann ist (Z) wahr.

Und so weiter. Diese Geschichte hat viele Kommentare hervorgerufen, die hier aber nicht zu beurteilen sind. Bedeutsam ist der Umstand, daß es in der Fachliteratur laut William A. Wisdom[31] keine Einigkeit über die Pointe der Erzählung gibt – es sei denn die, daß man eine Schlußregel nicht als Prämisse benutzen dürfe. Gerade dies aber könne nicht der Fall sein, erklärt Wisdom[32], der hier nur als Beleg dafür angeführt wird, wie heterogen die Reaktion der Fachwelt ist. Wie andere[33] schlägt Wisdom eine Korrektur der Geschichte vor, ähnlich J. F. Thomson, der sich darüber

(1960), pp. 83-92, hier p. 83. Dies ist die Übersetzung von ders., What Achilles should have said to the tortoise, Ratio (engl.) 3 (1960), pp. 95-105.

30 »Whatever *Logic* is good enough to tell me is worth *writing down*«, Carroll 1895, op. cit., p. 280.

31 W. A. Wisdom, Lewis Carroll's Infinite Regress, Mind 83 (1974), pp. 571-573, hier p. 571.

32 Wisdom, op. cit., p. 571.

33 Thomson, op. cit., oder J. Woods, Was Achilles' ›Achilles' Heel‹ Achilles' Heel?, Analysis 25 (1964-65), pp. 142-146, hier p. 145. Woods sieht in der Geschichte kein Paradoxon und wundert sich darüber, daß Philosophen sie als ein solches gelesen haben. W. W. Bartley, Achilles, the Tortoise, and Explanation in Science and History, The British Journal for the Philosophy of Science 13 (1962), pp. 15-33, hier p. 30, Anm. 2 verweist für zwei alternative Deutungsversuche auf F. Becker Lennon, The Life of Lewis Carroll, New York 1962 (= 2. überarbeitete Auflage von Viktoria Through the Looking Glass, New York 1945).

Gedanken macht, was Achilles der Schildkröte eigentlich hätte erzählen sollen.[34]

Während die einen also eine Umschreibung oder Umdeutung der Geschichte fordern, damit sie Sinn macht, beklagt sich William W. Bartley darüber, daß viele Autoren eine bestimmte Lesart[35] der Geschichte übernehmen, ohne eine nähere Analyse oder zusätzliche Argumente zu liefern. »Statt dessen wird regelmäßig auf Lewis Carrolls verwirrenden Essay ... verwiesen, wie wenn er ein maßgeblicher und klarer Beweis für die Korrektheit dieser Ansicht wäre.«[36] Damit ist die Rolle deutlich angesprochen, welche dieser Text für die Gemeinschaft der Philosophen spielt.

Bemerkenswert ist die Verwendung, welche Bertrand Russell[37] für den Dialog zwischen Achilles und der Schildkröte hatte, zeigen sich ihm darin doch die Grenzen des Formalismus – und damit für Anhänger formaler Philosophie eben auch die Grenzen der Philosophie selbst. Russell sprach 1903 von Schlußregeln, welche nicht formal dargestellt werden können[38], und daß es solche geben müsse, habe Carroll gezeigt, weil sonst ein unendlicher Regreß folge.[39] Carroll – das ist das Erstaunliche – liefert in Russells frühem Grundlagenwerk der Mathematik nicht bloß eine Illustrierung, sondern bleibt die einzige Begründung, welche der Autor für die Existenz solcher Regeln gibt. Lediglich Francis Herbert Bradleys Standpunkt, daß eine Regel, nach der geschlossen wird,

34 So der englische Titel von Thomson, op. cit. Schützenhilfe erhält Achilles auch von J. D. Mackenzie, How to Stop Talking to Tortoises, Notre Dame Journal of Formal Logic 20 (1979), pp. 705-717.

35 Es geht im konkreten Fall um G. Ryle, If, So and Because, in: M. Black (ed.), Philosophical Analysis, Ithaca 1950, pp. 323-340.

36 Bartley 1962, op. cit. p. 28 (= Bartley 1972, op. cit., p. 466). Bartley nennt mit Thomson, op. cit., p. 90 Ryle, op. cit. als jemanden, der sich direkt auf Carroll beruft, dann auch S. E. Toulmin, Introduction to the Philosophy of Science, London 1953, p. 102, und R. Harré, An Introduction to the Logic of the Sciences, London 1960, pp. 80 ff.

37 Auf dessen Behandlung des Dialogs geht Woods, op. cit., pp. 145 f. ein. Siehe auch G. Bornet, Naive Semantik und Realismus, eine sprachphilosophische Untersuchung der Frühphilosophie von Bertrand Russell 1903-04, Bern 1991, pp. 282 f.

38 Bertrand Russell, The Principles of Mathematics, London 1903, p. 16.

39 Russell, op. cit., p. 35. Eine Interpretation, welche Russell sehr nahe kommt (ohne ihn zu erwähnen), liefert H. Brown, Notes to the Tortoise, The Personalist 53 (1972), pp. 104-109.

nicht als Prämisse ebendieses Schlusses aufgeführt werden müsse, wird von ihm noch ins Feld geführt, um sogleich als ein Spezialfall jenes Prinzips dargestellt zu werden, welches Carroll illustrierte.[40]

Weil Russell 1903 die Benutzung einer Metasprache für philosophische Zwecke ablehnte[41], konnte er gewisse Sachverhalte gar nicht innerhalb seines eigenen Systems formulieren. Dabei handelt es sich keineswegs um Nebensächliches. Die Lehre, welche Russell aus Carrolls Achilles-Geschichte zieht, ist nämlich die Tatsache,

»... daß jede durch eine Schlußregel gesicherte Implikation wirklich gilt und nicht lediglich von der Regel impliziert wird. ... die Tatsache, daß unsere Regel die fragliche Implikation impliziert ... *muß schlicht wahrgenommen werden* und wird nicht durch irgendeine formale Deduktion garantiert; es ist oft genauso leicht, und folglich ebenso berechtigt, die fragliche Implikation *direkt zu sehen*, wie *zu sehen*, daß sie von einer oder mehreren Schlußregeln impliziert wird«.[42]

Es ist die für Russells Platonismus zentrale Metapher des »geistigen Auges«, welche hier eine ihrer Wurzeln hat. In der Abstützung grundlegender Konzepte außerhalb des eigenen philosophischen Systems gibt es deutliche Parallelen zu Frege, wie Gottfried Gabriel anhand der kategorialen Metapher der »Ungesättigtheit« von Funktionen in seiner Untersuchung von Freges philosophischer Rhetorik zeigt.[43] Während Frege seine Anleihe bei der Fachsprache der Chemiker machte, benützte Russell ein Stück Literatur. Der Grund für dieses Vorgehen – eine eigentliche Ausdrucksnot – ist bei Frege wie bei Russell aber dieselbe.

40 Russell, op. cit., p. 41.
41 Siehe dazu Bornet, op. cit., pp. 281 ff.
42 Russell, op. cit., p. 41 (meine Hervorhebungen).
43 G. Gabriel, Der Logiker als Metaphoriker, Freges philosophische Rhetorik, in: ders., Zwischen Logik und Literatur. Erkenntnisformen von Dichtung, Philosophie und Wissenschaft, Stuttgart 1991, pp. 65-88, bes. pp. 79 ff.

c) Das Paradox der Barbierstube

Für das dreiköpfige Personal einer Barbierstube gelten in der Geschichte von Lewis Carroll[44] folgende zwei Regeln:

(1) Es muß immer mindestens ein Barbier anwesend sein.

(2) Der erste Barbier kann das Lokal nur in Begleitung des zweiten Barbiers verlassen.

Mit Hilfe einer *reductio ad absurdum* wird nun glaubhaft zu machen versucht, daß der dritte Barbier immer im Laden anwesend sein muß. Denn angenommen, der dritte Barbier sei nicht im Laden, dann müßte, falls der erste Barbier weg ist, der zweite Barbier sowohl im Laden sein (nach Regel 1) wie nicht im Laden sein (nach Regel 2).

Doch das Ergebnis selbst ist absurd und zeugt davon, daß irgendwo in der von Carroll in Form eines lebhaften Gesprächs geschilderten Folgerung ein Schnitzer passiert sein muß. Worin dieser Schnitzer besteht, interessiert hier ebensowenig wie vorher die technischen Einzelheiten in den Kommentaren zu Achilles und der Schildkröte. Die Geschichte beruht auf Eigenheiten der materialen Implikation[45], die heute wegen der Leistungsfähigkeit der mit ihr verbundenen Formalismen in Kauf genommen werden, ohne daß sie ihren absurden Charakter verloren hätten.[46] In der Zeit um die letzte Jahrhundertwende, in der sich formale Systeme in der Philosophie erst durchzusetzen begannen, mußte dieses Thema jedoch heftige Diskussionen auslösen.

Das Paradox der Barbierstube hat seinen Ursprung in einem wissenschaftlichen Briefwechsel, in dem Carroll feststellen mußte, daß sein Partner mit der materialen Implikation nicht umgehen konnte.[47] Die private Auseinandersetzung fing 1892 an und dauerte zwei Jahre. Unmittelbar nach der Publikation des Paradoxes

44 L. Carroll, A Logical Paradox, Mind N. S. 3 (1894), pp. 436-438.

45 Auf die Verwandtschaft mit den sogenannten Paradoxien der materialen und strikten Implikation weisen hin: A. W. Burks und I. M. Copi, Lewis Carroll's Barber Shop Paradox, Mind 59 (1950), pp. 219-222, hier p. 219.

46 Eine kritische Auseinandersetzung liefert H. Linneweber-Lammerskitten, Untersuchungen zur Theorie des hypothetischen Urteils, Münster 1988.

47 Siehe Bartley 1972, op. cit., pp. 444-449. Die bibliographischen Details stammen von Burks und Copi, op. cit., p. 219.

in *Mind* begannen Philosophen und Logiker darüber zu schreiben. John Venn veröffentlichte eine Lösung in der Ausgabe seiner *Symbolic Logic* von 1894[48], Alfred Sidgwick publizierte zwei Arbeiten darüber in *Mind* 1894 und 1895[49], ebenso W. E. Johnson.[50] Bertrand Russell erwähnt das Paradox ebenfalls in seinen *Principles of Mathematics* von 1903[51], und *Mind* publizierte 1905 noch zwei Artikel von E. E. C. Jones zu diesem Thema.[52]

Typisch für den offenen Charakter der Auseinandersetzung sind wohl die bereits erwähnten Reaktionen von Sidgwick und Johnson. Waren ihre ersten, gleichzeitig erschienenen Stellungnahmen eine direkte Antwort auf die Aufforderung Carrolls an die Leser von *Mind*, die von ihm geschilderte Schwierigkeit aufzulösen[53], so nahmen sie in ihren nachfolgenden Beiträgen gegenseitig den Lösungsversuch des anderen aufs Korn, da dieser zu ihrem Erstaunen mit dem eigenen Vorschlag nicht harmonierte.

Die Geschichte von Carroll stellte offenbar auch ein Problem dar, das zu lösen die Leistungsfähigkeit eines Formalismus belegt. Russell beispielsweise führt in diesem Sinn als Unterstützung seines Vorschlags an, eine falsche Proposition impliziere jede beliebige Proposition[54], daß damit das Paradox von Carroll behoben werde.[55] Die Funktion der Geschichte von der Barbierstube ist für Russell demnach eine ganz andere als die der Geschichte von Achilles und der Schildkröte. Aber auch hier ist im Grunde genommen eine gewisse Ausdrucksnot dafür verantwortlich, daß das Problem *außerhalb* eines bestimmten philosophischen Systems – in Literatur eben – gefaßt worden ist. Davon betroffen

48 J. Venn, Symbolic Logic, 2. veränderte Auflage, London 1894.

49 A. Sidgwick, A Logical Paradox, Mind N. S. 3 (1894), p. 582, und ders., Hypotheticals in a Context, Mind N. S. 4 (1895), pp. 143.

50 W. E. Johnson, A Logical Paradox, Mind N. S. 3 (1894), p. 583, und ders., Hypotheticals in a Context, Mind N. S. 4 (1895), pp. 143 f.

51 Russell, op. cit., § 19.

52 E. E.C. Jones, Mind N. S. 14 (1905), pp. 146-148 und pp. 576-578. Gemäß Burks und Copi, op. cit., befaßt sich weiter in diesem Jahrgang von Mind, pp. 292-293, auch ein lediglich mit »W.« signierter Text mit dem Paradox.

53 Carroll 1894, op. cit., p. 438.

54 Das ist das sogenannte Paradox der materialen Implikation. Das eine Paradox wird also durch ein anderes abgelöst.

55 Russell, op. cit., p. 18.

sind jedoch nicht nur, wie im ersten Fall, Systeme ohne Metasprache, sondern formal korrekte Systeme überhaupt, können diese doch *ex definitione* keine Paradoxien enthalten.

III. Eine pragmatische Formulierung des Enthaltenseins

Die Rede von »Metamorphosen der Philosophie« stellt, wie einleitend erklärt worden ist, »einerseits ein Zugeständnis an jene Sichtweise dar, die Philosophie und Literatur streng zu trennen versucht, andererseits soll damit zum Ausdruck kommen, daß die Grenze als überschreitbar angesehen wird.« Nachdem drei solcher Grenzüberschreitungen betrachtet worden sind, sei nun konkret gefragt: handelt es sich bei den eben besprochenen Texten von Carroll nicht *nur* um Literatur, sondern *auch* um Philosophie?

Diese Frage muß verneint werden, wenn mit Philosophie ein System gemeint ist, in dessen Rahmen keine Widersprüche geduldet werden und Mehrdeutigkeiten auf ein Minimum reduziert sind. Humpty Dumpty hat überhaupt keine klare Position, geschweige denn einen philosophischen Standpunkt, und die Geschichten um Achilles und die Barbiere wären nur innerhalb eines Systems darstellbar, in dem auch ein infiniter Regreß oder eine Paradoxie auftreten könnte. Ebenso deutlich ist aber, daß die Frage auch bejaht werden muß, wenn mit Philosophie das gemeint ist, was die philosophische Fachwelt als solche beschäftigt. Wenn *sie* sich an diesen Texten orientiert, kann ihnen ein philosophischer Gehalt nicht abgesprochen werden. Ich möchte diese letztere Art von Enthaltensein von Philosophie in einem literarischen Text als »pragmatisch« bezeichnen, weil es dabei darum geht, was mit einem Text *gemacht* wird. Die vollständige Formulierung dieses Enthaltenseins würde lauten: »Der Text T enthält für die Gruppe G zum Zeitpunkt Z Philosophie«. Die erstere Art des Enthaltenseins kommt hingegen ohne die Parameter Gruppe und Zeit aus.

In dieser Unterscheidung spielen offensichtlich zwei verschiedene Identitätskriterien mit. In Anlehnung an Rudolf Carnap, der interne von externen Existenzfragen unterschied[56], könnte man von

56 Rudolf Carnap, Empiricism, semantics, and ontology, Revue Internationale de Philosophie 4 (1950), pp. 20-40.

einem internen und einem externen Identitätskriterium für Philosophie sprechen. Die Frage beispielsweise, ob es Zahlen gibt, ist innerhalb des Systems der Mathematik (trivial) entscheidbar, während sie in der Form, ob es *wirklich* Zahlen gibt, für Carnap nur auf den *praktischen* Entscheid hinauslaufen kann, das linguistische Rahmenwerk der Mathematik zur Beschreibung der Wirklichkeit zu akzeptieren oder abzulehnen.[57]

Entsprechend würde gemäß dem internen Identitätskriterium nur das zu einem philosophischen System gehören, was mit Hilfe dieses Systems allein formuliert werden könnte, während gemäß dem externen Identitätskriterium die Frage, ob etwas zur Philosophie gehört, auf den *praktischen*[58] Entscheid hinauslaufen würde, es als Ausdruck einer philosophischen Position oder eines philosophischen Problems zu sehen oder nicht. Gerade dieser Entschluß ist uns bei den betrachteten drei Texten durch die Fachwelt abgenommen worden. Bevor auf deren Rolle eingegangen wird, sei noch eine Beobachtung zum Kriterium selbst vermerkt.

Während die interne Frage bei Carnap wie bei uns eine klare »entweder-oder«-Antwort hat, geht es bei der externen Frage in beiden Fällen um ein »mehr-oder-weniger«.[59] Es ist dieser Gradcharakter, welcher uns oben dazu brachte, die Antwort auf die Frage aufzuschieben, ob gewisse Texte von Carroll Philosophie seien oder nicht.[60]

Und noch eine weitere Unsicherheit belastet die vorgeschlagene pragmatische Formulierung des Enthaltenseins. Es ist wichtig zu sehen, daß von einer »Gemeinschaft« bei den Philosophen nur mit großen Vorbehalten die Rede sein kann. Auch wenn darunter relativ exakt alle jene verstanden werden, welche das Fach Philosophie öffentlich lehren, so verhindern doch die unterschiedlichsten Interessen und Erkenntnismittel weitgehend die Bildung eines gemeinschaftlichen Standpunktes. Die Gesprächszirkel, innerhalb deren eine bestimmte Problemstellung diskutiert wird, sind äußerst vielfältig, sowohl ihrer Größe wie auch ihrer Zusammensetzung nach. Deshalb bildet der Einbezug *der* Gemeinschaft der

57 Siehe Carnap, op. cit., bes. pp. 21 f. und pp. 35 f.

58 Zum Begriff der philosophischen Praxis siehe unten, Abschnitt IV.

59 Carnap, op. cit., p. 24.

60 Siehe oben, Abschnitt I. Das gilt auch für die folgenden Rückverweise auf Holmes, Petersen und Braithwaite.

Philosophen – wie bereits vermerkt – ein »schwammiges Kriterium«.
Die entscheidende Rolle, welche der Gemeinschaft der Philosophen in der vorliegenden Ausführung zukommt, ist dadurch motiviert, die stärkste Gegenposition zur puristischen Alternative zu besetzen, nur ein philosophisches System, das den Ansprüchen der Fachwelt genügt, dürfe als Philosophie angesehen werden. Erinnern wir uns an den Vorschlag der Weißen Königin, Alice mit Marmelade zu entlohnen, »welche es nur jeden anderen Tag, nie aber heute gibt«, und dessen Deutung durch Holmes als ein philosophisches Problem der Zeitlogik. Ob dies eine individuelle Meinung ist oder der (unter Umständen auch umstrittene) Standpunkt der Fachwelt, ist im Grunde genommen unwesentlich.[61] Wichtiger ist, ob die Gemeinschaft der Philosophen diesen Standpunkt übernehmen *könnte*. Bei Petersens Vergleich zwischen Einstein und Carroll verbietet sich dies wohl aus sachlichen Gründen. Daß aber der von Braithwaite erwähnte Verweis auf Carroll durch Logiker und Nationalökonomen zum Beweise ihrer Originalität im Einzelfall durchaus vertretbar sein kann, möchte ich gar nicht bestreiten. Solche Beispiele sind nur nicht geeignet, jemanden umzustimmen, der es aus *prinzipiellen* Gründen ablehnt, davon zu sprechen, daß Philosophie in Literatur vorkommt. Fragen wir uns deshalb noch zum Abschluß, was die drei betrachteten Texte von Carroll über die Notwendigkeit aussagen, daß so etwas möglich sein *muß*.

IV. Philosophie in Literatur

Zur Vorbereitung einer Antwort schlage ich vor, in Anlehnung an die Unterscheidung zwischen reiner und angewandter Mathematik als »rein philosophisch« Fragen zu bezeichnen, die *innerhalb* eines Systems gestellt werden. Sie sind in der Regel an ihrer fachsprachlichen Formulierung erkennbar.[62] Die ›Anwendung‹ der

61 Bei der vollständigen Ausformulierung müßte die Gruppe, für welche in einem bestimmten Text Philosophie vorliegt, ohnehin genannt werden.

62 Oder an der eigentümlichen Verwendung gewöhnlicher Ausdrücke. Genau dies ist aber auch das Stilmittel von Carroll im Bereich der Umgangssprache.

Philosophie würde hingegen darin bestehen, das System mit unserer *Lebenswelt* in Beziehung zu setzen oder diese im Lichte des Systems zu deuten. Diese Lebenswelt hat ihren natürlichen Ausdruck in der Umgangssprache. Man könnte statt von »Anwendungen« deshalb auch vom Problem der »Übersetzung« zwischen einzelnen Fachsprachen und der Umgangssprache reden.[63]

Es spricht nun einiges dafür, die drei Texte von Carroll zum Bereich der »angewandten Philosophie« zu zählen. So weist William Warren Bartley auf den speziellen Charakter der in den Lehrbüchern dieser Zeit gestellten Probleme hin. Nach ihm ist das Paradox der Barbierstube »eine beinahe trivial leichte Übung einer Sorte, wie sie in logischen Lehrbüchern des späten 19. Jahrhunderts sehr verbreitet war«.[64] Ebenso könnte man natürlich auch im Falle von Humpty Dumpty den Lehrer die Prüfungsfrage stellen hören, welche philosophische Position diese literarische Figur vertritt.

Mit Hilfe der Unterscheidung zwischen reiner und angewandter Philosophie läßt sich nun einerseits festhalten, daß reine Philosophie innerhalb von Literatur nicht vorkommt. Wenn ein philosophisches System andererseits überhaupt Anwendungsfälle hat, können diese aber durchaus literarisch gefaßt sein. Die Metamorphosen der Philosophie erweisen sich aus dieser Sicht als Erscheinung der Pragmatik. So verstanden *muß* ein System der Metamorphose fähig sein, wenn es überhaupt irgendeine praktische Bedeutung haben möchte. Denn Metamorphose und Anwendung fallen vom puristischen Standpunkt aus, der hier (wie einleitend vermerkt) soweit als möglich vertreten werden soll, zusammen.

Mit dem Wechsel vom Gebiet der reinen Philosophie in die Literatur verliert eine Position oder ein Problem die eindeutige Fassung und wird unter Umständen kontrovers. Gerade dies ist manchen ein Dorn im Auge – zu Recht, wenn sie sich bewußt nur für rein philosophische Fragen oder das Errichten rein philosophischer Systeme interessieren, zu Unrecht aber, wenn sie aus der Eindeutigkeit und Klarheit ein wesentliches Merkmal für den Be-

63 Übersetzen ist eine Tätigkeit, die mehr oder weniger gut gelingen kann. Zudem sind zur Frage, ob es *die* Umgangssprache überhaupt gibt, ähnliche Bedenken zu berücksichtigen wie in Abschnitt III oben zur (methodischen) Fiktion *der* Gemeinschaft der Philosophen.

64 Bartley, op. cit., p. 445.

reich des Philosophischen überhaupt machen. Mit der ausschließlichen Konzentration auf das reine System zerrinnt das Anwendungsgebiet nämlich buchstäblich unter der Hand. So schrieb Wittgenstein, »Die Lösung des Problems des Lebens merkt man am Verschwinden dieses Problems«[65], und Carnap, der den stolzen Ausspruch tat, »es gibt keine Frage, deren Beantwortung für die Wissenschaft grundsätzlich unmöglich wäre«[66], mußte gleichzeitig feststellen: »Die ›Lebensrätsel‹ aber sind keine Fragen, sondern Situationen des praktischen Lebens«.[67]

Literatur hat nach der Betrachtung der Carrollschen Texte mindestens drei (miteinander in Beziehung stehende) Funktionen für die Philosophie:

(1) Die ausgedrückte Position wird unabhängig von einem philosophischen System faßbar.[68] Die Verbindung des Ausdrucks »Humpty Dumpty« mit einer Episode der Alice-Geschichte setzt keine philosophiehistorischen Kenntnisse voraus, die Bezeichnung »subjektiver Nominalismus« schon. Ich möchte dies als Funktion der *Verankerung* eines philosophischen Systems in der Lebenswelt bezeichnen. Was als genügende Verankerung gilt, ist abhängig von Zeit und Betrachter.

(2) Verschiedene philosophische Systeme, die als solche inkompatibel sind, können in einem literarischen Text einen gemeinsamen Bezugspunkt erhalten, indem sie als konkurrierende Deutungen auftreten. Ohne Literatur würden die philosophischen Systeme voneinander völlig isoliert und blieben miteinander unvergleichbar. Literatur bildet ein *Medium* für den Wettbewerb zwischen verschiedenen Systemen. Nur wer keine Pluralität von Positionen wünscht, kann als *Fachphilosoph* auf das Medium verzichten.

(3) In der Literatur können Aussagen enthalten sein, welche sich innerhalb eines Systems gar nicht formulieren lassen. Dazu gehören (wie am Beispiel von Russell und Frege gezeigt wurde) solche, die für ein System zu grundlegend oder zu umfassend sind. Dazu gehören aber auch insbesondere solche, die durch die Übersetzung in rein philosophische Aussagen ihren problematischen

65 L. Wittgenstein, Tractatus logico-philosophicus, Annalen der Naturphilosophie 1922, 6.521.

66 R. Carnap, Der logische Aufbau der Welt, Berlin 1928, p. 254.

67 Carnap, op. cit., p. 260.

68 Natürlich in einer für Fachphilosophen ungenügenden Weise, wie bereits einleitend vermerkt.

Charakter verlieren und somit als Probleme gar nicht mehr erkennbar wären. Man könnte sich (mit Carnap und Wittgenstein) damit behelfen, die zugrunde gelegte Fragestellung als »Scheinproblem« zu entlarven. Wenn man aber die systemkonforme Formulierung als Lösung einer echten, umgangssprachlich gefaßten Schwierigkeit bezeichnen möchte und in dieser Leistung den eigentlichen Zweck des Systems sieht, dann ist man darauf angewiesen, dieses in ein problematisches Umfeld *einbetten* zu können.

In allen drei Funktionen (der Verankerung, des Mediums und der Einbettung) kommt Philosophie *in* Literatur vor. Ich möchte mit dem Hinweis schließen, daß sich die Metamorphosen der Philosophie nicht nur in der Literatur finden. Lewis Carroll hat noch zwei weitere Umsetzungen gemacht und sich mit der graphischen Darstellung der Logik befaßt[69] und die Logik auch als Spiel präsentiert.[70] Wenn man die Realität einer Position daran bemißt, wie leicht und wie vielfältig sie sich umsetzen läßt bzw. in wie vielen Gebieten sie in Erscheinung tritt, dann würde sich letztlich in der Literatur (und anderswo, z. B. in Graphik und Spiel) die wirklichere Philosophie *zeigen*, als es jene reine ist, die sich als Gefangene ihres eigenen Bereichs nicht literarisch darstellen läßt. Nur *habhaft* würde man so ihrer nicht werden können, und deshalb braucht es beides: Grenzen und Grenzgänger.[71]

69 Siehe Carroll 1896, op. cit., und den Kommentar von C. K. Davenport, The role of graphical methods in the history of logic, Methodos 4 (1952), pp. 145-164.

70 L. Carroll, The Game of Logic, London 1887. Zum Aspekt des Spiels bei Carroll siehe K. Blake, Play, Games, and Sport, The literary works of Lewis Carroll, Ithaca 1974.

71 Die Arbeit entstand im Rahmen eines Projektes des Schweizerischen Nationalfonds zur Förderung der wissenschaftlichen Forschung. Das Projekt trägt den Titel: *Darstellung und Argumentation – Historisch-methodologische Studie zu formalen Sprachen in der philosophischen Logik*.
Ich danke Henri Lauener für eine Durchsicht der Endfassung.

Klaus Petrus

Logik und Lyrik um 1700*

»Hac itaque ratione cum quaestionem, quaestionis argumentum interpretatio diligentur exploraverit, ex argumenti, quaestionisque coniunctione triplicem factam connexionem, propositionem, assumptionem complexionem (in qua quaestio inclusa est) investigabit«.[1]

»... examinentur & expendantur ad Dialecticas praeceptiones, tum ordo scripti totius; tum definitiones ac divisiones, si quae insunt; tum denique etiam argumentationes; quas aliquando utile est, in breves syllogismos, aut alias Dialecticas formas, includere.«[2]

Vorab zwei Hinweise, die das Verhältnis von Logik und Lyrik im ausgehenden 17. und frühen 18. Jahrhundert betreffen: Erstens lassen sich in der damaligen Lyrik eine Reihe logischer Argumentationsstrukturen ausfindig machen, und zweitens wird um 1700 bei der Interpretation von Lyrik nachweislich die Logik herangezogen. Beide Hinweise dürften kaum erstaunen – und dennoch: Sollten sie korrekt sein, so ergibt sich zwischen Logik und Lyrik (sozusagen unvermerkt) eine Nahtstelle. Denn wenn sich Lyriker tatsächlich bei der Abfassung von Texten der Logik bedient und Interpreten diese Texte mit Hilfe logischer Mittel ausgelegt haben, dann liegt der Gedanke nahe, daß der Interpretationsvorgang in

* Für die kritische Durchsicht einer ersten Fassung danke ich Lo Gygi und Bernhard Roten, für weitere Anregungen Lutz Danneberg, Gottfried Gabriel und Dieter Teichert.

1 Petrus Ramus, Dialecticae Institutiones/Aristotelicae Animadversiones, Paris 1543 (Neudr. mit einer Einleitung von W. Risse. Stuttgart/Bad Cannstatt 1964), p. 47.

2 Matthias Flacius Illyricus, Clavis Scripturae Sacrae seu sermone sacrarum literarum [...], Francoforti/Lipsiae 1719 (zuerst 1567; Neudr. herausgegeben von L. Geldsetzer, Düsseldorf 1968 enthält lediglich die ersten vier Abschnitte des ersten Traktats, Sp. 1-25), p. 98.

diesem Falle so etwas wie die Umkehrung des Produktionsprozesses darstellt.

So hilfreich dieser Gedanke für erste Annäherungen an das Thema sein kann, so schwierig ist es indes, ihn im Detail zu erörtern. Nicht etwa, weil unklar ist, welche logischen Mittel bei der Textanalyse verwendet wurden bzw. welche logischen Argumentationsstrukturen sich bei den Poeten finden lassen[3]: Sophistische Trugschlüsse und Beweisverfahren verschiedenster Schattierung, so induktive Schlüsse *a minore ad maius* oder *a fortiori*, aber auch deduktive Schlüsse wie Syllogismen, Enthymeme oder Sorites sind in Kausalcarmina, Epigrammatik, in Hochzeits-, Gelegenheits-, Glückwunsch- und auch in Lehrdichtung durchaus keine Seltenheit.

Schwierigkeiten ergeben sich vielmehr, weil es sich hier nicht bloß um eine Angelegenheit zwischen Logik und Lyrik handelt, pointierter: zwischen beispielsweise einem *syllogismus simplex* und einem Epigramm Gottlieb Meisters. Die erwähnten Hinweise dürften den Problemkomplex zumindest den Konturen nach bereits umrissen haben: Nebst Logik spielen hier Rhetorik bzw. Poetik[4] eine wichtige Rolle, ebenfalls Hermeneutik.

Ich werde mich an diesen Problemkomplex notgedrungen nur herantasten können. Bevor einige Aspekte der Logik in der Lyrik

3 Belege finden sich in den Arbeiten von J. Dyck, Ticht-Kunst. Deutsche Barockpoetik und rhetorische Tradition, Bad Homburg/Berlin/Zürich 1966; L. Fischer, Gebundene Rede. Dichtung und Rhetorik in der literarischen Theorie des Barock in Deutschland, Tübingen 1968; R. Klassen, Logik und Rhetorik der frühen Deutschen Aufklärung, München 1974; M. Beetz, Rhetorische Logik. Prämissen der deutschen Lyrik im Übergang vom 17. zum 18. Jahrhundert, Tübingen 1980; wenig ergiebig ist dagegen F. Gaede, Poetik und Logik. Zu den Grundlagen der literarischen Entwicklung im 17. und 18. Jahrhundert, Bern/München 1978.

4 Auf die Poetik werde ich nur insofern gesondert eingehen, als sich Differenzen zur Rhetorik ergeben; ansonsten stütze ich mich auf die These, wonach auch im 17. und 18. Jahrhundert die Poetik als »Sprößling« der Rhetorik aufzufassen sei; vgl. K. Dockhorn, Die Rhetorik als Quelle des vorromantischen Irrationalismus in der Literatur- und Geistesgeschichte (Neudr. der Akademie der Wissenschaften in Göttingen, Jg. 1949), pp. 109-150, hier: p. 109, ferner Dyck, op. cit., p. 28, Fischer, op. cit., pp. 22 ff., sowie K. Weimar, Geschichte der deutschen Literaturwissenschaft bis zum Ende des 19. Jahrhunderts, München 1989, pp. 57 f.

um 1700 zur Diskussion kommen, soll zumindest in Andeutungen geklärt werden, was für eine Logik hier im Spiele ist und wie sich ihr Einfluß auf die Rhetorik bzw. Poetik bemerkbar macht. Der Nachweis logischer Anforderungen für den Bereich der Textproduktion wird zwangsläufig zu Fragen der Interpretation poetischer Texte führen. Spätestens hier wird sich zeigen, daß die Anweisungen, wie Texte ausgelegt werden, mit den Forderungen korrelieren, wie solche zu verfassen sind.

1. Logik und Rhetorik

Wie kaum anders zu erwarten, hat der Versuch einer Charakterisierung des Verhältnisses von Logik und Rhetorik um 1700 mit einer Reihe historischer wie systematischer Implikationen zu rechnen, die das Unternehmen nahezu aussichtslos erscheinen lassen – zumal die beiden Disziplinen gängigerweise ja als Kontrahenten behandelt werden. Nehmen wir etwa die alte Unterscheidung, wonach die Kunst, richtig zu denken, monologischen Charakter aufweise, wohingegen die Kunst, richtig zu reden, kommunikativ ausgerichtet und mithin für das öffentliche Leben von Belang sei.[5] Wiewohl diese Unterscheidung um die Mitte des 17. Jahrhunderts zu erfrischenden Bildern anregt (die Vernunftlehre wird, so Georg Philipp Harsdörffer[6], den Fischen zugeschrieben) und vereinzelt noch bei Vertretern der Frühaufklärung wirkt[7], zielen bereits die Bemühungen eines Christian Thomasius auf die Praktikabilität der Vernunftlehre ab.[8] Vor dem Hintergrund einer scharfen Kritik an der »Scholastischen Pedanterey« bzw. den »scholastischen Dornhecken« ist auch Christian Weise um den Nutzen der Logik für weite Bereiche des öffentlichen

5 Cicero, De officiis I, 44, 156.

6 Georg Philipp Harsdörffer, Frauenzimmer GESPRECHSPIELE, I-VIII, Nürnberg 1643-1657 (Neudr. Tübingen 1968-1969), hier: Teil V, p. 126.

7 So z. B. bei Gottfried Polycarp Müller, IDEA ELOQUENTIAE NOV-ANTIQUAE, Leipzig 1717, p. 19 f.

8 Christian Thomasius, Einleitung zu der Vernunfft=Lehre, Halle 1691a (Neudr. mit einem Vorwort von W. Schneiders, Hildesheim 1969), p. 16.

Lebens bemüht[9]: von didaktischer, pädagogischer Effizienz soll sie sein[10], nicht nur für den Lehrer, sondern auch für den Hofmann[11] und den »Politico«[12], für »Junge Leute / die sich [...] nicht in alle tieffsinnige Subtilitäten stecken können«[13] und – was für diesen Zusammenhang zählt – für die »Oratores«.

Freilich, mit diesen Hinweisen berufe ich mich auf Thomasius und Weise. Und man könnte entgegenhalten, daß diese Autoren ja dafür bekannt wurden, Logik und Rhetorik zusammenzuführen. Nun sind aber Thomasius und Weise mitnichten die einzigen, die sich um eine Verbindung von Rhetorik und Logik bemühen: Gottfried Polycarp Müller etwa behauptet, daß keiner imstande sei, elegant zu schreiben, der nicht zuvor gelernt habe, richtig zu denken[14]; bei Friedrich Andreas Hallbauer wird diese Beobachtung dann in einen Vorwurf gegenüber der »Schul=Oratorie« umgemünzt: da lerne man die Leute eher reden als denken, weshalb es dann »geschiehet, daß die meisten Redner [...] weder reden, noch gedencken können [...]«[15] – bei Johann Jacob Bod-

9 Christian Weise, Curieuse Fragen über die LOGICA [...], Leipzig 1696 (Deutsche Logik), pp. *2v (sic!) und 20. – Zur Kritik an der sogenannten scholastischen Logik vgl. K. Petrus, »Beschrieene Dunkelheit« und »Seichtigkeit«. Historisch-systematische Voraussetzungen der Auseinandersetzung zwischen Kant und Garve im Umfeld der Göttinger Rezension, Kant-Studien 85 (1994), pp. 280-302.

10 W. Risse, Die Logik der Neuzeit II (1640-1780), Stuttgart/Bad Cannstatt 1970, p. 560 spricht von einer »pädagogischen Vereinfachung«, die die Logik vor allem durch Weise und seinen Schüler Samuel Grosser erfahren habe.

11 Vgl. C. Thomasius, Einleitung zur Hof-Philosophie, Oder / Kurtzer Entwurff [...]. Franckfurt/Leipzig 1710 (1. Aufl. Halle 1688), pp. 4 f.

12 Cf. Weise (1696), p. 10. (Wenn mehrere Arbeiten desselben Autors genannt werden, präzisiere ich den Hinweis in Klammern durch die Angabe des Erscheinungsjahres.)

13 So der Titel bei Samuel Grosser, Gründliche Anweisung zur LOGICA vor Adeliche oder andere Junge Leute / [...], Budißin/Görlitz 1696.

14 Gottfried Polycarp Müller, Academische Klugheit In Erkenntnis und Erlernung Nützlicher Wissenschafften [...]. Der Erste Theil, Leipzig 1712, p. 37.

15 Friedrich Andreas Hallbauer, Anweisung Zur Verbesserten Teutschen Oratorie [...] (1725), Jena 1736 (Neudr. Kronberg 1974), hier: ›Vorrede‹, unpaginiert.

mer und Johann Jacob Breitinger schließlich richtet sich der nämliche Vorwurf gegen die »Poeten«, deren Geschmack so »elende« sei, weil »sie die Philosophie / die den Verstand reinigt und erhöhet / verachten / oder versaumt haben«; anstatt der Logik hätten sie »die Rhetorischen Blumen und Figurn eingesetzt ... / und die Qualitäten der Sachen von denen sie reden / nicht aus der Natur der Dingen / sondern den Lexicis der Bey=Wörter« herangezogen.[16]

Während Weise also noch die »Harmonie zwischen den Gedancken und der Zunge« preist[17], Hallbauer für die Ausübung der Rhetorik bereits logische Vorkenntnisse verlangt, macht es bei den Schweizern den Anschein, als ob die Logik nun Oberhand gewinnt. Doch ist damit Vorsicht geboten: Erstens sei daran erinnert, daß mit der »Logick«, von der hier die Rede ist, nicht etwa die scholastische gemeint ist, sondern eine Art Gebrauchslogik im Sinne Thomasius'; und zweitens darf nicht außer acht geraten, daß der Einfluß der Logik ja nicht die Rhetorik schlechthin betrifft. Nun bedarf aber der Nachweis, daß die Logik zumindest in *bestimmte* Bereiche der Rhetorik hineinspielt, einiger Umwege; im Ergebnis soll deutlich werden, welches diese Bereiche sind (es wird sich, ohne Details vorwegzunehmen, um die Disposition von Texten handeln) und wie die Tragweite dieser Einflüsse einzuschätzen ist.

Der Hinweis der Schweizer auf die »Lexicis der Bey=Wörter« bietet einen ersten Anhaltspunkt, der zugleich die kritische Einstellung gegenüber der Rhetorik deutlich macht. Gemeint ist der Bereich der sogenannten Materialkataloge – der poetischen Schatzkammern und Miszellen also, in denen eine Vielzahl von *loci communes* im Sinne »vorfabrizierter Formulierungen«[18] und »abrufbarer Daten«[19] gesammelt und zur Textproduktion benutzt

16 Johann Jacob Bodmer und Johann Jacob Breitinger, Vernünfftige Gedancken und Urtheile Von der Beredtsamkeit [...], Franckfurt/Leipzig 1727, hier: ›Vorrede‹, unpaginiert.

17 Cf. Weise (1696), ›Vorrede‹, unpaginiert sowie p. 37, wo er vom »Band der Oratorie und der Logica« spricht, ebenso p. 506.

18 Vgl. P. Hess, Zum Toposbegriff in der Barockzeit, Rhetorik 10 (1991), pp. 71-88, hier: p. 77.

19 Cf. Beetz (1980), p. 121.

werden.[20] Die Kritik an diesen Materialkatalogen von seiten der Frühaufklärer ist – wie das Beispiel Johann George Neukirch zeigt – zunächst eine durchaus gemäßigte.
In erster Linie bemängelt Neukirch das starre Gefüge der Materialkataloge barocker Rhetoriken und fordert entsprechend eine Erweiterung des Reservoirs schriftlicher Quellen. Nicht allein Kollektaneen sollen dem Redner und Poeten als Hilfsmittel dienen; Zeitungen und »Nouvellen« werden gleichermaßen empfohlen.[21] Zum andern verlangt Neukirch die Erweiterung der *fontes* in Richtung einer Einbeziehung der »Empirie«; Erfahrungen, die man den eigenen fünf Sinnen verdankt, sind gefragt und nicht solche aus der Literatur.[22]
Obgleich sich Neukirchs Kritik gewissermaßen noch im Umfeld einer gemäßigten Akzeptanz des Exzerpierwesens bewegt[23], weisen die Konsequenzen seiner Vorbehalte darüber hinaus. Insbesondere der zweite Einwand trifft einen tödlichen Nerv barocker Rhetoriken und Poetiken. Denn im Idealfall müßte dem Autor zur Herstellung von Texten die Konsultation von Miszellen oder

20 Die nachfolgende Kritik an den Materialkatalogen steht um 1700 in engem Zusammenhang mit den Vorbehalten gegenüber der Topik bzw. gegenüber den sogenannten *loci topici*, die als Suchmethoden den inventorischen Forschungsprozeß bestimmen; vgl. B. Emrich, Topik und Topoi, Deutschunterricht 18 (1966), pp. 15-46, sowie Hess, op. cit., pp. 76f.

21 Johann George Neukirch, Anfangs=Gründe zur Reinen Teutschen POESIE [...], Halle 1724, p. 236f.; für »Nouvellen« spricht sich bereits Weise aus (vgl. C. Weise, Neu=Erleuterter Politischer Redner / Das ist: Unterschiedene Kunstgriffe [...], Leipzig 1684 (Neudr. Kronberg 1974), p. 560).

22 Neukirch, ibid., pp. 169f.; wie Neukirch verlangt beispielsweise auch Hallbauer, op. cit., p. 265 die Einbeziehung der »Erfahrung«.

23 Weise deutet auf den didaktischen Nutzen von Sammlungen für die Schüler hin (C. Weise, Der Grünen Jugend Nothwendige Gedancken [...], Leipzig/Weißenfels 1675 (=Nothwendige Gedancken), p. 404), gibt zugleich aber zu bedenken, daß der Benutzer von Kollektaneen – um der Gefahr der heillosen Desorientierung zu entgehen – gut daran tue, zuerst nach den *loci topici* zu verfahren und sich erst danach mit den *loci communes* einzulassen (C. Weise, Oratorische Fragen, an statt einer wolgemeinten Nachlese [...], Leipzig 1706, pp. 144f.); einen chronologischen Ablauf bei der Verwendung der *loci* hatte bereits Cicero, Orator, 14, 44-15, 47 im Blick.

vergleichbaren Sammlungen ja ausreichen; entsprechend äußert sich das *ingenium* des Textproduzenten in der *imitatio* und *variatio* gesicherter, d. h. tradierter Erkenntnisse bzw. etablierter Vorbilder – *memoria* mußte der barocke Autor also zuhauf haben, um in Nachschlagewerken fündig zu werden und eine gelungene *amplificatio* zu erzielen.[24] Neukirchs Forderung aber, man möge die »Empirie« nicht außer acht lassen, relativiert die Tugend der *memoria* erheblich: Wenn nebst der Erfahrung aus der Literatur nun auch die sinnliche Wahrnehmung als Hilfsmittel dient, dann zielt dies letzlich auf eine *angemessene* Verwendung von Schatzkammern ab[25] – eine Akzentverschiebung, die in ihrer Tragweite nicht zu unterschätzen ist, zeichnet sich doch ein barocker Text dadurch aus, daß er mit Zitaten und Hinweisen aus solchen Sammlungen reich bestückt ist[26]; eine Akzentverschiebung auch, die eine Komponente ins Spiel bringt, die ihrerseits in bestimmter Weise mit der *memoria* korreliert: das *iudicium*, im Sinne einer Instanz, die den Gebrauch von Miszellen u.ä. bewacht oder regelt bzw. dafür sorgt, daß dieser Gebrauch angemessen erfolgt.[27]
Daß die beiden Begriffe *memoria* und *iudicium* tatsächlich in be-

24 Cf. Dyck, op. cit., p. 59 f. mit Hinweisen auf das Verhältnis von *memoria* und *loci communes,* fernerhin C. Wiedemann, Topik als Vorschule der Interpretation, in: D. Breuer/H. Schanze (eds.), Topik. Beiträge zur interdisziplinären Diskussion, München 1981, pp. 233-255, hier: pp. 244 f.

25 Als Aufforderung zu einer angemessenen Verwendung der Sammlungen ist bereits Daniel Georg Morhofs Hinweis zu verstehen, der Autor möge sich auf Zitate beschränken, die der Affektbildung dienen (vgl. D. G. Morhof, Polyhistor Literarivs Philosophicvs [...], Lvbecae 1714 (2. Aufl.; Neudr. der 4. Aufl. Lübeck 1747. Teil 1 bis 3, Aalen 1970), p. 627).

26 Christian Wernicke spricht in diesem Zusammenhang von »Blumenreiche[n] Gedichten« (R. Pecht (ed.), Wernickes Epigramme, Berlin 1909 (Reihe Palaestra 71), hier: Teil 4, p. 11), Thomasius gar von »Tautologien« (C. Thomasius, Auszübung Der Vernunfft=Lehre [...]. Halle 1691b (Neudr. mit einem Vorwort von W. Schneiders, Hildesheim 1968), pp. 147 f.).

27 Im Urteil W. Schmidt-Biggemanns, Topica Universalis. Eine Modellgeschichte humanistischer und barocker Wissenschaft, Hamburg 1983 (Paradeigmata I), p. 252 kommt dem *iudicium* eine »Auswahlfunktion« zu; ganz ähnlich bezeichnet Beetz (1980), p. 149 das *iudicium* als »Unterscheidungsvermögen«.

stimmter Weise miteinander korrelieren, bemerkt bereits Thomasius; und seine diesbezügliche Präzisierung setzt zugleich den Tarif: »[...] was der Memorie zuwächset / das gehet dem judicio wieder ab« behauptet er[28] und formuliert damit wohl wissend das Problem zweier konkurrierender Fähigkeiten: der Erinnerungs- und der Verstandesfähigkeit. Nicht immer findet dieser Streit mit dem Schiedsspruch »gute Memorie« gleich »wenig Verstand« ein Ende[29]; häufiger ist der Hinweis, daß die *memoria* auf das *iudicum* angewiesen sei[30] (also wohl im Sinne von »ohne Verstand keine gute Memorie«). Wo diese Abhängigkeit indes unbeachtet bleibt, da setzt die Kritik ein: Die mit Hilfe der *memoria* und auf der Grundlage von Materialkatalogen erstellten Texte würden lediglich Überflüssiges anhäufen, bereits überkommene »Wahrheiten« speichern und mit Prunk und Putz Prestige erheischen.[31]
Die Stoßrichtung dieser Vorbehalte dürfte klar sein. Im Gegensatz zur *memoria* führt das *iudicium* zur Beschäftigung mit Wesentlichem, Nützlichem, mitunter auch Neuartigem und fordert dem Autor einiges ab: Er muß sein *iudicum* ausreifen lassen, damit er ihm vertrauen kann – und kann er auf sein *iudicium* vertrauen, so braucht er sich nicht mehr auf fremde, vorgefertigte Formulierungen zu stützen, er benötigt »dergleichen armseligen Vorrat nicht«[32], zumindest hat er seine Texte nicht mit Hilfe dieser »oratorischen Trödel=Buden« zu disponieren. Im Gegenteil: Der Benutzer von Materialkatalogen – vollends der »Excerpir=Sucht« verfallen[33] – mißachte die Schwierigkeit des Textzusammenhanges bzw. Textkohärenz, das Zitieren von »Schul=Plunder« und »Lappalien«[34] könne unmöglich einen einheitlichen Duktus garantie-

28 Thomasius (1688), p. 252 sowie p. 253: »Die rechte Gelehrten aber haben allezeit ein Quintlein Verstandes mehr aestimirt / als ein Pfund von der Gedächtniß.«
29 So etwa Johann Riemer, Neu=aufgehender Stern=Redner / nach dem Regenten=Redner erleuchtet [...], Leipzig 1689, p. 108.
30 August Friedrich Müller, Einleitung in die Philosophischen Wissenschaften, Erster Theil, [...], Leipzig 1733 (zuerst 1728), p. 27 beispielsweise gibt zu bedenken, daß selbst die beste Memorie ohne Selektionsvermögen nutzlos sei.
31 Cf. Hallbauer, op. cit., pp. 273 ff.
32 Cf. Thomasius (1691b), p. 231, ebenso p. 143.
33 Cf. Hallbauer, op. cit., pp. 289 f.
34 Cf. Hallbauer, ibid., ›Vorrede‹, unpaginiert.

ren, und die einzelnen Versatzstücke würden nur selten einem Generalthema untergeordnet; selbst wenn von den Autoren »die fremden Flecke durch angenehme Connexiones [...] zu einem gantzen Stück gemacht werden [...]«[35] – es handelt sich doch bloß um eine »zerflickte Invention«[36], die in keiner Weise »natürlich« sei. Die (aufklärerische) Forderung nach »Natürlichkeit« aber erfülle ein Autor, wenn sich bei ihm die Einfälle aufgrund »eigenen Nachforschen[s]« einstellen[37] – und was aufgrund eigener Nachforschungen gefunden wird, das muß, so lautet die Maxime, *begründet* werden.[38]

Das Problem der Begründung mag im Zentrum der aufklärerischen Kritik stehen, neu ist es indes nicht. Die barocken Autoren kümmerten sich nicht minder um Begründungen und Beweise, allgemeiner: um die Argumentationsstruktur von Texten[39]; strittig sollte jedoch die Frage sein, was genau als beweiskräftig galt und was nicht. Die diesbezügliche Beantwortung macht Unterschiede zwischen Barock und Frühaufklärung bzw. Aufklärung deutlich: Ergibt sich die Beweisführung in barocken Texten noch weitgehend aus der Handhabung von Materialkatalogen, so richtet sich diese bei den Aufklärern nach den Grundsätzen der Logik.

35 Cf. Weise (1675), p. 364.

36 So etwa Christian Friedrich Hunold, Galante, Verliebte Und Satyrische Gedichte / Erster und Anderer Theil / Von Menantes, Hamburg 1711 (zuerst 1704), ›Vorrede‹, unpaginiert; ähnlich Gottlieb Siegmund Corvinus, Proben Der POESIE In Galanten= Verliebten= Vermischten= Schetz= und Satyrischen Gedichten abgelegt von Amaranthes, Franckfurt und Leibzig 1710, hier: II, ›Vorrede‹, unpaginiert.

37 Vgl. Ehrenfried Walther von Tschirnhaus, Medicina mentis sive artis inveniendi praecepta generalia, Leipzig 1687 (2. Aufl. Leipzig 1695; Neudr. Leipzig 1963, mit einer Übersetzung von J. Haussleiter), p. 68; Hallbauer, op. cit., p. 265 spricht in vergleichbarem Zusammenhang vom »aufgeweckten Verstand«, mitunter von »freier Meditation« (op. cit., pp. 272 f.).

38 Cf. Gottsched, Ausführliche Redekunst [...], Leipzig 1736 (Neudr. Hildesheim/New York 1975), p. 146 und p. 162: »Man prüfe jeden Grund, den man von einem Satze angiebt, nach den Regeln der Vernunftlehre [...].«

39 Cf. Dyck, op. cit., pp. 44 ff., ferner G. E. Grimm, Literatur und Gelehrtentum in Deutschland. Untersuchungen zum Wandel ihres Verhältnisses vom Humanismus bis zur Frühaufklärung, Tübingen 1983, hier: pp. 186 ff.

Die Umwege, die ich eingangs angesprochen habe, wären damit zurückgelegt: Die Einflußzone der Logik auf die Rhetorik um 1700 liegt offenbar im Bereiche des Textaufbaus bzw. Textzusammenhangs. Nun ist die Tragweite dieses Einflusses zu klären. Sie läßt sich zum einen an den Argumentationsstrukturen der Texte ermessen, zum anderen an Problemen der Interpretation; hier wie dort müssen Beispiele genügen.

II. Logik in Lyrik

Wie bereits angedeutet, scheiden sich sich die Geister an der Frage nach der Beweiskraft von Begründungen: Während die barocken Autoren, vereinfachend gesagt, die Zitate und Hinweise variierende Repetition desselben Grundgedankens als beweiskräftig anerkennen, bemühen sich die Frühaufklärer bzw. Aufklärer um die begründete Entfaltung des gedanklichen Fortschritts. Die Wahrheit einer Behauptung muß bewiesen werden, wobei die Unterscheidung zwischen ›gewissen‹ und ›wahrscheinlichen‹ Beweisen auf die Gradation argumentativer Gültigkeit hindeuten soll. Diese Unterscheidung ist um so wichtiger, als traditionellerweise ja der logischen Argumentation das Terrain des ›Wahren‹, der rhetorischen und poetischen hingegen dasjenige des ›Wahrscheinlichen‹ zugeordnet wird.[40] Zum einen ergibt sich dieser Befund von der Sache her; bei geistreichen Einfällen beispielsweise, die sich einer zweifelhaften Zahlensymbolik verdanken, dürfte wohl kaum der Anspruch erhoben werden, daß sie sich »gewiss« beweisen lassen. Zum anderen zielen Wahrscheinlichkeitsbeweise nicht selten darauf ab, dem Leser die eigentliche Lösung vorzubehalten. Wenn im folgenden Passus[41]

Drum grübelt Augustin in jahren und in stunden /
Und mißt die gröste krafft der ziffer sieben bei;

40 Cf. Dyck, ibid., p. 89. – Stellvertretend für diese Unterscheidung Andreas Rüdiger, DE SENSU VERI ET FALSI, LIBRI IV [...], Leipzig 1722 (zuerst 1709), p. 27, der explizit zwischen logisch probabel und rhetorisch probabel differenziert, wobei unter die zweite Rubrik u. a. geistreiche Wortspiele fallen.

41 Zitiert nach B. Neukirch (ed.), Herrn von Hoffmannswaldau und andrer Deutschen auserlesener und bißher ungedruckter Gedichte erster theil [...], Leipzig 1677 (Neudr. Tübingen 1961), p. 213.

Vielleicht / weil vier und drei viel wunder in sich schliessen /
Aus beyden aber nur kan eine sieben fliessen

der Begründung explizit ein »vielleicht« vorangestellt und auf diesem Wege der Leser aufgefordert wird, die Gründe für die richtige Lösung selbst zu finden, dann richtet sich die Beweisführung unmißverständlich nach dem Adressaten dieses Gedichtes. Der Adressatenbezug ist denn auch weitgehend die einzige Legitimation für sogenannte plausible Beweise; so fordert Johann Christoph Gottsched etwa vom Autor, die Beweisführung nach der Fassungskraft der Adressaten abzustimmen – wo diese gering ist, da sei die Verwendung plausibler bzw. illustrativer »Beweisthümer« wie z. B. Wahrscheinlichkeitsbeweise oder auch *exempla* (also die Rubrik der sogenannten induktiven Beweisverfahren) vorzuziehen.[42]

Nun wäre es aber wohl zu einseitig, wollte man behaupten, daß in barocken Rhetoriken und Poetiken die *illustrative* Funktion beispielsweise der *exempla* hervorgehoben, in der Frühaufklärung bzw. Aufklärung hingegen deren *Beweiskraft* betont werde. Denn zum einen finden sich auch im Barock Überlegungen zur Beweisfunktion von Beispielen; zum andern verzichten auch die Aufklärer keineswegs auf die illustrative Kraft von *exempla* – man denke nur an die »lehrdichterische Argumentation«[43], die zur Stärkung der Plausibilität moralischer Aussagen mit einem Katalog von Anweisungen zur Verwendung wahrer wie auch hypothetischer *exempla* aufwartet.

Dessen ungeachtet aber werden um die Jahrhundertwende Akzentverschiebungen deutlich, die sich einmal mehr der Wechselbeziehung von Rhetorik und Logik verdanken. *Exempla*, so fordern die aufklärerischen Logiker, seien als (logische) Schlüsse aufzufassen, die von Einzelnem auf Einzelnes folgern und nach zwei Richtungen hin verlaufen können: *a minore ad maius* oder *a maiore ad minus*. Ein Beispiel mag dies verdeutlichen:

Sie will sich im Spiel von ihm nicht küssen lassen
DU denkst / du würdest schwartz / wenn dich Melander küst /

42 Gottsched, Academische Redekunst [...], Leipzig 1759, p. 116.

43 Cf. C. Sigrist, Das Lehrgedicht der Aufklärung, Stuttgart 1974, besonders pp. 136 ff.; ferner: W. Barner, Barockrhetorik. Untersuchungen zu ihren geschichtlichen Grundlagen, Tübingen 1970, pp. 63 f. sowie pp. 68 ff.

Und scheust sein Angesicht / du wunderliche Dame,
Da Venus, welche doch vor dir weit blonder ist /
Den schmutzigen Vulcan gar mit zu Bette nahme

Gottlieb Siegmund Corvinus verwendet in diesem Gedicht[44] einen ungleichen Beispielschluß *a maiore ad minus*: Geschildert wird die Reaktion zweier Frauen auf Annäherungsversuche zweier Liebhaber; sowohl die Männer als auch die Frauen sind – was die moralische Integrität bzw. den ›Stand‹ betrifft – einander ungleich. Die Pointe des Gedichts ergibt sich aus eben dieser Ungleichheit: Wenn eine Göttin (i.e. Venus) sich vor den fragwürdigen Machenschaften eines Ruchlosen (i.e. Vulcan) nicht ziert, was soll eine Dame (i.e. DU) sich den *ungleich* lauterern Vorhaben eines weit harmloseren Typen (i.e. Melander) verwehren?

Interessanter als die Konsequenzen, die sich für eine literaturwissenschaftliche Interpretation ergeben können[45], ist für diesen Zusammenhang zunächst einmal der Befund, daß die logische Deutung der *exempla* in die Lyrik um 1700 Eingang findet. In der Tat werden bei Corvinus nicht etwa – wie dies die rhetorischen Erfordernisse eigentlich nahelegen würden – abstrakte Gedankengänge veranschaulicht; auch wird nicht unter Berufung auf historische »Fälle« in irgendeiner Weise Plausibilität erheischt (etwa im Sinne von »wie Nero war kein Mann so gütig«). Geradezu exemplarisch wird das *exemplum* im zitierten Falle als Ausgangsbasis für einen Ähnlichkeitsschluß genommen, wobei die Akteure unter Beibehaltung minimaler Eigenschaften ohne weiteres durch andere ersetzt werden können.

Die Berücksichtigung der logischen Interpretation der *exempla* deutet ferner auf eine generelle Verschärfung der Anforderungen an die rhetorischen »Beweisthümer« hin: Argumente, die ausschließlich der Illustration dienen oder bloße Überredung statt Überzeugung[46] zum Ziel haben, werden nun als »Erläuterungen« klassifiziert[47], mitunter gar als »rednerschminke« disqualifi-

44 Corvinus, op. cit., I, p. 462.

45 Daß sich bei Zugrundelegung von Beispielschlüssen Konsequenzen für die Interpretation ergeben können, zeigt am hier zitierten Gedicht Beetz (1980), pp. 175 f.

46 Die Frühaufklärung folgt weitgehend der traditionellen Unterscheidung, wonach die Rhetorik überrede, die Logik hingegen überzeuge; cf. G. P. Müller, op. cit., p. 82 und p. 91.

47 Cf. Klassen, op. cit., p. 151 ff.

ziert.[48] Nicht in jedem Fall aber wird – wie etwa von Andreas Rüdiger[49] oder seinem Anhänger Johann Andreas Fabricius[50] – den rhetorischen »Beweisthümern« das Etikett »Argument« strittig gemacht; in einigen Fällen werden die rhetorischen Argumente der Rubrik der logischen untergeordnet – mit der Auflage allerdings, daß unter diesen Vorzeichen auch die rhetorischen Argumente (wenngleich zuweilen auf Umwegen) der Auffindung der *Wahrheit* zu dienen haben.[51]

Die angedeuteten Verschärfungen bleiben demnach nicht auf die *exempla* beschränkt; sie betreffen die Beweiskraft von rhetorischen Argumenten allgemein, also auch jene von Vergleichen und Emblemata, von (historischen) Zeugnissen und Fabeln.[52] Auch machen sich diese Restriktionen nicht allein im Bereiche der – wagt man diesen nicht ungefährlichen Schritt[53] – *induktiven* Beweisverfahren bemerkbar; wiewohl sie in der Nachfolge der aristotelischen Bestimmung der Induktion für diesen Bereich im

48 A. F. Müller, op. cit., pp. 629 f. bezeichnet all jene (rhetorischen) Argumente als »unkräftige redner=schminke«, die der bloßen Affekterregung dienen.

49 Rüdiger, op. cit., p. 581 läßt in dieser Angelegenheit keinen Zweifel offen: »Aut ergo oratorum argumenta nihil discrepant a logicis aut non sunt argumenta.«

50 Johann Andreas Fabricius, Anweisung Wie man seinen Verstand, in der Gelehrsamkeit und dem gemeinen Leben, recht gebrauchen solle [...], Jena 1737 (zuerst 1733), p. 120.

51 Hallbauer, op. cit., ›Vorrede‹. – Nicht unerwähnt sollte bleiben, daß im Zuge dieser Verschärfungsmaßnahmen der Ausdruck ›Argument‹ von einer Vielzahl von Autoren auch weiterhin »weitherzig« verwendet wird (cf. Beetz (1980), p. 167, Anm. 289). Allerdings darf auch nicht außer acht bleiben, daß die Koalition von logischen und rhetorischen »Beweisthümern« mit Blick auf die unterschiedliche Zweckbestimmung beibehalten wurde, wobei das Ziel der *persuasio* nachgerade kritisch hinterfragt wurde; vgl. K. Petrus, *Convictio* oder *persuasio*? Etappen einer Debatte in der ersten Hälfte des 18. Jahrhunderts (Rüdiger, Fabricius, Gottsched), Zeitschrift für deutsche Philologie 113 (1994), pp. 481-495.

52 Zur Kritik an barocken Autoren, die Vergleichen Beweiskraft einräumen, vgl. (Christian Friedrich Hunold), MENANTES Academische Neben=Stunden allerhand neuer Gedichte / [...], Halle/Leipzig 1713, p. 22.

53 Zur Einteilung der Beweisverfahren cf. Klassen, op. cit., p. 164, sowie die Kritik von Beetz (1980), p. 169, dort besonders Anm. 299.

besonderen Maße zutreffen[54], wird die Forderung nach logischer Strenge auch an *deduktive* Beweisverfahren gestellt.
Dieser Schritt müßte einerseits leichtfallen, sind deduktive Beweisverfahren wie Syllogismen doch *per definitionem* der besagten Forderung unterworfen; und das Problem dürfte lediglich darin bestehen, gute Gründe für die Verwendung solcher Schlußformen in Reden oder poetischen Texten geltend zu machen. Andererseits aber erweist sich die Einschätzung der Relevanz von Syllogismen, Enthymemen und Sorites gerade um die Jahrhundertwende als besonders heikel; zumindest sollte man nicht voreilig die historische These teilen, daß sich die ausführliche Behandlung von Syllogismen einer allgemeinen Akzeptanz deduktiver Beweisfahren durch die Vertreter der Frühaufklärung verdanke – einer Akzeptanz überdies, die ihre volle Tragweite erst vis-à-vis der Ablehnung des Syllogismus durch die im Strudel des Cartesianismus befangene Logik von Port-Royal erhalte.[55] Denn weder lehnt das Duo Arnauld & Nicole den Syllogismus prinzipiell ab[56], noch erweisen ihm die Frühaufklärer uneingeschränkt die Ehre: Für Rüdiger und Müller[57], insbesondere aber für Thomasius, öffnet die »auffgeblasene und sophistische Syllogismus-Kunst« nicht nur Tür und Angel für Trugschlüsse; sie gilt darüber hinaus als

54 Aristoteles, Topik, Achtes Buch, 2. Kapitel, 157a hält der Induktion zugute, daß sie – im Gegensatz zur Deduktion – anschaulich und illustrativ, mithin für den Redner, der sich an die große Menge wendet, besonders geeignet sei.

55 Dies in etwa die Stoßrichtung von Gaede, op. cit., pp. 27ff.

56 Trotz der Vorbehalte, die die Logik von Port-Royal im Zuge ihrer Kritik an einer ausschließlich formalen Logik gegenüber der Syllogistik geltend macht, wird ihr durchaus ein relativer Wert eingeräumt. Gerade gegenüber der dezidierten Ablehnung der Syllogistik von seiten der französischen Rationalisten bzw. Aufklärer mag die ausführliche Darstellung bei Arnauld und Nicole in ihrer Tragweite nicht unterschätzt werden; vgl. René Descartes, Die Prinzipien der Philosophie (Principia philosophiae [1647]), Hamburg 1965 (Philosophische Bibliothek, XXVIII), p. XLI, fernerhin den Eintrag ›Syllogisme‹ in der Encyclopédie, der sich im ersten Teil an der Darstellung der Port-Royal orientiert, im zweiten Teil aber die Kritik von Descartes und John Locke referiert und auf diesem Wege die Relevanz der Syllogistik prinzipiell hinterfragt (Encyclopédie, ou dictionnaire des sciences, [...], I-XXI, Paris et al. 1751-1780, hier: XV, pp. 719b-725b).

57 Rüdiger, op. cit., p. 589 sowie G. P. Müller, op. cit., p. 133.

»scholastisch«, d. h. »trocken« und »langweilig«[58], und ist mithin für den Redner oder Poeten kaum geeignet.[59]

Die Schwierigkeit besteht also darin, dem Redner und Poeten deduktive Beweisverfahren zu unterbreiten, die zum einen nicht dem Vorwurf »scholastischer Grillenfängereien« ausgesetzt sind, zum andern aber der undurchsichtigen, ausschließlich auf Überredung abzielenden Textproduktion Stirn bieten.[60] Anhand dieser Schwierigkeit wird vielleicht verständlicher, weshalb nicht in allen Fällen, da den Autoren die Verwendung syllogistischer Beweisverfahren empfohlen wird, *eo ipso* der im strikt traditionellen Sinne verstandene logische Syllogismus gemeint sein muß.

Als Alternativen stehen dem Rhetor bzw. Poeten zwei prominente Verfahren zur Auswahl: Zunächst einmal der sogenannte »rhetorische« oder »oratorische Syllogismus«, der sich vom klassischen Syllogismus durch die (immer wieder neu zu) variierende Abfolge von *propositio major*, *minor* und *consequens* (also Ober-, Unter- und Schlußsatz) unterscheidet – eine Prozedur, die erklärtermaßen dazu dienen soll, der »Trockenheit«, »Pedanterey« und »Langeweile« Abbruch zu tun.[61] Dann – nicht minder prominent – das Enthymem. Auch hier handelt es sich um ein Verfahren, das in relevanter Hinsicht vom klassischen Syllogismus abweicht. Für das Enthymem ist nämlich bezeichnend, daß eine Komponente ausgespart bleibt – in der Regel eine der beiden Prämissen, zuwei-

58 Cf. Thomasius (1691b), ›Widmung‹ sowie p. 279. – Die (teilweise ungerechtfertigte) Gleichsetzung von »scholastisch« mit »trocken« und »langweilig« ergibt sich bei Thomasius aus der Kritik an der »Scholastischen Pedanterey«, die ihrerseits wiederum eng mit seiner Vorurteilskritik verknüpft ist; vgl. K. Petrus, »Scholastische Pedanterey« und »anklebende credulitas«: Für oder wider die Autorität? Aspekte der Philosophie Christian Thomasius', Deutsche Vierteljahrsschrift für Literaturwissenschaft und Geistesgeschichte 68 (1994), pp. 429-446.

59 Auf diesen Punkt hat bereits Quintilian, Inst. orat., 5, 14, 26 hingewiesen.

60 Insbesondere Gottsched ist (unter Berufung auf Aristoteles, Cicero und Quintilian) der Auffassung, daß die Verwendung von Syllogismen den Autor davor bewahre, »eine Brühe aus viel Worten, ohne Saft und Kraft« zu fabrizieren; cf. Gottsched (1759), p. 122, sowie Gottsched (1736), p. 164.

61 Cf. Weise (1684), p. 166, sowie Uhse, op. cit., p. 99, fernerhin die Überlegungen von Beetz (1980), p. 179.

len gar (wie in diesem Fall) die Konklusion[62]; ausgespart bleibt diese, weil sie sich für das Verständnis als redundant erweist und daher vom Leser problemlos ergänzt werden kann. Damit sind zwei wichtige Aspekte benannt, auf die ich bereits mehr oder weniger explizit hingewiesen habe:

Erstens die Einbeziehung des Adressaten: sie erfolgt in diesem Fall über den Entscheid, bestimmte (i.e. für das Verständnis redundante) Komponenten zu eliminieren. Dieser Entscheid bleibt nicht unbegründet: Werden dem Leser selbst die einsichtigsten Schritte vorgezeichnet, so laufe man Gefahr, dessen Eitelkeit zu verletzen, man unterschätze die geradezu anthropologische Veranlagung, wonach der Geist mitunter schneller sei als die Sprache[63], man rede über selbstverständliche Dinge und sei somit zu weitschweifig, also weder »körnicht« noch »gedankenreich«[64], in summa: »langweilig«.[65]

Zweitens die Forderung nach Kenntnis logischer Argumentationsstrukturen: Sie betrifft nicht allein den *Autor*, der die Regeln traditioneller Schlußverfahren zu beherrschen hat, will er ein Enthymem konstruieren; auch der *Leser* muß sich in diesen Belangen auskennen, um den »ausgelassenen« Schritt korrekt zu rekonstruieren. Damit wird die Forderung nach Kenntnis logischer Beweis- bzw. Schlußverfahren zu einem wichtigen Hilfsmittel: Der Autor habe im »Skelett« seiner Reden bzw. seiner Texte die Beweisführung auf die »Logikalische Form« zurückzu-

62 Vgl. Johann Matthias Gesner, Primae linae artis oratoriae, Ienae 1745, pp. 28 f. sowie seine Bemerkung »conclusio omittanda rarissime«, auf die sich Klassen, op. cit., p. 89 stützt; dazu aber der Hinweis bei Antoine Arnauld und Pierre Nicole, La Logique ou L'art de penser, Paris 1970 (zuerst 1662), p. 286.

63 So z. B. Arnauld/Nicole, op. cit., p. 286, ähnlich Georg Friedrich Meier, Anfangsgründe aller schönen Wissenschaften. Theil I-III. Halle 1748-1750, 2. Aufl. 1753-1759 (Neudr. Hildesheim/New York 1976), III, p. 263: »Wenn man alle Gedanken mit besonderen Worten ausdrucken will, so wird die Art zu denken weitschweifig und langsam, denn man kan geschwinder denken als reden.«

64 Meier (1753 ff.), III, p. 239: »Man kann also sagen, daß die verstümmelten Schlüsse körnichter und gedankenreicher sind, als die ordentlichen, weil der ausgelassene Vordersatz dem ohnerachtet gedacht wird.«

65 A. F. Müller, op. cit. pp. 459 f. spricht in diesem Zusammenhang auch von »pedantisch« und »sehr affectirt«.

führen, »damit er selbst von der Bündigkeit seiner Rede überzeugt werde«[66]; desgleichen habe der Leser immer wieder die Beweisgründe in Texten nach den »Schlußreden« zu prüfen, damit er eine »Fertigkeit im gründlichen Denken« erlange und in »solcher Prüfung« versiert werde.[67] Autor und Leser werden also angehalten, die Richtigkeit beispielsweise von verkürzten Syllogismen an förmlichen Schlüssen zu überprüfen; wo eine solche Überprüfung nicht problemlos erfolgt, da werden Gefahren für die Kunst der Überzeugung vermutet sowie Schlupfwinkel für sophistische Trugschlüsse – beim *syllogismus compositus* mag dies nur in Andeutungen der Fall sein, bei Kettenschlüssen werden die Probleme indes akut.[68]

Beide genannten Aspekte entsprechen weitgehend den Anliegen der damaligen Logiker und Rhetoriker; logische Argumentationsstrukturen sollen über den formalen Bereich hinaus zur Anwendung kommen (so beispielsweise in Rhetorik bzw. Poetik), ohne daß damit aber die Kenntnis oder Beherrschung dieser Techniken in irgendeiner Weise vernachlässigt wird, im Gegenteil: Das Enthymem beispielsweise hat seinen Reiz, weil es eine Variation förmlicher Schlüsse darstellt. Doch ist dieser Reiz nur dann von Nutzen, wenn der Autor bzw. Leser das Enthymen entsprechend als Variation aufzufassen weiß; und als Variation faßt er das Enthymen auf, wenn er es – das alles klingt syllogismusverdächtig – auf förmliche Schlüsse zurückzuführen vermag.

Diese letzten Bemerkungen dürften deutlich machen, daß logische Forderungen nicht allein der regelgeleiteten Textproduktion ersichtlich werden, sondern auch aus den Anweisungen, wie diese Texte auszulegen sind. Ich komme damit zur Hermeneutik. Vis-à-vis der Fülle der Möglichkeiten, Bezüge zwischen Logik und Hermeneutik um die Jahrhundertwende nachzuzeichnen, beschränke ich mich auf einige Aspekte, die – wie sich zeigen wird –

66 Vgl. Carl Gotthelf Müller, Die Weisheit des Redners systematisch entworfen, Jena 1748, p. 236; zur Rede vom »Skelett« weiter unten, im Zusammenhang mit Problemen der Textauslegung.

67 Cf. Gottsched (1736), p. 162. Ganz ähnlich hatte bereits Ramus, op. cit., p. 45 f., vom »Schüler« verlangt, daß er die Argumentationsstruktur von Texten in einem einzigen Syllogismus zusammenfasse.

68 Für eine kritische Einschätzung der Kettenschlüsse cf. Arnauld/Nicole, op. cit., pp. 234 f., ferner die Hinweise bei Klassen, op. cit., pp. 94 ff.

eng mit den bereits diskutierten Fragen der Textproduktion zusammenhängen.[69]

III. Logik und Hermeneutik

Als Ausgangspunkt wähle ich einen vorderhand kaum interessanten Befund: Wie die großen Dialektiker vor ihnen, so haben auch die Logiker um 1700 poetische Texte interpretiert: Johann Sebastian Mitternacht, der sich seinerseits auf Scharffius stützt, widmet sich ausführlich Horaz, ebenso Arnauld und Nicole sowie später Weise.[70] Interessant wird dieser Hinweis aber, wenn man nach den Zielen fragt, die die Logiker mit solchen Interpretationen verfolgen. Erstens sollen anhand von Textinterpretationen Probleme der Text*produktion* veranschaulicht werden: Weise z. B. geht es in seiner Analyse einer Horaz-Ode um die Klärung des Verhältnisses von Hauptsubjekt und untergeordneten Subjekten, Samuel Grosser versucht an Texten Hofmannswaldaus zu zeigen, welches die Schwierigkeiten induktiver Beweisverfahren in Poesie (und allgemeiner in Rhetorik) sind.[71]

Zweitens sollen anhand von Textinterpretation Probleme der *Interpretation* selbst erörtert werden, und zwar mit Hilfe zweier Verfahren: zum einen mit Hilfe der Textproduktion; Logiker verfassen eigenhändig Lyrik und liefern geradezu beispielhaft die dazugehörige Interpretation. Zum andern mit Hilfe der Textanalyse; diese hat u. a. die poetischen oder rhetorischen Texte ihres schmückenden Beiwerks zu entledigen und, sozusagen nackt, nach den Erfordernissen logischer Argumentationsstrukturen zu prüfen.

Thomasius' Maxime, wonach jeder »seiner Worte bester Ausleger« sei[72], spielt für beide Verfahren eine wichtige Rolle. Offenbar

69 Zum Verhältnis von Logik und Hermeneutik (mit historischen Bezügen) W. Alexander, Hermeneutica Generalis. Zur Konzeption und Entwicklung der allgemeinen Verstehenslehre im 17. und 18. Jahrhundert, Stuttgart 1993, hier: pp. 48 ff.

70 Vgl. Johann Sebastian Mitternacht, MEDULLA MANUALIS LOGICI SCHARFIANI, Leipzig 1656, p. 46 ff., fernerhin Arnauld/Nicole, op. cit., p. 246 und Weise (1696), pp. 752 f.

71 Cf. Grosser, op. cit., p. 91.

72 Cf. Thomasius (1691b), p. 203.

stehen dem Interpreten mit Blick auf die Auswahl der Gegenstände der Auslegung zwei Optionen offen, nicht aber, was deren Präferenz betrifft: Im Zweifelsfall genießt die Auslegung *eigener* gegenüber derjenigen *fremder* Gedanken Priorität. Die Wertschätzung authentischer Interpretationen, die um 1700 im Anschluß an Johann Conrad Dannhauer und Johannes Clauberg wieder hoch im Kurs steht, ergibt sich aus der Auffassung einer – um es vorsichtig zu formulieren – zeitlichen Nähe von Autor und Interpret; danach sei, wo keine authentische Auslegung vorliegt, derjenigen des Zeitgenossen Vorrang einzuräumen.[73] Dieser Gedanke wiederum darf sich auf die Forderung nach einer historischen Einschätzung sowohl des »Zwecks« als auch der »Gegenstände« der Reden bzw. Texte stützen, wobei Johannes Clericus die Schwierigkeit beim Namen nennt: der Interpret habe bei der Auslegung alter Texte seine heutigen »Vorstellungen« aufmerksam zu bewachen und die *historischen* Kontexte, in welche die Begriffe ja eingebettet seien, gewissenhaft zu berücksichtigen.[74]
Die Forderung nach einer historischen Analyse »fremder Gedancken« erfolgt nicht zufällig um die Jahrhundertwende, richtet sie sich doch gegen die barocken Ausleger, die ganz analog ihren Kollegen, den Textproduzenten, nur um »zerstreuete Wahrheiten« bekümmert seien, die vorwiegend mit Hilfe der in Regelkanons gesammelten Interpretationsanweisungen gefunden werden.[75] In der Tat wird auch vom barocken Ausleger in erster Linie

73 Vgl. Johann Konrad Dannhauer, IDEA BONI INTERPRETIS ET MALITIOSI [...], Strassburg 1670 (5. Aufl., zuerst 1630), p. 154, sowie Johannes Clauberg, LOGICA VETUS ET NOVA [...], Amsterdam 1685 (zuerst 1654), p. 311.

74 Vgl. Johannes Clericus, ARS CRITICA. Volvmina Tria (1697). Editio in Germania prima et novissima. Lipsae 1759, I-II, hier: I, pp. 417 ff. und p. 534; dieser Auffassung folgen u. a. Joachim Ehrenfried Pfeiffer, ELEMENTA HERMENEVTICAE VNIVERSALIS VETERVM ATQVE RECENTIORVM [...], Jena 1743, p. 189 sowie Siegmund Jacob Baumgarten, Ausführlicher Vortrag der Biblischen Hermeneutic, herausgegeben von Joachim Christoph Bertram, Halle 1769 (1. Aufl. 1745), hier: p. 315.

75 Diese Auffassung wirkt noch bei J. M. Chladenius, Einleitung zur richtigen Auslegung vernünfftiger Reden und Schrifften, Leipzig 1742 (Neudr. mit einer Einleitung von L. Geldsetzer, Düsseldorf (Instrumenta Philosophica. Series Hermeneutica, v)), § 300, pp. 176 f. und betrifft u. a. die Einschätzung der sogenannten Parallelstellen; zur

memoria verlangt: Er hat die *exempla*, die in tradierten Kanons oder Kommentaren gesammelt und nach denen die Texte ausgelegt werden[76], in seinem Gedächtnis zu speichern, dann abzurufen und in einer nur vage bestimmten Weise anzuwenden.[77] Wie Thomasius vom Poeten, so fordert Hermann von der Hardt vom Ausleger aus diesem Grunde *iudicum*, nicht *memoria*[78]: werden die Auslegungsregeln bloß »mit dem Gedächtniß gefasset«, reklamiert Siegmund Jacob Baumgarten, »so machen sie keine Wissenschaften aus« – sie müssen, so lautet auch hier die Direktive, begründet werden, ihre »Erweislichkeit ist darzuthun«.[79]

Das Problem der Begründung betrifft jedoch nicht allein die Auslegungsregeln, sondern auch die Auslegungen selbst: Der bloßen Applikation von in Kommentaren gesammelten und mit guter

Klassifikation der Parallelstellen in der Frühhermeneutik vgl. M. Beetz, Nachgeholte Hermeneutik. Zum Verhältnis von Interpretations- und Logiklehren in Barock und Aufklärung, Deutsche Vierteljahrsschrift für Literaturwissenschaft und Geistesgeschichte 55 (1981), pp. 591-628, hier: pp. 625 f.

76 Für die rhetorische *imitatio* ist das Verständnis der Alten eine unverzichtbare Voraussetzung; insofern die Alten nach zuverlässigen und in diesem Sinne gültigen Mustern ausgelegt wurden, finden sich in den Kanons nebst den *exempla* selbstverständlich auch die dazugehörigen Interpretationsregeln.

77 Cf. Dannhauer, op. cit., p. 146.

78 Vgl. Hermann von der Hardt, Universalis exegeseos elementa [...], Helmstedt 1708 (2. Aufl., zuerst 1691), hier: ›Vorrede‹, unpaginiert. – Bei Clauberg, op. cit., III, § 6 läßt sich bezeichnenderweise eine ambivalente Einschätzung der *memoria* ausmachen: Einerseits rechnet er sie zu den *conditiones interpreti propriae*; sie werde durch *adminicula* gestützt, namentlich durch Markierungen wichtiger Stellen und durch Anfertigung von Sachregistern. Andererseits aber hilft die *memoria* bei Clauberg dem Ausleger, sich bei der Analyse von Textstellen jeweils das Textganze vor Augen zu führen; und in diesem Sinne dürfte sie sich von der barocken *memoria*, der ja die Vernachlässigung des Textzusammenhangs vorgeworfen wird, unterscheiden. Für eine solche Deutung spricht eine weitere Eigenschaft guter Interpreten, die *attentio* nämlich, die dem Ausleger eine vorurteilsfreie Lektüre ermöglichen soll. Bereits bei Dannhauer figuriert diese Eigenschaft unter dem Etikett *diligentia*; Dannhauer betont, daß ein Interpret, der über *diligentia* verfügt, es unterlasse, fremde Glossen und Kommentare zu benutzen.

79 Baumgarten, op. cit., p. 4 und pp. 30 ff.; zum Erfordernis der Begründung cf. Pfeiffer, op. cit., pp. 292 ff.

memoria erlernten Ergebnissen wird in der Folge eine »Beweispflicht« gegenübergestellt[80], die der Willkür Einhalt gebiete und – so Johann Martin Chladenius – verhindere, daß der »Beweis des wahren Verstandes« unterlassen und »die Auslegung ohne Rechtfertigung« hingesetzt werde.[81]

Im Zuge der Fundierung dieser Beweispflicht erfolgen freilich auch erste Versuche einer Klassifikation von Auslegungen, nicht nur was den Grad ihrer Gewißheit bzw. Wahrscheinlichkeit betrifft, sondern auch – und dieser Punkt wurde weithin vergessen – was den Adressatenkreis betrifft. In der Nachfolge eines Heinrich Ernesti und Christian Weise gibt Chladenius zu bedenken, daß der Interpret seine Auslegungen auf das Fassungsvermögen der jeweiligen Adressaten abzustimmen habe. Dabei ist sich Chladenius bewußt, daß Gefahren lauern, wenn der Interpret je nach Adressat »bald diese bald jene Auslegung« benutzt[82]; insbesondere darf diese Anpassung an den Leser nicht dazu führen, daß der Interpret den Sinn einer Textpassage verstellt. Entsprechend ist dem Interpreten mit einer Reihe von Anweisungen aufzuwarten, die eine solche Gefahr bannen sollen.

Eine dieser Anweisungen führt direkt auf das Verfahren der Textanalyse zurück; sie besagt, daß der Ausleger jedwelche Hypothese

80 Beetz (1981), p. 604 sowie 605. – Beetz spricht in diesem Zusammenhang auch davon, daß das »interpretative Erraten [...] unhaltbar geworden« sei, ohne diesen Punkt zu spezifizieren. Dannhauer, op. cit., III, § 16 behandelt die *bona phantasia* als wichtige Eigenschaft des guten Hermeneuten; doch wäre vor Bezügen zwischen dem interpretativen Erraten und der besagten Eigenschaft zu warnen, zumal gerade Dannhauer als einer der ersten (und damit gewissermaßen seiner Zeit voraus) dem Interpreten – zumindest programmatisch – Beweispflicht aufgetragen hatte. Auch Chladenius, op. cit., § 673, p. 518 spricht davon, daß eine Auslegung, die ausschließlich nach vorgegebenen Regeln erfolgt, »wider den allgemeinen Begriff des Erfindens« sei, »welcher allemal etwas von einem Glücksfall in sich« habe.

81 Chladenius, op. cit., § 669, p. 513 sowie p. 512.

82 Cf. Chladenius, op. cit. § 182, pp. 102 f.: »[...] so muß man sich bey der Auslegung nach der Einsicht des Schülers richten, und nach dessen seiner Unwissenheit bald diese bald jene Auslegung gebrauchen [...]«; L. Geldsetzer, Vorwort zu Chladenius, op. cit., VI behauptet, daß bei Chladenius das Auslegungsproblem wesentlich ein »pädagogisches und didaktisches Problem« sei, dem ein bestimmtes »Modell des Lehrer-Schüler-Verhältnisses« zugrunde liege.

bezüglich der Wahrheit (bzw. des Sinns) einer Aussage zu vermeiden habe, die »in den Beweisen, die in dem Texte vorkommen, unrechtmäßige Sprünge« verursache.[83] Freilich kann diese Anweisung nur dann befolgt werden, wenn der Text in der Tat keine »unrechtmäßige[n] Sprünge« verzeichnet, wenn der Textzusammenhang also gewährleistet ist; und daß dem so ist, das hat der Interpret – so ließe sich die Anweisung ergänzen – zu überprüfen. Das diesbezügliche Überprüfungsverfahren besitzt seinen Fluchtpunkt u. a. in der Rekonstruktion des formalen Kontextes der zu interpretierenden Texte und erfolgt in zwei Schritten: Erstens die Zerlegung eines Gedichts beispielsweise in Abschnitte, Sätze, Ausdrücke sowie die Freilegung des »logischen Skeletts«; diese »Anatomie«[84] gliedert die Argumente des Textes säuberlich in beweisende oder bloß illustrierende[85], sie nimmt der Schrift – um mit Flacius Illyricus zu sprechen[86] – alles Fleisch, den Schmuck der Verzierungen und Abschweifungen und führt auf diesem Wege zur *propositio* zurück, dem eigentlichen Ausgangspunkt der

83 G. F. Meier, Versuch einer allgemeinen Auslegungskunst, Halle 1757 (Neudr. herausgegeben von L. Geldsetzer. Düsseldorf 1965 (Instrumenta Philosophica. Series Hermeneutica, I)), § 191, pp. 101 f. Bei Meier wird diese Anweisung im Zusammenhang mit den Anforderungen an den sogenannten billigen Ausleger ins Spiel gebracht. Betrachtet man sie als Bestandteil des Problems der Textkohärenz, so greift diese Anweisung in die hermeneutische Diskussion der Kontexterschließung; cf. Pfeiffer, op. cit., pp. 150 ff. (Kap. 7, »De Investiganda Cohaerentia Et Ordine Orationis«) sowie Baumgarten, op. cit., p. 225. Beetz (1981), p. 623 weist darauf hin, daß das Problem der Textkohärenz in der damaligen Rhetorik- und Poetiktradition wurzele; vgl Birgit Stolt, Rhetorische Textkohärenz – am Beispiel Martin Luthers, Rhetorik 19 (1991), pp. 89-99.

84 Zur Interpretation als »Anatomie« – eine Vorstellung, die auf Flacius zurückgeht (s.u.) – cf. Grosser, op. cit., pp. 158 f., fernerhin Riemer, op. cit., p. 1006 sowie oben, Anm. 65, der Hinweis auf das Verfahren der Textanalyse bei Carl Gotthelf Müller.

85 Vgl. Iohannes Christianus Langius, NVCLEVS LOGICAE WEISIANAE: Editus antehac AVCTORE CHRISTIANO WEISIO [...], Gissae-Hassorvm 1712, pp. 91 ff.

86 Cf. Flacius Illyricus, op. cit., hier: p. 98: »[...] veluti facta anatomia, ac tanquam abjectis omnibus carnibus, ornatus amplificationum, dulcoramentorum, digressionum, & similium, sola quasi ossa tuo sermone delinees [...].«

Textproduktion.[87] Zweitens die darauffolgende Zusammensetzung dieser Bestandteile, gewissermaßen der Knochen, der Sehnen und Muskeln. Insbesondere dieser zweite Schritt führt mitunter zu einer Reihe unbegründeter Bedeutungszuweisungen. Doch auch hier schützt die »anatomische Niederschrift« – eine Auslegung, die zuvörderst die Argumentationsstrukturen sondiert, läuft einer Verdrehung und Verwässerung der zu interpretierenden Gedanken kaum Gefahr.[88]

Beide Verfahren, Textproduktion und Textanalyse, zielen damit auf den Gedanken ab, daß die Auslegung poetischer Texte dem Verständnis des Produktions- und des Interpretationsvorganges gleichermaßen diene: Im einen Fall verfaßt man Gedichte, um zu verstehen, wie man sie auslegt; im anderen Fall analysiert man Gedichte, »um zu verstehen, wie man sie anfertigt“.[89] Auf den ersten Blick freilich scheinen diese Verfahren nach verschiedenen Seiten hin zu divergieren. Doch dürfte die Analyse des Verhältnisses von Logik, Rhetorik und Hermeneutik um 1700 auch zeigen, daß dies im Urteil damaliger Autoren kaum zutrifft: Wo man versteht, wie poetische Texte auszulegen sind, da verfügt man über Kenntnis, wie sie produziert werden; und wo man über solche Kenntnis verfügt, da sind dem Interpreten bei der Auslegung wichtige Hilfsmittel zur Hand.[90]

So einleuchtend dieser Befund auch sein mag, so wenig gilt er in einem umfassenden Sinne – nicht einmal für die Aufklärung. Denn einerseits wandelt sich das Verhältnis von Textproduktion

87 Cf. Weise (1684), pp. 2 f., und Johann Heinrich Zopf, LOGICA ENVCLEATA, Oder Erleichterte Vernunfft=Lehre [...], Halle 1748 (zuerst 1731), p. 258; dazu auch Beetz (1981), p. 601 sowie p. 627, fernerhin Hess, op. cit., pp. 81 ff.

88 Cf. Flacius Illyricus, op. cit., p. 100: »[...] dumque religiosissime cavebis, ne quid illorum sensuum invertas; neve quid vel addas peregrinum; vel adimas eorum, quae ibi dicenda fuere; aut denique aliquid parum exprimas, parum significanter dicas; aut etiam contra nimium extollas, vel exaggeres. Verum illius prioris (ut ita dicam) anatomicae retextionis, aut scriptionis, primus praecipuusque usus est.«

89 Cf. Beetz (1981), p. 603, ganz ähnlich K. Weimar, Interpretationsweisen bis 1850, Deutsche Vierteljahrsschrift für Literaturwissenschaft und Geistesgeschichte 61 (1987), pp. pp. *152-*173, besonders p. *157.

90 Clauberg, op. cit., p. 264 etwa ist explizit der Auffassung, daß der Nachweis einer regelgeleiteten Textproduktion die Auslegung von Reden und Schriften erleichtere.

und Textinterpretation, wenn die Auslegung in Konkurrenz zur Abfassung beispielsweise poetischer Texte gerät; wenn also die Interpretation keine bloß rekonstruierende Funktion mehr ausübt, sondern darüber hinaus kreative Eigenständigkeit behauptet. Andererseits aber verschieben sich die Akzente auch dann, wenn im Interpretationsvorgang der Logik plötzlich bestimmte Möglichkeiten abgesprochen werden, so beispielsweise die Erschließung sinnreicher Stellen oder die Ermittlung der Wahrheit selbst auf der Grundlage irrtümlicher oder falscher Passagen.[91]

Wo Logik und Hermeneutik also zumindest partiell auseinanderklaffen[92], wo die Poetik nicht mehr Handbuch der Poeten, sondern der Interpreten und Kritiker ist[93], da wäre die Auffassung, wonach logisch-rhetorische Forderungen, die für die Textproduktion gelten, bei der Interpretation gleichsam invers zur Anwendung kommen, einer neuen Analyse zu unterwerfen.

91 Cf. Chladenius, op. cit., § 177, pp. 96 f. und § 738, pp. 583 ff.

92 Zum Verhältnis von Hermeneutik und Logik bei Dannhauer, Clauberg und Chladenius cf. Alexander, op. cit., pp. 48-56 und pp. 197 ff.; fernerhin L. Geldsetzer, Hermeneutik [Art.], in: Handlexikon zur Wissenschaftstheorie, ed. H. Seifert/G. Radnitzy, München 1989, pp. 127-138, hier: pp. 129 f.

93 Für die historischen Grundlagen dieser Wandlungen, die aus systematischen Gesichtspunkten das Verhältnis von Leser und Autor betreffen, cf. Weimar (1989), besonders pp. 101 ff.

Christiane Schildknecht

Reisende Philosophen – Philosophische Reisen

Erfahrung, Erkenntnis und Selbsterkenntnis bei Montaigne, Schopenhauer, Descartes und Sterne

> Wenn man nur ankommen will, kann man ruhig mit der Post fahren; wenn man aber reisen will, muß man zu Fuß gehen.
>
> Rousseau, Émile

Von Platon bis Petrarca, von Montaigne, Montesquieu, Voltaire und Rousseau bis Berkeley und Schopenhauer finden wir Philosophen auf Reisen. Wie letzterer haben etwa auch Darwin und Lichtenberg ihre Erlebnisse in Reise-Tagebüchern festgehalten. Andere, wie Descartes, Montaigne, Montesquieu, Rousseau, Hofmannsthal, Tieck, Eichendorff, Goethe, Herder, Sterne, Heine, Thomas Mann und Bruce Chatwin, haben den Topos des Reisens literarisch und/oder philosophisch verarbeitet. Von der *Odyssee* und *Ilias* bis zu *Gulliver's Travels*, von *Robinson Crusoe* bis zum Bildungsroman des 18. und 19. Jahrhunderts ist das Thema *Reise* immer auch Thema der Literatur.

Und auch die jeweiligen Variationen des Reisethemas umfassen ein breites Spektrum: die Reise als Miniatur menschlichen Lebens, die Erfahrung des Fremden, das Erlebnis von Natur, phantastische und utopische Reisen, Entdeckungen von Außen- und Innenwelten, das Abenteuer, Reisen in der Zeit, in Gedanken, im Unbewußten, als Traum.

Die Grundbedeutung einer Reise ist nach dem Wörterbuch der Gebrüder Grimm die einer »bewegung aufwärts, also ›erhebung, aufbruch‹; dann im engeren Sinne ›aufbruch zum kriege‹ ... allgemeiner eine bewegung von einem orte zum andern«.[1]

In diesem Sinne haben sich Philosophen, wie andere Reisende auch, von einem Ort zum anderen fortbewegt. Und sie haben das, was sie auf dieser Reise erlebt haben, schriftlich festgehalten. Philosophen sind darüber hinaus jedoch auch noch auf andere Weise gereist, indem sie die »bewegung aufwärts« in und mit Gedanken

1 J. und W. Grimm, Deutsches Wörterbuch, VIII, Leipzig 1893, p. 718.

vollzogen haben. Im folgenden soll die Rolle, die die Metapher des Reisens im Rahmen der Philosophie spielt, exemplarisch an vier Reisen in Gedanken literarischer Philosophen untersucht werden, wobei heterogene Konzeptionen der Reise als Medium ästhetischer Erfahrung, als Impuls zur Kontemplation, als durch Konfrontation mit Fremdheit ermöglichte Selbsterfahrung und als negativ gewendeter Fluchtpunkt der Methode herausgearbeitet werden. Im Anschluß daran wird die Verarbeitung philosophischer Inhalte in einer im engeren Sinne *literarischen* Reise näher betrachtet.

1. Reisende Philosophen

Weg von Avignon auf eine Sommerexpedition nach Lombez, in die Pyrenäen und nach Toulouse im Jahre 1330, auf eine Reise nach Norden in die Ardennen und nach Köln über Paris 1333, zu Besuchen in Rom 1337 und 1341 im Anschluß an einen Aufenthalt in Neapel, noch einmal nach Neapel 1343, dann der Besuch anderer italienischer Städte: Verona 1345, erneut Rom und Genua 1350, Vicenza und Ferrara 1351, von Mailand aus nach Basel und Prag 1356 sowie nach Paris 1360-1361, in den letzten zwölf Jahren seines Lebens: Venedig, Pavia, Padua und Arquà, wo *Petrarca* schließlich 1374 stirbt. Von diesem *peregrinus ubique* stammt auch die erste Beschreibung einer ohne äußeren Zweck unternommenen Reise auf einen Berg, auf den Mont Ventoux etwa 40 Meilen nord-östlich von Avignon im Jahre 1336, aufgezeichnet unmittelbar nach der Rückkehr in Form eines Briefes – und gleichzeitig mehr als nur ein Reisebericht.

Was retrospektiv zunächst durch die »Begierde, die ungewöhnliche Höhe dieses Flecks Erde durch Augenschein [*videndi*] kennenzulernen«[2] und unter Rekurs auf die Besteigung des Berges Haimon in Thessalien durch den Mazedonierkönig Philipp gerechtfertigt wird, entpuppt sich bald als eine Allegorie[3]: das mühselige Errei-

2 Francesco Petrarca, Familiarum Rerum, IV, 1 (zitiert nach: Francesco Petrarca, Briefe. Eine Auswahl, ed. H. Nachod/P. Stern, Berlin 1931, p. 40).

3 Für eine Interpretation der Besteigung des Mont Ventoux als Allegorie spricht, daß der Brief, der den Bericht enthält, an Francesco Dionigi da Borgo San Sepolcro adressiert ist und vom 26. April 1336 datiert. Von

chen des Gipfels steht für die Erkenntnis seiner selbst. »Da beschied ich mich«, so Petrarca, »genug von dem Berge gesehen zu haben, und wandte das innere Auge auf mich selbst, und von Stund an hat niemand mich reden hören, bis wir unten ankamen«.[4] Die Begierde, den Gipfel zu erreichen, geht über eine bloß bergsteigerische Ambition hinaus und ist doch zugleich mit dieser verbunden: als leidvolles Streben nach geistigen Höhen.

Das Besteigen eines Berges wie das Reisen sind Motive, die sich durch das Werk Petrarcas ziehen, als Metaphern für die *conditio humana*: das wesentliche (Ver-)Fließen menschlichen Lebens, die beständige Bewegung nicht nur des Körpers, sondern auch des Geistes und der Gefühle sind hier spezifische Themen und trotz ihrer Anlehnung an antike Autoren unerwartet modern.

Das Streben, die Höhe des Mont Ventoux kennenzulernen, kontrastiert mit dem Versuch, »auf der anderen Seite einen leichteren Anstieg zu finden«.[5] Was auf den ersten Blick als attraktivere, da weniger steile Route erscheint, wird nun zur ermüdenden, da sich erneut bergab hinziehenden Tortur. Auf die Einsicht in diesen Irrtum folgt zunächst der Entschluß, »geradewegs die Höhe zu erklimmen«[6], dann jedoch ein erneutes Nachgeben. Petrarca löst diese Allegorie selbst auf, indem er die Kunst des Wegfindens auf die Lebensführung überträgt:

»Allerdings schob ich so die Last des Steigens auf, aber durch Menschengeist wird die Natur der Dinge nicht aufgehoben, und es kann nun einmal nicht geschehen, daß irgendein körperliches Wesen durch Hinabsteigen zur Höhe gelangt«.[7]

dem Augustinermönch hatte Petrarca die Kopie der *Confessiones* des Augustin erhalten, deren Seiten auf dem Gipfel des Berges jene bedeutsame Offenbarung freigeben, und auch das Datum ist von Bedeutung: Es ist der zehnte Jahrestag von Petrarcas Abschied aus Bologna und von seinen dortigen juristischen Studien. Darüber hinaus war Petrarca 1336 32 Jahre alt, in demselben Alter also, in dem Augustin seine Bekehrung – ebenfalls anhand eines Textes, der Lektüre der Apostelbriefe (cf. Fam. IV, I; op. cit., p. 47), – erfuhr. Es wird allgemein angenommen, daß der Brief Petrarcas 1353 seine endgültige Fassung erhielt: So wird eine Tagesexkursion 17 Jahre später zum Lebensprogramm.

4 Op. cit., p. 47.

5 Op. cit., p. 42.

6 Ibid.

7 Op. cit., p. 43.

Erschöpft und enttäuscht läßt er sich in einem Tal nieder. Das Zur-Ruhe-Kommen wird nun Ausgangspunkt für eine Bewegung der Gedanken, einen geistigen Aufschwung:

»Dort schwang ich mich auf Gedankenflügeln vom Körperlichen zum Unkörperlichen hinüber und wies mich selbst mit den folgenden Worten zurecht: ›Was du heute so oft bei Besteigung dieses Berges hast erfahren müssen, wisse, genau das tritt an dich und an viele heran, die da Zutritt suchen zum seligen Leben. Aber es wird deswegen nicht leicht von den Menschen richtig gewogen, weil die Bewegungen des Körpers zutage liegen, die der Seele jedoch unsichtbar sind und verborgen. ... Was also hält dich ab? Doch wahrhaftig nichts weiter, als daß der Weg durch die irdischen und allerniedrigsten Gelüste ebener ist und, wie es auf den ersten Blick scheinen möchte, bequemer. Gleichwohl mußt du nach langer Irrfahrt unter der Last des zum Unheil aufgeschobenen Weges hinansteigen zum Gipfel des seligen Lebens selber oder in den Talgründen deiner Sünden säumig erliegen‹«.[8]

Gegenüber seinem Bruder, der auf direktem Wege aufsteigt, hat Petrarca zwar den härteren Weg gewählt, aber dieser hat ihn auch eher zu einer Abkehr von den Schönheiten der säkularen Welt geführt. Deren Transzendenz verstärkt die Gipfelszene: »Zuerst stand ich, durch einen ungewohnten Hauch der Luft und durch einen ganz freien Rundblick bewegt, einem Betäubten gleich«.[9] Dann öffnet Petrarca sein Exemplar der *Confessiones*,

»um zu lesen, was mir entgegentreten würde. ... Zufällig aber bot sich mir das zehnte Buch dieses Werkes dar. ... Ich rufe Gott zu Zeugen an und ihn eben, der dabei war [i.e. Petrarcas Bruder, C. S.], daß dort, wo ich die Augen zuerst hinheftete, geschrieben stand: *Und es gehen die Menschen, zu bestaunen die Gipfel der Berge und die ungeheuren Fluten des Meeres und die weit dahinfließenden Ströme und den Saum des Ozeans und die Kreisbahnen der Gestirne, und haben nicht acht ihrer selbst*«.[10]

Da aber die Wanderung in Gedanken um so vieles leichter ist als diejenige »mit leiblichen Füßen«[11], »mit welchem Eifer«, so Petrarca, »müßten wir uns mühen, nicht um eine Höhe der Erde unter den Fuß zu bekommen, sondern die von irdischen Trieben geblähten Begierden!«.[12]

8 Ibid.
9 Op. cit., p. 44.
10 Op. cit., p. 47.
11 Op. cit., p. 44.
12 Op. cit., p. 48.

Bewegung und Ruhe, Niederlassen und Aufschwingen, Körperliches und Geistiges, Sichtbares und Verborgenes, Raum und Zeit ... – die Liste der Gegensätze ist lang und reflektiert die paradoxen Wechsel im Temperament Petrarcas, sein Schwanken zwischen *vita contemplativa* und *vita activa*, zwischen mittelalterlicher Selbst-Erniedrigung und modernem Selbst-Bewußtsein. Doch was auf den ersten Blick gegensätzlich erscheint, gewährt bei näherer Betrachtung Übergänge, Verbindungen: So eröffnet sich mit der vollendeten Durchquerung des Berghanges, dem Erreichen des Gipfels, eine neue Dimension, verlagert sich Petrarca »von der Betrachtung des Raumes auf die der Zeit«[13] und durchläuft in Gedanken die letzten zehn Jahre seines Lebens und seine Lebensweise seit dem Verlassen Bolognas. Und das erschöpfte Beenden der körperlichen Bewegung, das Sich-Niederlassen in einem Tal während des Aufstiegs, ermöglicht sogleich den Übergang »vom Körperlichen zum Unkörperlichen«[14], das Sich-in-Bewegung-Setzen der Gedanken: die Mühen des Aufstiegs entsprechen der Mühsal des Lebens, deren Durchlaufen Voraussetzung für ein seliges Leben ist.

Noch ein anderer Aspekt ist hier wesentlich: Petrarca besteigt den Mont Ventoux, allein um zu schauen (›sola videndi‹)[15], um durch unmittelbare Anschauung eine Erkenntnis dieses Fleckchens Erde zu gewinnen. Man hat in dieser theoretischen Begründung des Naturerlebnisses den Beginn einer Geschichte gesehen, in der die Natur als Landschaft neben die in der Philosophie und Wissenschaft begriffene Natur tritt.[16] Landschaft wird somit nicht im

13 Op. cit., p. 45.

14 Op. cit., p. 43.

15 Cf. Aristoteles, Metaphysik, I.1 980 a 22 ff., der bereits die handlungsunabhängige, theoretische Ausrichtung des Sehens betont.

16 Cf. J. Ritter, Landschaft. Zur Funktion des Ästhetischen in der modernen Gesellschaft, in: ders., Subjektivität. Sechs Aufsätze, Frankfurt am Main 1974, pp. 141-163, bes. pp. 146 ff. Gegen Ritter ist einzuwenden, daß die Natur – auch als Landschaft – in der Beschreibung Petrarcas nur eine untergeordnete Rolle spielt, gleichsam den ästhetischen Rahmen einer Allegorie abgibt. Sowohl der Berg als auch die ihn umgebende Natur dienen in diesem Zusammenhang der Spiegelung menschlichen Lebens sowie der letztlich zur Bekehrung Petrarcas führenden Denkbewegung. Für eine Interpretation der Bergbesteigung Petrarcas als Reise ins Innere im Unterschied zu einem Akt einer der

Begriff, sondern im ästhetischen Gefühl vergegenwärtigt. Durch die Erweiterung der reinen Objektivität wissenschaftlicher Naturbeschreibung um die Komponente einer ästhetischen Vermittlung des *Ganzen* der Natur[17] wird Petrarca zum ersten Komplementaristen im Sinne Baumgartens: Neben die um den Preis der Abstraktion von allem Sinnfälligen gewährleistete logische und metaphysische Wahrheit tritt die im sinnlichen Empfinden begründete ästhetische Wahrheit.[18]

Die Besteigung des Mont Ventoux scheitert: auf das betäubende Gipfelerlebnis folgt der Einwand Augustins, daß die sichtbare Schönheit bloß vergänglich und irdisch sei. In der allegorischen Lesart setzt diese Ermahnung die Abwendung Petrarcas von der sinnfälligen Natur und seine Hinwendung zum eigenen Inneren frei. Doch das Subjekt wird noch auf eine andere Weise ›bekehrt‹: im Hinblick auf eine der begrifflich-abstrahierenden Erfassung der Natur in Philosophie und Wissenschaft entgegengesetzte irrational-ästhetische Vergegenwärtigung. Es ist gerade die ›innere Welt‹, der sich Petrarca zuwendet, die das, was später unter dem Stichwort ›reine Objektivität‹ der wissenschaftlichen Naturbeschreibung hervorgehoben werden wird, zu einer Anschauung des Ganzen ergänzt.

Nicht nur die Reise auf den Mont Ventoux, sondern das gesamte Werk Petrarcas ist geprägt von einer Verbindung autobiographischer, realer und fiktionaler Elemente, seine Studien bilden eine Welt imaginärer Reisen im Lesen und Schreiben, die ein müheloses Überbrücken räumlicher und zeitlicher Distanzen erlauben.[19] Insofern die Werke Petrarcas selbst durch Unabgeschlossenheit und Eingebundensein in einen fließenden Übergang von Lesen in

Naturbetrachtung gewidmeten theoretischen Neugierde cf. auch P. J. Brenner, Der Reisebericht in der deutschen Literatur. Ein Forschungsüberblick als Vorstudie zu einer Gattungsgeschichte, Tübingen 1990, p. 83.

17 Cf. I. Kant, Kritik der Urteilskraft, B 119, wo es der ästhetischen Einbildungskraft zukommt, die Natur »in ihrer Totalität«, als »Darstellung von etwas Übersinnlichem«, dem Gemüt zu vergegenwärtigen, damit den Übergang von einer vernünftigen zu einer ästhetischen Kontemplation vollziehend.

18 Cf. A. G. Baumgarten, Theoretische Ästhetik, ed. H. R. Schweizer, Hamburg 1983, § 560.

19 Cf. Epistole rerum senilium, IX.2.

Schreiben sowie in einen Prozeß permanenter Überarbeitung gekennzeichnet sind, reflektieren sie die Bewegung des Reisens in und mit Gedanken. Den Gegenpol zu dieser Vermeidung einer stabilen Perspektive durch konstante Reflexion auf die eigene Bedingtheit bilden christliche Kontemplation und *otium* im Sinne des *De vita solitaria*. Kontemplatives und aktives Leben, Leben und Literatur sind bei Petrarca unauflösbar miteinander verwoben: gerade im Hinblick auf das Reisen läßt sich keine trennscharfe Linie zwischen literarischem Topos und verifizierbarer Erfahrung ziehen.

Ein ganz ähnliches Verhältnis zwischen Reisetätigkeit, insbesondere in ihrer Form der Bergbesteigung, und Denkbewegung, insbesondere als kontemplative Erkenntnis, finden wir bei *Schopenhauer*. Seine erste Reise im Alter von 15 Jahren steht unter der vom Vater inszenierten Alternative, nach ihrem Ende eine Kaufmannslehre anzutreten, oder aber den Preis für die geistige Mobilität der Gelehrtenlaufbahn zu zahlen, d. h. auf die Mobilität des Körpers, das Reisen, zu verzichten. Schopenhauer entschließt sich für die Reise. Reisebegleiter sind nicht nur seine Eltern, sondern ist vor allem seine theoretische Neugier. Auskunft über die Reise, die ein gutes Jahr dauert und ihn unter anderem nach Holland, England, Schottland, Frankreich, die Schweiz und Österreich führt, geben die Reisetagebücher aus den Jahren 1803-1804. Unter den Augen der Eltern geschrieben, haben sie eher deskriptiven als philosophisch-reflektierenden Charakter, mit einer Ausnahme: den drei Bergbesteigungen des Chapeau bei Chamonix, des Pilatus bei Luzern und der Schneekoppe im Riesengebirge. Hier ändert sich der Stil: an die Stelle der Auflistung irdischer Erlebnisse treten die ersten höhenmetaphysischen Versuche. »Mir schwindelte als ich den ersten Blick auf den gefüllten Raum warf, den ich vor mir hatte«, schreibt Schopenhauer über die Besteigung des Pilatus.

»Ich finde, daß eine solche Aussicht von einem hohen Berge außerordentlich viel zur Erweiterung der Begriffe beyträgt. Sie ist von jeder andern so ganz verschieden, daß es unmöglich ist, ohne sie gesehn zu haben sich einen deutlichen Begriff davon zu machen. Alle kleinen Gegenstände verschwinden, nur das Große behält seine Gestalt bey. Alles verläuft ineinander, man sieht nicht eine Menge kleiner abgesonderter Gegenstände, sondern ein großes, buntes, glänzendes Bild, auf dem das Auge mit Wohlgefallen weilt«.[20]

Die Neuartigkeit der Perspektive auf die Welt, die das Erfassen des Ganzen durch das »Weltauge« ermöglicht, entspricht der späteren erkenntnistheoretischen Beschreibung kontemplativer Erkenntnis, die dann vorliegt,

»wenn man durch die Kraft des Geistes gehoben, die gewöhnliche Betrachtungsart der Dinge fahrenläßt, aufhört, nur ihren Relationen zu einander, deren letztes Ziel immer die Relation zum eigenen Willen ist, am Leitfaden der Gestaltung des Satzes vom Grunde nachzugehen, also nicht mehr das Wo, das Wann, das Warum und das Wozu an den Dingen betrachtet; sondern einzig und allein das *Was*; auch nicht das abstrakte Denken, die Begriffe der Vernunft, das Bewußtsein einnehmen läßt; sondern statt alles diesen die ganze Macht seines Geistes der Anschauung hingibt, sich ganz in diese versenkt und das ganze Bewußtsein ausfüllen läßt durch die ruhige Kontemplation des gerade gegenwärtigen natürlichen Gegenstandes, sei es eine Landschaft, ein Baum, ein Fels, ein Gebäude oder was auch immer«.[21]

Gegenstand des Mitgeteilten in *Die Welt als Wille und Vorstellung*, so betont Schopenhauer in der Vorrede zur ersten Auflage, sei »ein einziger Gedanke«, der sich »von verschiedenen Seiten betrachtet« als Metaphysik, Ethik und Ästhetik zeige.[22] Die Philosophie Schopenhauers fragt nach der richtigen Sicht der Welt, die sich nur auf das Ganze, nicht auf Einzelnes erstrecken kann. Aufgabe dieser Metaphysik ist es, eine Einheit in die Mannigfaltigkeit

20 A. Schopenhauer, Die Reisetagebücher, ed. L. Lütkehaus, Zürich 1987, p. 196.

21 Schopenhauer wird zitiert nach der folgenden Ausgabe: Sämtliche Werke, ed. W. von Löhneysen, I-V, Frankfurt am Main 1986. Das Zitat stammt aus: Die Welt als Wille und Vorstellung I, § 34; op. cit., I, p. 257. Cf. Die Welt als Wille und Vorstellung II, op. cit., II, Kap. 30, pp. 473-484.

22 So auch Wittgenstein in *Vermischte Bemerkungen*, p. 22: »Jeder Satz, den ich schreibe, meint immer schon das Ganze, also immer wieder dasselbe und es sind gleichsam nur Ansichten eines Gegenstandes unter verschiedenen Winkeln betrachtet«. Zum Zusammenhang der Darstellungsformen bei Adorno, Wittgenstein und Schopenhauer cf. G. Gabriel, Literarische Form und nicht-propositionale Erkenntnis in der Philosophie, in: ders./C. Schildknecht (eds.), Literarische Formen der Philosophie, Stuttgart 1990, pp. 12-17 (repr. in: ders., Zwischen Logik und Literatur. Erkenntnisformen von Dichtung, Philosophie und Wissenschaft, Stuttgart 1991, pp. 47-51).

des Gegebenen zu bringen.[23] Die ganzheitliche Identität des von Schopenhauer Mitgeteilten, die in dem Überblicken aller Teile des großen, bunten, glänzenden Bildes auf einmal, in synoptischer Schau, beruht, läßt sich in dem Vor- und Nacheinander der Struktur sprachlicher Mitteilung nicht bewahren. Schopenhauer verweist die kontemplative Erkenntnis dementsprechend in den Bereich der Kunst, nicht in den der Philosophie, die »*mitteilbare* Erkenntnis«[24] zu sein hat. Trotz ihrer Diskursivität kann der Philosophie aber dennoch

»ein versteckter Illuminismus zum Grunde liegen, auf welchen dann der Philosoph, wie auf einen versteckten Kompaß hinsieht, während er eingeständlich seinen Weg nur nach den Sternen, d. h. den äußerlich und klar vorliegenden Objekten richtet und nur diese in Rechnung bringt. Dies ist zulässig, weil er nicht unternimmt, die unmitteilbare Erkenntnis mitzuteilen, sondern seine Mitteilungen rein objektiv und rationell bleiben«.[25]

Wie bei Petrarca hat das Bergerlebnis Konsequenzen für den Erkenntnisbegriff. Während sich der Versuch, die Einheit in der Mannigfaltigkeit in den Blick zu bekommen, bei Petrarca in der *ästhetischen* Vermittlung des Ganzen der Natur niederschlägt, die ihrerseits Folgen für die Erkenntnis des Selbst hat, ist es bei Schopenhauer der Begriff der *Erkenntnis* selbst, der hier um eine kontemplative Komponente und damit in nicht-propositionaler Hinsicht erweitert wird. Bei beiden kulminiert die Reise jedoch in einem *kontemplativen* Moment, kommt die körperliche Bewegung zur gedanklichen Ruhe.

Verfolgen wir den Pfad der *Subjektivität*, der mit der Rezeption Augustins durch Petrarca beginnt, weiter, so gelangen wir zu *Montaigne*. Sein *Tagebuch einer Reise durch Italien, die Schweiz und Deutschland in den Jahren 1580 und 1581* teilt die *Essais* in eine erste (1571-1580), die ersten zwei Bücher, und eine zweite, die Publikation des dritten Buches (1588) sowie Ergänzungen der

23 Damit erinnert Schopenhauers synoptische Schau der Welt an Wittgensteins Programm der »übersichtlichen Darstellung« in den *Philosophischen Untersuchungen*, § 122.

24 Über Philosophie und ihre Methode, op. cit., v, p. 17; Hervorhebung C. S.

25 Op. cit., v, p. 18.

ersten beiden Bücher umfassende Periode. Die lange, meditative Reise markiert dabei einen stilistischen Wendepunkt zugunsten einer stärkeren persönlichen Akzentuierung der späteren *Essais*. Ganze Passagen des ursprünglich nicht für die Publikation bestimmten und schließlich nicht zuletzt wegen seines Einflusses auf die *Essais* veröffentlichten *Tagebuchs* gehen in letztere ein. Damit läßt sich das *Tagebuch* sowohl innerhalb als auch außerhalb des Montaigneschen Hauptwerkes verorten.

Mit dem Ziel seiner Reise – Italien – steht Montaigne nicht alleine: Wie er haben sich im 16. Jahrhundert Erasmus, Rabelais, Calvin und nach ihm etwa Descartes, Montesquieu, Rousseau, Stendhal, Zola, Gide und Proust auf den Weg gen Süden gemacht.[26] Über den pädagogischen Wert des Reisens gibt Montaigne selbst Aufschluß:

»Das Reisen [scheint mir] auch recht nützlich. Es übt uns dauernd in der Beobachtung neuer, unbekannter Dinge. Ich kenne, wie ich schon oft gesagt habe, keine bessere Schule für unsere Bildung, als daß wir fortgesetzt anderen, ganz verschiedenen Lebensführungen, Launen und Herkommen entgegentreten und dadurch schätzen lernen, in wie ewig wechselnder Weise die menschliche Natur Gestalt gewinnt«.[27]

Ein wesentlicher Aspekt des Reisens ist die Aneignung von

26 Zu Montaigne und Descartes cf. G. van den Abbeele, Travel as Metaphor. From Montaigne to Rousseau, Minneapolis/Oxford 1992, pp. 1-61, dem es allerdings in seinem dekonstruktiven Bemühen, die Art der Limitierung des Denkens durch die Reisemetapher aufzuzeigen, nicht gelingt, übermäßige Analogisierung und philologische Assoziation in argumentative Schranken zu weisen.

27 Montaigne, Die Essais, Stuttgart 1980, III. IX, pp. 332 ff. Ganz ähnlich hat Kant in seiner *Anthropologie* BA 63 die positive Wirkung der Abwechslung auf die Sinneseindrücke beschrieben:
»Arbeit und Ruhe, Stadt- und Landleben, im Umgange Unterredung und Spiel, in der Einsamkeit Unterhaltung, bald mit Geschichten, bald mit Gedichten, einmal mit Philosophie und dann mit Mathematik, stärken das Gemüt. – Es ist eben dieselbe Lebenskraft, welche das Bewußtsein der Empfindungen rege macht; aber die verschiedenen Organe derselben lösen einander in ihrer Tätigkeit ab. . . . Daher ist das Reisen so anlockend; nur schade, daß es bei müßigen Leuten eine Leere (die Atonie), als die Folge von der Monotonie des häuslichen Lebens, zurückläßt« (zitiert nach: Werkausgabe, ed. W. Weischedel, XII, Frankfurt am Main 1977, pp. 460 f.).

Neuem, Fremdem, Andersartigem. In der Abweichung von der bekannten Norm liegt die eigentümliche Faszination begründet, die beispielsweise die Lebensweise fremder Völker auf Reisende und/oder Entdecker ausübt, denn, so Montaigne, »eigentlich lassen wir ja als richtig und vernünftig nur das gelten, was in dem Lande, wo wir sind, vorkommt und was zu den hier üblichen Anschauungen und Gebräuchen paßt«.[28] Die Differenz von der Normalität bedingt sogleich eine kritische Reflexion auf die eigene Identität. Der Kritik am Kannibalismus der ›Barbaren‹ folgt beispielsweise die Selbstbesinnung Montaignes, wonach es »doch viel barbarischer [ist], einen lebenden Menschen zu martern, als ihn nach dem Tode aufzuessen«[29], zumal wenn es unter dem Vorwand von Glauben und Frömmigkeit geschieht. Reflektierte Fremderkenntnis als Voraussetzung der Selbsterkenntnis – dem dient nicht zuletzt das Sich-Umschauen in der Welt. Montaigne verwendet in diesem Zusammenhang die Metapher der Welt als eines Spiegels, »in dem wir uns betrachten müssen, um den richtigen Blick für die Selbstbeobachtung zu bekommen«.[30] Reisen bedeutet ebenso den Verlust einer gesicherten (Heim-)Basis wie den Gewinn des Fremden, der sich meist über eine identifizierende und/oder interpretative Rückführung auf schon Bekanntes vollzieht. Die Reflexion auf Fremd-Erfahrenes und das kritische Vergleichen führen somit zu der Ausbildung von Urteilskraft, wobei letztere aufgrund der Konfrontation mit Fremdem, Unbekanntem, Unerwartetem nicht nur in der Form einer Subsumtion von Besonderem unter ein Allgemeines auftritt, sondern zusätzlich – etwa im Falle des Mißlingens der interpretativen Rückbindung des Fremden – in der Konstruktion allgemeiner Regeln selbst zum Ausdruck kommt.
Anstelle eines Buches empfiehlt Montaigne von daher in den *Essais* die Welt zur Ausbildung von Selbsterkenntnis, umgekehrt vergleicht er das Reisen jedoch auch mit dem Lesen:

»Es ginge ihm wie denen, die eine hübsche Novelle oder ein gutes Buch lesen und Angst haben, zu schnell ans Ende zu kommen; genauso habe er so großes Vergnügen am Reisen, daß er es hasse, den Ort des Ausruhens nahe zu wissen«.[31]

28 Op. cit., I. XXX, p. 109. 29 Op. cit., I. XXX, p. 113.
30 Op. cit., I. XXV, p. 84. 31 Op. cit., p. 89.

Wir fühlen uns hier an den Aufschub der Erfüllung erinnert, wie ihn etwa der Artus-Roman mit seiner unendlichen Reihung von *aventûren* vorführt und dabei gleichzeitig das Reiseerlebnis mit dem nicht enden sollenden Lustgewinn der (Reise-)Lektüre verbindet.

Aufschub bedeutet jedoch nicht, zumindest nicht für Montaigne, formloses Umherschweifen der Gedanken. Eingebettet in die Thematisierung der Subjektivität zwischen Augustins *Confessiones* und Descartes' *Discours* sowie dessen *Meditationes*, bewegt sich das Denken Montaignes zwischen zwei einander entgegengesetzten Polen. Die Denkbewegung der *Essais* hat ein ausgeglichenes Leben zum Ziel; dem Erreichen dieses Ziels dient dabei nicht das erworbene Wissen, sondern die Selbsterkenntnis. Die Grundstruktur der *Essais* ist dementsprechend dadurch bestimmt, daß sich Argumente und Gegenargumente unseres Wissens »die Waage«[32] halten. Nicht in der Lage, »eine sichere Wahl zu treffen«[33], hat in den *Essais* »kein Satz unbestritten oder jedenfalls keiner unbestreitbar ... Geltung«.[34] Montaigne *behauptet* dort also nichts im streng logischen Sinne, er will nicht einmal »belehren«, sondern lediglich »erzählen«[35], gewissermaßen von seiner Reise in Gedanken berichten.

So nimmt bei Montaigne das Thema *Reise* eine methodische Wende, insofern es nicht abzulösen ist von der allgemeinen *Methode* seines philosophischen Denkens und ihrer Darstellungsform. Im 8. Kapitel des ersten Buches der *Essais*, *Über das Nichtstun*, reflektiert er über sein autobiographisches Projekt. Das Nichtstun wird hier gerade nicht mit Ruhe, sondern mit dem ordnungslosen Umherschweifen im Reich der Phantasie des menschlichen Geistes korreliert, dessen Resultat lauter Torheiten, Grillen und andere Wahngebilde sind. Das menschliche Denken, so Montaigne, »wird sinnlos, wenn es kein bestimmtes Ziel hat; denn, so heißt es im Sprichwort, wer überall ist, ist nirgends«.[36] Der ausgedehnten Reisetätigkeit folgt dementsprechend der Entschluß, sich auf Schloß Montaigne zur Ruhe zu setzen »und in

32 Cf. op. cit., p. 217.
33 Op. cit., p. 227.
34 Op. cit., p. 224.
35 Op. cit., p. 287.
36 Op. cit., p. 41.

sich zu stiller Ruhe zu kommen«.[37] Doch gerade in dieser Erwartung sieht sich Montaigne schnell getäuscht:

»Ich finde aber, gerade das Gegenteil ist eingetreten, da ›das Nichtstun immer eine Zersplitterung des Denkens erzeugt‹; der Geist benimmt sich wie ein durchgegangenes Pferd; er arbeitet sich hundertmal mehr für sich selbst ab ... und er fördert ununterbrochen phantastische Hirngespinste und Mißgeburten zutage, alle ohne Sinn und Zusammenhang«.[38]

Die *Essais* dienen nun gerade dem Sich-vor-Augen-Führen dieser »kindischen und merkwürdigen Erzeugnisse [s]eines Geistes«.[39] Die eingefangenen Chimären sollen Selbsterkenntnis und Besserung ermöglichen, »in der Hoffnung, daß sich [s]ein Geist mit der Zeit selber schämt, wenn er sieht, was er da angestellt hat«.[40] In der Konfrontation mit den negativen Auswüchsen seiner selbst, in der Selbsterkenntnis und Selbstreflexion, wie sie die *Essais* vorführen, soll der Geist Montaignes also zu äußerster Ruhe, zur Weisheit, gelangen. Dazu dient das schriftliche Erfassen der Spuren des Pferdes; die *Essais* folgen ihm in der Hoffnung, es letztlich einfangen, seine Reise beenden zu können. Am Ende dieser Reise steht das Selbst: »Was ich aufschreibe, sind nicht meine Gesten: es ist mein Ich, mein Wesen«.[41] Um dieses zu erkennen, dazu dient das Aus-sich-heraus-, das Auf-Reisen-Gehen.

Wenn die Aufgabe des Reisens, das Zur-Ruhe-Kommen, die gedanklichen Pferde durchgehen läßt – lassen sie sich dann dadurch zähmen, daß man sie laufen läßt, auf Reisen geht? Im 9. Kapitel des dritten Buches der *Essais* gibt Montaigne hierauf eine Antwort: Geboren aus Unruhe und Unentschlossenheit[42], nennt er den Wechsel, das Fremde und die Möglichkeit, »[s]ich so oder so zu entscheiden«[43], als Movens seiner Reisetätigkeit. Das Reisen bildet *in nuce* die Bewegung seines philosophischen Lebens ab: die reflexive Form der Selbst-Erkenntnis und damit verbundene Konstituierung personaler Identität. Der Zweck des Reisens wie

37 Ibid.
38 Ibid.
39 Ibid.
40 Ibid.
41 Op. cit., p. 189.
42 Cf. op. cit., p. 338. Cf. auch Schopenhauer, Parerga und Paralipomena II, § 346; op. cit., V, pp. 708 f.
43 Ibid.

der der philosophischen Reflexion liegt in sich selbst: »Ich reise, um zu reisen«[44], schreibt Montaigne, um daran anschließend die Reisetätigkeit mit seiner »Lebensreise«[45] zu vergleichen, deren philosophischen Fluchtpunkt die Selbsterkenntnis darstellt.[46] So wie diese aus der reflektierenden Distanz zu sich selbst gewonnen wird, so ist es analog dazu das Fremde, sich in Distanz zu uns Befindende, an dem wir »mehr Gefallen finden als am Eigenen«.[47] Dieser »Trieb zum Neuen und Unbekannten«[48], so Montaigne, wecke immer wieder seine Reiselust. Distanz zu und von sich selbst bedeutet zugleich auch immer räumliche Distanz:

»Wenn ich zu Haus in meiner Wirtschaft stecke, wenn ich alle Einzelheiten bemerke, so sehen tausend Dinge unvollkommen und gefährlich aus. Mich ganz von ihnen loszumachen, wird mir sehr leicht; aber es wird mir sehr schwer, mitzutun, ohne die einzelnen Sorgen zu fühlen. Es ist schlimm, wenn einen alles, was man um sich sieht, in Mitleidenschaft zieht und angeht; es kommt mir vor, als wenn ich in einem fremden Haus fröhlicher genießen könnte, was dort geboten wird und als ob meine Aufnahmefähigkeit dort ungehemmter und reiner wäre«.[49]

Reflexion ist allererst durch das Heraustreten aus der Unmittelbarkeit, durch Distanzierung und Absehen von sich selbst möglich. Das räumliche Heraustreten schafft damit gleichsam die Bedingungen für das gedankliche Sich-Distanzieren.[50]
Das Hinter-sich-Lassen des Bekannten bedeutet ebenfalls die Er-

44 Op. cit., p. 334. Cf. Baudelaire in seinem Schlußgedicht der *Fleurs du mal, Le Voyage*: »Mais les vrais voyageurs sont ceux-là seuls qui partent/Pour partir« (zitiert nach: C. Baudelaire, Œuvres complètes, I [Bibliothèque de la Pléiade], ed. C. Pichois, Paris 1975, p. 130).
45 Op. cit., p. 335.
46 Cf. op. cit., p. 187: »Seit mehreren Jahren richte ich alle meine Gedanken nur auf ein Ziel: auf mich selbst; ich registriere und studiere nur, was in mir vorgeht. ... Mit der Selbstbeschreibung läßt sich keine andere Art der Beschreibung vergleichen, weder an Schwierigkeit noch an Nützlichkeit ...«.
47 Op. cit., p. 323. Cf. auch op. cit., pp. 337 f.: »Ich suche gerade mit dem Fremden bekannt zu werden und es zu studieren; darum bemühe ich mich, das mache ich mir zur Aufgabe«.
48 Ibid.
49 Op. cit., p. 324.
50 Dieser Topos der Bildung des Charakters liegt der ihm entsprechenden literarischen Gattung des Bildungsromans, etwa dem *Wilhelm Meister* Goethes oder dem *Grünen Heinrich* Kellers, zugrunde.

möglichung von Neuem. Auf die Frage, warum er gerne reise, antwortet Montaigne dementsprechend: »Ich weiß, wovor ich flüchte, aber nicht, was mich erwartet«[51] und: »Nur der Wechsel ist lohnend und die Möglichkeit, mich so oder so zu entscheiden«.[52] Die Aktualisierung neuer, möglicher Welten durch das Reisen ist denn auch ein wiederkehrender Topos der Reiseliteratur, insbesondere der im engeren Sinne literarischen Verarbeitung dieses Themas.

Die Denkbewegung Montaignes und damit seine philosophische Methode reflektieren also die Tätigkeit des Reisens; ihnen wiederum korrespondiert die Form der Darstellung. Denn Montaigne reist gerade nicht nach Plan, sondern »streift ... unstet umher«.[53] Was in bezug auf Weg und Methode gilt (»ich ziehe keine bestimmte Linie«[54]), gilt auch für den literarischen Stil: »Mir liegt der poetische Schritt, mit unerwarteten Sprüngen ...«.[55]

Bei Montaigne ist die Reise in Gedanken skeptisch bestimmt: als ein Reisen zwischen Alternativen.[56] Der Ruhepunkt des skeptischen Abwägens in Gedanken ist dabei die Selbsterkenntnis. Die Erkenntnis des Selbst ist jedoch auch das Fundament einer nicht-

51 Op. cit., p. 332.

52 Op. cit., p. 338.

53 Op. cit., p. 341.

54 Op. cit., p. 337. Diese Bemerkungen Montaignes zu Stil und Methode erinnern an einen vor allem in Gedankenexperimenten, d. h. hypothetisch reisenden Philosophen und Literaten: Georg Christoph Lichtenberg; cf. hierzu dessen Darstellungsform der »Manier *en Ziczac* oder *Ziczac à double Ziczac*« (*Sudelbuch* B 131), die die Vielfalt konkreter Erscheinungen und Beobachtungen, das Hin und Her zwischen Mathematik und »Pfennigs-Wahrheiten«, zwischen Meteorologie und Anthropologie, Physik und Kunst, Astronomie und Literatur, Chemie und Politik, Psychologie und Theologie unverbunden läßt und gerade nicht zu einem geschlossenen Ganzen in deduktiver Abfolge zusammenführt.

55 Op. cit., p. 341; cf. die fast wörtliche Übereinstimmung mit Lichtenberg in dessen *Sudelbuch* J 1550. Cf. auch op. cit., p. 225: »Es geht in mir hin und wider her; mein Denken geht nicht nur vorwärts; es schwebt und schwimmt«.

56 Zu der damit verbundenen Form der literarischen Darstellung, insbesondere zum Verfahren der Zitat-Montage, cf. Gabriel, op. cit., pp. 1-25, bes. pp. 4 f.

skeptischen Philosophie: der Philosophie *Descartes'*. Das *cogito* ist hier Resultat eines *methodischen* Zweifels und dient gerade der Bekämpfung des Skeptizismus. Nicht eine abwägende, sondern eine reduktionistische Bewegung führt also auf den Punkt des Subjekts, von dem allein aus philosophisch sicheres Wissen gebildet werden kann. Doch wie bei Montaigne ermöglicht auch bei Descartes erst das Sich-Distanzieren vom Anderen die kritische Reflexion auf sich selbst. Bei Montaigne war dieses Andere gleichzeitig das Fremde, z. B. die Lebensweise fremder Kulturen[57], bei Descartes ist es das allzu Bekannte, der philosophisch-scholastische Kanon von La Flèche, das in Verbindung mit einer kritischen Distanzierung den Entwurf einer eigenen Methode philosophischer Wissensbildung allererst ermöglicht.

Montaigne reist der Unruhe, Unstetigkeit und Unsicherheit des eigenen Ich wegen und sucht den ruhenden Pol schließlich in der schriftlichen Fixierung seiner Gedanken. Descartes dagegen reist in der Hoffnung, den richtigen Weg (»droit chemin/rectum iter«) zu finden.[58] Der ›Philosoph auf Reisen‹ steht hier gerade für die gegen den Skeptizismus gerichtete philosophische Methode: Der Reisende ist derjenige, der dem Weg der Methode, dem *rectum iter*[59] folgt. Daß der Reisende Descartes häufig von dem vor ihm liegenden methodischen Weg als von einem Weg spricht, den man suchen müsse oder den es nicht zu verlieren bzw. zu verpassen gelte[60], weist darauf hin, daß es entgegen der gängigen Descartes-Interpretation nicht die Weg*strecke* (d. h. das propositionale Satz-

57 Cf. die Kapitel *Über die Kannibalen* (op. cit., pp. 109-114), wo die befremdliche Lebensweise anderer Völker ein kritisches Licht auf die eigene Kultur wirft, sowie *Über die Kutschen* (op. cit., pp. 312-316), wo Montaigne das Verhalten der Europäer gegenüber den Eingeborenen einer kritischen Betrachtung unterzieht. Cf. dazu F. Gewecke, Wie die neue Welt in die alte kam, Stuttgart 1986, pp. 240 f.

58 Cf. Meditationes, II.1 sowie Recherche de la Vérité (Œuvres, ed. C. Adam/P. Tannery, X, repr. Paris 1986, p. 515), wo Eudoxus an Poliander gerichtet folgende methodische Einstellung vertritt:
»Denn ich bin dazu entschlossen, ausgehend von diesem umfassenden Zweifel als von einem festen und unbeweglichen Punkt, die Erkenntnis Gottes, Ihrer selbst und aller Dinge dieser Welt hervorgehen zu lassen« (zitiert nach: La recherche de la vérité par la lumière naturelle, ed. G. Schmidt, Würzburg 1989, p. 55).

59 Regulae II.6.

60 Cf. dazu etwa Regulae VII.4, Discours II.3, Meditationes II.1.

wissen), sondern die Tätigkeit des *Wanderns* (d.h. die methodische Bildung philosophischen Wissens als eines praktischen Wissens) ist, der im Hinblick auf den Erwerb gesicherten Wissens der Primat zukommt.[61]

Als Leitmotiv seiner neuen Wissenschaft erscheint Descartes die Reisemetapher bereits in seinem Traum vom November 1619 in Form des Beginns einer Ode des Ausonius, als die Frage »Quod vitae sectabor iter?«[62] Dies ist die zentrale Frage des methodisch zweifelnden Descartes des *Discours* und der *Meditationes*. Mit dem *Discours* tritt an die Stelle mittelalterlicher Traktate mit ihrer Abhängigkeit von scholastischen Lehrautoritäten zunächst noch eine literarische Mischform, nämlich: autobiographische Passagen, eingearbeitet in einen Methodentraktat. Mit den *Meditationes* entwirft Descartes dann eine der Intention nach von der Tradition gelöste literarische Form, die das philosophische Subjekt allein in den Mittelpunkt stellt. Auch wenn sich *Discours* und *Meditationes* im Hinblick auf die Form der Anagoge insofern unterscheiden, als letztere die Bildung philosophischen Wissens nicht vermittels des exemplarischen Charakters einer autobiographischen Darstellung, sondern in meditativer Form vorführen, so sind doch beide letztlich insbesondere durch methodische Reisen in Gedanken motiviert. Der Weg, auf dem Descartes methodisch Fuß zu fassen sucht[63], hat die Erkenntnis absoluter Gewißheit zum Ziel. Um an dieses Ziel zu gelangen, ist zunächst das Reisen im Irrtum notwendig. Schritt für Schritt ist es Descartes nach eigener Aussage gelungen, anhand seiner Methode »[s]eine Kenntnisse ... zu erweitern und sie nach und nach zum höchsten Gipfel zu erheben«.[64] Insofern sich diese methodische Reise an dem Wegweiser eines vorab fiktiv postulierten Gewißheitskriteriums orientiert, wird das Abgleiten in einen haltlosen Skeptizismus ver-

61 Cf. hierzu C. Schildknecht, Philosophische Masken. Literarische Formen der Philosophie bei Platon, Descartes, Wolff und Lichtenberg, Stuttgart 1990, p. 60. Zur Rolle der Reise- und Architekturmetapher als – konfligierende – Bilder des zwischen Gewißheit und Unsicherheit schwankenden Philosophen Descartes cf. N. Edelman, The Mixed Metaphor in Descartes, The Romanic Review 41 (1950), pp. 167-178.

62 Cogitationes Privatae, Œuvres, op. cit., x, p. 216).

63 Cf. Recherche de la Vérité (Œuvres, op. cit., x, p. 512: »trouver pied«); Meditationes II.1.

64 Discours I.3. Cf. auch op. cit., I.1.

hindert, der Zweifel also methodisch als Abweichung von der Wahrheit domestiziert.

Stabilität und Fixierung von Gewißheit sind die Ziele des philosophischen Strebens Descartes', ganz im Gegensatz zu Montaignes Welt ewiger Bewegung und Unruhe. Aber das Erreichen dieses Ziels vollzieht sich in den *Meditationes* als diskursive *Reise*. Ähnlich wie Montaigne hat Descartes dabei das Problem, seine Gedanken einzufangen, wenn auch ihr Umherschweifen ein anderes ist: Den Cartesischen Gedanken fällt es leichter, den Anspruch, den das Selbstbewußtsein auf den Status sicherer und wahrer Erkenntnis erhebt, zu bezweifeln, als den Glauben an die empirische Realität in dieser Hinsicht aufzugeben.[65] Obwohl die *res cogitans* die Wahrheit erkennt, verharrt sie im Irrtum. Die Wanderungen des *Cartesischen* ›Pferdes‹ sind also Wanderungen auf Irrwegen. Dabei werden die Zügel so locker wie möglich gelassen, um sie im geeigneten Moment in Richtung Wahrheit anzuziehen.[66] Denn je mehr die *res cogitans* im Irrtum abschweift, desto mehr engagiert sie sich im Denken, aus dem sie nicht heraustreten kann, und desto mehr wird sich das philosophische Subjekt seiner selbst bewußt: *cogito ergo sum* – auch im Irrtum. Letztlich dienen also die Wanderungen im Irrtum der Fundierung wahrer, in der Subjektivität gegründeter Erkenntnis.

Der Zweifel Descartes' ist somit nicht der abwägende Zweifel der pyrrhonischen Skepsis und Montaignes.[67] Nicht das Ausbalancieren und Abwägen von Gründen und Gegengründen stehen hier im Mittelpunkt, sondern der universale, auf klare und deutliche Erkenntnis gerichtete methodische Zweifel.[68] Methodisch ist auch die Reisetätigkeit Descartes': Zuwendung zum »großen Buch der

65 Cf. Meditationes II.10.

66 Cf. ibid.: »... Meinem Denken macht es Freude abzuirren, es verträgt es noch nicht, sich in den Schranken der Wahrheit zu halten. Sei es also! Lassen wir ihm noch einmal die Zügel locker, um sie dann zur rechten Zeit wieder anzuziehen und es umso leichter lenken zu können«.

67 Cf. Discours III.6.

68 Dementsprechend sucht Descartes das Unendliche in jeder Form abzuwehren; cf. dazu etwa Meditationes II.5; II.6; II.12; II.15. Der ›unendliche Irrtum‹ Descartes' ähnelt damit dem Begriff des mathematisch Erhabenen bei Kant, Kritik der Urteilskraft B 115 f.

Welt«[69] und Rückzug auf sich selbst, *vita activa* und *vita contemplativa*, wechseln sich ab, auf die Wanderjahre folgen Meisterjahre, die dem solipsistischen Anfang der Vernunft, der monologischen Wissensbildung – der methodischen Reise in Gedanken und Entdeckung des philosophischen Subjekts gewidmet sind.

Die Art des Reisens in Gedanken bei Petrarca, Montaigne, Descartes und Schopenhauer scheint auf den ersten Blick also jeweils deutlich verschieden zu sein: Bei Petrarca geht die körperliche Aufwärts-Bewegung der geistigen nicht nur zeitlich, sondern auch inhaltlich voraus, indem sie die *Umkehr* der Gedanken in Richtung auf eine Selbsterkenntnis einleitet. Bei Montaigne erscheint die Reise als eine *Bewegung zwischen zwei Polen*: wörtlich verstanden zwischen Aufbruch und Ruhe, im übertragenen Sinne als eine zwischen Argument und Gegenargument abwägende Bewegung der Methode des Denkens, die eine auf Selbsterkenntnis basierende, ausgeglichene Lebensweise zum Ziel hat. Bei Descartes dient das Reisen im Irrtum dem Auffinden des methodischen Fluchtpunkts in der Selbstgewißheit, wobei diese selbstbewußte Subjektivität Voraussetzung für den Wiederaufbau der vorab erkenntnistheoretisch zerstörten Welt ist. Auch Schopenhauers gedankliche Reise bezieht sich auf einen identischen Zielpunkt. Dieser dient im Unterschied zu Descartes jedoch nicht als Ausgangspunkt einer Auffächerung des Mannigfaltigen, sondern gerade umgekehrt: in der kontemplativen Erkenntnis als quasi philosophisches Gipfelerlebnis wird die Mannigfaltigkeit zurückgelassen zugunsten der Einheit.

Auf den zweiten Blick ist es jedoch kein Zufall, daß es die Metapher des Reisens ist, die bei den genannten und anderen Philosophen eine zentrale Stellung einnimmt. Vergegenwärtigen wir uns noch einmal die wesentlichen Komponenten der Reisemetapher: Bei Petrarca stehen das Moment der *Anschauung* und, damit verbunden, das der ästhetischen Vermittlung des Ganzen der Natur sowie als deren subjektives Komplement die *Selbsterkenntnis* im Mittelpunkt seiner Reise auf den Mont Ventoux. Auch für Schopenhauer gehören Reisen und Erkenntnis zusammen, wobei letztere hier in der Form eines *kontemplativen* Erfassens des Ganzen verstanden wird. Während hier beidemal das Moment der (körperlichen wie gedanklichen) Bewegung als Ziel bzw. als Teil einer

69 Discours 1.14.

Reise gegen deren Fluchtpunkt, das Moment kontemplativer Ruhe, ausgespielt wird, dient das Reisen bei Montaigne zwar ebenfalls einer sich in Auseinandersetzung mit der Erfahrung des Fremden vollziehenden *Selbsterkenntnis* sowie der Ausbildung der *Urteilskraft*. Montaigne und Descartes verbindet dabei jedoch gegenüber Petrarca und Schopenhauer die Verlagerung des Ruhepols der gedanklichen Reise von der Kontemplation auf die *Methode*, die bei dem einen zur Ruhe des *Abwägens*, bei dem anderen über eine reduktionistische Position quasi zur Ruhe im *Irrtum* führt.

II. Philosophische Reisen

Von den literarischen, reisenden und literarisch-reisenden Philosophen nun zu einer im engeren Sinne literarischen Reise, der *Sentimental Journey* Laurence *Sternes*. Sterne selbst hat in seinem Leben zwei Reisen nach Frankreich und Italien unternommen: die erste von 1762 bis 1764, zum Teil literarisch verarbeitet im 7. Buch seines *Tristram Shandy*; die zweite 1765/6, deren literarischer Niederschlag die *Sentimental Journey* ist. Diese Reise ist in ihrer Darstellung unkonventionell, ja, in bestimmter Hinsicht geradezu eine Anti-Reisebeschreibung, insofern sie sich gegen die im England des 18. Jahrhunderts übliche *Grand Tour* richtet.[70] »Where then, my dear countrymen, are you going –«[71] ist die kritisch-ironische Frage Sternes.

Nicht, um das obligatorische, auf Sehenswürdigkeiten abgestellte Programm der Bildungsreise zu absolvieren, macht sich Yorick auf die Reise, sondern: »Tis a quiet journey of the heart in pursuit of NATURE, and those affections which arise out of her, which make us love each other – and the world, better than we do«.[72] Dies ist die Perspektive, unter der Yorick seine *Sentimental Journey* unternimmt: als eine Reise des Herzens, mit »sentiments« als Reiseführer und »benevolence« seinen Mitmenschen gegenüber

70 Cf. dazu die Kritik in L. Sterne, Sentimental Journey Through France and Italy, ed. G. Petrie, Harmondsworth 1968, repr. 1983, pp. 51 f., an den Reisen von Smelfungus, i.e. Tobias Smollet, und Mundungus, i.e. Samuel Sharp.

71 Op. cit., p. 36.

72 Op. cit., p. 109.

als Reiseziel. An die Stelle äußerer Ereignisse treten innere Empfindungen, »weaknesses of the heart«, die sich gerade nicht auf die Monumente der *Grand Tour*, sondern auf die Kleinigkeiten des Alltags beziehen. Die Darstellung des Ich-Erzählers Yorick unterscheidet sich denn auch wesentlich von den traditionellen Reiseberichten, die Sterne mit seiner *Sentimental Journey* parodiert: als eine Reihung alltäglicher Episoden, verbunden mit Reflexionen und Gefühlsregungen Yoricks, verfremdet durch rhetorische Stilmittel (wie etwa die *invocatio* an die »Fancy« oder »Sensibility«[73]), erhebt die *Sentimental Journey* gerade keinen Anspruch auf eine objektive Abbildung der Wirklichkeit. Wie bei Montaigne bildet hier der Reisende in seiner Selbsterkenntnis den perspektivischen Fluchtpunkt, und wie bei Montaigne steht diese Selbsterkenntnis unter einer ethischen Perspektive, insofern die *sentiments* im Sinne Shaftesburys die Folie für eine *benevolence* den Mitmenschen gegenüber abgeben.

Sterne nimmt zu Anfang der *Sentimental Journey*, im Rahmen eines von Yorick nachgereichten Vorworts, eine Klassifizierung der »efficient as well as ... final causes of travelling«[74] sowie der unterschiedlichen Reisenden vor. Der ganze Reigen der Reisenden kann demnach unter den *heads: idle travellers, inquisitive travellers, lying travellers, proud travellers, vain travellers, splenetic travellers, travellers of necessity, delinquent and felonious traveller, unfortunate and innocent traveller, simple traveller – and last of all (if you please) the sentimental traveller* geordnet werden. Auch wenn Sterne ironisch (insbesondere im Hinblick auf die ›Resultate‹ der Reisen, die *splenetic travellers* wie Smollet und Sharp unternommen haben) vermerkt, »that a man would act wisely, if he could prevail upon himself to live contented without foreign knowledge or foreign improvements«[75], die sowieso nirgendwo besser als in England zu haben wären – die Praxis seiner *Sentimental Journey* widerlegt diese Theorie des ›Vorworts‹. Selbsterkenntnis und Ausbildung der *sensibility* sind auf theoretische Weise nicht zu haben; dazu bedarf es gerade der Komplexität

73 Cf. G. Kalb, Bildungsreise und literarischer Reisebericht. Studien zur englischen Reiseliteratur (1700-1850), Nürnberg 1981, p. 66. Cf. Sentimental Journey, op. cit., pp. 111, 141.

74 Op. cit., p. 33.

75 Op. cit., p. 36.

der Erfahrungen auch in ganz alltäglichen Zusammenhängen. Ob es der Umgang mit einem bettelnden Mönch, mit einem eingesperrten Vogel oder mit einem um seinen toten Esel trauernden Mann ist, derjenige

»who interests his heart in everything, and who having eyes to see, what time and chance are perpetually holding out to him as he journeyeth on his way, misses nothing he can *fairly* lay his hands on«.[76]

Auch wenn Yorick die Wirklichkeit als Korrektiv seiner Phantasien und Ideale erfährt, so erschließen sie ihm doch aufgrund seiner *sentiments* Bereiche des menschlichen Lebens, die einem *splenetic traveller* und jeder verstandesmäßigen Betrachtungsweise notwendig verborgen bleiben müssen. Im Unterschied zu Tristram Shandy und seinem Problem des »great game of cross-purposes called communication«[77], sind die *sentimental journeys* Yoricks von der Überzeugung getragen, daß der Gewinn von »sailing and posting through the politer kingdoms of the globe in pursuit of knowledge and improvements«[78] im *sentimentalischen* Umgang mit den wohlmeinenden Gefühlen unserer Mitmenschen und in der Teilhabe an den Freuden eines gütigen Universums liegen. Dennoch ist das Problem der Kommunikation unserer Gefühle nicht behoben, insofern

»we are endued with an imperfect power of spreading our happiness sometimes beyond *her* limits, but 'tis so ordered, that, from the want of languages, connections, and dependencies, and from the difference in education, customs and habits, we lie under so many impediments in communicating our sensations out of our own sphere, as often amount to a total impossibility«.[79]

Es sind die Konfrontation mit der Wirklichkeit und die Tätigkeit des Reisens, die zu der ironisch-humorvollen Distanzierung Yoricks von den eigenen Gefühlen und damit zu einer für die Kommunikation erforderlichen Objektivierung der Empfindungen führen. Von der objektiven Beschreibung und Kommunikation der Wirklichkeit, wie sie konventionelle Reiseberichte liefern, ist die *Sentimental Journey* jedoch weit entfernt:

76 Op. cit., p. 51.

77 Cf. A. D. McKillop, The Early Masters of English Fiction, Lawrence 1967, p. 195.

78 Sterne, op. cit., p. 36.

79 Op. cit., p. 33.

»I pity the man who can travel from *Dan* to *Beersheba*, and cry, 'Tis all barren – and so it is; and so is all the world to him who will not cultivate the fruits it offers. I declare, said I, clapping my hands chearily together, that was I in a desert, I would find out wherewith in it to call forth my affections«.[80]

Als Reise des Herzens und der Gefühle unternommen, kommt der objektiven Wirklichkeit an sich kein erkenntnisvermittelnder Wert zu; lediglich via negativa, in ihrem Kontrast zu der Welt der Innerlichkeit, trägt sie zu einer deutlicheren, meist komisch geprägten Erkenntnis der letzteren bei. Zentrum der Reise ist das Subjekt und *seine* Sicht der Dinge. Sterne sieht das Reisen dementsprechend als einen Weg zur Selbsterkenntnis sowie zur Annäherung an die Mitmenschen:

»The advantage of travel, as it regarded the *sçavoir vivre*, was by seeing a great deal both of men and manners; it taught us mutual toleration; and mutual toleration ... taught us mutual love«.[81]

Reisen versetzen uns in eine andere Welt, durchbrechen den geregelten Ablauf und räumen dem Zufall eine bestimmende Rolle ein, ermöglichen (Selbst-)Kritik aus der Distanz heraus, stellen die Normalität in Frage und führen den Reisenden auf sich selbst, jenseits des normierten Ablaufs zurück. Reisen erzeugen neue Perspektiven auf die Welt und/oder verändern fixierte Sichtweisen. Der Wert einer Reise, insbesondere einer *sentimental journey*, bestimmt sich demnach durch den Erwerb einer bestimmten Art von Wissen, sei es als *savoir vivre*, als Erfahrung, Selbsterkenntnis oder als eine bestimmte Sicht der Dinge bzw. Haltung zur Welt. Als eine nicht-objektivierbare, prozeßorientierte, eine simultane Erfassung dissoziierter Phänomene ermöglichende und wahrheitsindifferente Erkenntnis unterscheidet sich diese Erkenntnis von bloßem Satzwissen, auch wenn sie selbst zum Gegenstand von Aussagen, etwa von Reiseberichten, gemacht werden kann. Reisen führen somit zu propositionaler wie zu nicht-propositionaler Erkenntnis, zu deren Erwerb wie zu deren Modifikation.

Die Darstellung philosophischer wie die literarischer Reisen wirft die Frage nach dem Status von Formen der Erkenntnis auf, wie sie etwa durch die Reisemetapher vermittelt werden. Reisen dient auch der Erkenntnis, und innerhalb dieser sind es vor allem Formen der Anschauung und der Selbsterkenntnis bzw. Selbstverge-

80 Op. cit., p. 51. 81 Op. cit., pp. 84 f.

wisserung, Formen subjektkonstitutiven Wissens also, die angesprochen werden. Die Verbindung von Reisen mit Urteilskraft und Kontemplation konfrontiert uns darüber hinaus mit einem Erkenntnisbegriff, der nicht auf einer ausschließlichen Identifizierung von Erkenntnis mit Aussagenwahrheit beruht. Die Konstitution dieser Erkenntnis unterliegt dabei Bedingungen, die denen von Gedankenexperimenten und hypothetischem Denken ähneln, insofern die kontextuelle Einbettung nicht vorgegeben ist, sondern selbst geleistet werden muß, die Urteilskraft neue Regeln konstruieren und/oder alte revidieren muß, verläßliche Denkschemata überprüft oder in Frage gestellt werden, an die Stelle des *Vorliegens* von Objektivitätskriterien der *Prozeß* ihrer Bildung tritt. Die Metapher des Reisens weist somit in Richtung einer Erweiterung des propositionalen Erkenntnisbegriffs um nicht-propositionale und irrationale Formen der Erkenntnis. Die Irrationalismusdebatte des 18. Jahrhunderts hatte die propositionalistische Engführung des Rationalismus kritisiert und dementsprechend im logisch-erkenntnistheoretischen Bereich den Begriff der Meinung (sentiment) bzw. den des bloß Wahrscheinlichen und im ästhetischen Bereich die Begriffe *Instinkt* und *Gefühl* in systematischer Hinsicht aufgewertet. Die Reise-Texte Petrarcas, Montaignes, Schopenhauers, Descartes' und Sternes machen deutlich, daß das Reisen eine privilegierte Möglichkeit der Entdeckung der Innenwelt als (durch Fremderfahrung initiierte) Selbsterfahrung bietet, und daß Erfahrung selbst nicht ausschließlich im empiristischen Sinne zu verstehen ist, sondern auch immer etwas mit Lebenserfahrung zu tun hat – Wissensbildung somit nicht nur in *kognitiver* Hinsicht relevant ist.

Darüber hinaus hat schließlich selbst im kognitiven Bereich der Prozeß des Erwerbens von Erfahrung und der Bildung von Wissen die Form einer Reise: einer Reise in Gedanken, einer Denkbewegung.[82] Ihr Ziel kann unterschiedlich sein; in den meisten

82 Cf. hierzu die im Zusammenhang mit der Rückführung der metaphysischen Sprache in Philosophie und Wissenschaft auf den alltäglichen Sprachgebrauch (und damit auf den *common sense*) auftretende Reisemetaphorik Berkeleys: »Und wenn auch einigen vielleicht die Überlegung unbehaglich vorkommt, daß sie nach einem Kreislauf durch so viele verfeinerte und ungewöhnliche Begriffe dahin gelangen sollten, wie andere Leute auch zu denken, so finde ich doch diese Rückkehr zu den einfachen Eingebungen der Natur nach der Wanderung durch die

Fällen – in Philosophie wie in Literatur – heißt es jedoch: eine Einstellung zur Welt und zu sich selbst finden – Erfahrung, Erkenntnis, Selbsterkenntnis. Da für diese Form der Erkenntnis das Kriterium der Propositionalität bzw. das der Aussagenwahrheit nicht entscheidend sein kann, sind das Reisen und seine philosophischen Implikationen Thema *literarischer* Philosophen und *philosophischer* Literaten.*

wilden Irrgänge der Philosophie nicht unerfreulich. Es ist wie die Heimkehr nach einer langen Reise; mit Vergnügen blickt man auf mancherlei Schwierigkeiten und Wirrnisse, die man erlebt hat, zurück, und genießt in gemächlicher Ruhe fortan sein Leben befriedigter« (Drei Dialoge zwischen Hylas und Philonous, ed. W. Breidert, Hamburg 1980, p. 7) sowie die Schlußsätze der *Kritik der reinen Vernunft*: »Der *kritische* Weg ist allein noch offen. Wenn der Leser diesen in meiner Gesellschaft durchzuwandern Gefälligkeit und Geduld gehabt hat, so mag er jetzt urteilen, ob nicht, wenn es ihm beliebt, das Seinige dazu beizutragen, um diesen Fußsteig zur Heeresstraße zu machen, dasjenige, was viele Jahrhunderte nicht leisten konnten, noch vor Ablauf des gegenwärtigen erreicht werden möge: nämlich, die menschliche Vernunft in dem, was ihre Wißbegierde jederzeit, bisher aber vergeblich, beschäftigt hat, zur völligen Befriedigung zu bringen« (A 856).

* Ich danke den Teilnehmern des Colloquiums, insbesondere Gottfried Gabriel und Dieter Teichert für die kritische Diskussion meines Beitrags.

Dieter Teichert
Praktische Vernunft, Emotion und Dilemma
Philosophie in der Tragödie

Der Tragödie haftet der Makel verstaubter Klassizität und musealer Antiquiertheit an. Häufig bekommt man zu hören, der Tod der Tragödie stünde nicht bevor, er habe längst stattgefunden.[1] Ich möchte im folgenden zeigen, weshalb diese Auffassung nicht überzeugend ist. Auch heute ist es möglich, die überlieferten Tragödien zu lesen, wirkungsvoll zu inszenieren und zu verstehen.

Mit dieser Feststellung ist allerdings noch nichts über die *philosophische* Relevanz der Tragödie gesagt. Lexikalisch betrachtet, liegt der Philosophiegehalt der tragischen Dramen bei 0 %. Denn die Ausdrücke ›Philosophie‹, ›philosophieren‹ oder ›philosophisch‹ kommen in den überlieferten Texten der antiken Tragiker nicht vor.[2]

Die Behauptung, daß die Tragödie philosophisch von Belang ist, kann man in einem ganz allgemeinen Sinn durch den Hinweis stützen, daß viele Philosophen sich mit dem tragischen Drama auseinandergesetzt haben. Der historische Anfang der Philosophie ist durch die fulminante Attacke geprägt, mit der Platon die Dichtung und insbesondere die Tragödie angreift.[3] Nach ihm formuliert Aristoteles in der *Poetik* eine wirkungsmächtige Tragödientheorie, in der anders als bei Platon das tragische Schauspiel

1 Diese Auffassung taucht nicht nur als Floskel der Bildungssprache auf, sie wird auch von ernstzunehmenden Autoren vertreten, die eine geschichtsphilosophische oder theologische Konzeption der Tragödie vertreten. G. Steiner etwa stellt fest: »... die Tragödie ist jene Kunstform, die der unerträglichen Last von Gottes Gegenwart bedarf. Sie ist nun tot, weil sein Schatten nicht mehr auf uns fällt ...«. G. Steiner, Der Tod der Tragödie, Frankfurt am Main 1981, p. 274.

2 Die Ausdrücke ›philosophieren‹ und ›philosophisch‹ treten erst gegen Ende des 5. Jahrhunderts v. Chr. auf. Das Nomen ›Philosophie‹ taucht noch später, in den 80er Jahren des 4. Jahrhunderts v. Chr., auf, also nachdem Aischylos, Sophokles und Euripides ihre Stücke geschrieben haben. Vgl. den Artikel ›Philosophie‹, in: J. Ritter (ed.), Historisches Wörterbuch der Philosophie VII, Darmstadt 1989, p. 573.

3 Platon, Politeia X, 595a-608b.

als wesentliches Element einer Kultur begriffen wird. Mit der oft zitierten Feststellung, daß die Tragödie philosophischer als die Geschichtsschreibung ist, stellt Aristoteles klar, daß es so etwas wie ein philosophisches Interesse am tragischen Drama gibt.[4]
Über das Verhältnis von Philosophie und Tragödie wurde nicht nur in der Antike nachgedacht. Auch in der Neuzeit wendet sich eine beachtliche Zahl von Philosophen der Tragödie zu.[5] Wichtige Stationen in der Beziehungsgeschichte von Philosophie und Tragödie sind die Reflexionen und Spekulationen über das Tragische von Hume[6], Hegel[7], Schopenhauer[8], Nietzsche[9], Kierkegaard[10], und Scheler[11], und die Liste läßt sich ohne Schwierigkeiten verlängern.
Inwiefern kann man überhaupt von Philosophie *in* der Tragödie sprechen?
Zunächst ist da eine historische Antwort, die besagt, daß die Tragödien des Aischylos, Sophokles und Euripides Vorläufer der Philosophie sind. Die antiken Tragödien erfüllen, so lautet die These, eine je nach Spezifizierung der Vorläuferschaft genauer zu kennzeichnende philosophische Funktion. Sie verlieren diese Funktion in dem Moment, in dem die Philosophie sich mit Platon und Aristoteles als eigenständiger Bereich der Wissensbildung formiert. Vertreter einer solchen Auffassung sind B. Snell und

4 Aristoteles, Poetik, 1451 b 5-8.
5 Vgl. W. Kaufmann, Tragödie und Philosophie, Tübingen 1980.
6 D. Hume, Of Tragedy, in: ders., Essays, moral, political, and literary, ed. E. F. Miller, Indianapolis 1987, pp. 216-225.
7 Vgl. insbesondere die Ausführungen in den Ästhetik-Vorlesungen: G.W.F. Hegel, Vorlesungen über die Ästhetik III (Werke in zwanzig Bänden, XV), Frankfurt am Main 1970, pp. 520-526 sowie pp. 538-552.
8 A. Schopenhauer, Die Welt als Wille und Vorstellung II, in: ders., Sämtliche Werke, ed. A. Hübscher, Wiesbaden 1972, II/1, pp. 298-301 und II/2, pp. 495-501.
9 F. Nietzsche, Die Geburt der Tragödie oder Griechentum und Pessimismus, in: ders., Werke, I, ed. K. Schlechta, Frankfurt am Main 1969, pp. 7-134.
10 S. Kierkegaard, Der Widerschein des antiken Tragischen in dem modernen Tragischen, in: ders., Entweder/Oder. Erster Teil, trad. E. Hirsch, Düsseldorf 1956, pp. 147-230.
11 M. Scheler, Zum Phänomen des Tragischen, in: ders., Vom Umsturz der Werte. Abhandlungen und Aufsätze (Gesammelte Werke, III), Bern 1955, pp. 149-169.

W. Schadewaldt. Beide ordnen die Tragödie in einen übergreifenden Kulturprozeß ein, der in hegelianischer Manier als Geistesgeschichte entworfen wird.[12]

Eine weitere Antwort auf die Frage, in welcher Weise die Philosophie in der Tragödie einen Ort findet, verweist auf die Möglichkeit, daß sich ein Philosoph der Tragödie als literarischer Form bedient, um damit eigene philosophische Lehrmeinungen zu vermitteln. Der Fall eines Tragödien dichtenden Philosophen, dessen Dramen in dieser Weise interpretiert wurden, ist Seneca.[13]

Die dritte Form, in der Philosophie *in* der Tragödie eine Rolle spielen kann, ist der Fall eines Dramas, in dem ein Philosoph eine zentrale Figur der dramatischen Handlung selbst ist. Hölderlin hat diese Möglichkeit in seinem *Tod des Empedokles* aufgegriffen.[14]

Schließlich ist da noch die Möglichkeit, daß der Text des tragischen Schauspiels auf einzelne philosophische Lehrmeinungen

12 B. Snell, From Tragedy to Philosophy: Iphigenia in Aulis, in: E. Segal (ed.), Oxford Readings in Greek Tragedy, Oxford 1983, pp. 396-405. Bei Snell wird dieser Prozeß wie folgt zusammengefaßt: »It is a progressive awakening of consciousness that passes beyond drama into the realm of philosophy, and thus from poetry into prose.« (op. cit., p. 404). In ähnlicher Weise schreibt W. Schadewaldt: »Weil die Philosophie zur Einsicht führt oder wenigstens zur Möglichkeit der Einsicht, und weil sie eine Welt voraussetzt, die prinzipiell in der Einsicht begründet ist, hebt sie die Tragödie auf. Nach Platon gibt es keine Tragödie mehr ... die Philosophie tritt an die Stelle der Tragödie.« (W. Schadewaldt, Die griechische Tragödie (Tübinger Vorlesungen IV), ed. I. Schudoma, Frankfurt am Main 1991, p. 60.).

13 Vor allem die ältere Forschung hat die tragischen Dramen Senecas als bloße Illustrationen der stoischen Philosophie abgehandelt. Vgl. beispielsweise F. Egermann, Seneca als Dichterphilosoph, Neue Jahrbücher für Antike und deutsche Bildung 3 (1940), pp. 18-36 (wieder abgedruckt in: E. Lefèvre (ed.), Senecas Tragödien (Wege der Forschung CCCX), Darmstadt 1972, pp. 33-57); B. Marti, Seneca's Tragedies. A New Interpretation, Transactions and Proceedings of the American Philological Association 76 (1945), pp. 216-245; dies., The Prototypes of Seneca's Tragedies, Classical Philology 42 (1947), pp. 1-16.

14 F. Hölderlin, Der Tod des Empedokles, in: F. Beissner (ed.), Hölderlin. Sämtliche Werke, IV (Stuttgarter Hölderlin-Ausgabe), Stuttgart 1961, IV/1, pp. 1-168 (Text und Entwürfe) und IV/2, pp. 433-713 (Lesarten und Kommentar).

Bezug nimmt. Die Weisen der Bezugnahme können höchst verschiedenartig (affirmativ, negativ, kritisch, transformierend) sein. W. Jens[15] ist beispielsweise der Auffassung, daß das erste Standlied der *Antigone* des Sophokles[16] als Replik auf die Philosophie des Protagoras zu lesen ist.

Alle vier genannten Möglichkeiten arbeiten mit einem Philosophiebegriff, der durch die Opposition zur Dichtung bestimmt ist. Philosophie ist zunächst einmal das, was nicht Dichtung ist. Ohne genauere Klärung scheinen sich zwei abgegrenzte Diskursformationen gegenüberzustehen, die punktuell Elemente des jeweils anderen Diskurses zitieren oder integrieren können.

Diese Sicht der Dinge führt aber nicht weit. Wenn man den Titel ›Philosophie *in* der Tragödie‹ als eine Frage versteht, der es darum geht zu klären, ob und wie die Texte der antiken Tragiker einen Beitrag zum Selbstverständnis und zur Bildung philosophischen Wissens heutiger Leserinnen und Leser leisten können, dann muß man tiefer ansetzen. Deshalb lasse ich das Thema der definitorischen Abgrenzung des philosophischen Diskurses von der dichterischen Rede im folgenden außer acht. Diese Differenz ist im Hinblick auf die Tragödien des 5. Jahrhunderts anachronistisch, da die Philosophie als eigenständige Diskursformation in dieser Zeit noch nicht existiert.

Mein Vorschlag zur Bestimmung des philosophischen Aspekts der Tragödie lautet: *Das tragische Drama ist der Ort einer Reflexion über Handlungs- und Entscheidungsprobleme. Es stellt die komplexe Handlungswirklichkeit und die Motivationsstruktur menschlichen Handelns dar, wobei Konflikte zwischen unterschiedlichen Arten von Gründen und Impulsen des Handelns aufgezeigt werden. Diese Bestimmung des Gehalts des tragischen Schauspiels ist unmittelbar verknüpft mit der spezifischen Kommunikationsform, die das Drama charakterisiert.* Weder die Lektüre einer theoretischen Abhandlung noch das Erleben eines Konflikts in einer realen Handlungssituation bieten die dem Drama eigentümliche Form der Teilnahme. Die an der dramatischen Handlung beteiligten Schauspieler und Zuschauer können die Interdependenz von emotionalen und rationalen Handlungs-

15 W. Jens, Die griechische Literatur, in: ders. (ed.), Kindlers Neues Literatur Lexikon IXX, München 1992, p. 953.

16 Sophokles, Antigone, 332-375.

gründen in ihrer eigentümlichen Dynamik erfassen. Dabei sind sie weder, wie der in der Lebenswirklichkeit Handelnde, in der Unmittelbarkeit der Konfliktsituation befangen noch, wie der in der theoretischen Einstellung reflektierende Beobachter, aus prinzipiellen Gründen von der emotionalen Ebene der Handlungsimpulse entfernt.

Im folgenden werde ich diese These in drei Etappen erläutern und begründen. Ich werde zunächst die *Wirkungsstruktur* des Reflexionsmediums Tragödie untersuchen, dann den *Gehalt* des tragischen Dramas analysieren und schließlich meine Ausführungen am Beispiel der *Medea* des Euripides verdeutlichen.

1. Selbsterkenntnis durch emotionale Partizipation und reflektierende Distanzierung

Die Wirkungsstruktur des tragischen Dramas betrachtet H.-G. Gadamer von einem hermeneutischen Standpunkt aus. Dabei stellt er eine Unterscheidung zwischen der Theorie der Tragödie und einer Philosophie des Tragischen an den Anfang seiner Überlegungen.[17] Eine Theorie der Tragödie befaßt sich mit einer bestimmten literarischen Gattung, sie erklärt die spezifischen Strukturmerkmale der Textsorte, gibt Erläuterungen zu ihrer Entstehungsgeschichte oder erörtert die Funktions- und Wirkungsweisen der Texte. Anders die Philosophie des Tragischen, sie spricht über Erfahrungen im Leben und behauptet, das Tragische sei ein »Grundphänomen« oder ein »ethisch-metaphysisches Phänomen«.[18] Nachdem Gadamer diese Unterscheidung angeführt hat, schiebt er

17 Gadamer befaßt sich mit der Tragödie im Rahmen seines Buchs *Wahrheit und Methode*. Die Überlegungen zur Tragödie stehen an der Stelle, an der Gadamer zeigen will, daß die Künste Möglichkeiten für Erfahrungen bieten, die Wahrheit vermitteln. Die Tragödie ist das Paradigma, mit dem Gadamer seine These begründet. Vgl. H.-G. Gadamer, Das Beispiel des Tragischen, in: ders., Wahrheit und Methode. Grundzüge einer philosophischen Hermeneutik (Gesammelte Werke, I), Tübingen 1986, pp. 133-139. Im Hinblick auf eine allgemeine Orientierung über Gadamers Hermeneutik und weitere Literaturhinweise vgl. D. Teichert, Erfahrung, Erinnerung, Erkenntnis. Untersuchungen zum Wahrheitsbegriff der Hermeneutik Gadamers, Stuttgart 1991.

sie wieder zur Seite: jede Philosophie des Tragischen muß bestimmen, welche Phänomene, Handlungen, Ereignisfolgen oder Situationen als tragisch zu bezeichnen sind. Die Philosophie des Tragischen kann dies aber, so Gadamer, nur durch Rekurs auf die Theorie der Tragödie tun, die von Aristoteles formuliert wurde. Aus dieser Sachlage zieht Gadamer den folgenden Schluß: »Wenn wir bei Aristoteles einsetzen, werden wir ... das Ganze des tragischen Phänomens in den Blick bekommen.«[19]

Zur Erinnerung daran, was es heißt, bei der Tragödientheorie des Aristoteles einzusetzen, will ich kurz an die entscheidende Stelle der *Poetik* erinnern, an der Aristoteles die wesentlichen Bestimmungen der Tragödie folgendermaßen zusammenstellt:

»Die Tragödie ist *mimesis* (Nachahmung, Darstellung) einer guten und in sich geschlossenen Handlung von bestimmter Größe, in anziehend geformter Sprache, wobei diese formenden Mittel in den einzelnen Abschnitten je verschieden angewandt werden – *mimesis* von Handelnden und nicht durch Bericht, die *eleos* (Mitleid, Jammer) und *phobos* (Furcht, Schaudern) hervorruft und hierdurch eine *katharsis* (Reinigung) von derartigen Erregungszuständen bewirkt.«[20]

Vieles an dieser Explikation ist unklar. Am auffallendsten ist der Umstand, daß Aristoteles den zentralen Begriff der *mimesis* an keiner Stelle ausführlich diskutiert.[21] Zwar nennt er Beispiele dafür, was als *mimesis* gelten kann. Aber die Anführung von Beispielen aus so heterogenen Bereichen wie Tanz, Flötenmusik, Malerei, Epik und elegischer Dichtung allein ergibt noch keine tragfähige Begriffserklärung. Im Gegenteil, sie läßt die Merkmale des Begriffs verschwimmen. Kein Wunder also, daß etwa die arabischen Kommentatoren des Aristoteles die mit dem *mimesis*-Begriff zusammenhängenden Passagen der *Poetik* in recht spektakulärer Weise mißverstanden haben.[22]

18 Gadamer, op. cit., pp. 133 f.

19 Gadamer, op. cit., p. 134.

20 Aristoteles, Poetik, 1449 b 24-28. Mit leichter Veränderung zitiert nach der Übersetzung von M. Fuhrmann, Stuttgart 1982.

21 Vgl. P. Woodruff, Aristotle on *Mimesis*, in: A. Oksenberg Rorty (ed.), Essays on Aristotle's Poetics, Princeton 1992, pp. 73-95. »The word *mimesis* ... is as obscure in Aristotle as it is in other ancient authors ... Aristotle does not appear to be consistent in his discussion of mimesis.« (p. 74).

22 Vgl. die Kommentare zur »Poetik« von Ibn Sina (Avicenna) und Ibn

Die Frage, welche Art von Handlung Gegenstand der *mimesis* wird, erörtert Aristoteles im Zusammenhang mit dem Begriff des *mythos*.[23] Der *mythos* ist die Darstellung von Handlungen, und das tragische Schauspiel ist durch die Art der Zusammenfügung der dargestellten Handlungen (*pragmaton systasis*) bestimmt.[24] Die Konstruktion des Handlungsgefüges ist die zentrale Aufgabe des tragischen Dichters. Aristoteles bezeichnet den *mythos* als die Basis (*arche*) und Seele (*psyche*) der Tragödie.[25] Ein guter *mythos* »... darf nicht vom Unglück ins Glück, sondern er muß vielmehr vom Glück ins Unglück umschlagen, nicht wegen der Gemeinheit, sondern wegen eines großen Fehlers (*hamartia*) ...« der zentralen Figur des Dramas.[26]

Es ist erstaunlich, daß man die Frage, welche der uns überlieferten einunddreißig Tragödien von Aischylos, Sophokles oder Euripides das Modell der aristotelischen Theorie am besten exemplifiziert, nicht eindeutig beantworten kann. Erstaunlich ist dies deshalb, weil Aristoteles oft auf einzelne Stücke Bezug nimmt und seine Ausführungen über weite Strecken empiriegesättigt sind. Dennoch ist es fraglich, ob es strenggenommen überhaupt ein Drama gibt, das den Bedingungen der aristotelischen Theorie gerecht wird. Mit Bezug auf die Feststellung des Aristoteles, daß die Tragödie eine einheitliche und geschlossene Handlung darstellt, deren einzelne Teile einen notwendigen Zusammenhang aufweisen, schreibt R. Bittner:

»... doubts arise ... whether under such strict conditions of immanence there exist any tragedies worth the name ... Perhaps there is just one tragedy living up to Aristotle's exacting standards for unity of action, namely Jean Racine's *Bérénice* of 1670 ....«[27]

Rushd (Averroes): I. M. Dahiyat, Avicenna's Commentary on the *Poetics* of Aristotle. A Critical Study with an Annotated Translation of the Text, Leiden 1974; C. E. Butterworth (ed.), Averroes' Three Short Commentaries on Aristotle's *Topics*, *Rhetoric*, and *Poetics*, Albany, N. Y. 1977; ders. (ed.), Averroes' Middle Commentary on Aristotle's *Poetics*, Princeton, N. J. 1986.

23 Aristoteles, Poetik, 1450 a 4.

24 Aristoteles, op. cit., 1450 a 16.

25 Aristoteles, op. cit., 1450 a 40. Vgl. dazu P. Kyriakou, Aristotle's philosophical *Poetics*, Mnemosyne 46 (1993), pp. 344-355.

26 Aristoteles, op. cit., 1453 a 13ff.

27 R. Bittner, One action, in: Oksenberg Rorty, op. cit., pp. 97-110, hier:

Angesichts der skizzierten Sachlage erscheint die These Gadamers zweifelhaft, daß man eine verläßliche Basis für die Klärung des Begriffs der Tragödie und des Tragischen findet, wenn man sich auf Aristoteles stützt. Sicherlich gibt Aristoteles eine wichtige Begriffserklärung, aber sie ist in wesentlichen Punkten offen und undeutlich. Man müßte genauer sagen, wie der Begriff der Darstellung aufzufassen ist, was unter der Darstellung einer Handlung, die mit Notwendigkeit abläuft, zu verstehen ist und wie die emotionale Beteiligung der Zuschauer (Katharsis) im einzelnen begriffen werden kann.[28]

Gadamer richtet seine Aufmerksamkeit nicht auf die Begriffe der

p. 101. Bittners Bemerkung zu Racines *Bérénice* trifft hinsichtlich der geforderten Einheit der Handlung zweifellos zu. Allerdings weicht das Stück in anderer Hinsicht vom aristotelischen Tragödienmodell ab: Keine der beiden Hauptfiguren macht sich eines großen Fehlers, der das Unglück verursacht, schuldig. Darüber hinaus ist das Ende des Stücks nicht im eigentlichen Sinn tragisch zu nennen.

28 Die Offenheit der Aristotelischen Begriffsbestimmung und der Vielzahl späterer Varianten der Begriffe ›Tragödie‹ und ›das Tragische‹ veranlaßt K. L. Pfeiffer zu der Feststellung, daß der Begriff der Tragödie »... poetologisch nicht zu bändigen ist ...« (K. L. Pfeiffer, Tragik und Tragisches. Zur Tragikomödie eines Begriffsschicksals, in: C. Wagenknecht (ed.), Zur Terminologie der Literaturwissenschaft, Stuttgart 1986, pp. 363-372, hier: p. 365). Angesichts der komplexen Begriffsgeschichte kommt Pfeiffer zu einem radikalen Ergebnis: »Als Terminus mit geregeltem, selbst einem historisch differenziert geregelten Gebrauch ist er nicht zu retten, weil zumindest die Interpretation tragischer Texte immer aktuellen Vorstellungen, ja Unterstellungen tragischer Potentiale entspringt.« (Pfeiffer, ibid., p. 370). Trotz einigen Verständnisses für Ermüdungserscheinungen bei der Analyse historischer Begriffe scheint mir dieses Fazit unangemessen. Die ehemals unter dem Stichwort ›hermeneutischer Zirkel‹ abgespeicherte Einsicht, daß Verstehensleistungen grundsätzlich kontextuell bestimmt sind, sollte davor bewahren, historische Begriffe mit komplexen Semantiken ohne weiteres auszusondern. Die Diskontinuitäten der Begriffsgeschichte von ›Tragödie‹ sind weder ein Beweis dafür, daß die aristotelische Tragödientheorie in bestimmten Epochen der europäischen Literaturgeschichte völlig wirkungslos gewesen ist, noch ein hinreichender Grund dafür, ›Tragödie‹ als Scheinbegriff auszusondern, dessen Verwendungsweisen keinerlei plausiblen Zusammenhang aufweisen.

mimesis[29], des *mythos* und die Frage nach der Handlungsstruktur der Tragödie, sondern stellt die Frage nach der Wirkung des tragischen Schauspiels auf die Zuschauer in den Vordergrund. Dabei kann er sich durchaus auf Aristoteles berufen, der ja (in dem zitierten Passus) ausdrücklich von den durch das Drama ausgelösten Reaktionen der Zuschauer spricht. Gadamer interpretiert die Bemerkungen des Aristoteles wie folgt:

»Das Überkommenwerden von Jammer und Schauder stellt eine schmerzhafte Entzweiung dar. Eben das aber ist die Wirkung der tragischen Katastrophe, daß diese Entzweiung mit dem, was ist, sich auflöst ... Nicht nur von dem Banne ist man befreit, in den einen das Jammervolle und Schauerliche dieses einen Geschickes gebannt hielt, sondern in eins damit ist man von allem frei, was einen mit dem, was ist, entzweit.«[30]

Die durch *eleos* und *phobos* bewirkte *katharsis* wird als »eine Art Affirmation«[31], als »Selbsterkenntnis des Zuschauers«[32] bestimmt. Affirmation heißt also nicht Zustimmung des Zuschauers zu dem Unglück, das die zentralen Gestalten der Tragödie trifft. Die Tragödie ist für Gadamer nicht ein Ort der Gerechtigkeit. Das Unglück der tragischen Figur ist keine gerechte Strafe für begangene Verbrechen. Vielmehr muß das Leiden, um als tragisch verstanden werden zu können, so groß und furchtbar sein, daß es nicht mehr als eine rational vertretbare Strafe für begangenes Unrecht angesehen werden kann.[33]

29 In anderem Zusammenhang macht Gadamer gleichwohl deutlich, daß *mimesis* nicht bloß als Nachahmung, sondern als Darstellung zu übersetzen ist. Vgl. Gadamer, op. cit., pp. 118-122.
30 Gadamer, op. cit., p. 136.
31 Gadamer, op. cit., p. 136.
32 Gadamer, op. cit., p. 137.
33 Damit nimmt Gadamer wie auch Hölderlin, Schopenhauer oder Nietzsche eine Gegenposition zu Hegels Tragödienmodell ein. Für Hegel steht am Ende der Tragödie die Aufhebung der tragischen Entzweiung: »Über der bloßen Furcht und tragischen Sympathie steht ... das Gefühl der *Versöhnung*, das die Tragödie durch den Anblick der ewigen Gerechtigkeit gewährt, welche in ihrem absoluten Walten durch die relative Berechtigung einseitiger Zwecke und Leidenschaften hindurchgreift, weil sie nicht dulden kann, daß der Konflikt und Widerspruch der ihrem Begriffe nach einigen sittlichen Mächte in der wahrhaften Wirklichkeit sich siegreich durchsetze und Bestand erhalte.« (Hegel, op. cit., p. 526).

Die Affirmation als Reaktion der Zuschauerinnen und Zuschauer auf die grauenerregenden Ereignisse der Tragödie ist bei Gadamer mit der Exemplarität des Dramas verknüpft. Exemplarisch ist die Tragödie nicht etwa deshalb, weil jede Zuschauerin weiß, daß sie ihren Mann (Klytämnestra) oder ihre Söhne (Medea) ermorden wird oder daß jeder Zuschauer sich selbst als Liebhaber (Ödipus) oder Mörder (Orest) der eigenen Mutter wiedererkennt. Die in Extremsituationen handelnden tragischen Gestalten sind vielmehr dadurch exemplarisch, daß sie (1) in Geschehnisse hineingeraten, aus denen sie sich mit eigenen Mitteln nicht lösen können, daß (2) ihre Handlungen verhängnisvolle Folgen nach sich ziehen, die sie zum Zeitpunkt der Handlung nicht erkennen können, und daß sie sich (3) in Situationen befinden, über die sie nicht verfügen können wie über einzelne Gegenstände, die im Bereich ihrer Handlungskompetenz liegen. Bestimmt man die Exemplarität der Tragödie im Anschluß an Gadamer in dieser Weise, dann gewinnt seine These Plausibilität. Selbsterkenntnis vermittelt die Tragödie dann genau in dem aufgezeigten Sinn: sie zeigt, was grundsätzlich für handelnde Personen gilt. Diese verfügen nicht über die Situationen ihres Handelns, und sie haben einen nur eingeschränkten Überblick über die Bedeutungen und Folgen des Handelns.

Mit dieser Erläuterung zu Gadamers Ausführungen ist die spezifische Wirkungsweise des tragischen Dramas allerdings noch nicht erschöpfend bestimmt. Exemplarische Darstellungen von Handlungssituationen findet man ebenso wie im Drama auch in narrativen Prosatexten oder in theoretischen Abhandlungen. Daher ist es besonders wichtig, Gadamers Betonung der im Verlauf der Vorstellung bei den Zuschauern aktualisierten Emotionen zu beachten.

Die spezifische Art der emotionalen Partizipation am Geschehen ist es, auf der die besondere Erkenntnisform der Tragödie beruht. Diese Partizipation unterscheidet sich in signifikanter Weise sowohl von dem unmittelbaren Beteiligtsein an Handlungssituationen als auch von einer distanzierten Reflexion in theoretischer Einstellung.

Die Zuschauer können im Lauf der Aufführung sowohl rational als auch emotional an dem partizipieren, was den tragischen Figuren widerfährt. Im Gegensatz zu den an einem realen Konflikt beteiligten Personen sind die Zuschauer nicht in gleicher Weise in der Situation gefangen wie die handelnden Personen selbst. Sie haben die Möglichkeit, sich aus der Vertiefung in das partikulare Geschick der Helden zu lösen und zu erkennen, daß das tragische Individuum exemplarisch aufzufassen ist.

Von der theoretischen Reflexion über Handlungs- und Entscheidungssituationen unterscheidet sich die exemplarische Darstellung im Drama dadurch, daß in theoretischer Einstellung zwar die Emotionen handelnder Personen thematisiert werden können, aber kein Bezug zu den emotionalen Erfahrungen des Theoretikers hergestellt wird. Diese werden explizit ausgeschlossen, um die Neutralität und Stringenz der Argumentation nicht zu beeinträchtigen. Der Theoretiker tritt ausschließlich als Analytiker von Argumenten in Aktion. Demgegenüber bietet die Erfahrung der Tragödie den Zuschauern die Möglichkeit, Analytiker und Testperson zugleich zu sein. Den affektiven Aspekt der Tragödienerfahrung sollte man daher nicht als bloß nebensächliche Gefühlsangelegenheit abtun. Der entscheidende Punkt der Wirkungsweise des tragischen Dramas besteht in der Mischung von affektiver Partizipation und reflektierender Distanzierung.

Diese Beschreibung der Wirkungsmöglichkeiten der Tragödie trifft bis zu einem gewissen Grad sicherlich auch im Hinblick auf narrative Texte oder Filme zu. Allerdings besteht ein bedeutsamer Unterschied zwischen dem Theater und anderen Medien (Buch, Film). Im Theater finden die (fiktive) Handlung und die Rezeption gleichzeitig statt. Die Gleichzeitigkeit ermöglicht Momente sinnlicher Nachdrücklichkeit, durch die sich die Bühne von anderen Medien unterscheidet.

Die bisherigen Bemerkungen bezüglich der spezifischen Bedeutung von Emotion und Rationalität sowie der Mischung von Partizipation und Distanzierung sind um einen weiteren Punkt zu ergänzen. Gadamer bestimmt das Resultat der tragischen Erfahrung als Affirmation, insofern als man »... von allem frei (wird), was einem mit dem, was ist, entzweit.«[34]

In gewisser Weise bietet Gadamer mit dieser Konzeption ein Modell an, das sehr nahe an Hegels Vorstellungen bleibt. Zwar wird das Moment poetischer Gerechtigkeit getilgt, aber der Hegelsche Aspekt der Versöhnung wird bei Gadamer in Form der abschließenden Affirmation gerettet. Mit dem Hinweis auf die Aufhebung von Entzweiung macht Gadamer deutlich, daß die tragische Er-

34 Gadamer, op. cit., p. 136.

fahrung nicht nur eine Mischung von Partizipation und Distanzierung beinhaltet, sondern daß sie eine bestimmte Verlaufsform beider Momente impliziert: zunächst Partizipation, danach und als deren Resultat Distanzierung und Affirmation. Die Partizipation bleibt also nicht in empathischer Identifikation stecken, sondern mündet in eine distanzierte Einstellung ein. Am Ende der Tragödie steht nicht das Entsetzen, sondern das im Modus ästhetischer Erfahrung bestätigte Wissen, daß menschliche Handlungswelten so beschaffen sind, wie das tragische Drama sie exemplarisch vergegenwärtigt.

II. Praktische Vernunft, Emotion und Dilemma

Daß diese kontemplative Einsicht, die am Ende der tragischen Erfahrung steht, sich nicht der systematischen Ausblendung emotionaler Reaktionen verdankt, sondern im Gegenteil das Resultat intensiver emotionaler Beteiligung ist, macht das Spezifikum der Wirkung der Tragödie aus. Das Verhältnis von Emotion und Reflexion ist aber nicht nur auf der Wirkungsebene relevant, sondern es ist auf der Darstellungsebene als ein zentraler Gegenstand der tragischen Handlungen selbst zu beachten. Im folgenden bewege ich mich auf dieser zweiten Ebene. Dabei orientiere ich mich an Überlegungen von M. Nussbaum.[35]

35 Ich beziehe mich auf M. Nussbaum, The fragility of goodness. Luck and ethics in Greek tragedy and philosophy, Cambridge 1986. Vgl. die Rezensionen von D. Browne (Australasian Journal of Philosophy 65 (1987), pp. 366-369); J. Cooper (Philosophical Review 97 (1988), pp. 549-551); J. Griffin (TLS, 4.7.1986, p. 730); S. Halliwell (Ancient Philosophy 8 (1988), pp. 313-319); M. Heath (Classical Review N. S. 37 (1987), pp. 43-47); B. Knox (New York Review of Books, 4. 12. 1986, pp. 51-56); A. A. Long (Classical Philology 83 (1988), pp. 361-369); C. C. W. Taylor (Mind 96 (1987), pp. 407-414); C. Taylor (Canadian Journal of Philosophy 18 (1988), pp. 805-814) sowie die dem Buch Nussbaums gewidmete Ausgabe der Zeitschrift Philosophical Investigations 16 (1993). Nussbaums Makrothese behauptet, daß das Nachdenken über Probleme des Handelns und des guten Lebens, wie es sich innerhalb der griechischen Kultur in den tragischen Dramen, den Dialogen Platons und den Abhandlungen des Aristoteles entfaltet, eine Einheit darstellt. Dieser Befund wird nicht nur als historische Behauptung formuliert, sondern er ist mit der Auffassung

Gleich zu Beginn setzt Nussbaum andere Akzente als Gadamer. Sie untersucht nicht die Eigenheiten des Schauspiels hinsichtlich seiner Wirkungsweise, sondern sie konzentriert sich auf die inhaltlichen Aspekte der Tragödie als Reflexionsmedium. Die entscheidende Leistung der Tragödie liegt für Nussbaum in der Herausarbeitung von Zügen menschlicher Praxis, die in anderen Formen der Erörterung ethischer Probleme nicht in vergleichbarer Weise zur Geltung kommen. Die Tragödie wird als Korrektiv einseitiger philosophischer Ethiken präsentiert. Ihre Korrektivfunktion kann die Tragödie dadurch erfüllen, daß sie anders als theoretische Untersuchungen zur Ethik die konkrete Partikularität von Konflikten und Entscheidungssituationen unverkürzt zur Sprache bringt. Unverkürzt heißt hier, daß das tragische Schauspiel die emotionale Dimension des Handelns angemessen vor Augen stellen kann. Daß das menschliche Handeln eine emotionale Dimension hat, ist nicht so zu verstehen, daß die handelnden Personen sich mehr oder weniger vernünftig verhalten und dann auf einer nachgeordneten Ebene diese Handlungen mit Emotionen verbunden gedacht werden können. Eine Interdependenz von Handlungsgründen und Gefühlen liegt vor, wenn Gefühle Gründe des Handelns sind. In diesen Fällen läßt sich über die Vernünftigkeit von Handlungen und Entscheidungen überhaupt nicht reden, wenn man bestimmte Gefühle handelnder Personen nicht beachtet.[36]

verbunden, daß die Weisen der Erörterung von Fragen des guten Lebens, mit denen uns die überlieferten Texte konfrontieren, von sachlichem Interesse sind: »It is customary to take these (i.e. the tragic dramas) to be texts of quite different sorts, bearing in quite different ways on human ethical questions. This was clearly not the view of the Greeks ... Indeed, epic and tragic poets were widely assumed to be the central ethical thinkers and teachers of Greece .... Plato regards the poets not as colleagues in another department, pursuing different aims, but as dangerous rivals.« (Nussbaum, op. cit., p. 12); »I intend ... to study the works of the tragic poets as Plato studied them: as ethical reflection in their own right, embodying in both their content and their style a conception of human excellence.« (Nussbaum, op. cit., p. 13).

36 In gewissem Sinn ist diese Sicht der Dinge sogar mit einer Kantianischen Position vereinbar. Denn Kants Ethik macht das *Gefühl* der Achtung für das Sittengesetz zu einem wesentlichen Element des ethischen Standpunkts: »Pflicht ist die Notwendigkeit einer Handlung aus

Zunächst spricht Nussbaum davon, daß die Tragödie kontingente Konflikte unterschiedlicher Werte thematisiert.[37] Die Tragödie modelliert eine Handlungswelt, in der Werte plural und inkommensurabel sind.[38] Philosophisch relevant ist diese modellhafte Darstellung einer Handlungswelt, weil einflußreiche und weitverbreitete philosophische Lehrmeinungen zwar eine mögliche Vielzahl von Entscheidungsalternativen oder Wertorientierungen annehmen und eine partielle Inkommensurabilität der jeweiligen Alternativen berücksichtigen können, aber insgesamt durch eine eindeutige Bestimmung des Guten eine Hierarchie von Einstellungen und Handlungsgründen herstellen, in der genuin moralische Dilemmata nicht vorkommen können.

Ein Dilemma kann allgemein als Situation expliziert werden, in der eine Person gezwungen ist, zu handeln: Sie hat gleichermaßen gute Gründe dafür, die Handlung A und die Handlung B auszuführen. Aber sie kann nicht beide zugleich ausführen.[39]

Nun kann ein Mensch, der in moralphilosophischen Angelegenheiten Kantianer ist, zwar durchaus einen Konflikt anerkennen, der beispielsweise zwischen erotischem Begehren und ethisch begründbaren Handlungsorientierungen entstehen mag. In dem Fall, in dem beide Orientierungen nicht ohne weiteres gleichzeitig verfolgt werden können, geht er davon aus, daß erstens über die hierarchische Einstufung der einzelnen Orientierungen kein

Achtung fürs Gesetz.« (I. Kant, Grundlegung zur Metaphysik der Sitten, in: Kant's gesammelte Schriften, ed. Königlich Preußische Akademie der Wissenschaften, 1. Abt, IV, Berlin 1911, pp. 385-463, hier: p. 400 (Leichte Veränderung der Schreibweise durch mich, D. T.)).

37 Nussbaum, op. cit., p. 8.

38 Nussbaum, op. cit., p. 9.

39 Einen guten Überblick über die dem Begriff des moralischen Dilemmas gewidmete Diskussion bietet C. W. Gowans (ed.), Moral Dilemmas, New York 1987. Eine starke, die Diskussion zusammenfassende Verteidigung genuin moralischer Dilemmata gibt W. Sinnott-Armstrong, Moral Dilemmas, Oxford 1988. Weitere Beiträge: B. C. van Fraassen, Values and the Heart's Command, Journal of Philosophy 70 (1973), pp. 5-19; E. J. Lemmon, Moral Dilemmas, Philosophical Review 71 (1962), pp. 139-158; T. Nagel, War and Massacre, in: ders., Mortal Questions, Cambridge 1979, pp. 53-74; C. Swank, Reasons, Dilemmas, and the Logic of ›Ought‹, Analysis 45 (1985), pp. 111-116; und B. Williams, Widerspruchsfreiheit in der Ethik, in: ders., Probleme des Selbst, Stuttgart 1978, pp. 263-296.

Zweifel bestehen kann und daß zweitens im Rahmen eines auf das Gute hin ausgerichteten Lebens kein unlösbarer Konflikt zwischen den jeweils gültigen Verpflichtungen oder Handlungsgründen entstehen kann. Die Idee des Guten als Zentrum der moralischen Welt ist widerspruchsfrei denkbar. Sie bestimmt die Handlungsmaximen in konkreten Situationen. Kollisionen moralisch begründeter Pflichten oder Handlungsgründe sind für Kant nicht vorstellbar:

»Ein Widerstreit der Pflichten (collisio officiorum s. obligationum) würde das Verhältnis derselben sein, durch welches eine derselben die andere (ganz oder zum Teil) aufhöbe. – Da aber Pflicht und Verbindlichkeit überhaupt Begriffe sind, welche die objektive praktische Notwendigkeit gewisser Handlungen ausdrücken, und zwei einander entgegengesetzte Regeln nicht zugleich notwendig sein können, sondern wenn nach einer derselben zu handeln es Pflicht ist, so ist nach der entgegengesetzten zu handeln nicht allein keine Pflicht, sondern sogar pflichtwidrig: so ist eine Kollision von Pflichten und Verbindlichkeiten gar nicht denkbar (obligationes non colliduntur).«[40]

Kaum ein Moralphilosoph bezweifelt, daß es konfligierende Wünsche, Gefühle, Intuitionen oder Handlungsimpulse gibt. Der entscheidende Punkt, der von philosophischer Seite gegen die Existenz genuin moralischer Dilemmata angeführt wird, besteht darin, daß ein unauflösbarer Konflikt zwischen moralischen Pflichten oder moralischen Urteilen ausgeschlossen wird. Die Standardargumentation weist darauf hin, daß es auf der Ebene moralischer Reflexion und Urteilsbildung – im Gegensatz zur Ebene der Wünsche, Gefühle und Impulse – kein Dilemma geben kann.[41]

Mit unterschiedlichen begrifflichen Mitteln wird in der philosophischen Literatur daran gearbeitet, moralische Dilemmata als Scheinprobleme zu entlarven. Nussbaum selbst nennt den Plato-

40 I. Kant, Einleitung in die Metaphysik der Sitten, in: Kant's gesammelte Schriften, ed. Königlich Preußische Akademie der Wissenschaften, 1. Abt, VI, Berlin 1914, pp. 211-228, hier: p. 224 (leichte Veränderung der Schreibweise durch mich, D. T.).

41 Vgl. die Texte der Opponenten der Theorie moralischer Dilemmata in Gowans, op. cit. sowie E. Conee, Why Moral Dilemmas are Impossible, American Philosophical Quarterly 26 (1989), pp. 133-141; C. W. Gowans, Moral Dilemmas and Prescriptivism, American Philosophical Quarterly 26 (1989), pp. 187-197.

nischen Sokrates, der im *Euthyphron* durch Rekurs auf die Idee des Guten das unentschiedene Schwanken seines Gesprächspartners zwischen zwei Handlungsmöglichkeiten als Inkonsistenz von Meinungen und Überzeugungen kritisiert. Euthyphrons Dilemma entsteht nach Sokrates dadurch, daß Euthyphron nicht erkennt, welche seiner beiden widerstreitenden Überzeugungen korrekt ist. In den Augen des Sokrates ist das ein Defekt, denn von zwei konfligierenden Auffassungen kann nur eine die moralisch gültige sein.

Scheinbar dilemmatische Situationen können in mehr oder weniger Sokrates und Kant verpflichteter Weise aufgelöst werden, indem gezeigt wird, daß sich das Scheindilemma nur durch eine Inkonsistenz der Rede über Handlungsgründe, Pflichten oder Prinzipien ergibt. Eine Auflösung würde dann gelingen, wenn eine der nachfolgenden Möglichkeiten plausibel gemacht werden könnte:[42]

(1) Es wird gezeigt, daß man es mit einem Konflikt zwischen einem scheinbaren Grund (*prima facie*-Grund) und einem realen Grund des Handelns zu tun hat.[43]

(2) Man weist nach, daß die beiden konfligierenden Werte, Prinzipien oder Handlungsgründe nicht gleichwertig sind (Gradierungen von Werten/Prinzipien/Handlungsgründen).[44]

(3) Die Formulierung eines allgemeinen Moralprinzips stellt einen unbedingt geltenden Maßstab der Orientierung in Handlungszusammenhängen bereit. Damit ist garantiert, daß in allen denkbaren Handlungssituationen eine rational begründbare Entscheidung zwischen unterschiedlichen Handlungsalternativen gefällt werden kann.[45]

42 Zum folgenden vgl. die Darstellung der Gegner moralischer Dilemmata in Sinnott-Armstrong, op. cit., pp. 72-107.

43 W. D. Ross, The Right and the Good, Oxford 1930, pp. 16-34; J. Hintikka, Deontic Logic and its Philosophical Morals, in: ders., Models for Modalities, Dordrecht 1969, pp. 184-214. Gegen den Begriff des prima facie-Grunds argumentiert J. Searle: *Prima-facie* Obligations, in: Z. van Straaten (ed.), Philosophical Subjects: Essays Presented to P. F. Strawson, Oxford 1980, pp. 238-259.

44 A. Gewirth, Reason and Morality, Chicago 1978, pp. 340-349; I. Levi, Hard choices. Decision making under unresolved conflict, Cambridge 1986, pp. 69-82.

45 Diese Position vertritt Kants Praktische Philosophie, aber auch Mill

(4) Die Einstufung der jeweiligen Situation als Ausnahmesituation erlaubt die Auflösung des Konflikts zweier Handlungsprinzipien oder die Nichtbefolgung eines einzelnen Grundsatzes (Beispiel: Euthanasie als erlaubte Handlung des Tötens unter genau definierten Bedingungen).[46]

Diese Auflösungsstrategien führen oft zum Erfolg. Besonders günstige Chancen hat die Auflösungsoperation in den Fällen, in denen es sich darum handelt, einen Konflikt zwischen Prinzipien des Handelns, Pflichten oder moralischen Urteilen aufzulösen. Trotz der vorgestellten Auflösungsstrategien ist aber nicht abzusehen, wie die Möglichkeit eines echten Dilemmas generell ausgeschlossen werden kann. Am *Agamemnon* des Aischylos zeigt M. Nussbaum, inwiefern eine Position problematisch ist, die grundsätzlich von der Lösbarkeit des Konflikts zwischen konkurrierenden Handlungsmöglichkeiten ausgeht.[47]

Agamemnon ist Anführer des griechischen Heeres, das Troja angreifen soll. Der Zeitplan der Operation ist völlig durcheinander. Das griechische Heer sollte längst schon unterwegs sein. Aber die Streitmacht sitzt fest, weil die Wetterverhältnisse die Ausfahrt verhindern. Alle wissen: günstiger Fahrtwind wird erst dann aufkommen und die Abfahrt ermöglichen, wenn Agamemnon seine Tochter Iphigenie geopfert hat. Falls Agamemnon das Opfer nicht vollzieht, setzt er das Leben der bereits hungernden Soldaten aufs Spiel und verstößt gegen seine Pflichten als Staatsmann.

Beide möglichen Handlungsweisen Agamemnons sind durch ethische Verpflichtungen begründet. Agamemnon wäre nur dann nicht in einem wirklichen Dilemma, wenn eine der beiden Alternativen nur scheinbar begründet wäre oder wenn eine der beiden Alternativen eindeutig stärker zu gewichten wäre.

beruft sich auf einen einzigen Standard, an dem sich der Handelnde ausrichten kann: J. S. Mill, Die Nothwendigkeit eines höchsten Maßstabs oder obersten Grundsatzes der Teleologie, in: ders., System der deduktiven und induktiven Logik (Gesammelte Werke, IV), ed. T. Gomperz, Aalen 1968, 6. Buch, Kapitel 12, §7, pp. 370-372.

46 R. M. Hare, The Language of Morals, Oxford 1961, pp. 50-54.

47 Nussbaum, Aeschylus and practical conflict, in: dies., op. cit., pp. 25-50. Mögliche Einwände gegen Nussbaums entheologisierte Interpretation erörtere ich hier nicht. Es kommt mir darauf an, die mögliche Härte dilemmatischer Situationen an Nussbaums Aischylos-Interpretation aufzuzeigen.

Die oben angeführten Strategien der Auflösung sind nicht zu gebrauchen. Alle verfügbaren Informationen über seine Situation und alle relevanten Handlungsnormen verpflichten Agamemnon zu jeder der sich wechselseitig ausschließenden Handlungen.
Dieses Dilemma entsteht nicht dadurch, daß Agamemnon nicht in der Lage ist, begriffliche Klarheit über die Situation zu gewinnen. Gerade wenn man im Rahmen einer universalistischen Ethik an der Unbedingtheit der Forderung nach Respektierung der Integrität der Person festhalten will, zeigt sich die ganze Schwere des Dilemmas.
Nussbaums Darstellung des Agamemnon-Dilemmas geht davon aus, daß Agamemnon zwar beide Alternativen mit gleich starken Gründen wählen kann.[48] Insofern trifft ihn keine Schuld an den Konsequenzen seiner Wahl. Aber Nussbaum arbeitet einen weiteren wesentlichen Punkt heraus. Agamemnon wird kritisiert, und zwar wegen der Unangemessenheit der Durchführung seines Entschlusses. Er tötet seine Tochter ohne ein Zeichen der Trauer, des Schmerzes oder der Verzweiflung.[49] Der Chor tadelt Agamemnon, weil er auf unmenschliche Weise seine vernünftige Entscheidung realisiert. Zu Recht betont Nussbaum diesen emotionalen Aspekt rationaler Entscheidungen. Eine begründete Wahl kann durch das Ausbleiben der angemessenen emotionalen Antwort in ein kritikwürdiges Verhalten einmünden. Ein Vater, der der Notwendigkeit folgend das eigene Kind töten muß, ist zu bedauern. Ein Vater, der der Notwendigkeit folgend das Kind ohne weitere Skrupel, ohne eigenen Schmerz umbringt, ist verabscheuungswürdig. Der Fall Agamemnon macht deutlich, daß eine begründete Handlung nicht in jedem Fall Billigung und Zustimmung finden wird.
Mit ihrer Interpretation des *Agamemnon* belegt Nussbaum ihre These von der Interdependenz des emotionalen und rationalen Aspekts von Handlung und Entscheidung auf überzeugende

48 Nussbaum, op. cit., pp. 32-38 sowie pp. 41-47.

49 »Agamemnon's conclusion, which from one point of view seems logical and even rational, omits the sorrow and the struggle, leaving only the good ... What they (i.e. the Chorus) impute to Agamemnon himself is the change of thought and passion accompanying the killing, for which they clearly hold him responsible ... Never, in the choral narration or subsequently, do we hear the king utter a word of regret or painful memory.« (Nussbaum, op. cit., pp. 36f.).

Weise. Ich denke, daß die Analyse über das Verhältnis von Gefühl und rationaler Überlegung und die Struktur des tragischen Dilemmas noch einen Schritt weiter verfolgt werden kann. Zu diesem Zweck beziehe ich mich auf die *Medea* des Euripides.

III. Medea

Die der *Medea* des Euripides gewidmete Forschungsliteratur ist ebenso umfangreich wie kontrovers. Im Mittelpunkt der Diskussion steht das textkritische Problem der Authentizität des großen Monologs der Medea im fünften Epeisodion. Die Frage, ob große Teile dieses Textabschnitts von späteren Bearbeitern stammen, ist deshalb besonders wichtig, weil es gerade die strittigen Textpassagen sind, die seit der Antike als Schlüsselstellen für das Verständnis der *Medea* gelten. Es wäre in der Tat kurios, wenn gerade diejenigen Formulierungen, in denen die Nachwelt die Essenz der *Medea* zu erkennen glaubte, nicht von Euripides, sondern aus der Feder eines späteren Interpolators herrührten. Mit Sicherheit auszuschließen ist dies nicht. Eine definitive Entscheidung über die Frage der Authentizität ist angesichts der derzeit vorliegenden Beweismittel nicht in Sicht. Ich habe meine Interpretation deshalb so angelegt, daß sie von der strittigen Textpassage unabhängig ist.[50]

50 Bei den textkritischen Überlegungen verirren sich einige Autoren im philologischen Dickicht und verlieren den Blick für den Gesamttext. Die Darstellung von Seidensticker bietet einen guten Überblick über wichtige Argumentationslinien. Folgende Arbeiten wurden berücksichtigt: D. Boedeker, Euripides' Medea and the Vanity of LOGOI, Classical Philology 86 (1991), pp. 95-112; E. B. Bongie, Heroic Elements in the *Medea* of Euripides, Transactions of the American Philological Association 107 (1977), pp. 27-56; A. Dihle, Euripides' Medea, Sitzungsberichte der Heidelberger Akademie der Wissenschaften, Philosophisch-historische Klasse 1977/5, Heidelberg 1977, pp. 5-53; ders., Zum Streit um die *Medea* des Euripides, in: C. Schäublin (ed.), Catalepton (FS B. Wyss), Basel 1985, pp. 19-30; H. Diller, ΘΥΜΟΣ ΔΕ ΚΡΕΙΣΣΩΝ ΤΩΝ ΕΜΩΝ ΒΟΥΛΕΥΜΑΤΩΝ, Hermes 94 (1966), pp. 267-275; P. E. Easterling, The infanticide in Euripides *Medea*, Yale Classical Studies 25 (1977), pp. 177-191; H. Erbse, Zum Abschiedsmonolog der Euripideischen Medeia (Eur. *Med.* 1021-1080), Archaiognosia 2 (1981), pp. 66-82; ders., Medeias Abschied von ihren Kindern (Zu Eur. Med. 1078-80), Hermes 120 (1992), pp. 26-43;

Medea ist von ihrem Mann verlassen worden. Jason hat sein Treueversprechen gebrochen und sich von seiner Frau und seinen beiden Kindern abgewendet. Er hofft, durch die Heirat der Tochter des Königs von Korinth, Kreon, seine gesellschaftliche Position zu stärken. Als Ausländerin ist Medea so gut wie rechtlos. Als Frau in der Fremde ist ihre Zukunft und die Zukunft ihrer beiden Kinder mehr als ungewiß. Sie wird nicht nur ihre soziale

C. Gill, Did Chrysippus understand Medea?, Phronesis 28 (1983), pp. 136-149; B. M. W. Knox, The *Medea* of Euripides, Yale Classical Studies 25 (1977), pp. 193-225; D. Kovacs, On Medea's great Monologue (E. *Med.* 1021-80), Classical Quarterly N. S. 36 (1986), pp. 343-352; A. Lesky, Die tragische Dichtung der Hellenen, Göttingen 1972, pp. 300-313; H. Lloyd-Jones, Euripides, Medea 1056-80, Würzburger Jahrbücher für die Altertumswissenschaft N. F. 6a (1980), pp. 51-59; B. Manuwald, Der Mord an den Kindern. Bemerkungen zu den Medea-Tragödien des Euripides und des Neophron, Wiener Studien N. F. 17 (1983), pp. 27-61; B. Meissner, Euripides Medeia 1236-1250, Hermes 96 (1968), pp. 155-166; G. Müller, Interpolationen in der Medea des Euripides, Studi italiani di Filologia Classica Nuova Serie 25 (1951), pp. 65-82; M. D. Reeve, Euripides *Medea* 1021-1080, Classical Quarterly 22 (1972), pp. 51-61; R. Rehm, *Medea* and the λογος of the Heroic, Eranos 87 (1989) 97-115; W. Schadewaldt, Monolog und Selbstgespräch. Untersuchungen zur Formgeschichte der griechischen Tragödie, Berlin 1926; ders., Medea, in: ders., Die griechische Tragödie (Tübinger Vorlesungen IV), ed. I. Schudoma, Frankfurt am Main 1991, pp. 384-411; E. Schlesinger, Zu Euripides' Medea, Hermes 94 (1966), pp. 26-53; G. A. Seeck, Euripides, *Medea* 1059-68: A Problem of Interpretation, Greek, Roman and Byzantine Studies 9 (1968), pp. 291-307; B. Seidensticker, Euripides, Medea 1056-80 an Interpolation?, in: Cabinet of the Muses (FS T. Rosenmeyer), Atlanta, Georgia 1990, pp. 89-102; B. Snell, Szenen aus griechischen Dramen, Berlin 1971, pp. 51-75; W. Steidle, Studien zum antiken Drama, München 1968, pp. 152-168; G. R. Stanton, The end of Medeas monologue; Euripides, Medea 1078-1080, Rheinisches Museum N. F. 130 (1987), pp. 97-106; H. D. Voigtländer, Spätere Überarbeitungen im grossen Medea-Monolog?, Philologus 101 (1957), pp. 217-237; O. Zwierlein, Die Tragik in den Medea-Dramen, Literaturwissenschaftliches Jahrbuch N. F. 19 (1978), pp. 27-63. M. Nussbaum hat eine Interpretation zu einem Nachfolger des Euripides vorgelegt: M. Nussbaum, Serpents in the Soul: A Reading of Seneca's Medea, in: T. Cohen/P. Guyer/H. Putnam (eds.), Pursuits of Reason. Essays in Honor of Stanley Cavell, Lubbock, Texas 1993, pp. 307-344.

Identität, ihre gesellschaftliche Position verlieren, sondern in eine Lage gebracht, in der nicht mehr klar ist, ob sie überhaupt noch Subjekt von Bürger- und Schutzrechten ist. Aber nicht nur ihre soziale Identität ist zerstört. Weil sie entsprechend ihrer Herkunft und ihrer sozialen Position ein außerordentlich stark entwickeltes Gefühl für ihre Ehre hat, droht sich nach Jasons Verrat ihre Persönlichkeit insgesamt aufzulösen. Am Anfang der Tragödie steht der Wunsch nach dem Ende des Lebens: Medea will sterben.[51]

Jedem unbeteiligten Beobachter ist klar, Medea geschieht Unrecht. Der Chor der korinthischen Frauen, der die Ereignisse verfolgt, läßt keinen Zweifel daran entstehen, daß Medea berechtigt ist, sich an ihrem Mann zu rächen. »Mit Recht wirst du den Gatten strafen, Medea. Daß du über dein Schicksal trauerst, wundert mich nicht.«[52]

Gleich zu Beginn des Stücks wird Medea aber durch die Amme als ein unheimlicher Mensch charakterisiert, der in seiner Verzweiflung selbst den eigenen Kindern Leid zufügen könnte.[53] Damit ist das Motiv genannt, dem die Figur der Medea ihren ambivalenten Ruhm verdankt: die Tötung der eigenen Kinder. Daß die Ermordung ihrer Kinder ein geeignetes Mittel ist, um sich an ihrem untreuen Mann Jason zu rächen, ist vollkommen klar. Sie kann den untreuen Gatten treffen, indem sie ihn als Vater vernichtet.[54]

Medeas Lage verschärft sich dadurch, daß Kreon sie des Landes verweist. Die Anwesenheit einer verlassenen, verzweifelten und

51 Ich zitiere unter Angabe der Versnummern nach der leicht zugänglichen zweisprachigen Ausgabe: Euripides, Medea, ed. K. H. Eller, Stuttgart 1993, hier: pp. 95-97 und pp. 146 f. Das Stück verstößt mindestens gegen eine wesentliche aristotelische Bestimmung der Tragödie: Die Handlung führt die Hauptfigur nicht vom Glück ins Unglück, wie Aristoteles sagt. Im Fall der *Medea* beginnt das Drama mit dem Unglück, der Verzweiflung der Heldin.

52 Euripides, Medea, 277-278.

53 Im Prolog sagt die Amme: »Sie haßt nun ihre Kinder und, wenn sie sie sieht, wird sie nicht froh« (36) und warnt den Erzieher »Du aber halte sie (i.e. die Kinder) möglichst fern von Menschen und bringe sie nicht in die Nähe ihrer erregten Mutter. Gerade nämlich sah ich, daß ihr Auge wütend auf sie blickte, als ob sie etwas planen würde ... Möge sie wenigstens den Feinden, nicht den Lieben, Böses tun!« (90-95).

54 Auf die Frage des Chors, ob sie es wagen will, die eigenen Kinder zu töten, antwortet sie: »Ja, denn so dürfte der Gatte am meisten getroffen werden« (817).

ihr Recht einklagenden Frau und Mutter stört die neue Allianz von Jason und Kreons Tochter. Deshalb will Kreon, daß Medea das Land verläßt. Nun steht Medea unter Zeitdruck. Sie schmiedet einen listenreichen Racheplan. Sie wird ihren Mann, Jason, nicht selbst töten, aber sie wird ihm das Leben zur Hölle machen. Sie wird gleichermaßen ihre Rache befriedigen und verhindern, daß man sie als wehrlose Frau verspottet. Bei der Ausführung des Plans bedient sie sich ihrer eigenen Kinder als Mittel zum Zweck. Die Kinder überbringen der neuen Frau Jasons vergiftete Geschenke. Die Braut und ihr Vater sterben auf qualvolle Weise. Sobald die Braut und Kreon ermordet sind, kann Medea das Geschehen nicht mehr nach Belieben bestimmen. Die Realisierung ihres Racheplans hat Konsequenzen, die sie nun nicht mehr aus der Welt schaffen kann, selbst wenn sie das wollte. In dem Augenblick, in dem sie von dem Erfolg ihres Mordprojekts hört, ist sie entsetzt. Auf die Frage, warum sie in Tränen ausbricht, antwortet sie: »Ich kann nicht anders ... Denn dies(e Situation) haben die Götter und ich in meinem verstörten Sinn so eingerichtet.«[55]

Die Situation Medeas ist an dieser Stelle durch zwei Optionen gekennzeichnet. Für jede dieser Optionen sprechen unterschiedliche ethisch-rationale Gründe:

(I) Die erste Möglichkeit besteht darin, daß Medea ihre eigenen Kinder tötet und ihnen damit einen noch qualvolleren Tod erspart. In diesem Fall wäre die Tötung der Kinder nicht mehr primär ein Akt der Rache an Jason, sondern eine Handlung, durch die die Kinder vor noch größerem Leid bewahrt werden:

»... für mich ist beschlossene Sache, möglichst schnell die Kinder zu töten ... und nicht durch Zögern die Kinder auszuliefern einer anderen, feindlicheren Hand, die sie tötet. Denn in jedem Fall müssen sie sterben, und da sie es müssen, will ich sie töten, die ich sie geboren habe.«[56]

In der Forschung ist strittig, ob Medea neben dem Rachemotiv auch ein ethisch-rationales Motiv für die Tötung ihrer Kinder hat. Für diese Frage sind vier Textstellen von Belang:

(1) Im dritten Epeisodion formuliert Medea die Befürchtung, daß ihre Kinder von ihren Feinden verspottet werden. Um das zu verhindern, muß sie selbst die Kinder töten. Von dem Kindermord als Teil der Rache an Jason ist nicht die Rede. Ein starker Ehrbegriff liefert das Motiv für diese Überlegung (781-792).

55 Euripides, Medea, 1013 f.

56 Euripides, Medea, 1236-1241.

(2) In dem großen Monolog des fünften Epeisodions wiederholt Medea nochmals das ethisch-rationale Motiv für die Tötung der Kinder (1059-1063):

»Bei den unterirdischen Rachegeistern im Hades, niemals soll es geschehen, daß ich meinen Feinden meine Kinder ausliefere, um sie zu beschimpfen. Es ist unvermeidlich, daß sie sterben. Da sie es müssen, will ich sie töten, die ich sie geboren.«

(3) Die oben zitierte Stelle am Ende des fünften Epeisodions: hier wird die Gefahr, die den Kindern von Medeas Feinden her droht, nicht mehr als Verlust der Ehre, sondern als Verlust des Lebens bestimmt (1236-1241).

(4) Daß die Bedrohung der Kinder durch die über den Mord an Kreon und seiner Tochter empörten Korinther kein bloß vorgeschobenes Motiv der Medea ist, wird durch Jasons Worte deutlich (1301-1305):

»Doch trage ich um sie (i.e. Medea) nicht so sehr Sorge wie um die Kinder. Ihr werden Böses antun die, denen sie es tat, doch meiner Kinder Leben zu retten kam ich, damit ihnen nicht die Verwandten etwas antun, der Mutter gottlosen Mord zu rächen.«[57]

(II) Die zweite Möglichkeit besteht darin, daß Medea den gegen eine Tötung ihrer Kinder sprechenden emotionalen und moralischen Gründen den Vorrang einräumt, die Kinder unversehrt läßt und beispielsweise versucht, mit ihnen aus Korinth zu fliehen.

57 Daß Medea neben dem Rachemotiv auch ein ethisch-rationales Motiv für die Tötung der Kinder hat, wird von Boedeker (1991), p. 107 und p. 109; Dihle (1977), p. 33 Anm. 20 und p. 38; Diller (1966), p. 269; Lesky (1972), pp. 311 f.; Meissner (1968), p. 165; Reeve (1972), p. 60; Schadewaldt (1926), p. 197 Anm. 3; ders., (1991), pp. 406 f.; Seidensticker (1990) und Steidle (1968), p. 157 mit unterschiedlichen Akzentsetzungen festgestellt. Demgegenüber vertreten Kovacs (1986), pp. 344 f.; Lloyd-Jones (1980) und Schlesinger (1966), p. 32 die Ansicht, daß die Tötung der Kinder allein durch das Rachebedürfnis Medeas motiviert ist. Diese Ansicht ist nicht überzeugend. Auch wenn der oben unter (2) herangezogene Passus (1059-1063) – wie in der Forschung immer wieder angenommen wird – nicht authentisch wäre, so zeigen die anderen Textstellen deutlich, daß Medeas Vorsatz, die Kinder zu töten, nicht durchgängig und nicht ausschließlich durch das Rachemotiv begründet ist. Für mein Argument ist nicht 1059-1063, sondern 1236-1241 die entscheidende Textstelle. Das Argument wird durch 1301-1305 zusätzlich gestützt.

Die Konsequenz dieser Option wäre, daß die Kinder möglicherweise, falls ein Fluchtversuch mißlänge, von den Verwandten und Anhängern Kreons grausam umgebracht würden. Selbstverständlich liegt ihr als Mutter die zweite Alternative nahe. Ambivalent ist die erste Option, die Tötung der Kinder, für Medea nicht nur deshalb, weil sie gleichermaßen der Fürsorge der Mutter entspringt und sie selbst als Mutter verletzt. Die Ambivalenz liegt für Medea vor allem darin, daß die Tötung ihre Söhne zwar vor einem noch grausameren Tod bewahrt, auf der anderen Seite aber auch Bestandteil ihrer Rache an Jason ist.[58]

Der eben beschriebene Konflikt besteht zwischen zwei unterschiedlichen Handlungsweisen, die beide durch ethisch-rationale Gründe gestützt werden können. Im Hinblick auf die Gestalt der Medea ist es wesentlich, diesen Aspekt nicht auszublenden. Dadurch wird vermieden, den Kindermord ausschließlich als die Tat einer vollkommen unmenschlichen Hexe zu verstehen. Das ethisch-rationale Motiv für die Tötung der Kinder durch ihre Mutter verhindert, daß die Gestalt der Medea vollständig durch die Affekte des Zorns und der Rache dominiert ist.

Insgesamt kennzeichnet der Konflikt zwischen dem ethisch-rationalen Grund für die Tötung der Kinder und dem Grund, der gegen die Tötung spricht, die Medea-Situation aber nicht in angemessener Weise. Denn Medea erkennt zwar ein genuin moralisches Problem. Dieses wird aber im Gang der Ereignisse wieder zur Seite gedrängt durch die im Stück dominierenden Emotionen: Zorn und Verzweiflung. Dabei ist Medea sich darüber im klaren, daß sie ihre Kinder nicht töten darf: »... ich erkenne das Grauenvolle, das ich zu tun gedenke. Doch mein Zorn ist stärker als meine vernünftigen Gedanken.«[59]

58 »Ich könnte es nie. Fahrt hin, ihr früheren Pläne! Wegführen will ich meine Kinder aus diesem Land. Was soll ich, um ihren Vater mit ihrem Unglück zu kränken, mir selbst zweimal so viel Unglück erwerben? Ich kann das nicht! Fahrt dahin Pläne.« (Euripides, Medea, 1044-1048).

59 Euripides, Medea, 1078/1079. Es ist ein auffälliger und oft betonter Zug der Medea des Euripides, daß sie im Gegensatz zu vielen ihrer Nachfolgerinnen nicht einseitig als Zauberin, Magierin oder Hexe charakterisiert ist, sondern in ihrem Verhalten sehr stark durch hellsichtige Überlegung und den Ehrbegriff einer männlichen Ethik bestimmt ist. Erotisches Begehren und Eifersucht spielen bei der Medea des Euripides hingegen keine zentrale Rolle. Der Vergleich mit späteren Medea-Dramen, insbesondere der *Médée* P. Corneilles (1639) macht diese

Das Medea-Dilemma besteht demnach primär in der Inkommensurabilität von rationalen, ethischen und emotionalen Handlungsgründen. Die einander widerstrebenden rationalen und emotionalen Impulse präsentiert der Text durch das abrupte Hin und Her von Bejahung und Verneinung einzelner Handlungsweisen.[60] Medeas Dilemma ist kein genuin moralisches Dilemma. Es steht außer Frage, daß ihre Rache, die Morde an der jungen Braut Jasons, an Kreon und den eigenen Kindern, ein Unrecht ist.

Die Situation Medeas auf griffige Formeln, ›Widerstreit von Gefühl und Vernunft‹ oder ›Kampf zwischen Rachedurst und Mutterliebe‹, zu reduzieren, wäre vollkommen unangemessen. Weder besteht der Widerstreit nur zwischen Gefühl und Vernunft, noch ist Medea ausschließlich zwischen zwei Gefühlen hin und her gerissen. Ihr tragischer Konflikt ist durch eine Summierung sich widersprechender Impulse bestimmt.

Drei unterschiedliche dilemmatische Strukturen können auf der Basis der bisherigen Überlegungen unterschieden werden: (1) Der einfachste Fall ist der des Agamemnon, der mit zwei rationalen Handlungsgründen konfrontiert ist, die gleichermaßen gültig sind und sich wechselseitig ausschließen. (2) Der zweite Fall ist derjenige eines Konflikts von zwei Emotionen, die nicht miteinander vereinbar sind. Ein Beispiel hierfür ist der Antagonismus von Zorn und Mutterliebe. (3) Der dritte Fall ist schließlich derjenige eines Konflikts zwischen den Ebenen der Emotion und der rationalen Überlegung, wie er sich in dem oben zitierten Ausspruch der Medea artikuliert.

Von den ersten beiden Formen eines Dilemmas ist derjenige betroffen, der sich in seinem Handeln nur von seinen Vernunftgründen oder nur von seinen Gefühlen bestimmen läßt. Die Handlungswirklichkeit hat in beiden Fällen eine intrinsisch paradoxe Struktur, in der inkompatible Optionen einander gegenüberstehen. Diese inkompatiblen Handlungsweisen sind entweder kommensurabel oder inkommensurabel.

Eigentümlichkeiten der Euripideischen Medea deutlich. Für die literarische Wirkungsgeschichte des Medea-Mythos ist nicht die differenzierte Medea des Euripides, sondern die Medea Senecas ausschlaggebend. Vgl. P. Corneille: »Ma Médée ne doit rien au poète grec, mais infiniment au latin ...« (P. Corneille, Œuvres complètes, I (Edition de la Pléiade), ed. G. Couton, Paris 1980, p. 1377).

60 Euripides, Medea, 1044-1048, 1051-1055, 1056, 1062.

Kommensurable Handlungsalternativen sind dann gegeben, wenn kein Zweifel daran besteht, welches die relevanten Aspekte der Entscheidungssituation sind, und wenn beide Optionen aufgrund desselben Standards beurteilt werden können. Inkompatible kommensurable Optionen liegen also in den Fällen vor, in denen zwei einander ausschließende Handlungen mit genau gleich starken Gründen geboten sind oder den gleichen Nutzen verursachen. Von inkommensurablen Alternativen kann man hinsichtlich derjenigen Fälle sprechen, in denen eine Reduktion auf einen einzelnen Maßstab der Beurteilung nicht sinnvoll erscheint. Dies ist etwa dann der Fall, wenn jede der beiden Optionen durch eine unbedingte Forderung motiviert wird, oder in den Fällen, in denen unterschiedliche Wertorientierungen je eine Alternative stützen, ohne daß für eine Gewichtung der heterogenen Wertstandpunkte ein überzeugendes Kriterium zu finden ist.

Die dritte Variante dilemmatischer Situationen entzweit das Subjekt auf der Ebene seiner Handlungsmotivation: der rationalen Option wird durch Gefühle widersprochen. Hier handelt es sich um einen Widerspruch, der sich als Handlungshemmung oder als ein die rationale Option negierendes Verhalten manifestieren kann. In diesem Fall widersprechen sich inkommensurable und inkompatible Motive.

Die Gestalt der Medea ist bei Euripides vorrangig dadurch charakterisiert, daß sie mit einem Dilemma des dritten Typs konfrontiert ist. Wenn man dieses Dilemma als Wahl zwischen zwei Alternativen bestimmen wollte, dann würde sich folgende Konstellation ergeben:

(A) eine rationale Handlungsweise, die moralischen Pflichten gerecht wird und die eigene Existenz als Person aufgibt;

(B) ein Verhalten, das emotionalen Impulsen nachgibt und die eigene Existenz als Person aufgibt.

Das Dilemma besteht zwischen den Ebenen der Vernunft und der Gefühle, wobei für Medea beide verfügbaren Optionen identitätsvernichtend sind. Das macht die Schärfe des Problems aus. Die Prägnanz und Dichte der Figur der Medea wird zudem dadurch gesteigert, daß sie auch durch Konflikte der ersten beiden Arten belastet ist.

Der Umstand, daß das Medea-Dilemma durch Inkommensurabilität der konfligierenden Faktoren charakterisiert wird, ist wichtig. Es ist nämlich diese Art der Inkommensurabilität von handlungsleitenden Orientierungen, die das Leben von Personen in Konfliktsituationen in der Regel prägt. Die von Aristoteles in der *Poetik* überlieferte Kennzeichnung des Euripides als Autor, der die Menschen so darstellt, wie sie in Wirklichkeit sind, und sie nicht idealisiert, trifft an diesem Punkt den Nagel auf den Kopf.[61] Mit dieser Wirklichkeitsnähe des Euripides hängt auch sein Abstand zur Welt des Mythos zusammen: Die Gestalt der Medea ist eine komplexe, widerspruchsvolle Figur, die sich einer vereinheitlichenden Deutung als durch Eifersucht in Raserei versetzte Gattin, dämonische Zauberin oder monströse Hexe entzieht.[62] Indem Medea bei Euripides ein männliches Ethos der Ehre vertritt und die Tötung der Kinder auch als eine ethisch-rational zu rechtfertigende Handlung erwägt, stellt er eine eigentümliche Verbindung zum Mythos her und unterbindet die Bagatellisierung der Medea im Rahmen einer vernunftorientierten Sicht der Handlungswelt. Die aufgezeigte Inkommensurabilität und Inkompatibilität von rationalen und emotionalen Gründen des Handelns wird von den philosophischen Gegnern moralischer Dilemmata unterschätzt. Nur wenn der moralische Standpunkt rigoros auf die Formulierung und Applikation eines einzelnen obersten Vernunftprinzips eingeschränkt wird, besteht möglicherweise die Aussicht, moralische Dilemmata zu eliminieren. Die Kosten einer solchen Eliminierung durch einen moralphilosophischen Monismus sind beträchtlich: Die Handlungswelten lebender Personen werden zu Anwendungsbereichen der Moraltheorie zurechtgestutzt und die das Verhalten von Menschen bestimmenden Gründe zugunsten eines einheitlichen Moralprinzips ausgesondert. Sobald der moralische Standpunkt differenzierter aufgefaßt wird und mehrere möglicherweise konkurrierende moralische Werte (Universalisierbarkeit der Handlungsmaximen, Gerechtigkeit, Wahrhaftigkeit, Freundschaft, Verläßlichkeit/Treue u. a.) umfaßt, gilt es anzuer-

61 Aristoteles, Poetik, 1461 a 33-35.

62 Die ihrerseits komplexen Verhältnisse der mythischen Anschauungsform werden mit Bezug auf den Medea-Mythos ausführlich behandelt in: A. Moreau, Le mythe de Jason et Médée, Paris 1994. Moreau hebt zurecht das Schlußbild der Tragödie des Euripides hervor. »Elle occupe la place exacte que dans d'autres tragédies d'Euripide occupe le *deus ex machina* … Mais elle n'est pas là pour résoudre une situation inextricable et apaiser les esprits, comme le *deus ex machina*.« (p. 198).

kennen, daß Personen sich in unauflösbaren Konflikten befinden können.

Die *Medea* des Euripides läßt in exemplarischer Weise das Philosophische der Tragödie sichtbar werden: Sie schärft den Blick für die Interdependenz von rationalen und emotionalen Handlungsgründen und bewahrt vor einer Überschätzung der Anwendbarkeit unbedingter Moralprinzipien, die angesichts der konkreten Entscheidungssituationen zwischen inkommensurablen und inkompatiblen Alternativen dem in der Situation stehenden Einzelnen keine wirkliche Entscheidungshilfe bieten. Wenn man diesen Konflikt ernst nimmt, dann löst man die Bindungskraft der praktischen Vernunft nicht auf. Man erkennt vielmehr, welche Rolle die praktische Vernunft in einer menschlichen Handlungswelt spielt: nicht die allein maßgebende. Mit dieser Einsicht erreicht die Tragödie des Euripides einen momentanen Konvergenzpunkt mit der Sokratischen Philosophie. Sie warnt vor der Überschätzung des Wissens und vor dem Glauben, dank begrifflicher Klärung (unbedingter) Handlungsprinzipien alles in den Griff zu bekommen:

»... furchtlos möchte ich sagen, daß die von den Menschen, die weise scheinen und sich um Wissen bemühen, sich der größten Torheit schuldig machen. Von Sterblichen ist nämlich keiner glückselig.«[63]

63 Euripides, Medea, 1224-1227. Ich danke den Teilnehmern des Konstanzer Kolloquiums ›Philosophie in Literatur‹ sowie Anne-Margret Rusam (Frankfurt), Christiane Schildknecht (Konstanz), Ella Schmidt (Konstanz) und Johanna Seibt (Austin, Texas) für Gespräche, Anmerkungen und Hinweise.

Bernhard Teuber

Zur Frage des Neuplatonismus in der Dichtung der spanischen Mystik

Man mag es einem Philologen nachsehen, daß er eine doppelte Reduktion des angekündigten Themas vornimmt. Die erste Einschränkung betrifft mein Verständnis des Platonismus oder auch des Neuplatonismus, da unterscheide ich nämlich nicht streng. Solche Nonchalance dürfte bei zünftigen Philosophen Stirnrunzeln auslösen, es sei denn, diese hätten sich mit dem Thema sehr eingehend beschäftigt. Dann könnte es ihnen vielleicht ähnlich ergehen wie mir: Man sieht den Wald vor lauter Bäumen nicht. So habe ich mich zum Quereinstieg entschieden mit Hilfe eines Tricks, den ich dem Scholarchen oder Schulhaupt der Akademie abgeschaut habe: Platon läßt im *Symposion* den Pausanias eine Unterscheidung zwischen dem himmlischen und dem gemeinen Liebesgott treffen, zwischem dem οὐράνιος Ἔρως und dem πάνδημος Ἔρως[1]. Man weiß, was vom letztgenannten zu halten ist. – Nichtsdestoweniger werde ich mich im folgenden auf etwas ganz ähnliches berufen müssen, nämlich auf die gemeine Akademie, die πάνδημος Ἀκαδήμεια, wohl wissend, daß es daneben auch eine himmlische Akademie, eine οὐρανία Ακαδήμεια, gibt oder zumindest geben könnte. Ich wende also einen bloß gemeinen oder Allerweltsbegriff des Platonismus an, bei dem es auf genaue Merkmalzuweisungen und die Unterscheidung einzelner Phasen gar nicht weiter ankommt, denn ich will ja damit bis ins 16. Jahrhundert vordringen. Die Lesetechnik, über die ich diesen Allerweltsplatonismus zu rekonstruieren und das heißt erst einmal mir anzueignen suche, ist dem schwachen Denken wohl angemessen, das mein Konzept verrät. Es ist das Zapping oder besser gesagt sein unvollkommenes Schattenbild, sozusagen sein εἴδωλον im Medium der Buchkultur. Allerdings bin ich, um auf den Jargon der Schau zurückzuschalten, nicht verkabelt und nur an wenige Kanäle angeschlossen: Es sind die Antike mit Platon und auch noch Plotin; die Spätantike mit Boethius und Dionysius

1 Platonis convivium 8 sq., 180 c-182 a.

Areopagita; die italienische Renaissance mit Marsilio Ficino und dem Erotikprogramm eines Leone Ebreo oder Baldassare Castiglione. Während bestimmter Sendezeiten ist mein Empfänger nicht eingeschaltet, beispielsweise während des ganzen Mittelalters. Möglicherweise wird auch bezweifelt, daß Dionysius überhaupt in diese Programmsparte paßt, und gefragt, ob er nicht auf andern Sendern immer unter dem Titel Pseudo läuft. Dazu nur soviel: Wer auf den Pseudo-Titel des Areopagiten Wert legt, müßte ihn konsequenterweise auch Leuten wie Voltaire oder Stendhal andienen, die schrieben gleichfalls unter Pseudonym.

Die zweite Reduktion betrifft den zweiten Teil meines Titels: Wenn ich von mystischer Dichtung in Spanien spreche, dann möchte ich mich im folgenden ausschließlich auf ein Autorenpaar, eine Lehrerin und ihren erheblich jüngeren Schüler, beziehen, die an prominenter Stelle in der spanischen Literaturgeschichte figurieren, nämlich Teresa von Avila (1515-1582) und Johannes vom Kreuz (1542-1591), auch bekannt unter ihren spanischen Namen als Santa Teresa de Jesús und San Juan de la Cruz. Es handelt sich um zwei charismatische Gestalten des 16. Jahrhunderts, eine Nonne und einen Mönch, später heiliggesprochen, die gemeinsam im Spanien Philipps II. und gegen innerkirchliche Widerstände die Reform oder besser gesagt die Neugründung des Zweigs der Unbeschuhten Karmeliten durchgesetzt haben. Das gesteckte Ziel war ein geistliches, die Erneuerung des religiösen Lebens aus einer inneren Erfahrung heraus: Die Seele solle alles Äußerliche hinter sich lassen und sich ganz und gar Gott hingeben, da er allein ihr unendliches Begehren werde stillen können. Für dieses Programm suchten Teresa, Johannes und ihre Mitstreiter ein Publikum zu begeistern und wohl auch zu schaffen, sowohl unter Ordensleuten als auch unter Laien. Als ein geeignetes Instrument hierfür erwies sich die Literatur: die Autobiographie der Ordensgründerin; mystagogische Traktate; ein relativ schmales Corpus von Gedichten, die sehr oft zum Singen bestimmt waren. Wir haben uns angewöhnt, diese Gedichte mystisch zu nennen; jedenfalls modellieren sie plastisch Erfahrungen der nach Gott dürstenden Seele und wecken gleichzeitig den Bedarf nach ebenden Erfahrungen, die sie beschreiben: es sind Verführungsreden voll erotischer Bilder. Die mystische Dichtung ist in den Kanon der spanischen Literatur eingegangen, und ich werde auf einige Beispiele zurückkommen. Die genannten Autoren sind in Spanien relativ populär, dem lesenden Publikum sind die Texte überraschend vertraut, auch nach Francos Tod. Es gibt allerdings kaum ansprechende Übersetzungen ins Deutsche. Meine Ausführungen werden vielleicht auch darüber Aufschluß geben, warum eine Übertragung so überaus schwierig ist.[2]

1. Neuplatonismus als Realität und Problem

Daß sich die Renaissance als Epoche durch die enthusiastische Wiederbelebung eines platonischen Diskurses definiert, ist ein Gemeinplatz, der auch für Spanien gilt. Platonisches Gedankengut wurde zu einem festen Bestandteil des kulturellen Wissens. Es prägte vor allem die zeitgenössische Auffassung der Liebe.[3] Von Italien her rezipierte man gewiß Ficino, vor allem aber die *Dialoghi d'Amore* des Leone Ebreo (geschrieben um 1502, Erstdruck in Rom 1535) und die Lehrrede des Pietro Bembo über die Liebe im Schlußteil des vierten Buchs des *Cortegiano* von Baldassare Castiglione (1528). Juda Abarbanel alias Leone Ebreo war selbst sephardischer Jude und 1492 aus Spanien vertrieben worden. Das schmälerte nicht die Wirkung seines Werks auf das spanische Publikum. Seine italienisch geschriebenen *Dialoghi* wurden 1564 ins Lateinische und zwischen 1568 und 1590 allein dreimal ins Spanische übertragen, zuletzt vom Inca Garcilaso de la Vega; aber bis in die Zeit des Cervantes hinein las man den Autor auch gern im Original. Der *Cortegiano* des Castiglione war schon 1534 von Juan Boscán ins Spanische übersetzt worden. Manch weiteres

2 Ich verwende im folgenden die spanischen Ausgaben: Santa Teresa de Jesús, Obras completas, eds. Efrén de la Madre de Dios/O. Steggink, 6ª edición, Madrid 1979; San Juan de la Cruz, Obras completas, ed. L. Ruano, 11ª edición, Madrid 1982. Hingewiesen sei auf die deutsche Übersetzung beider Gesamtwerke im Kösel-Verlag München durch Aloysius Alkhofer/Ambrosius Hofmeister – in sechs Bänden für Teresa und in fünf Bänden für Johannes vom Kreuz (hiervon Nachdruck durch die Wissenschaftliche Buchgesellschaft Darmstadt). Schließlich gibt es einen hilfreichen Band im Johannes-Verlag, der die Gedichte zweisprachig bietet: Johannes vom Kreuz, Dunkle Nacht und Gedichte, trad. H. U. v. Balthasar/C. Capol, 3. Auflage, Einsiedeln 1983.

3 Vgl. A. A. Parker, The Philosophy of Love in Spanish Literature. 1480–1680, ed. T. O'Reilly, Edinburgh 1985.

wird hinzugekommen sein. Insgesamt dürften sich die Quellen, aus denen sich das neuplatonische Denken und Reden im Spanien der Renaissance speiste, kaum weniger buntscheckig und eklektizistisch darstellen, als ich es zu Eingang meiner Ausführungen ankündigte. Die ganz unterschiedlichen Autoren und Texte neben- oder gar ineinander zu lesen erweist sich demnach nicht nur als der Notbehelf des Interpreten, sondern auch als ein getreues Spiegelbild der Rezeptionsverhältnisse, die für das damalige Spanien maßgeblich waren.

Die petrarchistische Liebesdichtung, dann auch das Drama des Goldenen Zeitalters griffen neuplatonische Konzepte begierig auf – meist freilich weniger im denkerischen Vollzug als in Form einer spielerischen Rhetorik, aus der reizvolle Metaphern, Vergleiche oder Überredungsstrategien bezogen wurden. Auch daraus läßt sich immerhin erschließen, daß der Horizont neuplatonischen Wissens nahezu allgegenwärtig war. Die beiden wichtigsten neuplatonischen Dichter der spanischen Renaissance sind zweifelsohne Fray Luis de León (ca. 1527-1591) und der oft zu wenig beachtete Francisco de Aldana aus Neapel (1537-1578). Aldana verfaßt tiefsinnige Lehrgedichte, beschreibt aber in manchen Sonetten auch Szenen höchster erotischer Intimität und legt sie auf die neuplatonische Liebeslehre hin aus. Fray Luis orientiert sich in seiner Lyrik am Vorbild des Horaz, präsentiert aber darin immer wieder Inhalte eines christlichen Neuplatonismus. Das dichterische Anliegen des Fray Luis ist vielleicht mit dem des Boethius zu vergleichen: eine glänzende Gedanken- und auch Trostlyrik, der es um die formal perfekte Vermittlung einer vorgegebenen philosophischen Doktrin zu tun ist. Wie Boethius saß auch Fray Luis im Gefängnis. Gott sei Dank ist er aber nicht wie jener darin gestorben, sondern rehabilitiert worden.

Vor diesem Hintergrund braucht es niemanden zu verwundern, daß auch die mystischen Autoren der Renaissance den zeitgenössischen Neuplatonismus kannten und aus ihren Texten sprechen ließen. Doch hatten die Mystiker darüber hinaus Anteil an einer weit umfassenderen Tradition, die über Dionysius vom Areopag bis zu Plotin, ja bis zu Platon zurückreichte. Die Beurteilung des neuplatonischen Einflusses auf die spanische Mystik geriet allerdings zu einem Problem, das sowohl forschungsgeschichtliche als auch philosophische Wurzeln hat. Im Brennpunkt dieser Debatte steht nicht zufällig Johannes vom Kreuz, der *doctor mysticus* κατ' ἐξοχήν, dessen Denken oftmals vielschichtiger und voraussetzungsreicher ist als das der Teresa. Gerade darum stellt sich bei Johannes vom Kreuz die Einflußfrage mit um so größerer Dringlichkeit. Strittig sind in der Forschung die verschiedenen Traditionslinien, die sich in seinen Schriften verbinden. Ein weitgehend unproblematischer Weg führt über die direkte Lektüre der areopagitischen Schriften und weiterer Kirchenlehrer oder über die rheinisch-flämische Mystik mit Autoren wie Tauler, Ruusbroec und Thomas von Kempen, die in Spanien höchst populär waren. Daneben aber werden immer wieder Bedeutung und Ausmaß des jüdischen sowie islamischen Erbes diskutiert, das im Spanien des 16. Jahrhunderts überaus virulent gewesen sein muß.

In jüngerer Zeit konnten vor allem L. López Baralt (im Anschluß an die Untersuchungen von M. Asín Palacios) sowie C. Swietlicki erstaunliche Anleihen der spanischen Mystiker beim Sufitum und bei der Kabbala aufzeigen.[4] Diese Parallelen lassen sich gewiß in jedem Einzelfall, nicht aber allesamt aus rein zufälligen Übereinstimmungen erklären. Daß die genannten Forscher bislang keine genauen Filiationen nachzuzeichnen vermochten, darf nicht als Argument gegen sie verwendet werden. Die monastische Kultur des 16. Jahrhunderts war sowohl von der Mündlichkeit als auch vom Medium der Handschrift geprägt. Die mündliche Überlieferung ist für uns heute unsichtbar geworden, und viele handschriftliche Zeugnisse wurden im Zuge der strenger werdenden Zensur bereits im 16. Jahrhundert oder später vernichtet. So bleiben möglicherweise als einzige Zeugnisse eines verschlungenen Rezeptionsprozesses die offenkundigen Berührungspunkte zwischen spanischer Mystik einerseits und den Lehren der Sufis oder der Kabbalisten andererseits. In ihrer eindrucksvollen Häufung erbringen diese Indizien einen augenscheinlichen Beweis dafür, daß von einer Beeinflussung auszugehen ist, obwohl genaue Vermittlungsstufen nicht mehr zu rekonstruieren sind.

Zu selten wurde bislang gefragt, warum das Gedankengut jüdi-

4 Vgl. M. Asín Palacios, El Islam cristianizado. Estudio del ›sufismo‹ a través de las obras de Abenarabí de Murcia (1931), 2ª edición, Madrid 1981; L. López Baralt, San Juan de la Cruz y el Islam. Estudio sobre las filiaciones semíticas de su literatura mística, México 1985; C. Swietlicki, Spanish Christian Cabbala. The Works of Luis de León, Santa Teresa de Jesús and San Juan de la Cruz, Columbia, Missouri 1986.

scher Kabbalisten oder islamischer Sufis relativ mühelos von christlichen Autoren assimiliert werden konnte. Ein maßgeblicher Grund hierfür liegt zweifelsohne darin, daß alle drei Buchreligionen des Mittelmeerraums über Jahrhunderte hinweg mit dem Diskurs des Neuplatonismus koexistiert hatten, der von Haus aus weder jüdisch noch christlich noch islamisch war und dennoch alle drei Religionen tiefgreifend beeinflußte. Erst der Neuplatonismus gab jenes diskursive Fluidum ab, innerhalb dessen jüdische, christliche und islamische Geheimlehren ineinander übersetzbar, miteinander vergleichbar oder gar kompatibel wurden. Wenn ich darum im folgenden vorrangig den Zusammenhang zwischen der spanischen Mystik und zwei klassischen Repräsentanten des griechischsprachigen Neuplatonismus, nämlich Plotin und Dionysius, herausstreichen werde, dann schließe ich keineswegs aus, daß daneben auch jüdische oder islamische Überlieferungen von Belang gewesen wären, sondern ich gehe zu jenen Quellen zurück, die auch einem solchen sekundären Einfluß noch voraufliegen und ihn darum überhaupt erst ermöglicht haben. Bekanntlich sind einige Traktate Plotins ins Arabische übersetzt worden, und im maurisch beherrschten, weithin arabischsprachigen Spanien des Mittelalters sind bezeichnenderweise die frühesten kabbalistischen Traktate entstanden. Plotins Bedeutung sowohl für die islamische als auch für die jüdische Mystik kann schwerlich überschätzt werden.

Es war J. Baruzi, der 1924 in seiner grundlegenden Untersuchung über *Saint Jean de la Croix et le Problème de l'expérience mystique* erstmals in einigen Bereichen auffällige Parallelen zwischen der Lehre des Plotin und des Johannes vom Kreuz aufzeigte, ohne damit auch eine direkte Kenntnis zu präjudizieren. Forschungsgeschichtlich war Baruzis Interpretation um die Mitte der 1920er Jahre ein Novum, theologisch eine Provokation. Denn die Grenze zwischen heidnischem Platonismus und Christentum, zwischen paganem und christlichem Neuplatonismus schien scharf gezogen. Baruzi aber behauptete, daß sich am Beispiel des Verhältnisses von Plotin zu Johannes vom Kreuz eine Trennungslinie gar nicht so klar markieren lasse. Besondere Brisanz gewann Baruzis Deutung im kulturellen Umfeld der 1920er Jahre. In diese Zeit fallen maßgebliche und eindrucksvolle Ansätze, die spanische Kultur des Goldenen Zeitalters insgesamt neu zu lesen – nicht mehr als einen monolithischen Block, sondern als eine heterogene und auch heterodoxe Vielfalt von Diskursen.[5] Johannes vom Kreuz, der 1926 offiziell zum Kirchenlehrer proklamiert werden sollte, wurde fast zeitgleich von Baruzi zu einem Wortführer des heterodoxen, des Andern Spanien ausgerufen. Insofern war Baruzi ein würdiger Nachfolger des modernistischen Theologen A. Loisy auf dem Lehrstuhl für Religionsgeschichte am Collège de France. Ganz unabhängig von der kulturpolitischen Konjunktur der 1920er Jahre hat Baruzi in seiner grundlegenden Intention recht behalten: Die Wechselbeziehungen zwischen dem außerchristlichen und dem christlichen Platonismus sind enger, als man sich dies lange Zeit eingestehen wollte. Wir würden heute beide Richtungen weniger als gegensätzlich zueinander denn als Varianten voneinander verstehen, also die Opposition zwischen ihnen dekonstruieren. Das christliche Denken ist ohnehin erst spät und keineswegs überall eine Ehe mit dem aristotelischen Thomismus eingegangen. Außerhalb davon liegt ein – zum Teil unerforschter – Kontinent, zu dem gerade die mystische Literatur gehört.

Über das Gesagte hinaus hat Baruzis Deutung eine philosophische Dimension. Er vertritt einen emphatischen Begriff der mystischen Erfahrung, den er sowohl bei Johannes vom Kreuz als auch in Plotins Konzept der Schau wiederfindet, den er aber maßgeblich im Bann von Bergsons lebensphilosophischem Intuitionsbegriff entwickelt haben dürfte. Baruzi zufolge gipfelt die mystische Erfahrung bei Johannes vom Kreuz letztendlich in einem noetischen Akt, der es ihm gestattet, Gott und in Gott die Welt zu erkennen – nicht im andeutenden Bild, sondern im Begriff selber: »Définitif échec de l'image, triomphe de la notion. Notion de Dieu et non des choses.«[6] – ›Endgültige Niederlage des Bildes, Triumph des Begriffs. Erkenntnis Gottes und nicht der Dinge.‹ Die plotinische ἐπιστροφή aus der Vielheit der Bilder zur vollkommenen Einfachheit des Einen wäre damit Wirklichkeit geworden. Ein sicheres Kennzeichen für die Unmittelbarkeit und die Authentizität der Erfahrung ist laut Baruzi die Sprache. Diese kann nur dann angemessener Ausdruck der mystischen Erfahrung werden, wenn sie sich des Symbols bedient:

5 Zu erwähnen sind an erster Stelle der spanische Historiker Américo Castro und der französische Hispanist Marcel Bataillon.

6 J. Baruzi, Saint Jean de la Croix et le Problème de l'expérience mystique (1924), 2e édition revue et augmentée d'une préface nouvelle, Paris 1931, p. 708.

»Un symbole mystique, qui n'arrive pas à nous faire percevoir, même dans le rythme des images, la profondeur de l'expérience, n'est qu'un pseudo-symbole. Le vrai symbole adhère à l'expérience. Il n'est pas la *figure* d'une expérience.«[7]

Das Symbol ist für Baruzi weder *figure* (Figur) noch *image* (Bild), sondern die Utopie eines Ausdrucks, der selbst schon anfanghaft Anteil besitzt an dem, was er bezeichnet. Im Symbol ist das Symbolisierte präsent, die semiotische Differenz zwischen Zeichen und Bedeutung, zwischen Signifikant und Signifikat ist getilgt – das heißt platonisch gesprochen, daß das εἴδωλον im παράδειγμα, das Abbild im Urbild aufgegangen ist. Das mystische Symbol ist demnach für Baruzi differenzlos, um nicht zu sagen differenzvergessen.

Den bedeutendsten Gegenentwurf zu Baruzis oben genannter Studie stellt die *Kreuzeswissenschaft* der Karmelitin Edith Stein dar, ein Buch, das wegen des Abtransports der Verfasserin 1942 nach Auschwitz als Fragment schließt. Von einer phänomenologisch geprägten Position aus problematisiert und verschiebt E. Stein Baruzis Symbolkonzeption. Dem scheinbar unmittelbaren Symbol stellt sie das Kreuz als ein *Wahrzeichen* gegenüber, welchem Bedeutung in seiner Geschichte zuwächst, so daß es weder willkürliches Zeichen noch differenzloses Symbol ist.[8] Dementsprechend führt E. Stein in ihre Interpretation als zentrale Kategorien das Kreuzesopfer und die Selbsthingabe des Liebenden ein, die bei Baruzi keine Rolle gespielt hatten. Unter dem Firnis einer poetischen Symbolsprache macht sie in ihrer phänomenologisch bestimmten Lektüre des Textes eine radikal erotisierte Erfahrung des Kreuzes sichtbar, deren ascetische Austerität mit dem lebensphilosophischen Konzept einer emphatischen Erfahrung bei Baruzi kaum mehr vermittelbar ist.

Aus einer theologischen Perspektive valorisiert E. Stein das unübersehbar christliche Element bei Johannes vom Kreuz. Aber

7 Baruzi, op. cit. p. 328. ›Ein mystisches Symbol, dem es nicht gelingt, uns sogar noch im Rhythmus seiner Bilder die Tiefe der Erfahrung spüren zu lassen, ist nur ein Pseudo-Symbol. Das wahre Symbol haftet an der Erfahrung. Es ist nicht die *Figur* einer Erfahrung.‹ (Übersetzung B. T.).

8 Vgl. E. Stein, Kreuzeswissenschaft. Studie über Joannes a Cruce (1941/42, publ. 1950), 2. verbesserte Auflage, Louvain/Freiburg im Breisgau 1954, pp. 32-36.

dieses selbst ist wiederum aufs engste mit der platonischen Tradition verknüpft, freilich nicht mit deren plotinischer, sondern mit deren konkurrierender areopagitischer Variante. Zur Vorbereitung ihrer *Kreuzeswissenschaft* hatte E. Stein eingehend den Dionysius studiert und ihm eine kleine Monographie gewidmet.[9] In deren Mittelpunkt steht bezeichnenderweise die Analyse seiner symbolischen Theologie. Das theologische Symbol kann laut dem Dionysius niemals mit dem göttlichen Geheimnis koinzidieren, das es bezeichnet. Ihm bleibt die Differenz dazu stets eingezeichnet, kraft deren es eher verhüllt denn enthüllt. Ja, die unüberbrückbare Differenz zum Gemeinten macht erst eigentlich die Identität des theologischen Symbols aus. Es ist damit diametral dem mystischen Symbol entgegengesetzt, das Baruzi bei Johannes vom Kreuz entdeckt hatte.

Die beiden divergierenden Lesarten der Schriften des *doctor mysticus* durch Baruzi und E. Stein besitzen ihr Korollar offenkundig in gegensätzlichen semiotischen Voraussetzungen: Baruzi optiert für eine differenzlose Semiotik des mystischen Symbols; E. Stein geht von der differentiellen Struktur des areopagitischen Symbols aus. Der eine beruft sich auf Plotin, die andere auf Dionysius vom Areopag. Er liest mit den Augen Bergsons; sie liest mit den Augen Husserls. Das in dieser Debatte aufgeworfene Problem jedoch hat im Horizont unserer eigenen Gegenwart nichts von seiner philosophischen Aktualität eingebüßt, und es bleibt auch weiterhin mit der Frage des Neuplatonismus verknüpft. Ist ein Symbol ohne semiotische Differenz überhaupt zu haben? Und selbst wenn dem so wäre, ist ein differenzloses Symbol dann im neuplatonischen Kontext denkbar? Während der vergangenen Jahre hat W. Beierwaltes in seinen Arbeiten zu heidnischen wie zu christlichen Platonikern aufgewiesen, wie dort der Widerstreit von Identität und Differenz nicht etwa übergangen, sondern durchgearbeitet und in seiner Bezogenheit auf das Prinzip des Einen gedacht wird.[10] Auf der Grundlage dieser differenzbewußten Neulektüre der platonischen Tradition geht er so weit, Heideggers pauschale

9 Vgl. E. Stein, Wege der Gotteserkenntnis. Dionysius der Areopagit und seine symbolische Theologie (1941), eds. W. Herbstrith/V. E. Schmitt, München 1979.

10 Vgl. W. Beierwaltes, Denken des Einen. Studien zur neuplatonischen Philosophie und ihrer Wirkungsgeschichte, Frankfurt am Main 1985.

Kritik der abendländischen Metaphysik als seins- und differenzvergessen in Zweifel zu ziehen. Beierwaltes sieht Heideggers diesbezügliches Grundanliegen in der philosophischen Reflexion der Neuplatoniker auf die Differenz des Einen zum Sein seit bald zwei Jahrtausenden verwirklicht und betrachtet damit Heideggers Behauptung als widerlegt, die philosophische Reflexion seit Platon habe per se die Differenz vergessen.[11]

Ob man das bewußte Denken der Differenz bei den Neuplatonikern überhaupt noch unter der Kategorie der Metaphysik subsumieren will, die dann freilich in einem sehr viel weiteren Sinn als bei Heidegger zu verstehen wäre, oder aber nicht, ist letztlich eine terminologische Entscheidung. Jedenfalls nimmt der Sache nach J. Derrida mittlerweile eine mit Beierwaltes vergleichbare Position ein. In seinem in Jerusalem gehaltenen Vortrag *Comment ne pas parler* untersucht er Erscheinungsformen des Apophantischen bei Platon, Dionysius, Meister Eckhart und Heidegger. Derrida benennt unbestreitbare Divergenzen zwischen diesen – in sich durchaus unterschiedlichen – Paradigmen des Denkens und dem seinigen.[12] Aber nichtsdestoweniger betrachtet Derrida die herangezogenen Entwürfe offenbar als historisch je eigenständige Varianten einer weit umfassenderen Denkbewegung der Dekonstruktion überhaupt. Er schlägt sie damit zweifelsohne der Metaphysikkritik zu, deren Vorgeschichte dann koextensiv wird zur Geschichte der Philosophie überhaupt. In eine ähnliche und dennoch gegensätzliche Richtung zielen auch die stimulierenden Untersuchungen von J.-L. Marion, der in seinem Buch *Dieu sans l'être* eine metaphysikkritische Gotteslehre auf der Grundlage der areopagitischen Theologie entworfen hat.[13]

Es ist nun an der Zeit, die mystischen Gedichte selbst zu Wort kommen zu lassen und an ihnen die gegensätzlichen Meinungen in bezug auf sie zu überpüfen. Wir werden dazu einzelne Stellen

11 Vgl. W. Beierwaltes, Identität und Differenz, Frankfurt am Main 1980, pp. 131-143.

12 J. Derrida, Comment ne pas parler. Dénégations (1986), in: ders., Psyché. Inventions de l'autre, Paris 1987, pp. 535-595. Derrida klassifiziert die Paradigmen, die er behandelt, als griechisch (Platon), christlich (Dionysius und Meister Eckhart), weder griechisch noch christlich (Heidegger). Seine eigene Position beschreibt er als dazu allemal exzentrisch, nämlich als jüdisch und arabisch (cf. op. cit., p. 562).

13 Vgl. J.-L. Marion, Dieu sans l'être (1982), Paris 1991.

auswählen, an denen sich semiotische Fragestellungen thematisieren und zwanglos in einen neuplatonischen Zusammenhang einrücken lassen.

II. Teresa von Avila im Portrait

Zunächst möchte ich den ersten Teil des vielleicht bekanntesten Gedichts der Teresa von Avila vorstellen. Es stammt aus dem Jahr 1577 und ist durch seinen Refrain strukturiert, der auch Thema eines poetischen Wettstreits war, wie sie in Avila üblich waren. Es handelt sich bei diesem Text um ein Liebesgedicht. Den Sprecher haben wir uns demnach als Liebenden zu denken, der sich an seine Dame wendet und diese als ›Seele‹ tituliert.[14]

Alma buscarte has en mí
y a mí buscarme has en ti

De tal suerte pudo amor
alma en mí te retratar
que ningún sabio pintor
supiera con tal primor
tal imagen estampar

Fuiste por amor criada
hermosa bella y ansí
en mis entrañas pintada
si te pierdes mi amada
alma buscarte has en mí

Que yo sé que te hallarás
en mi pecho retratada
y tan al vivo sacada
que si te ves te holgarás
viéndote tan bien pintada.

14 Sta. Teresa, *Alma buscarte has en mí...*, op. cit., pp. 503 ff., Übersetzung B. T. In Anlehnung an die übliche Schreibweise in den Manuskripten des 16. Jahrhunderts verzichte ich bei der Wiedergabe dieses und der folgenden Gedichte weitgehend auf eine Interpunktion. Die daraus entstehenden Doppeldeutigkeiten sind von den mystischen Autoren bewußt intendiert, können aber in der Übersetzung nicht nachgebildet werden.

[Seele, suche dich in mir,
und mich suche du in dir.

Auf solche Weise vermochte die Liebe,
oh Seele, dich in mir zu portraitieren,
daß kein noch so begabter Maler
mit solcher Meisterschaft
ein solches Bild drucken könnte.

Geschaffen wurdest du aus Liebe,
wohlgestaltet, schön und ebenso
in meinen Eingeweiden gemalt;
wenn du dich verlierst, Geliebte,
Seele, suche dich in mir.

Denn ich weiß: du wirst dich finden
auf dem Portrait in meiner Brust,
so lebensecht getroffen,
daß es dir Vergnügen bereiten wird, dich zu sehen,
weil du dich dann so gut gemalt siehst.]

Es sei darauf hingewiesen, daß spanisch *amor* in der Übersetzung sowohl ›Liebe‹ als auch die Personifikation des Liebesgottes Amor bedeuten kann. Für gewöhnlich wird das Gedicht so verstanden, daß hier Gott oder Christus als Sprecher auftritt und die menschliche Seele anruft, die seine Geliebte ist. Allerdings ist diese Lesart keineswegs zwingend. Das Wort *alma* (›Seele‹) muß nicht *verbum proprium* zur Bezeichnung der Seele sein, denn es ist bis heute einer der gebräuchlichsten Kosenamen der spanischen Liebessprache geblieben. Zumindest auf einer ersten Ebene läßt sich das Gedicht rein profan verstehen, und sein ästhetischer Reiz besteht darin, daß es so verstanden werden kann und soll. Die Interpretation des Gedichts wird nun in drei Stufen erfolgen.
1. Stufe: Der Sprecher tut seiner Geliebten kund, daß sie ihr Portrait stets in seinem Herzen finden wird, falls sie sich selber einmal verlieren sollte. Grundlage dieser Argumentation ist demnach die Vorstellung aus der Amorlehre, derzufolge der Liebesgott aus den Augen der Dame Pfeile verschießt, die bis in das Herz des Liebenden dringen, und derzufolge sich im Herzen auch das Portrait der Geliebten einzuprägen pflegt. Im zweiten Teil des Gedichts, den wir hier nicht zitieren und der wiederum aus drei Strophen be-

steht, erfolgt dann die Umkehrung: Der Sprecher belehrt seine Geliebte darüber, daß auch sie ihn stets in sich selbst suchen und dort sicher finden könne. Als Voraussetzung hierfür ist wiederum anzunehmen, daß Amor auch im Herzen der angesprochenen Dame ein Portrait ihres Geliebten gemalt hat. Wir haben es mit jener vollkommenen Wechselseitigkeit der Liebe zwischen dem Sprecher und seiner Dame zu tun, die Ficino den *amor mutuus* nennt. Er führt dazu, daß der Liebende nicht nur ein Bildnis des Geliebten in seine Seele meißelt, sondern daß er sich auch in den Geliebten zu verwandeln sucht und umgekehrt.[15] Castiglione erwähnt denselben glühenden Wunsch des Liebenden nach Verwandlung in den andern.[16] Leone Ebreo schildert den Sachverhalt folgendermaßen:

> »La propria diffinizione del perfetto amore de l'uomo e de la donna è la conversione de l'amante ne l'amato, con desiderio che si converti l'amato ne l'amante. E quando tal amore è eguale in ciascuna de le parti, si diffinisce conversione de l'uno amante ne l'altro.«[17]

Ein weiteres neuplatonisches Element läßt sich ausfindig machen. Es ist das Begriffspaar von Urbild und Abbild oder Stempel und Abdruck. Die Worte *retrato* (›Portrait‹) und *imagen* (›Bild‹) gehören zum Bereich des μίμημα, das nach dem Vorbild einer höherstehenden Wirklichkeit angefertigt ist und eine Nachbildung davon wiedergibt. Das Verbum *estampar* (›drucken‹) ist hier durchaus Terminus technicus und verweist auf den τύπος, den Abdruck des Originals, der beim Portraitieren entsteht. Der Maler des Bildnisses ist Amor selbst. Er wird gewissermaßen in Analogie zur Rolle des δημιουργός aus dem *Timaios* begriffen, von dem es heißt, er habe die Welt als εἰκών, als Abbild, eines

15 Vgl. Ficinus de amore II,8, in: Marsile Ficin, Commentaire sur le Banquet de Platon, ed. R. Marcel, Paris 1956, pp. 155-158.

16 Vgl. Baldassare Castiglione, Il libro del Cortegiano IV, 70, ed. E. Bonora, Milano 1972, pp. 348 ff.

17 Leone Ebreo, Dialoghi d'Amore I, ed. S. Caramella, Bari 1929, p. 50. ›Die eigentliche Definition der vollkommenen Liebe zwischen Mann und Frau ist die Verwandlung des Liebenden in den Geliebten mit dem Verlangen, daß sich der Geliebte in den Liebenden verwandeln möge. Und wenn eine solche Liebe in jeder der Parteien gleich stark ist, dann definiert man sie als Verwandlung des einen Liebenden in den andern.‹ (Übersetzung B. T.).

παράδειγμα, eines Urbildes, gefertigt.[18] Amor erweist sich als ein so begabter Maler, daß in seinem lebensechten Portrait die Geliebte vollkommen getreu abgebildet ist: *y tan al vivo sacada* – ›und so lebensecht getroffen‹.

Auf der profanen Ebene läßt sich unser Befund folgendermaßen zusammenfassen: Die Geliebte ist das Urbild. Das Portrait im Herzen des Liebenden aber ist das Abbild. Amor ist der δημιουργός, der die Übertragung des Urbilds aufs Abbild ausführt – und zwar auf so vollkommene Weise, daß sich das Abbild dem lebensechten Urbild selbst anzunähern scheint. Die Differenz zwischen dem Urbild und dem Abbild wird also dekonstruiert – und zwar nach der Seite des Urbildes hin: Das Abbild ist (fast) so gut und lebensecht wie das Urbild. Diese Dekonstruktion geschieht im Rückgriff auf das neuplatonische Philosophem des *amor mutuus*.

2. Schritt: Die Verhältnisse gestalten sich komplizierter, wenn wir den Text des Gedichts *a lo divino* – ›nach göttlicher Art‹ – lesen, wie man auf spanisch sagt. Dann trägt nämlich der Sprecher, also Gott, in sich das Portrait, das Abbild, der menschlichen Seele. Genau dies muß allerdings einem landläufigen Verständnis des christlichen Neuplatonismus zuwiderlaufen. Gewiß kann man sich mit Boethius vorstellen, daß in Gott als dem höchsten Gut alle Dinge als *exempla* schon vorgebildet sind, einschließlich der menschlichen Seele. Die göttliche Güte kennt damit die *exempla* alles Seienden, und sie formt die Welt und die Seelen als deren *imagines*.[19] Die Ordnung dieser kreisförmigen Bewegung ist jedoch vorgegeben: Es ist die πρόοδος, die *emanatio*, die vom Einen zur Vielheit, vom göttlichen Urbild zum irdischen Abbild herabsteigt, um dann als ἐπιστροφή, als *conversio*, wieder dorthin zurückzukehren. An eine Abhängigkeit des Urbilds von seinem Abbild ist in diesem Modell freilich nicht gedacht. Anders in unserem Gedicht: Hier wird das, was eigentlich Urbild sein müßte, seinerseits als Abbild oder Portrait eines Andern modelliert. Nicht nur ist das Urbild der Seele in Gott nunmehr einem äußeren Abbild nachgezeichnet, sondern der Schöpfergott selber erscheint als ein Portraitmaler, der nicht *d'après nature* arbeitet, sondern eine Kopie abmalt. Die überraschende Gleichsetzung Gottes mit

18 Vgl. Platonis Timaeus 27 d-29 c.

19 Vgl. Boethius de consolatione philosophiae III, metrum 9.

einem Maler rührt daher, daß bei einer konsequent theologischen Lesung des Textes Amor schwerlich ein platonischer δημιουργός bleiben kann. Vielmehr muß er dann als Manifestation der Gottheit selbst verstanden werden, beispielsweise als die Person des Heiligen Geistes. Die christliche Vergottung Amors ist an sich nicht ungewöhnlich. Schon Dionysius hat die neuplatonische Liebeslehre dergestalt überschrieben, daß er Ἔρως als einen der legitimen Gottesnamen ausweisen kann.[20]

Auf der Ebene *a lo divino* läßt sich unser Befund folgendermaßen zusammenfassen: Die Geliebte ist das Abbild. Das Portrait im Herzen des Liebenden ist das Urbild. Amor ist eine göttliche Person, welche die Übertragung vom Abbild auf das Urbild ausführt – und zwar in so vollkommener Weise, daß sich das Urbild dem lebensechten Abbild selbst anzunähern scheint. Die Differenz zwischen dem Abbild und dem Urbild wird also dekonstruiert – und zwar nach der Seite des Abbildes hin: Das Urbild ist fast so gut und lebensecht wie das Abbild. Diese Dekonstruktion kann meines Erachtens nicht mehr im Rückgriff auf ein neuplatonisches Philosophem gelesen werden. Aber sie verwendet neuplatonische Philosopheme als das Material eines *bricolage*. Mit ihrer Hilfe wird dann etwas formuliert, was sich im Sprachspiel des Neuplatonismus an sich weder denken noch formulieren ließe. Die Differenz zwischen Urbild und Abbild wird nicht einfach getilgt, sondern es wird an ihr etwas gezeigt. Gezeigt wird nämlich, daß das Urbild selbst als Abbild eines Anderen gedacht werden kann.

3. Stufe: Bislang sind die Aussagen der profanen Ebene und der religiösen Ebene *a lo divino* kontradiktorisch aufeinander bezogen. Wir können aber über diese Antinomie hinausgelangen, wenn wir die rhetorische Struktur des Textes berücksichtigen. Das Gedicht ist eine Liebesallegorie. Es sagt die profane Liebesrede des Sprechers zu seiner Dame auf, aber es meint damit etwas anderes, nämlich die Rede Gottes zur Seele. Wenn wir den allegorischen Charakter des Textes ernst nehmen, dann müssen wir alles Gesagte stets in einem uneigentlichen Sinne nehmen. Somit läßt sich auch die Rede von Urbild und Abbild in allegorischer Verschränkung lesen. Wir können demnach sagen, daß im Text das Abbild stets als eine Allegorie für das Urbild und das Urbild stets als eine Allegorie für das Abbild steht. Das heißt aber dann, daß

20 Vgl. Dionysius Areopagita de divinis nominibus IV,11-14.

weder über das Abbild noch über das Urbild etwas in eigentlichen Worten ausgesagt ist. Beides wird immer nur im Gewand des jeweils andern besprochen. Was aber ist das *tertium comparationis*, welches Urbild und Abbild miteinander gemeinsam haben und welches es ermöglicht, das eine als Allegorie des andern zu setzen? Es ist die Differenz, die zwischen beiden waltet und die das Gedicht der Teresa von Avila auf eine abgründigere Weise zu denken gibt als der Neuplatonismus, dem sie ihre Kategorien entlehnt hat.

III. Johannes vom Kreuz im Spiegel

Mit unserem nächsten Fallbeispiel kommen wir zum *Cántico espiritual* (›Geistlicher Gesang‹) des Johannes vom Kreuz: ein vierzigstrophiges, wiederum zum Singen bestimmtes Gedicht, dessen erster Teil während eines Gefängnisaufenthalts des Autors 1577/78 in Toledo enstand. Die Sprecherin ist eine Liebende, die auf der Suche nach ihrem Geliebten eine bukolische Landschaft durchstreift. Ihre gesamte Rede ist der Ausdruck des Liebesdeliriums, dem sie verfallen ist. Im späteren Verlauf des Textes meldet sich dann der Geliebte zu Wort. Dem Leser bleibt die Entscheidung überlassen, ob sich das Paar wirklich gefunden hat oder ob die Frau inzwischen Stimmen hört. Wie im vorangegangenen Gedicht gilt auch diesmal das Paar als allegorische Verkörperung Gottes und der menschlichen Seele. Die folgenden Strophen schildern den Augenblick, als die Sprecherin außer sich vor Sehnsucht den Geliebten beschwört, sich ihr endlich zu zeigen, und dann an eine Quelle tritt, in die sie hineinblickt:[21]

Descubre tu presencia
y máteme tu vista y hermosura
mira que la dolencia
de amor que no se cura
sino con la presencia y la figura

¡O cristalina fuente!
si en esos tus semblantes plateados
formases de repente
los ojos deseados
que tengo en mis entrañas dibujados

21 S. Juan de la Cruz, Cántico espiritual (Versión B. Redacción de Jaén), vv. 51-65, op. cit., pp. 568 ff., Übersetzung B. T.

Apártalos amado
que voy de vuelo * vuélvete paloma
que el ciervo vulnerado
por el otero asoma
al aire de tu vuelo y fresco toma.

[Enthülle deine Gegenwart,
und töte mich auch dein Blick und deine Schönheit,
bedenke, daß man das Leid
der Liebe nicht heilen kann,
es sei denn durch die Gegenwart und das Angesicht.

Oh kristallene Quelle,
wenn du auf diesen deinen silbernen Gesichtszügen
plötzlich formen könntest
die ersehnten Augen,
die ich in meinen Eingeweiden eingezeichnet trage!

Wende sie ab, Geliebter,
denn ich komme im Fluge. * Drehe dich um, Taube,
der versehrte Hirsch
zeigt sich oben am Hügel
im Winde deines Fluges und schnappt frische Luft.]

Den drei Strophen läßt sich in etwa der folgende Geschehnisverlauf zuordnen: Erstens: Die Sprecherin fordert den Liebenden auf, seine Gegenwart zu zeigen, selbst wenn sie durch seinen Anblick sterben müßte. Der tödliche Blick des oder der Geliebten ist ein üblicher Topos der Liebesdichtung. Das Liebesleid der Sprecherin kann nur durch die Anwesenheit und den Blick auf das Gesicht des Geliebten geheilt werden. ›Gesicht‹ ist die vorläufig nächstliegende Bedeutung des Wortes *figura*. Zweitens: Die Sprecherin ist nunmehr an die Quelle getreten, die sie anruft. Sie wünscht, daß der Geliebte hinzutreten und sich in der Quelle spiegeln möge. Dann könnte sie das Spiegelbild des Geliebten, das sie schon längst im Herzen trägt, auch in der Quelle wiedererkennen. Die Spiegelung wäre ihr Beweis für die Anwesenheit des Geliebten. Drittens: Im Dazwischen der beiden Strophen ist der Geliebte vielleicht tatsächlich hinzugetreten. Beim Anblick seines Spiegelbildes gerät die Sprecherin in eine Ekstase, die sie nicht ertragen kann. *Vuelo* (›Flug‹) darf hier als einschlägiger Begriff – auch der Liebessprache – angesehen werden. Sie fleht darum den

Geliebten an, die Augen wieder abzuwenden – gemeint ist wohl nicht von ihr selbst, sondern von der Quelle, durch deren Reflex sie von seinem Spiegelbild angeblickt wird. Sodann hört die Frau den Geliebten sprechen: Sie solle umkehren von ihrem Flug. In änigmatischen Worten scheint der Geliebte sich als einen liebeswunden Hirsch, die Frau aber als über ihm flatternde Taube zu bezeichnen. Ihr ekstatischer Flügelschlag fächelt ihm Kühlung zu.

Würden wir diese Strophen ins Griechische zurückübersetzen, dann stießen wir mindestens auf drei Schlüsselworte aus der plotinischen Beschreibung der ϑέα, der ekstatischen Schau: παρουσία = *presencia* (›Anwesenheit‹, ›Gegenwart‹); ἐξαίφνης = *de repente* (›plötzlich‹, ›mit einem Schlag‹); φαίνεσϑαι = *asomar* (›erscheinen‹, ›sich oben zeigen‹). In der Schau wird Plotin zufolge die Seele emporgerissen, und sie sieht plötzlich alles in einem hellerstrahlenden Licht. Darin aber erscheint ihr das Eine oder der Gott in seiner unmittelbaren Präsenz – und zwar so, daß sie im Licht der Schau eins mit dem Geschauten wird.[22] In der Lichterscheinung ist also das Moment der differenzlosen Schau und der Gegenwart miteinander verbunden. Um zur Schau zu gelangen, die vollkommen bild- und gestaltlos ist, darf die Seele ihre Aufmerksamkeit nicht auf die Schönheit des Körperlichen und Stofflichen richten. Darum heißt es bei Plotin:[23]

Ἰδόντα γὰρ δεῖ τὰ ἐν σώμασι καλὰ μήτοι προστρέχειν, ἀλλὰ γνόντα ὥς εἰσιν εἰκόνες καὶ ἴχνη καὶ σκιαὶ φεύγειν πρὸς ἐκεῖνο οὗ ταῦτα εἰκόνες. εἰ γάρ τις ἐπιδράμοι λαβεῖν βουλόμενος ὡς ἀληθινόν, οἷα εἰδώλου καλοῦ ἐφ' ὕδατος ὀχουμένου ὁ λαβεῖν βουληθείς, ὥς πού τις μῦθοῢς, δοκῶ μοι, αἰνίττεται, δὺς εἰς τὸ κάτω τοῦ ῥεύματος ἀφανὴς ἐγένετο.

Plotins drohender Hinweis auf den Mythos vom Narziß, der sich an das εἴδωλον seines Spiegelbilds verlor, weil er dieses irrtümlich

22 Vgl. Plotini enneades V,5,8; VI,7,34; VI,7,36.

23 Enneades I,6,8,37-38, in: Plotin, Das Schöne, griech.-dt., ed. R. Harder, Hamburg 1976, pp. 22f. ›Denn wenn man Schönheit an Leibern erblickt, so darf man ja nicht sich ihr nähern, man muß erkennen, daß sie nur Abbild, Abdruck, Schatten ist, und fliehen zu Jenem, von dem sie das Abbild ist. Denn wenn einer zu ihr eilen wollte und sie ergreifen, als sei sie ein Wirkliches, so geht es ihm wie jenem – irgendeine Sage, dünkt mich, deutet es geheimnisvoll an: der wollte ein schönes Abbild, das auf dem Wasser schwebte, greifen, stürzte aber in die Tiefe der Flut und ward nicht mehr gesehen.‹

für das ἀληθινόν, für das wahrhafte Urbild, hielt, ist aufschlußreich genug für die Interpretation der Quellenszene bei Johannes vom Kreuz. Auch dort geht es offenkundig um das Thema der ekstatischen Schau im ἐξαίφνης, wie die Zeitangabe *de repente* (›plötzlich‹) ausdrücklich zu erkennen gibt. Die Sprecherin ersehnt die Erscheinung des Geliebten in seiner Präsenz. Gleichwohl kommt diese Präsenz nur in einem Spiegelbild zur Erscheinung. Mehr noch: Im vorausgegangenen Vers – *Sino con la presencia y la figura* (›es sei denn durch die Gegenwart und das Angesicht‹) – hatte sich bereits die Anwesenheit des Antlitzes angekündigt, und doch ist das Lexem *figura* doppeldeutig. Es kann das ›Gesicht‹ des Geliebten meinen und metonymisch dazu seine Gegenwart bezeichnen; aber es kann ebensogut die ›Figur‹ im Sinne des τύπος, des ›Abbilds‹ oder ›Abdrucks‹, bedeuten. Einzig und allein diese zweite Bedeutung löst der Fortgang des Textes ein, wo sich die *figura* ironischerweise eben nicht als ein präsentes Angesicht, sondern als dessen Spiegelbild zu lesen gibt. Ja, die *figura* nimmt sogar eine Art von grobstofflicher ›Gestalt‹ an, wird gewissermaßen zu einer μορφή (›Form‹), sobald es heißt, sie solle sich an der Wasseroberfläche ›herausbilden‹: *si ... formases de repente* – »wenn du plötzlich formen würdest«.

Die *figura* des Geliebten ist ununterscheidbar geworden von jenem εἴδωλον, vor dem Plotin warnte, weil es den Narziß ins Verderben stürzte. Die Fügung *la presencia y la figura* erweist sich demzufolge nicht als ein ἓν διὰ δυοῖν, wie wir anfangs naiv angenommen hatten, sondern als ein Oxymoron. Aber diese schwer vorstellbare Paradoxie von Präsenz und Figur gilt es auszuhalten. Denn die Quellenszene des *Cántico espiritual* gibt gerade die Möglichkeit einer *praesentia cum figura* zu denken auf. Bei Plotin war die Präsenz der Erscheinung durch die unmittelbare Lichtschau verbürgt worden. Bei Johannes vom Kreuz hingegen soll sich die Präsenz nicht in der Differenzlosigkeit der Schau, sondern gerade in der Gebrochenheit des Spiegelbildes bekunden. Unmittelbarkeit der Präsenz und Vermittlung der Figur werden miteinander verschränkt, und gleichzeitig wird das ganze Pathos des plotinischen ἐξαίφνης bewahrt und fortgeschrieben.

Johannes vom Kreuz knüpft in seiner Modellierung der plötzlichen Erscheinung zweifellos an die areopagitische Tradition an. In seinem dritten Brief an den Mönch Gaius behandelt auch Dionysius das ἐξαίφνης am Beispiel der Erscheinung des Gottmenschen. Im Gegensatz zu Plotin erfolgt bei Dionysius die Epiphanie göttlicher Präsenz nicht im hellen Licht der Schau, sondern umgekehrt in der κρυφιότης, in der Verborgenheit.[24] Wenn und wo Gott erscheint – beispielsweise dem Mose in der Wolke auf dem Berg –, ist es in der Dunkelheit seiner Verhüllung, und nur unter der Figur der Verborgenheit zeigt er seine Präsenz. Diese areopagitische Variante der Epiphanie inszeniert Johannes vom Kreuz in seiner Ausgestaltung der Quellenszene. Das helle Spiegelbild des Geliebten, das sich auf der silberklaren Wasseroberfläche abzeichnet, ist selbst *figura* einer solchen Erscheinung. Es bringt die Differenz zwischen dem Erscheinenden und dem Erschienenen nicht zum Verschwinden, sondern es macht sie erst sichtbar. Wie schon zuvor im Gedicht der Teresa, so sind wir jetzt auch im *Cántico espiritual* auf die semiotische Differenz zurückgeworfen worden. Unverhofft tritt sie an jener Kategorie des platonischen Denkens in Erscheinung, die Platon und Plotin als eine differenzlose Unmittelbarkeit ohne Dazwischen definiert hatten, am ἐξαίφνης der ekstatischen Schau.

IV. Rückkehr in Platons Höhle

Da aller guten Dinge drei sind – durchaus auch bei manchen Platonikern – möchte ich als ein letztes Beispiel ein weiteres Gedicht des Johannes vom Kreuz knapp präsentieren. Es ist die *Llama de amor viva* (›Lebendige Liebesflamme‹), das späteste Werk des Autors. Auch hier spricht eine Frau zum Geliebten oder allegorisch die Seele zu Gott. Das Paar hat sich zu einem zärtlichen Stelldichein getroffen, bei dem die Sprecherin auf ihren drängenden Wunsch hin vom Liebhaber entjungfert wird. Den Liebesakt selbst begleitet die Rede der Frau. Nachdem ein *cauterio suave*, ein ›sanftes Brenneisen‹, die Geliebte zugleich lustvoll versehrt und von ihrem Liebesleid geheilt hat, fährt sie in der dritten Strophe mit einem Ausruf fort:[25]

24 Vgl. Dionysi epistula III.

25 S. Juan de la Cruz, *Llama de amor viva*, vv. 13-18, op. cit., p. 40, Übersetzung B. T.

¡O lámparas de fuego!
en cuyos resplandores
las profundas cavernas del sentido
que estava oscuro y ciego
con extraños primores
calor y luz dan junto a su querido.

[Oh Feuerlampen,
in deren Widerschein
die tiefen Höhlen der Sinnlichkeit,
die dunkel und blind war,
dank fremdartiger Pracht
mit ihrem Geliebten vereint Wärme und Licht geben.]

Die Sprecherin legt in diesen Versen dar, wie ihr Körper im Zusammensein mit dem Geliebten zu einem ihr bislang unbekannten Sinnesgenuß erweckt wurde. Das Gesagte kann auf zwei Ebenen verstanden werden: Hier ist einerseits die erotische Initiation mit dem Erlebnis sinnlicher Lust beschrieben. Andererseits steht diese Lust allegorisch für jene besondere Körpererfahrung, die dem beschaulichen Menschen am Ende seines ascetischen Weges zuteil wird. Es kommt dann, wie Johannes vom Kreuz in seinen Prosakommentaren ausführt, dank der mystischen Erleuchtung zu einer tiefgreifenden Umgestaltung des sinnlichen Empfindens überhaupt. Der Körper, der für Gott völlig leer geworden ist, beginnt nämlich, Gott auf eine lustvolle Art im Medium der eigenen Sinne zu verspüren und zu verkosten.

Die eindrucksvolle Bildlichkeit der Strophe will folgendes besagen: Der Körper und seine Sinne waren wie dunkel und blind. Nun wurden sie entzündet und erstrahlen in einem für sie ungewohnten Licht. Nichtsdestoweniger findet die imaginierte Szene nicht an einem hellen, lichten Ort statt, sondern in einer Höhle. Das geschaute Licht ist darum auch nicht das Licht der Sonne, sondern das von *lámparas de fuego*, von ›Feuerlampen‹, welche dem Hohenlied zufolge allein die Liebe zu entzünden vermag. In der traditionellen Fassung der Vulgata, die im Gedicht zitiert ist, heißt es: »Lampades eius lampades ignis atque flammarum.« – ›Ihre Leuchter sind Leuchter des Feuers und der Flammen.‹[26]

Der Begriff des Leuchters verweist nicht nur auf einen biblischen, sondern auch auf einen neuplatonischen Kontext. Im sechsten

26 Canticum iuxta Vulgatam VIII,6, Übersetzung B.T.

Buch seiner *Theologia Platonica* rekapituliert Ficino Platons Höhlengleichnis, wobei sich Übersetzung, Kommentar und Interpretation vermischen. Platon hatte das Licht, welches die Höhlenbewohner sehen können, folgendermaßen charakterisiert: »φῶς δὲ αὐτοῖς πυρὸς ἄνωθεν καὶ πόρρωθεν καόμενον ὄπισθεν αὐτῶν« – ›Licht aber haben sie von einem Feuer, welches von oben und von ferne her hinter ihnen brennt.‹[27] Ficino übersetzt diese Stelle folgendermaßen: »Post tergum vero superne lampas accensa sit.« – ›Hinter ihrem Rücken aber sei oben ein Leuchter entzündet.‹[28] Wo Platon ein Feuer hatte brennen lassen, da entzündet Ficino eine Fackel oder eine Lampe. Dies entspricht ganz auffällig der Möblierung der Höhle bei Johannes vom Kreuz. Es gibt noch einige weitere Anklänge. Offenbar kann die dritte Strophe der *Llama de amor viva* als eine Überschreibung von Ficinos Version des platonischen Höhlengleichnisses gelesen werden.
Wie zu erwarten war, ist die Bezugnahme bei Johannes vom Kreuz nicht unkritisch. Platon und erst recht Ficino konzipieren das Höhlengleichnis als Lehrstück eines Aufstiegs aus der Dunkelheit zum Licht, aus der sinnlichen in die intelligible Welt. Bei Johannes hingegen wird die erleuchtete Dunkelheit der Höhle enthusiastisch gefeiert: Die Sprecherin ist somit jenen Menschen vergleichbar, welche die Höhle nicht verlassen können oder gar wieder in sie zurückkehren. Allerdings gewahrt die Geliebte dort etwas, was in Platons Höhle noch nicht geboten war. Das Spiel der Schatten an der Höhlenwand, das heißt die ganze sinnenhafte Welt der Körper, wird von der Gegenwart des Geliebten erleuchtet und reflektiert dessen Licht. Aus dem Schattenspiel ist ein flimmernder Bildschirm geworden.
Damit ist zum drittenmal ein überkommenes platonisches Schema in der mystischen Dichtung verkehrt worden. Statt des Aufstiegs wird der Abstieg, statt der Sonne die Höhle, statt der Geistigkeit die Sinnlichkeit valorisiert. Das klingt zunächst wie die Verherrlichung einer chthonischen Unterwelt, und es erinnert verblüffend an den Park von Bomarzo nahe Orvieto, den der Herzog Vicino

27 Platonis res publica VII,514 b, in: Platon, Werke in acht Bänden, ed. E. Chambry, trad. F. Schleiermacher, VIII, Darmstadt 1971, p. 554.
28 Ficini theologia Platonica VI,2, in: Ficin, Théologie platonicienne de l'immortalité des âmes, ed. Marcel, Paris 1964, t. I, p. 232, Übersetzung B. T.

Orsini um die Mitte des 16. Jahrhunderts an seiner Villa anlegen ließ. Dort findet sich ein Höllenrachen, der Zugang zu einer Grotte gewährt. In Abwandlung von Dantes berühmtem Vers aus dem *Inferno* steht über dem Höllentor zur Lustgrotte von Bomarzo geschrieben: »Lasciate ogni pensiero, voi ch'entrate.«[29] – ›Laßt alles Denken fahren, die ihr eintretet!‹ In Bomarzo scheint die dunkle Höhle begriffen zu sein als der schlechthinnige Gegensatz zum Denken und zum Geistigen, als ein reiner Ausdruck der Sinnlichkeit, und diese simple Umkehrung der platonischen Rangordnung wird dort gefeiert. Nicht so bei Johannes vom Kreuz: Der Ausruf der Sprecherin ist kein Lobpreis der dunklen, sondern gerade der erleuchteten Höhle. Das Gedicht illuminiert förmlich die Höhle der Sinne – dank den Reflexen eines Lichts, das gegenwärtig ist, dessen Quelle aber unsichtbar bleibt. Die *lámparas de fuego* (›Feuerlampen‹) und die *resplandores* (›Widerschein‹) sind ein Abglanz dieses Lichts, sie sind aber nicht dessen Ursprung selbst. Damit wird die platonische Opposition von Licht und Dunkelheit, die das Höhlengleichnis strukturiert hatte, dekonstruiert – und zwar nach der Seite der Dunkelheit hin. Die Höhle ist für Platon der Raum der σκιαί, der ›Schattenrisse‹, oder der *simulacra*, wie Ficino übersetzt. Aber diese Abbilder werden bei Johannes vom Kreuz ihrerseits zu Spendern des Lichts: *calor y luz dan junto a su querido* – ›Wärme und Licht geben sie mit ihrem Liebsten vereint‹.

Auch die erleuchtete Höhle der *Llama de amor viva* können wir lesen als die Allegorie einer differentiellen Abbildhaftigkeit. Wo Platon und Ficino den Aufstieg zum selbstidentischen Licht der Sonne propagieren, da steigt unser Gedicht wieder in die Höhle hinab und starrt wie gebannt auf das Flimmern eines Bildschirms. Dort zeichnen sich εἴδωλα ab, die weder dunkel sind, noch aus sich heraus leuchten: An ihnen kommt das differente Licht eines Andern zur Erscheinung – ein unvergleichliches Schauspiel, das manche offenbar nicht missen wollen. Der Ort der hier besprochenen mystischen Gedichte läßt sich vielleicht durch eine Blickrichtung bestimmen. Sie schauen allesamt »εἰς τὸ καταντικρὺ

29 Bei Dante lautet der Vers bekanntlich: »Lasciate ogni speranza, voi ch'entrate.« – ›Laßt alle Hoffnung fahren, die ihr eintretet!‹ (Dante, Inferno III,9).

αὐτῶν τοῦ σπηλαίου«[30] – »in adversam partem speluncae«[31] – ›auf die entgegengesetzte Wand von Platons Höhle‹.

v. Platonismus in Literatur

Die Kapitelüberschrift *Platonismus in Literatur* überrascht aus der Rückschau auf eine lange Geschichte weniger, als es die Kritik des Sokrates an den Dichtern im zehnten Buch der *Politeia* hätte erwarten lassen. Sokrates erinnert dort an die παλαιὰ διαφορά, die alte Differenz, die zwischen Philosophie und Dichtkunst walte, und ebendarum solle die Poesie in einen idealen Staat gar nicht aufgenommen werden.[32] Möglicherweise hatte Sokrates gute Gründe für seine Haltung. Ja, vielleicht ist überhaupt das platonische Verdikt gegen Dichtung und Literatur nicht allein der selbstlosen Liebe zur Wahrheit entsprungen, sondern auch dem Konkurrenzneid einer Philosophenschule, die es selbst wie keine andere verstand, sich die Rede des Mythos und der Poesie anzueignen, und die darum die Dichter der Zunft als unliebsame Rivalen auszuschalten suchte. Was immer die wahren Motive der Philosophen für einen solchen Ausschluß gewesen sein mögen: die Dichter selbst haben dem Ausweisungsdekret der Philosophen oft genug nicht Folge geleistet und sich gerade von der Tradition des platonischen Denkens inspirieren lassen. So haben die Dichter ironischerweise jener Schule am meisten zu verdanken, die am strengsten über sie geurteilt hat.

Trotz aller Wahlverwandtschaft hat die oben durchgeführte Textinterpretation die διαφορά zwischen Philosophie und Poesie erneut zum Vorschein gebracht. Unsere Dichter übernahmen die verführerischen Kategorien der Philosophie, aber sie arbeiteten sie auch ab und transformierten sie beinahe bis zur Unkenntlichkeit. Wir haben diese Arbeit der Literatur an der Philosophie mit dem Begriff der Dekonstruktion gefaßt. Dekonstruktion meinte hier eine Interaktion, welche die διαφορά, die Differenz zwischen beiden, hervortreibt und wahrnehmbar macht. Dekonstruktion erklärt aber nicht auch schon das Verhältnis der beiden zueinan-

30 Res publica VII, 515 a, op. cit., p. 556.
31 Theologia Platonica VI,2, op. cit., p. 232.
32 Cf. res publica X, 607 b, op. cit., p. 830.

der, entspringt sie ihm doch erst. So stellt sich die Frage nach dem Zueinander mit neuer Dringlichkeit.

Das Verhältnis von Philosophie und Literatur wurde mitunter der Hermeneutik eines Gesprächs überantwortet und gemäß den »Modalitäten von Frage und Antwort, Problem und Lösung« bedacht.[33] Die Literatur gebe Antworten auf Fragen, die von den Sinnsystemen einer Epoche, etwa von der Philosophie, unzureichend oder gar nicht gelöst worden seien, so W. Iser.[34] Die Literatur überführe vorgebliche Antworten eines Diskurses, beispielsweise des philosophischen, wieder in offene Frage, so R. Warning.[35] Beide Auffassungen sind gewiß berechtigt, und doch bestimmen sie das Verhältnis der Literatur zur Philosophie einseitig: Bei Iser bringt die Literatur einen Dialog durch ihre Antwort zum Abschluß: sie behält so das letzte Wort. Bei Warning eröffnet die Literatur durch ihre Frage einen Dialog: sie spricht damit ein erstes Wort und bringt ein Gespräch in Gang, in dem wieder zur Disposition gestellt wird, was vorausgegangen ist. In beiden Fällen wird der Literatur eine dominante Gesprächsrolle zugewiesen, und das Widerlager der Philosophie zur Literatur erscheint in gewisser Weise entbehrlich – wenigstens zu einem späteren Zeitpunkt, nämlich dann, wenn die Literatur erst einmal ihre Antwort gegeben oder ihre Frage formuliert hat. Beide Ansätze sind starke Theorien, und es sind auf ihre Art antihegelianische Theorien vom Ende der Philosophie und ihrer Aufhebung in der Literatur. Sie sind darum von eingeschränktem Erklärungswert für eine Konstellation wie die hier beschriebene, wo sich philosophische und literarische Texte über extrem lange Zeiträume hinweg aufeinander beziehen. Seit über zwei Jahrtausenden gibt es die platonische Philosophie und gibt es die Literatur, die sich an ihr abarbeitet – denken wir nur für unser 20. Jahrhundert an Jorge Luis Borges. Aber trotz alledem scheint die Literatur weder die endgültige Antwort auf die aufgeworfenen Fragen gefunden noch die end-

33 Vgl. H. R. Jauß, Literaturgeschichte als Provokation der Literaturwissenschaft (1970), in: R. Warning (ed.), Rezeptionsästhetik. Theorie und Praxis, München 1975, p. 151.

34 Vgl. W. Iser, Die Wirklichkeit der Fiktion. Elemente eines funktionsgeschichtlichen Textmodells, in: Rezeptionsästhetik, pp. 304-306.

35 Vgl. R. Warning, Gespräch und Aufrichtigkeit. Repräsentierendes und historisches Bewußtsein bei Stendhal, in: ders./K. Stierle (ed.), Das Gespräch (Poetik und Hermeneutik XI), München 1983, pp. 425-430.

gültige Frage gestellt zu haben, mit welcher die Geltungsansprüche der philosophischen Rede als ein für allemal erledigt anzusehen wären. Die Auseinandersetzung geht (vielleicht unabschließbar) weiter.

So möchte ich zu guter Letzt vorschlagen, mit Hilfe einer schwachen Theorie das Verhältnis von Philosophie und Literatur zu bestimmen – und zwar als ein parasitäres, wie es M. Serres zufolge sehr vielen Kommunikationssituationen zugrunde liegt.[36] Ein Parasit lebt von seinem Wirt. Er lebt oft auch bei ihm oder in seinem Hause. In diesem Sinne wäre die Philosophie eine Parasitin in oder an der Literatur. Jedoch möchte ich dafür plädieren, die umgekehrte Relation ebenso – und vielleicht noch entschiedener – in Betracht zu ziehen: Literatur als ein Organismus, der von oder an der Philosophie parasitiert und darum ohne sie nicht zu denken ist. Nicht alle Parasiten sind für ihre Wirte schädlich, manche erweisen sich sogar als ausgesprochen nützlich. Es gibt Symbiosen, von denen beide Akteure profitieren. Das langwährende Zusammenleben des Platonismus mit der Literatur scheint dafür zu sprechen, daß es sich in diesem Fall um keinen lebensbedrohlichen, sondern um einen lebensnotwendigen Schmarotzer handeln könnte, wer hier auch immer der Parasit und wer hier auch immer der Wirt sein mag.

Der Parasit und sein Wirt leben nicht in einem luftleeren Raum – ebensowenig wie das Urbild und das Abbild, nach deren Modell Platon das Verhältnis der Philosophie zur Dichtung bestimmt hatte. Beide Paare benötigen einen ihnen zukommenden Ort. Platon bezeichnet diesen im *Timaios* als χώρα, als Raum, worin sich das Urbild dem Abbild einprägen kann.[37] In der biologischen Terminologie hingegen nennt man den Ort, an dem der Parasit und sein Wirt leben, eine ökologische Nische. Sowohl die ökologische Nische als auch die platonische χώρα gehören zu keinem der beiden Elemente, die in ihnen wirken, sondern sie umfassen sie und bieten erst den Raum für deren Spiel und Widerstreit. Läßt sich aber dann auch eine χώρα, eine ökologische Nische benennen, in der Abbild und Urbild, Parasit und Wirt, Literatur und Platonismus, die unentwegt voneinander und gegeneinander leben, doch

36 Vgl. M. Serres, Le Parasite, Paris 1980.

37 Cf. Timaeus 52 a-b. Vgl. hierzu auch: J. Derrida, Comment ne pas parler, op. cit., pp. 566-569.

miteinander zu Hause sind? Vielleicht leben beide Organismen von einer gleichen Faszination und von einem gleichen Pathos: von der Faszination des Lichts und vom Pathos der Wahrheit. Wo aber zeigt sich Wahrheit: in der Schau der Erkenntnis oder im Durchschauen, Durch-Schauen, Durch-Zappen der Trugbilder? Und wo strahlt Licht auf: in der hellen Sonne der Mittagsstunde oder am flackernden Bildschirm der nächtlichen Höhle?

Carlos Thiebaut
Drei Montaigne-Lektüren der Gegenwartsphilosophie

Die Gegenwartsphilosophie steht in einer paradoxen Beziehung zu Montaigne. Einerseits nimmt er trotz des ungebrochenen Interesses der romanistischen Forschung in den Gesamtdarstellungen der europäischen Philosophie nur eine Nebenrolle ein: Sein Name wird lediglich mit der Gattung des Essays in Verbindung gebracht und an den Rand der Geschichte des Skeptizismus gedrängt. Andererseits übt Montaigne eine wachsende Faszination auf mehreren wichtigen Gebieten der gegenwärtigen philosophischen Diskussion aus, etwa bezüglich der Verbindung von Vernunft und Sprache, der Konstitution personaler Identität, der literarischen Dimension philosophischen Denkens sowie der Formulierung eines moralischen und politischen Toleranzbegriffs. Leicht stilisierend werde ich im folgenden drei Zugangsweisen zu Montaigne vorstellen, die nicht nur drei unterschiedliche, mitunter konkurrierende philosophische Stile, sondern auch drei unterschiedliche philosophische Intuitionen repräsentieren, welche für die gegenwärtige Diskussion von besonderer Bedeutung sind. Dabei werde ich den ›Klassiker-Effekt‹ von Montaignes Text betonen, einen Effekt, der sein Werk zu einem Topos werden läßt, auf den wir unsere eigenen philosophischen Verwirrungen und Debatten projizieren. Diese Wirkung kann für sich genommen die wachsende Bedeutung Montaignes für die derzeitige Transformation des philosophischen Kanons erklären, und sie beleuchtet in exemplarischer Weise den unausweichlichen hermeneutischen Standpunkt der Gegenwartsphilosophie. Das hermeneutische Element, das in der ›Lektüre von Lektüren‹, die ich praktizieren werde, am Werk ist, treibt uns bei dem Versuch, einige Züge der Moderne zu verstehen und unsere eigene Welt zu begreifen, über den Text, diesen singulären Text, hinaus.

Die erste Lektüre, auf die ich mich konzentrieren werde, entstammt der post-analytischen Philosophie und betont den Skeptizismus des säkularen Humanismus des 16. Jahrhunderts, wobei sie diesen faszinierenden und kreativen historischen Augenblick

mit dem trockenen Pfad des späteren cartesianischen Rationalismus kontrastiert.
Montaignes philosophische Position wird im Licht seiner Betonung des Pluralismus und der Toleranz verstanden, und sie wird als ein notwendiges epistemologisches Korrektiv der vorherrschenden philosophischen Tradition erkannt, in deren Zentrum das epistemische Subjekt steht. Relativistischer Pluralismus und Kontextualismus werden hier dem Cartesianischen Monologismus gegenübergestellt, ein Vorgehen, das durch bestimmte Varianten des Neopragmatismus unterstützt und erstaunlicherweise von – neoaristotelischen und neohegelianischen – kommunitaristischen Positionen geteilt wird.
Eine zweite Lektüre greift zu den *Essais*, um Prozesse der Bedeutungs- und Identitätskonstitution nachzuzeichnen, die in den Text eingewebt sind. Ein solches Vorgehen wird als originäre Erfahrung des Renaissancehumanismus aufgefaßt, als eine Erfahrung, die es dem Subjekt ermöglicht, sich dank des Textes von dem unverständlichen Fließen der Wahrnehmungen zu befreien. Dieser textualistische Zugang zu Montaigne betont die Bedeutung der literarischen Form philosophischer Reflexion in dem Augenblick, in dem sich das Zutrauen zu der Vernunft der Moderne und ihrer rekonstruktiven Arroganz erschöpft hat. Er blickt in den Text hinein, auf die textuelle Schaffung eines philosophischen Raums und auf die textuelle Konstitution von Subjektivität. Das soll nicht heißen, daß der Text sich selbst auf idealistische Weise selbst herstellt, daß er nicht tatsächlich geschrieben oder von einer externen Instanz produziert wird. Wie Derrida und Starobinski hervorgehoben haben, kann dieser textuelle Raum als ein Versuch betrachtet werden, die Leere zu füllen, die die schmerzlichen Abwesenheiten des Vaters und des Freundes hinterlassen haben.[1]
Aber diese Rückkehr zu Montaigne, die das ins Zentrum stellt, was im Text verborgen ist, versteht den Akt des Lesens sowohl als eine Enthüllung als auch als eine Verhüllung der schwindelerregenden Identitätskonstruktion, die der Autor ins Spiel gesetzt hat. Diesem zweiten Ansatz geht es nicht nur darum, daß Montaigne als ein relevantes Beispiel für den Textualismus im Hinblick auf

1 J. Derrida, The Politics of Friendship, The Journal of Philosophy 85 (1988), pp. 632-644; J. Starobinski, Montaigne en mouvement, Paris 1982 (dt., Montaigne. Denken und Existenz, München/Wien 1986).

den Akt des Schreibens ausgewählt werden kann. Seine Textpraxis verlangt von uns eine entsprechende Selbsterfahrung im Akt des Lesens. Die Lektüre ist ein Prozeß, der unsere eigenen Bedeutungen erst durch das Verwobenwerden unserer eigenen Texte mit demjenigen Montaignes entstehen läßt. Dadurch bleibt sie mit diesem ursprünglichen Akt verbunden. Im Gegensatz zu der ersten epistemologischen Lesart Montaignes versteht diese zweite Lektüre die *Essais* nicht als Ausformulierung einer philosophischen Position, die sich anderen Positionen entgegenstellt, oder als ein skeptisches Argument, das sich gegen frühere scholastische Sicherheiten oder spätere Cartesianische Gewißheiten richtet, sondern als eine Praxis, die eine textuelle Position aufbaut, in der sowohl Identität als auch ihre Abwesenheiten verwirklicht werden. Montaignes Text wäre demnach nicht ein philosophisches System neben anderen, sondern die Erkundung eines noch unbekannten Gebietes, das im Vollzug seiner Entdeckung erst entsteht.

Die beiden Lektüren, die ich bisher erwähnt habe, verweisen auf zwei Gedanken, die für die Gegenwartsphilosophie in unterschiedlicher Weise besonders relevant sind. Die erste argumentiert für die Vorstellung, daß das Projekt der Moderne nicht ausschließlich im Rahmen der Cartesianischen Epistemologie verstanden werden sollte. Andere Pfade als die vom Rationalismus privilegierten führen in die Moderne, und sie verlangen andere philosophische Sprachen und Strategien. Die zweite Lesart Montaignes vertritt die Auffassung, daß die Entstehung der modernen Subjektivität und ihrer polyphonen Identität an Textpraktiken gebunden ist, die die vielen Gesichter des Subjekts erstellen.

Ich denke, daß man in Bezug auf diese beiden Lektüren miteinander zusammenhängende Mängel aufzeigen kann. Die erste Lesart vergißt, daß die ›niederen‹ Formen der Rationalität, welche sie besonders betont, bei Montaigne mit einem grundlegend ethischen Verständnis der philosophischen Reflexion verbunden sind. Die ethische Dimension ist unabdingbar, wenn es darum geht, zu verstehen, wer wir sind, was für ein Mensch Michel de Montaigne war und wie wir leben sollen. Die zweite, den Textualismus radikalisierende Lesart vernachlässigt paradoxerweise die externen Wirkungen des Textes, insbesondere die historische Produktion der Subjektivität, die jenseits seiner Ränder ihren Ort hat. Diese subjektivierende Wirkung steht in Zusammenhang mit anderen sozialen Entwicklungen und ermöglicht einen wichtigen Lernprozeß, der in jeder Lektüre wiederholt werden kann und muß, und zwar nicht nur deshalb, weil er zu einem früheren Zeitpunkt innerhalb unserer Kultur stattgefunden hat und uns daher noch zugänglich ist, sondern weil er noch immer ein Muster der gegenwärtigen komplexen sozialen Interaktionsformen ist. Die erste Lesart vergißt also den moralischen Charakter der pluralen Praxis der Vernunft, während die zweite Montaignes Rhetorik der moralischen Luzidität aus den Augen verliert, die mit weiteren Strategien der Renaissance in Verbindung gebracht werden kann wie etwa der von Cervantes praktizierten. Diese beiden Mängel weisen uns auf eine dritte Zugangsweise zu dem einsamen Bewohner des Turms von Montaigne hin: eine Rückkehr zu seinen Texten, die man rekonstruktiv nennen kann und die die ethischen Dimensionen hervorhebt, die in den beiden vorausgegangenen Lektüren ausgeblendet wurden.

Diese dritte Re-Lektüre teilt mit dem epistemologischen Zugang den Wunsch, gegen den Strom des herrschenden philosophischen Kanons zu schwimmen, und bestreitet, daß das moderne Subjekt als ein ›Spiegel der Natur‹ verstanden werden sollte, um Richard Rortys Worte zu gebrauchen. Mit dem textualistischen Modell stimmt sie in einer ausgeprägten Sensibilität für textuelle Aspekte überein, die sich dem ›linguistic turn‹ verdankt, der in höchst unterschiedlicher Weise die gesamte westliche Gegenwartsphilosophie kennzeichnet. Diese dritte Zugangsweise zu Montaigne, die ich vorschlage, konzentriert sich auf eine ethische Gegenwartsdiagnose. Sie betrachtet die Texte als aufschlußreiche Spiegel und begreift ihren Klassikerstatus als Ausformung eines Verständnisses reflexiver Formen von Rationalität und Subjektivität. Diese Reflexivität entsteht durch Lernprozesse, die das Selbst und die Toleranz betreffen und die durch die Konfrontation mit fremden Werten und Verhaltensweisen ausgelöst werden. Von diesem Gesichtspunkt aus liegt die Bedeutung Montaignes darin, daß er als erster zwei Ideen artikuliert und akzentuiert hat: die Idee positiver Toleranz, einer Toleranz, die ein leidenschaftliches Interesse für Differenzen und ihre Wahrheit hat, sowie die Konzeption einer freien, nicht auf bestimmte Überzeugungen fixierten Subjektivität, die reflexiv bezogen ist auf ihre je eigenen Meinungen und in diesen dieselbe Fremdheit wiedererkennt, auf die sie in den Begegnungen mit dem Differenten getroffen war. Diese beiden

Ideen, positive Toleranz und Reflexion auf Überzeugungen, sind nach meiner Auffassung für ein ethisches Verständnis der Gegenwart zentral, und sie können auf Montaigne zurückprojiziert werden, von dem man sagen kann, daß er Zeitgenosse ihrer Entstehung war und erstmals diejenige Form moralischer Subjektivität ausfüllte, an der wir immer noch festhalten, auch wenn wir dies aus einer gewissen moralischen Hartnäckigkeit heraus tun.

Alle drei Lesarten, die epistemologische, die textualistische und die rekonstruktive, weisen übereinstimmende Züge auf, die aufs Ganze gesehen für ein Klima der reflektierenden Revision im Hinblick auf die Rolle und den Charakter der Philosophie sprechen. Wenn ich ihre Differenzen hervorhebe, dann möchte ich damit lediglich die drei kontrastierenden Gegenwartsdiagnosen betonen. Als idealtypische Positionen decken sie selbstverständlich nicht alle philosophischen Einstellungen ab, die im zeitgenössischen Denken tatsächlich wirksam sind, aber sie können als Repräsentanten von drei grundlegenden Reaktionsweisen auf die derzeitige philosophische Auseinandersetzung über das Verhältnis von Vernunft, Sprache und menschlicher Welt gelten. Jede von ihnen betont eines der Elemente, die in diesem Verhältnis miteinander verbunden sind, und artikuliert damit ein spezifisches Verständnis der Moderne, eine Diagnose, die bestimmte Merkmale als besonders bedeutsam einschätzt. Trotz gewisser Übereinstimmungen wählt jeder Ansatz jeweils einen Aspekt von Montaignes Werk aus, den er für markant hält und der in den Perspektiven der beiden anderen Lektüren als weniger wichtig erscheint. Die erste Lektüre, die das Verhältnis von Sprache, Vernunft und Welt als ein epistemologisches Problem begreift, konzentriert sich darauf, zu fragen, wie wir wissen können, wer wir sind und was wir tun sollen, und sie untersucht die Grenzen dieses Wissens. Von diesem Standpunkt aus betrachtet, verfehlen sowohl die textuelle als auch eine rekonstruktive Lektüre entweder Montaignes rationale Sensibilität für Pluralität und Kontext oder sie mißverstehen den Skeptizismus seiner ethischen und politischen Position. Die epistemologische Zugangsweise akzentuiert Montaignes Kontextualismus und versteht die Moderne als einen Prozeß, der eine begrenzte Sichtweise seiner selbst überwinden mußte, gemeint ist die Perspektive des Rationalismus. Die epistemologische Lektüre konvergiert demnach sowohl mit derjenigen Form des ›New Historicism‹, die von den neohegelianischen Arbeiten Charles Taylors repräsentiert wird, als auch mit der neopragmatischen Kritik der Transzendentalphilosophie.[2] Von diesem Standpunkt aus betrachtet, könnte die Moderne nicht als ein linearer Prozeß erscheinen: ihr erster Abschnitt wäre pluralistisch, skeptisch und lokal; aus diesem ursprünglichen Projekt wäre eine zweite Phase der Homogenisierung, Universalisierung und Formalisierung hervorgegangen. Nach Stephen Toulmin[3], den ich als Vertreter der ersten, epistemologischen Lesart nennen möchte, zwingt uns das Ende dieser zweiten Phase dazu, ihre Begrenzungen zu analysieren. Wir sind aufgefordert, zu einer dritten Phase weiterzugehen, die das pluralistische und verstreute Wesen des Projekts der Moderne erneut betont und die Dimensionen einer partikularistischen Rationalität wieder in den Vordergrund treten läßt, welche uns an die Frührenaissance erinnern.

Indem der Textualismus die Beziehung von Vernunft, Sprache und Welt vom Standpunkt des zweiten Relationsgliedes aus betrachtet, betont er ein internes Verständnis des Denkens und der Künste und begreift ihre Produkte als Texte, deren Bedeutungen ihren Ort ausschließlich im Akt des Schreibens und/oder Lesens haben. Wir sollten daher nicht von Epochen oder epochenspezifischen Programmen sprechen – auch nicht von der Moderne und ihrem Projekt –, sondern von Lesepraktiken, deren Temporalität den Texten inhärent ist. Die Geschichte hat somit den Bereich der Bedeutung verlassen und ist zu einer internen Dimension der Texte geworden. Der Autor und seine Intentionen lösen sich ebenso im Text auf wie der Leser und seine Interessen. Montaigne spricht zu sich selbst und zu uns in einer Schöpfung, die gemäß der Sichtweise Jean Starobinskis den Text und die Perspektiven, die er erzeugen kann, in einer einzigen Ko-Implikation verschmilzt. Vernunft und Moralität sind demnach entweder wesentliche interne Dimensionen des Textes oder lediglich externe Projektionen und Fehldeutungen (›misreadings‹), die die Spezifik des Textes verkennen. Wenn in der ersten Lesart die Dimension der Bedeutung dank einer rationalen Definition von Partikularität

2 C. Taylor, Sources of the Self. The Making of Modern Identity, Cambridge Mass. 1989 (dt., Quellen des Selbst. Die Entstehung der neuzeitlichen Identität, trad. J. Schulte, Frankfurt am Main 1994).

3 S. Toulmin, Cosmopolis. The Hidden Agenda of Modernity, New York 1990 (dt., Kosmopolis. Die unerkannten Aufgaben der Moderne, trad. H. Vetter, Frankfurt am Main 1991).

verstanden wird, so erscheint im zweiten Zugriff auf Montaigne – nach der Vertreibung des Universalismus-Vorurteils – Bedeutung als etwas, was im Text vergraben ist: Sie kann nur im Akt des Lesens wiedergewonnen werden und bleibt ihm inhärent.
Die epistemischen und textualistischen Zugangsweisen unterscheiden sich im Hinblick auf den sozialen und historischen Charakter der Texte, der durch die erste betont und durch die zweite verneint wird, sowie bezüglich der textuellen Bedeutungsprozesse, die durch die zweite betont und die erste vernachlässigt werden. Die dritte, rekonstruktive Zugangsweise unterstellt in leicht ironischer Form, daß Vernunft und Sprache in gleicher Weise als Dimensionen des Verständnisses und Vollzugs menschlichen Lebens und insbesondere seiner ethischen Dimension aufgefaßt werden können. Im Rahmen der gegenwärtigen philosophischen Auseinandersetzung über die Beziehung von Vernunft, Sprache und menschlicher Welt und der Bedeutung dieser Beziehung für das Verständnis der Moderne stimmt diese dritte, rekonstruktive Lektüre mit den beiden anderen in der Kritik des den Kanon westlicher Philosophie dominierenden Rationalismus überein. Sie verwirft ebenfalls das Verständnis moderner Subjektivität, das sich an der Vorstellung eines körperlosen, die externen Objekte wahrnehmenden Subjekts orientiert, und sie bejaht eine Auffassung, derzufolge die sprachliche Vermittlung die Subjektivität aus der Isolation reißt und sie in einen Interaktionsprozeß integriert. Falls dies zutrifft, kommen alle drei Lektüren in der bereits erwähnten Diagnose des Selbstmißverständnisses der Moderne überein. Und vielleicht kann man behaupten, daß es sich bei allen drei Positionen um Formen der Suche nach einem Ausweg aus diesem Mißverständnis handelt. Von diesem Standpunkt aus erscheint Montaignes Philosophie als ein früher Augenblick, vor der Geburt des Selbstmißverständnisses der Moderne, als ein vorbarockes, vor-klassizistisches Denken, das die Erscheinungsweisen eines uneingeschränkten Denkens und die Leere sozialer Normen aufweist und sich auf der Basis einer desillusionierten Einstellung entfaltet. Dieses Denken glaubte nicht an die leichten und hochgradig stilisierten Lösungsvorschläge unserer Zeit im Hinblick auf die Probleme des Wissens, der Moral, des Rechts oder der Politik. Es verlangt größere philosophische Differenziertheit für das Begreifen der beträchtlichen Komplexität der menschlichen Welt.

Obwohl ich mich hauptsächlich mit der dritten, rekonstruktiven Lesart beschäftigen werde, möchte ich kurz die Grundpositionen der ersten beiden Montaigne-Lektüren skizzieren, um einige ihrer Differenzen und Gemeinsamkeiten darzustellen.

Zunächst die epistemologische Lektüre: Stephen Toulmin hat in seinem Buch *Cosmopolis. The Hidden Agenda of Modernity* untersucht, wie das epistemische Projekt Descartes' durch die Suche nach Gewißheit die Grundlinien des Projekts der Moderne reduziert und simplifiziert. Dieses Projekt wurde nach Toulmin nicht von Descartes, sondern von dem nuancierten und differenzierten Pluralismus einer früheren Zeit, des säkularen Renaissance-Humanismus, geschaffen. Nach der durch den Verlust der absoluten Autorität der Religion entstandenen Verwirrung konnte nur eine bestimmte Form des Skeptizismus sowohl ein rationales Programm – das sich allerdings selbst einschränkte – unterstützen als auch eine Welt bewältigen, in der die Glaubenskämpfe immer härter und intoleranter wurden. Die Beseitigung des ursprünglichen Projekts der Moderne durch den Cartesianismus war nach Toulmins Auffassung nur auf der Grundlage eines umfassenden Prozesses der Vereinfachung möglich. Toulmin behauptet, wobei er die sozialen, ökonomischen und politischen Veränderungen der Epoche etwas vernachlässigt, daß die Niederlage der Renaissance im 17. Jahrhundert in erster Linie einen kulturellen Wandel in Gang setzte, in dessen Verlauf das gesprochene Wort durch die Schrift ersetzt und die Rhetorik zugunsten der formalen Logik aufgegeben wurde. Man kann diese Überlegung Toulmins mit einem Argument des kritischen Theoretikers Paul de Man unterstützen, der als ein Repräsentant des Textualismus betrachtet werden kann. De Man behauptet, daß die Hinterlassenschaft des spätmittelalterlichen Triviums – ein Gleichgewicht textueller und kontextueller Sensibilität im Bereich der Rhetorik, argumentativen Wissens innerhalb der Logik und intellektueller Verantwortung auf dem Feld der Dialektik – durch die Vertreibung der Rhetorik aus der zentralen Stellung, die sie im Kanon besaß, außer Kraft gesetzt wurde.[4] Diese Vertreibung, die paradoxerweise und

4 P. de Man, Allegories of Reading, New Haven 1979 (Teil 1 übersetzt als: Allegorien des Lesens, trad. W. Hamacher/P. Krumme, Frankfurt am Main 1988); ders., Pascal's Allegory of Persuasion, in: S. J. Greenblat (ed.), Allegory and Representation, Baltimore 1981, pp. 1-25.

unbewußt von der Renaissance selbst durch ihre Kritik an der Scholastik betrieben wurde – exemplarisch zu sehen an Montaignes oder Cervantes' Verachtung des rhetorischen Wissens – hat nicht nur die Rhetorik von den pluralen Formen der Rationalität losgelöst und sie zu einer niederen und verdächtigen Kunst degradiert, sondern sie hatte auch perverse Wirkungen auf die Dialektik selbst, insofern diese gezwungen war, ein Verständnis von Vernunft und Sprache zu entwickeln, welches ausschließlich auf der Logik basierte.

Diese erste Vereinfachung der Moderne führte zu einem zweiten Muster, das Toulmin beschreibt und in bezug auf welches Montaigne ohne Zweifel als ein Musterbeispiel für eine noch nicht stark vereinfachte Komplexität stehen kann. Partikularität wurde durch Universalität ersetzt, und eine formale Prinzipienethik trat an die Stelle des narrativen Details einer kontextualistischen moralischen Sensibilität, welche nicht auf der Grundlage abstrakter oder formaler Prinzipien stand, sondern gemäß der bald diskreditierten kasuistischen Techniken der Figuren und Fälle vorging. In einer räumlichen Metapher ausgedrückt, kommt diese Verdrängung von Partikularität einer Ersetzung des Lokalen durch das Allgemeine gleich: Ersteres akzentuiert die Partikularität von Raum und Zeit und ermöglicht die kontextuelle Sensibilität des Moralisten, während letzteres abstrakte Axiome bevorzugt, die nur dann einsatzfähig sind, wenn lokale Partikularitäten ausgeblendet werden. Und sie gerade sind es, denen Montaigne in seinem *Journal de Voyage* und den *Essais* besondere Aufmerksamkeit geschenkt hat. In einem dritten Schritt der Reduktion des früheren Programms der Moderne wurde nach Toulmins Darstellung Temporalität durch Atemporalität ersetzt. Die Wahrnehmung der überwältigenden Veränderlichkeit der Dinge, der Namen und Charaktere öffnete den Weg zur Permanenz des Wesentlichen, des Denkens oder des transzendentalen Subjekts der Erkenntnis. Montaignes besondere Betonung der Unbeständigkeit menschlicher Geschicke und Schicksale, im Prisma ihrer Fragilität und Vergänglichkeit betrachtet, eine Wahrnehmung, die jeder rationalistischen Radikalisierung unerträglich wäre, schien nach einer Therapie zu verlangen: eine Anstrengung, Permanenz zu gewinnen. Jede Form einer *morale provisoire*, dem letzten Überbleibsel der Anerkennung von Partikularität und Vergänglichkeit menschlicher Dinge im Cartesischen Denken, konnte nur

als propädeutisch akzeptiert werden, als ein vorläufiger Schritt auf dem Weg zu einer solideren Basis der ethischen Prinzipien.
Auf diese Weise machten die Humanisten, folgt man der Darstellung Toulmins, den Rationalisten Platz, und an die Stelle Montaignes trat Descartes. Auf eine unendliche Beweglichkeit, die mit vielfältigen Veränderungen die zahlreichen Gesichter des Menschen zeichnet, folgt die unerschütterliche Permanenz des erkennenden Subjekts. Und sobald die logische und ontologische Verankerung Gottes wiederhergestellt war, wurde in der Nachfolge des Subjekts der Erkenntnis die Solidität der Welt und der menschlichen Angelegenheiten rekonstruiert und restauriert.
Toulmins antirationalistisches Argument zielt also nicht auf eine umfassende Kritik der Rationalität, sondern auf eine Rekonstruktion des pluralen und kontextualistischen Begriffs der Vernunft, den die neuzeitliche Philosophie vergessen hat, wodurch sie manchmal mit sich selbst in Widerpruch geriet. Eine weitere wesentliche Strömung der postanalytischen Philosophie stimmt mit Toulmin in dem Interesse für Montaigne als Kritiker der modernen Philosophie überein. Der Amerikanische Pragmatismus beteiligt sich an der Kritik der epistemischen Wende der modernen Philosophie und an der Zurückweisung ihrer transzendentalen Absicherungen. Richard Rorty behauptet, daß die Anerkennung der Kontingenz der Sprache, des Selbst und der sozialen Vereinbarungen uns zu einer naturalistischen Einstellung führt, die man möglicherweise mit dem Naturalismus der Renaissance und seiner Einschätzung der Situation des Menschen vergleichen könnte.[5] In dieser Perspektive betrachtet, erscheint die Vernunft instrumental: ein Bild, das ihre transzendentalen Träume einschränkt. Das Bewußtsein der Grenzen der Erkenntnis und ihres kontextuellen Charakters ist in den Vordergrund getreten, wobei dieses Bewußtsein sowohl den Pluralismus der Renaissance als auch den Historismus der Romantik beerbt hat. Es scheint so, als ob die klassische Periode des 17. und 18. Jahrhunderts eingeklammert worden wäre oder doch zumindest ihre Vorrangstellung für die Definition der Philosophie verloren hätte.
Man kann sagen, daß die idealisierte epistemologische Lektüre,

5 R. Rorty, Philosophy and the Mirror of Nature, Princeton 1979 (dt.: Der Spiegel der Natur: Eine Kritik der Philosophie, trad. M. Gebauer, Frankfurt am Main 1981).

die wir vorgestellt haben, sich stärker auf den Begriff der Pluralität der Vernunft als auf den ethischen Impuls konzentriert, der Montaignes *Essais* charakterisiert. Diese Lektüre betont den skeptischen Humanismus, den Montaigne gemeinsam mit anderen Autoren der Renaissance vertritt, eine Einstellung, von der behauptet wurde, sie sei für unsere Zeit von Bedeutung. Ein skeptischer Humanismus würde die Pluralität von Weltversionen und Überzeugungen akzeptieren, und er würde jeglicher Gesamtrekonstruktion mißtrauen, die vom Standpunkt eines partikularen, substantiellen Weltbilds aus unternommen wird. Ich glaube nicht, daß es möglich ist, die Vorteile eines solchen Programms der Anerkennung von Differenz, Pluralität und Kontext zu bestreiten oder eine Perspektive zurückzuweisen, die Montaigne mit der Entstehung der liberalistischen Tradition verbindet, wie es Schaefers kürzlich erschienenes Buch über Montaignes politische Philosophie getan hat.[6]

Aber es ist notwendig hinzuzufügen, daß man eine Einstellung epistemischer Toleranz nicht einnehmen kann, ohne gleichzeitig ethische und politische Toleranz zu praktizieren. Letztere umfaßt nicht nur großzügige Kriterien der Rationalität, sondern auch tolerante Subjekte, Institutionen und Praktiken, deren Untersuchung und Förderung weit mehr verlangen als das, was in einem rein epistemischen Programm beinhaltet ist.

Tatsächlich markiert dieses moralische Verständnis von Subjektivität den Ausgangspunkt von Starobinskis Rückkehr zu Montaigne, mit dem ich die textualistische Lektüre der *Essais* belegen werde, auch wenn man radikalere Vertreter dieses Ansatzes nennen könnte.[7] Starobinskis Buch *Montaigne en mouvement* beginnt mit Montaignes Kritik der bloßen Erscheinungen – sozialen, politischen, kognitiven – und beschreibt seine Schriften als den Versuch, vor der Leere dieser Erscheinungen zur Wahrhaftigkeit oder Wahrheit des Textes zu fliehen. Der Text wird zur Antwort auf die Flüchtigkeit einer unbeständigen Welt, in der es keine verläßlichen Kategorien des Wissens, sondern nur noch wandelbare

6 D. L. Schaefer, The Political Philosophy of Montaigne, Ithaca/London 1990.

7 Vgl. beispielsweise R. L. Regosin, Recent Trends in Montaigne Scholarship: A Post-Structuralist Perspective, Renaissance Quarterly 37.1 (1984), pp. 34-54 mit Verweisen auf Cave, Beaujour und Compagnon.

Namen gibt, die in ihrer eigenen Partikularität verankert sind. Der Text und seine Konstruktion erscheint als eine Antwort auf eine Welt, die kontingent, leer oder flüchtig zu sein scheint. Starobinski erkennt in Montaignes Werk einen ethischen Impuls, aber es handelt sich um eine Ethik des Schreibens, der Artikulation des Selbst und der Welt im Text, die sich gleichzeitig der Welt entgegenstellt und das Gesicht des Autors widerspiegelt. Diese Reflexion reproduziert im Text das unbegreifliche Wesen der Welt und der personalen Identität: Der Autor ist nichts anderes als eine unabgeschlossene Bewegung, ein vergänglicher Augenblick, dessen Gesicht durch das geschriebene Wort nur kurz beleuchtet wird.

Claude Blum[8], Derrida und Starobinski haben gezeigt, wie der Text der *Essais* in diesem Prozeß gegen die Leere der Welt ankämpft, insbesondere gegen die Leere, die durch den Tod von Montaignes Vater und des unvergleichlichen Freundes La Boétie entstanden war, des einzigen Menschen, demgegnüber Montaigne wirklich er selbst gewesen war. Die Leere, die dieser Verlust zurückließ, erweist sich als die Leere von Montaignes eigener Identität, und all die in den Text verwobenen Phantasien, Zitate und *Exempla* sind ein gebrochenes Spiegelbild, in dem diese Identität fixiert und stabilisiert werden soll, was jedoch mißlingt. Der entscheidende Verlust, der im Text verborgen ist, und die Unfähigkeit, diese schmerzliche Leere zu füllen, erfüllen ihn mit Melancholie. Wenn die epistemologische Lektüre, die den relativistischen Skeptizismus Montaignes ins Zentrum stellt, Ironie, Gelächter und eine nicht dramatisierende Beschreibung der menschlichen Verschiedenartigkeiten als die herausstechenden Merkmale seiner Sensibilität erkennt, entdeckt der textualistische Zugang in den *Essais* die Matrix einer spirituellen Melancholie. Sicher, die die Renaissance kennzeichnende Erfahrung der Desillusionierung, der Leere sozialer Normen und der Pluralität rasch wandelbarer Überzeugungen kann nach außen gewendet eine reflektierende und ungläubige Ironie als Sozialkritik und nach innen gerichtet den ›neuen humor‹ in Erscheinung treten lassen, den Burton – versteckt hinter dem Namen Democritus Junior – schon

8 C. Blum, La peinture du moi et l'écriture inachevée, Poétique 53 (1983), pp. 60-71.

bald als die ›neue Krankheit‹ der Epoche beschreiben sollte.[9] Die Melancholie, die Starobinski bei Montaigne entdeckt, ist ein Ergebnis der Unmöglichkeit, im Text diejenige Stabilität zu gewinnen, die in der Welt unerreichbar war, und das Resultat des Wissens, daß dieser textuelle Rekonstruktionsversuch nicht umgangen werden kann und unaufhörlich von neuem ausgeführt werden muß.

Die aporetische Konstruktion und Destruktion des Selbst im Text, die vom Textualismus im Hinblick auf den Akt des Schreibens herausgestellt wird, hat eine Parallele im Akt der Lektüre. Mit der Geburt des Essays als literarischer Gattung, mit seinen konstruktiven/dekonstruktiven Praktiken des Selbst, wird eine neue Erfahrung des Lesens ausgespielt. Der Leser eignet sich die Form der Selbstreflexion an, die der Text praktiziert. Aber man kann gegen diese textualistische Interpretation einwenden, daß eine solche Selbstreflexion an den Akt des Lesens gebunden und ihm verhaftet bleibt. Wie Claude Blums Untersuchung zeigt, verschmilzt der Textualismus die Textkonstruktion, das Subjekt im Text und die Bedeutungskonstitution im Akt des Lesens, und diese Verschmelzung läßt sich nicht rückgängig machen. Diese Einheit – Text, Subjekt, Bedeutung – wird in jedem Schritt Montaignes wiederholt: wenn er Fragmente der Texte der Klassiker wiederliest und in seinen Text verwebt, wenn er seinen eigenen Text mit nicht enden wollenden Zusätzen wiederliest und von neuem schreibt. Und dieses Moment wiederholt sich auch dann, wenn wir selbst seine Worte lesen. Schreiben, Lesen, erneut Schreiben sind also die Mechanismen von Identität und Bedeutung, die Formen, durch die selbstreflexive Aufmerksamkeit aktualisiert wird.

Aber ist es denn tatsächlich so, daß alles in den Text eingeschlossen bleibt, so als ob dies eine Metapher für den Rückzug des

9 Die problematische Beziehung Montaignes zur Melancholie ist ausführlich untersucht. Vgl. unter anderen S. Sasaki, Humeur nouvelle de Montaigne, in: Mélanges à la memoire de Franco Simone, IV, Genf, 1983, 244-267; G. Nakam, Montaigne, la mélancolie et la folie, in: C. Blum und F. Moreau (eds.), Etudes Montaignistes en hommage à Pierre Michel, Genf, 1984, pp. 195-213; M.-A. Streech, Montaigne & Melancholy, Selinsgrove, 1984; O. Pot, L'inquiétante estrangeté: la mélancholie de Montaigne, Montaigne Studies: An Interdisciplinary Forum 3 (1991), pp. 235-302.

Schreibenden in den Turm des Schlosses von Montaigne wäre? Der dritte gegenwärtige Rückgriff auf Montaigne gewinnt seine Kraft aus den Intuitionen und aus den Grenzen der beiden vorangegangenen Lektüren.[10] Er betont den moralischen Aspekt der ›niederen‹ Formen der Vernunft, der von der epistemischen Lektüre hervorgehoben wird, und stellt den durch den Textualismus in den Vordergrund gerückten Prozeß der Identitätskonstitution als Teil einer umfassenden Strategie der Luzidität dar, die der Autor und seine Leser gleichermaßen anwenden. Aber der dritte, rekonstruktive Ansatz fügt diesen beiden Anleihen eine neue Interpretation der Rolle Montaignes hinzu, derzufolge Montaigne eine besondere Haltung der Toleranz verkörpert, auf die eine nicht-transzendentale Konzeption praktischer Vernunft und die textuelle Konstitution von Subjektivität angewiesen sind. Durch diese tolerante Haltung wird Montaignes Text zu einem *topos* des Lernens: Wir können aus seinem Werk immer noch die Lehren einer reflektierten Subjektivität ziehen, weil der Text einen Prozeß reflektierenden Lernens verkörpert, eine moralische Erfahrung, die ein historischer Beleg für einen breiteren, extratextuellen Bereich sozialer und individueller Prozesse ist. Im Zentrum von Montaignes Rhetorik der Luzidität steht diese Erfahrungsmöglichkeit: Er erwartet von uns nicht, daß wir inhaltlich mit seinen eigenen Positionen übereinstimmen, da er ja selbst nicht immer im Einklang mit seinen Überzeugungen ist. Aber er verlangt, daß wir lernen, uns von uns selbst zu distanzieren und in dieser Selbstdistanzierung den Schlüssel für ein umfassenderes Interessse an der Pluralität und den Differenzen menschlicher Existenz zu gewinnen. Ich werde die Grundideen dieser dritten rekonstruktiven Lektüre in drei Punkten zusammenfassen, die Montaignes Relevanz für die Gegenwart aufzeigen. Ich hoffe, daß sowohl die Anleihen als auch die Abweichungen von den beiden vorausgegangenen Lektüren im Verlauf der Darstellung deutlich werden.

10 Auch wenn es aufgrund ihrer Unterschiede eigenartig erscheinen mag, waren die beiden folgenden Aufsätze für die Formulierung der dritten Lektüre bedeutsam. Sie betonen beide die metatextuelle Dimension und den moralischen Aspekt von Montaignes *Essais*: M. Horkheimer, Montaigne und die Funktion der Skepsis, in: ders., Gesammelte Schriften, IV, ed. A. Schmidt, Frankfurt am Main 1988, pp. 236-294, und P. de Man, Montaigne et la Transcendance, Critique, 9 (1953), pp. 1011-1022.

Der erste Punkt bezieht sich auf die herabgestufte, bescheidene Konzeption praktischer Vernunft, die in den *Essais* ins Spiel gebracht wird. Montaigne wird üblicherweise als wichtiger Vertreter des Pyrrhonismus der Renaissance angesehen. Die *Apologie de Raimond Sebond* und andere Texte aus dem zweiten und dritten Buch der *Essais* unterstützen teilweise eine solche Lesart. Die Flüchtigkeit und Unbeständigkeit der Urteile, die anerkannte Fehlerhaftigkeit unserer eigenen Wahrnehmungen, die Veränderlichkeit der Gewohnheiten und die Willkür des Schicksals, all das sind Elemente der skeptischen Krise Montaignes, einer Krise, die seine frühere stoische Denkweise verändert. Die menschliche und natürliche Welt wird nicht mehr Gegenstand einer rationalen Rekonstruktion oder Interpretation sein, da alle Gewißheiten außer Kraft gesetzt sind und nur noch ein partielles Verständnis menschlichen Verhaltens beansprucht wird. In der *Apologie* schreibt Montaigne:

»Car toute presupposition humaine et toute enunciation a autant d'authorité que l'autre, si la raison n'en faict la difference. Ainsin il les faut toutes mettre à la balance; et premierement les generalles, et celles qui nous tyrannisent ... L'impression de la certitude est un certain tesmoignage de la folie et d'incertitude extreme ...«[11]

Aber der Rekurs auf die Tätigkeit der Vernunft beweist, daß Montaignes Motto »*Que says je?*« nicht identisch ist mit Francisco Sanchez' »*Quod nihil scitur*«: Sein Zweifel entspringt nicht dem Mißtrauen gegenüber unseren Sinnen oder unseren Erkenntnisvermögen, und er endet nicht damit, ihnen ihren Wert abzusprechen. Zweifellos bestreitet Montaigne die Autorität des durch die Scholastik verkörperten abstrakten philosophischen Denkens. Aber der ihm eigene Skeptizismus erweist sich als eine Suspendierung umfassender moralischer Urteile, die sich auf die Totalität der Erfahrung beziehen. Es ist unmöglich allgemein zu sagen, was es heißt, moralisch zu handeln. Er sagt ausdrücklich: »Nous flottons entre divers advis; nous ne voulons rien librement, rien absoluëment, rien constamment.«[12]

11 M. de Montaigne, Essais, II.12, in: ders., Œuvres complètes (Bibliothèque de la Pléiade), ed. A. Thibaudet/M. Rat, Paris 1985, p. 522. Im folgenden wird Montaignes Text nach dieser Ausgabe unter Angabe des jeweiligen Buches und Kapitels der *Essais* sowie der Seitenzahl zitiert.

12 II, 1, p. 317.

Diese moralische Sichtweise zieht sich durch sein ganzes Werk hindurch, aber sie scheint im Gegensatz zu den theoretischen Formen der Skepsis nicht in der Lage zu sein, zu einer theoretischen Schlußfolgerung zu gelangen. Vom Standpunkt der Moral, der praktischen Vernunft aus betrachtet, werden nur moralische Urteile über einzelne Handlungen verlangt.

Dieses Mißtrauen gegen globale ethische Theorien verkennt nicht die Bedeutsamkeit konkreter moralischer Reflexion. Überall in den *Essais* ist eine Begeisterung für die konkrete und situationsbezogene moralische Argumentation spürbar und in unterschiedlichen Formen deutlich. Im ersten Essay des ersten Buchs schreibt Montaigne:

»Le jugement est un util à tous subjects, et se mesle par tout. A cette cause, aux essais que j'en fay ici, j'y employe toute sorte d'occasion.«[13]

Montaignes Skeptizismus darf also nicht mit einer Zurückweisung sämtlicher moralischer Überzeugungen verwechselt werden, es handelt sich vielmehr um eine Abschwächung ihres absoluten Anspruchs. Seine Form des Skeptizismus bestreitet den unveränderlichen Status der Überzeugungen, weil er sie überprüft hat und die Begrenzungen ihrer scheinbaren Unbedingtheit offensichtlich geworden sind. Montaignes Skeptizismus ist eher der eines Menschen, der nicht länger gläubig ist, als der eines Ungläubigen. Er hebt sogar die Bedeutung des Glaubens an die Vernunft hervor, aber er weiß, daß alle Formen des Vernunftgebrauchs auf absolute Forderungen verzichten müssen und daß die Wirksamkeit der Überzeugungen für die Ordnung des Lebens nur von begrenztem Nutzen ist, sobald unterschiedliche Weltbilder aufeinandertreffen. Vielleicht ist dies der Grund für Montaignes Ablehnung der Reformation, in der er einen fundamentalistischen Versuch sah, nochmals ein umfassendes Weltverständnis zu entwickeln: »Fascheuse maladie, de se croire si fort qu'on se persuade qu'il ne se puisse croire au contraire.«[14]

Die ›niederen‹ Formen der Vernunft verweisen also auf zwei genauer zu charakterisierende Gedanken: Erstens gibt es keinen absoluten Standpunkt auf dem Gebiet der Überzeugungen, der mit Recht einen Vorrang gegenüber anderen beanspruchen könnte, sobald eine Vielzahl von Weltbildern anerkannt wurde. Zweitens bedeutet der Nachweis der Begrenzungen einer be-

13 I, 50, p. 289. 14 I, 56, p. 305.

stimmten Gruppe von Überzeugungen nicht, daß die Bedeutung des Nachdenkens bestritten wird, sondern im Gegenteil, daß die Relevanz eines moralischen Denkens betont wird, dessen Ausgangspunkt die reflektierende Distanzierung von den eigenen Überzeugungen ist. Von meinem rekonstruktiven Standpunkt aus entspricht diese plurale Praxis praktischer Vernunft – eine Praxis, die sich selbst davor bewahrt, zu einer globalen Moraltheorie zu werden – dem wahren Kern des ethischen Kontextualismus, der in den gegenwärtigen Auseinandersetzungen gegen den formalen Universalismus der modernen ethischen Theorien antritt. Ein solcher Kontextualismus trägt dem Umstand Rechnung, daß kein ethisches Verständnis unabhängig ist von den Besonderheiten des Kontexts und der Vielfalt substantieller moralischer Ansichten. Die Pointe der Depotenzierung praktischer Vernunft bei Montaigne besteht gerade darin, daß die Verwirklichung von Reflexivität im moralischen Subjekt uns mehr ermöglicht als die passive Suspendierung des Urteils. Sie erlaubt eine Form reflektierten Handelns oder die »*action calme*«, um Starobinskis Formulierung zu verwenden.[15]

Diese reflexive subjektive Struktur ist der zweite Punkt, den eine rekonstruktive Montaigne-Lektüre betont. Horkheimer hat die Entdeckung der modernen Subjektivität als das historische Verdienst Montaignes bezeichnet, das ein Gegengewicht zu dem von Horkheimer als »Stoizismus der reichen Leute«[16] charakterisierten Skeptizismus der *Essais* darstellt. Ich denke, daß Horkheimer mit der Feststellung recht hat, diese Subjektivität sei eher in einer materialen, naturalistischen Perspektive als in einer spirituellen Form zu begreifen. Dieser Naturalismus enthält eine Vielzahl von politischen Implikationen und stellt die Grundlage der Art von Proto-Liberalismus dar, die Schaefer hervorhebt und die Horkheimer als bürgerlichen Liberalismus kritisiert. Allerdings erkennt Horkheimer trotz seiner Kritik den positiven Gehalt des modernen Individualismus als das Produkt eines Prozesses der Verinnerlichung, der nach dem Verlust der Gewißheiten von Tradition und Religion einsetzt. Die Entdeckung des Individualismus, der auf politischer Ebene bald als Rede über die Rechte des

15 Vgl. Starobinski, op. cit. sowie: Montaigne: une théorie de l'action calme, Nouvelle Revue Francaise 353 (1982), pp. 1-14.

16 M. Horkheimer, op. cit., p. 245.

Individuums Geltung beansprucht, ist also eine Konsequenz der reflexiven Verinnerlichung des Subjekts und seiner reflexiven Distanzierung von den Imperativen substantieller Überzeugungen. Die einzige Alternative zur Geburt des modernen Individualismus, eine in mehr als nur einer Hinsicht erschreckende Alternative, wäre die Wiederentdeckung eines absoluten Fundaments in neuen mythischen oder religiösen Erzählungen, die, wenn auch in säkularisierter Form, wieder substantielle personale und kollektive Identitäten definieren könnten und in denen es keinen Platz für die kontrastreiche Anerkennung von Differenzen gäbe.

Es ist die Entdeckung oder Vertiefung der Subjektivität durch Montaigne, die zusammen mit den spezifischen Strategien des Texts im Mittelpunkt der textualistischen Lektüre steht. Eines der hervorstechendsten Merkmale von Montaignes Text ist nicht, daß die Differenz menschlichen Verhaltens und Denkens als erstaunlich dargestellt ist – ein Punkt, auf den ich noch zurückkommen werde –, sondern die Art und Weise, in der ihn die Entdeckung seiner selbst im Prozeß des Schreibens überrascht. Die *Essais* enthalten unterschiedliche Momente einer solchen Entdeckung in Form einer Serie von sich selbst interpretierenden Textpraktiken, die Autoren wie Rigolot[17] oder Starobinski für Montaignes innovativste Leistungen halten. Die Gleichsetzung von Selbst und Buch – »Ich bin der Gegenstand meines Buches« – wird an verschiedenen Stellen greifbar, wenn wir glauben, die Verlangsamung der Feder Montaignes in einer metatextuellen Bewegung wahrnehmen zu können, durch die das schreibende, reflexive Selbst sich entdeckt. Diese neu entdeckte Subjektivität erfüllt den Text mit überraschenden Resonanzen. Die Manifestationen der Subjektivität werden nicht etwa in der Perspektive der dritten Person dargestellt, in der die objektive Konstitution des Selbst beschrieben wird, sondern sie drücken die Tatsache und den Augenblick der Entdeckung genau im Moment ihres Vollzugs aus. Es handelt sich um die Erfindung der Reflexivität des Autors, die im Text und durch ihn stattfindet und auf einer reflexiven, zweiten Stufe anzusiedeln ist, welche eine bereits vorhandene Identität nicht bloß wiederholt, sondern eine Form der Konstruktion eines immer schon multiplen Subjekts konstituiert.

17 F. Rigolot, Referentialité, intertextualité, autotextualité dans les *Essais* de Montaigne, Œuvres et Critiques 8.1-2 (1982), pp. 87-101.

Ich denke, man sollte aus diesen Praktiken keine textualistischen Konsequenzen ziehen, sondern ich bin im Gegenteil der Überzeugung, daß es möglich ist, die metatextuellen Wirkungen dieser Fragmente oder die durch diese Entdeckungen ermöglichte Performanz herauszuarbeiten. Trotz der gegenteiligen spielerischen und rhetorischen Beteuerungen Montaignes sind die *Essais* nicht lediglich das Resultat einer Gelegenheitsarbeit, denn ihre Niederschrift und die Überarbeitungen bezeugen einen Prozeß zunehmender Selbstbewußtheit. Die partikulare Subjektivität Montaignes ist ein Produkt seiner Schreibversuche; und diese Produktion setzt die bereits behandelte Rhetorik der Luzidität in Gang. Diese Rhetorik verweist in erster Linie auf den Autor selbst, aber sie bezieht sich auch auf seine Leser, die zu einer ähnlichen Form der Selbstbewußtheit angeleitet werden: Der aufmerksame Nachvollzug dieses Prozesses läßt uns nicht unberührt.

Wenn der erste Punkt, die ›niederen‹ Formen der moralischen Rationalität, auf die Wahrheit der kontextualistischen Strömung der Gegenwartsphilosophie verwies, so macht der zweite Gedanke ein zentrales Element des Projekts der Moderne sichtbar: die reflexive Konstitution des moralischen Subjekts, das nunmehr die einzige Instanz ist, welche moralische Handlungen und ethische Prinzipien beurteilt. Aber dieses Subjekt ist weder vorhanden, noch ist seine Existenz garantiert. Es handelt sich vielmehr um das Resultat eines Prozesses, der als ein Lernprozeß aufzufassen ist: Wenn Montaigne sich selbst durch seinen Text erfuhr, so müssen sich alle moralischen Subjekte ihre eigene Reflexivität auf ähnliche Weise aneignen. Wie Horkheimer gezeigt hat, ist dieser Lernprozeß mit einer Reihe historischer, sozialer und kultureller Transformationen verbunden, und er steht im Zusammenhang mit der Entstehung einer Sphäre privater Erfahrung, die nicht begriffen werden kann, wenn die Sphäre der Öffentlichkeit nicht beachtet wird. Wenn die Pluralisierung der sozialen und ethischen Welt eine reflexive Wende zur Subjektivität mit sich brachte, dann bleibt diese Pluralität permanent auf Reflexivität verwiesen, damit die Individuen moralisch mit ihr zurechtkommen. Das textuelle Moment der Konstitution des Selbst ist eingebettet in ein Spektrum interagierender Prozesse, die eine Vielfalt von Perspektiven aufweisen, und es ist ein Moment, das notwendig ist, um diese Pluralität und Komplexität verständlich zu machen. Montaignes Rhetorik der Luzidität deckt also einen Reflexionsprozeß auf, der insofern nicht lehrbar ist, als er in der Perspektive der dritten Person nicht vollständig erfaßt werden kann. Er kann aber dennoch erlernt werden, und zwar durch Reflexionspraktiken, die denen des Texts ähneln.

Daß dieser Prozeß eine spezifische soziale Dimension besitzt, sowohl hinsichtlich seiner Ursprünge als auch seiner Wirkungen, ist der dritte Punkt, den der rekonstruktive Ansatz akzentuiert. In dieser Perspektive zeigt Montaigne ein Interesse an Differenz und positiver Toleranz gegenüber anderen, divergierenden moralischen Ansichten. Seine Faszination durch vielfältige Formen der Subjektivität steht in Übereinstimmung mit seiner geschärften Aufmerksamkeit für die Verschiedenartigkeit menschlicher Welten. Wir wissen, daß Montaigne einer der ersten Autoren der Renaissance ist, die die Entdeckung der die Moderne kennzeichnenden Unterschiede aufmerksam registrierten.

Diese Entdeckung hängt nicht nur mit der Neuen Welt zusammen, sondern auch mit der zunehmenden Pluralisierung und Komplexitätssteigerung in der Alten Welt. Montaigne erkennt nicht nur das Faktum der Differenz an, eine Anerkennung, die zu seiner Zeit bereits Reflexionen über das Toleranzprinzip ausgelöst hatte, er zieht aus ihm eine bestimmte Lehre. Er projiziert die Fremdheit, die er in der Begegnung mit unterschiedlichen Überzeugungen und Weltbildern erfahren hatte, zurück auf seine eigene Welt. Diese Verfremdung des Eigenen läßt in ähnlicher Weise wie das Erstaunen über die Entdeckung des Selbst im Text den nicht-natürlichen, lediglich sozialen Charakter unserer eigenen Gewohnheiten deutlich werden.

»Tant d'humeurs, de sectes, de jugemens, d'opinions, de loix et de coustumes nous apprennent à juger sainement des nostres, et apprennent nostre jugement à reconnoistre sond imperfection et sa naturelle foiblesse: qui n'est pas un legiert apprentissage.«[18]

Der kontinuierliche, durch die religiöse Intoleranz verursachte Blutverlust bildet den Hintergrund für Montaignes Fremdheit im Hinblick auf die Barbarei seiner eigenen Kultur. Die Lehrjahre der Differenz lehren uns eine doppelte Lektion. Erstens lehren sie uns, daß die Besonderheiten der Differenzen nichts mit einer höheren oder niedereren Stufe der Menschlichkeit zu tun haben. Zweitens lehren sie uns, daß nicht nur die Lebensformen der an-

18 I, 26, p. 157.

deren partikular und einseitig sind, sondern daß dies auch für unsere eigene Lebensform gilt. Die Erfahrung von Differenz und Fremdheit des Eigenen führt zurück zu der nicht mehr auf bestimmte inhaltliche Überzeugungen fixierten Einstellung, die ich bereits erwähnt habe. Man sieht nun, daß diese reflektierende Einstellung eine direkte soziale und kulturelle Wurzel hat: Sie ist nicht nur die Lektion des gegen etablierte Überzeugungen gerichteten, spezifischen Skeptizismus Montaignes, sondern auch die Konsequenz einer aktiven Stellungnahme zu der Pluralisierung der sozialen Welt und den wachsenden Differenzen der sozialen Formen des Selbstverständnisses.

Moderner Individualismus und Skeptizismus, die Anerkennung der Variabilität und Pluralität des Selbst sind nach Montaignes Überzeugung die ersten Schritte zu einer aktiven Stellungnahme in Bezug auf Differenz. Der Skeptiker versteht sich selbst auf der Basis seiner beständigen selbstkritischen Fragilität und Temporalität, während der intolerante Mensch sich selbst auf der Grundlage einer unerschütterlichen Selbstsicherheit definiert. Die humanistische Einstellung ermöglicht eine Form der Toleranz für Differenzen und menschliche Verschiedenartigkeit, die auf spezifische Weise zu erlernen ist und die dieses Interesse stärkt, wenn auch nur zugunsten eines unabschließbaren Prozesses reflektierender Selbstwahrnehmung.

Ich möchte mit einer allgemeinen Bemerkung schließen, die das Thema dieses Sammelbandes betrifft. Montaignes Rhetorik der Luzidität ist ein Beweis dafür, daß textuelle und praktische Formen reflektierender Selbstwahrnehmung notwendig sind, um die Komplexität und Diversität der sozialen Welt zu bewältigen. Es handelt sich um eine Rhetorik, die mit einer Einstellung verbunden ist, welche an Differenz interessiert ist und diese anerkennt. Wenn zwischen den textuellen Praktiken und der reflexiven Subjektivität seines Werks keine Chinesische Mauer errichtet werden kann, dann gibt es gute Gründe dafür, zu bezweifeln, daß die Momente literarischer Textualität und philosophischer oder ethischer Reflexivität für sich allein genommen als privilegiert gelten können. Montaignes textuelle Selbstwahrnehmung zeigt, daß beide unabdingbare Bestandteile desselben fragilen und kontingenten Lernprozesses der Moralität sind.

Rüdiger Zymner

›Vergeistigungskünste‹: Zu Schillers philosophischen Gedichten

Das Gutachten zu seiner medizinischen Dissertation machte es erstmals aktenkundig: der hoffnungsvolle Jüngling Friedrich Schiller hatte Neigungen zum Philosophieren – und zwar in Verbindung mit Respektlosigkeit gegenüber anerkannten Autoritäten sowie einem Hang zu einer pathetisch-schwülstigen Schreibart! Im Herbst 1779 hatte der zwanzigjährige Schiller, der zuvor schon mit einer Rede über die moralphilosophische Frage »Gehört allzuviel Güte, Leutseeligkeit und grosse Freygebigkeit im engsten Verstande zur Tugend?«[1] hervorgetreten war, diese erste medizi-

1 F. Schiller, Nationalausgabe, ed. J. Petersen/G. Fricke, Weimar 1943 ff., künftig zitiert als »NA« mit Band- und Seitenzahl, hier NA, XX, p. 3-9; »Festreden gehörten auf der Hohen Karlsschule ... zum ständigen Repertoire der Feierlichkeit, die anläßlich der Geburtstage des Herzogs und der von Joseph II. zur Reichsgräfin erhobenen Franziska von Hohenheim sowie der Stiftungsfeste abgehalten wurden. Die Reden behandelten zumeist moralphilosophische Themen; im Mittelpunkt stand fast immer die Tugend« (NA, XXI, p. 112). Die Themen dieser ›Karlsschulreden‹ wurden vom Herzog selbst gestellt, in der Durchführung weisen sie als Produkte der zeitgenössischen Schulrhetorik charakteristische Parallelen auf: In 23 der 29 Texte, zu denen Schillers Rede zählt, ist das Thema als Frage formuliert, die Mehrzahl der Fragen folgt einem niedrigen Konkretheits- und hohem Komplikationsgrad (vgl. hierzu H. Lausberg, Handbuch der literarischen Rhetorik, 2 Bde, München ²1973, Paragr. 67 f., sowie Quintilian, Institutio oratoria III,5,5 u. 9); alle Reden sind nach dem Schema Einleitung – Hauptteil – Schluß aufgebaut. Die Fülle der Zitate (insbesondere aus Klopstocks *Messias*) und der barocke Sprachstil sind ebenso kennzeichnend wie die Verwendung geschichtlicher Exempla, popularphilosophischer Schemata und die pathetische Überhöhung allgemeiner Begriffe wie ›Tugend‹, ›Laster‹. ›Liebe‹, ›Weisheit‹, ›Glück‹. Siehe hierzu R. Uhland, Geschichte der Hohen Karlsschule, Stuttgart 1953; F. Quarthal: Die ›Hohe Carlsschule‹, in: Chr. Jamme/O. Pöggeler (eds.), ›O Fürstin der Heimath! Glükliches Stutgard‹. Politik, Kultur und Gesellschaft im deutschen Südwesten um 1800, Stuttgart 1988, pp. 35-54; G. Friedl, Die Karlsschüler bei höfischen Festen, in: A. Aurnhammer/K. Manger/F. Strack

nische Dissertation seinen Fachlehrern auf der Karlsschule in einer lateinischen Fassung mit dem Titel *Philosophia Physiologiae* – ›Philosophie der Physiologie‹[2] – vorgelegt; er erörtert darin nichts Geringeres als die Beziehung zwischen Materie und Geist und versucht, diesen Dualismus durch die Konzeption einer »Mittelkraft« zu überwinden. Seine Überlegungen, die denjenigen Adam Fergusons, Albrecht von Hallers und anderer verpflichtet sind, werden zwar von seinem Lehrer Johann Friedrich Consbruch gelobt: Die Schrift enthalte manches, was den physiologischen und philosophischen Kenntnissen Ehre mache[3], aber die Angriffe gegen Autoritäten, die »blühende Schreibart« in einer Schrift, wo es doch auf deutliche und bestimmte Ausdrücke ankomme, die Verbindung von philosophischer Spekulation und »freyem«, ja »schwülstigem« und »aufbrausendem« Stil veranlaßten die verantwortlichen Herren der Karlsschule (den Herzog Carl Eugen eingeschlossen), Schillers Dissertation abzulehnen – freilich nicht ohne zu vermerken, daß der Kandidat Schiller gleichwohl »ein recht großes Subjectum« zu werden verspreche.

Auf Dauer konnte dieser frühe philosophische Schiffbruch Schiller weder von seiner Neigung abbringen, noch von der Art und Weise, diese Neigung zu pflegen. Schon ein Jahr später reichte Schiller – zusammen mit einem lateinischen Versuch *De discrimine febrium inflammatoriarum et putridarum* (›Über den Unterschied zwischen entzündlichen und fauligen Fiebern‹), der allerdings ebenfalls keine Zustimmung fand – erneut eine Dissertation ein, und zwar in deutscher Sprache. Diese im Vergleich zur ersten Schrift nicht weniger philosophische Abhandlung trägt den

(eds.), Schiller und die höfische Welt, Tübingen 1990, pp. 47-76; J. Zahlten, Die bildenden Künste an der Hohen Carlsschule in Theorie und Praxis, in: Aurnhammer/Manger/Strack, op. cit., pp. 31-46; zu den Festreden insbesondere die einläßlichen Arbeiten von M. Eicheldinger, Rhetorische Elemente in den Reden der Karlsschüler auf Franziska von Hohenheim (1779), in: Aurnhammer/Manger/Strack, op. cit., pp. 94-110, sowie F. Strack, Schillers Festreden, in: Aurnhammer/Manger/Strack, op. cit., pp. 111-127.

2 Eine Abschrift der deutschsprachigen Fassung bietet NA, xx, pp. 12-29. Siehe hierzu auch H. Schipperges, Der Medicus Schiller und das Konzept seiner Heilkunde, in: Aurnhammer/Manger/Strack, op. cit., pp. 134-147.

3 Vgl. NA, XXI, pp. 114 ff.

Titel *Versuch über den Zusammenhang der thierischen Natur des Menschen mit seiner geistigen*; auch ihr bescheinigen die Gutachter »jene poetische(n) Ausdrücke, welche so offt den ruhigen Gang des philosophischen Styls unterbrechen« und monieren, »daß der Verfasser sich manchmal zu viel von seiner Einbildungskrafft« fortreißen lasse[4]; dennoch akzeptieren sie diesesmal die Arbeit, und Schiller wird zunächst einmal Regimentsmedikus beim Stuttgarter Grenadierregiment des Generals Augé - bis zu seiner Flucht nach Mannheim nach der Aufführung seiner *Räuber* im Herbst 1782 (die ja bekanntlich das hippokratische Motto tragen: »Quae medicamenta non sanant, ferrum sanat, quae ferrum non sanat, ignis sanat« – ›Was Arzneien nicht heilen, heilt das Eisen, was das Eisen nicht heilt, heilt das Feuer!‹). Der schließlich akzeptierten Abhandlung folgen weitere philosophische Schriften wie die *Philosophischen Briefe* von 1786, deren Fortsetzung, so kann man einem Brief vom 22. November 1786 an den Verleger Göschen entnehmen, zusammen mit der Erzählung *Der Geisterseher* unter dem Titel *Vermischte Schriften* oder auch *Poetische und Philosophische Phantasien*[5] veröffentlicht werden sollte; ihr folgen schließlich im Abstand von Jahren (und begleitet von einem intensiven Studium Kants[6]) auch Abhandlungen wie *Ueber*

4 NA, XXI, p. 124.

5 NA, XXI, p. 154.

6 Im Sommer 1787 liest Schiller erstmals einige Schriften Kants, und zwar in der *Berliner Monatsschrift*; unter diesen beeindruckt ihn die im Novemberheft von 1784 erschienene *Idee zu einer allgemeinen Geschichte in weltbürgerlicher Absicht* nach eigener Auskunft (Brief an Körner vom 29. August 1787) ganz besonders. Ebenfalls in in der *Berliner Monatsschrift* veröffentlichte Kant die Aufsätze *Was ist Aufklärung?* (Dezember 1784), *Ueber die Vulkane im Monde* (März 1785), *Von der Unrechtmäßigkeit des Büchernachdrucks* (Mai 1785), *Mutmaßlicher Anfang der Menschengeschichte* (Januar 1786) sowie *Was heißt sich im Denken orientieren?* (Oktober 1786). Schon im Hinblick auf seine Jenaer Antrittsvorlesung (*Was heißt und zu welchem Ende studiert man Universalgeschichte?*, gehalten am 26./27. Mai 1789) äußert Körner in einem Brief vom 17. November 1789: »Daß du übrigens in einer solchen Vorlesung Dich nicht schämst zu kantisieren und sogar des teleologischen Prinzips erwähnst, war mir ein großer Triumph«. Erst im Frühjahr 1791 beginnt Schiller allerdings mit der Lektüre der *Kritik der Urteilskraft*. Mit Unterbrechungen betreibt Schiller bis 1795 ein intensives Kant-Studium, er arbeitet die beiden ersten ›Kritiken‹ sowie die

Anmuth und Würde (1793) – mit der berühmten Bestimmung des Schönen als Freiheit in der Erscheinung; Abhandlungen wie *Ueber die ästhetische Erziehung des Menschen in einer Reihe von Briefen* (1795); schließlich Schriften wie diejenigen über das Erhabene (*Vom Erhabenen*; *Fortgesetzte Entwicklung des Erhabenen*; *Ueber das Erhabene*) sowie *Ueber naive und sentimentalische Dichtung* (1796) – um hier nur die wichtigsten und bekanntesten zu nennen. Allesamt sind insbesondere die zuletzt genannten Schriften diejenigen, die Schiller auch heute noch – wenn auch vielleicht nicht ungeteilte – Anerkennung oder zumindest Beachtung als Philosoph verschaffen.[7] Seine schon auf der Karlsschule gepflegten und geförderten ›philosophischen Neigungen‹ haben also doch durch ihre Fortdauer und durch eine gewisse Vertiefung und Systematisierung dazu beigetragen, daß Schiller eben vor allem als *Dichter und Philosoph* (und vor dem Mediziner und Geschichtsprofessor Schiller) in Erinnerung geblieben ist; und dies keineswegs in dem Sinne, daß wir es hier gewissermaßen mit einer doppelten Berufstätigkeit zu tun hätten, mit Haupt- und Feierabendberuf. Vielmehr erscheint Schiller als philosophischer Dichter oder dichtender Philosoph oder Dichterphilosoph – allemal als janusköpfige Erscheinung, ja geradezu als Verschmelzung von Philosophie und Dichtkunst. Das geht sogar so weit, daß nicht bloß populärwissenschaftliche philosophische Lexika[8] den

›Prolegomena‹ durch. Vgl. hierzu zusammenfassend K. Vorländer, Kant–Schiller–Goethe. Gesammelte Aufsätze, Neudr. der 2. Aufl. Leipzig 1923, Aalen 1984, pp. 3-52.

7 So schon bei Vorländer, op. cit., oder auch bei E. Cassirer, Idee und Gestalt: Goethe, Schiller, Hölderlin, Kleist ([1]1924), Darmstadt 1981; zuletzt etwa bei U. Tschierske, Vernunftkritik und ästhetische Subjektivität. Studien zur Anthropologie Friedrich Schillers, Tübingen 1988; bei G. Blum, Zum Begriff des Schönen in Kants und Schillers Schriften, Fulda 1988; bei C. Muehleck-Müller, Schönheit und Freiheit. Die Vollendung in Moderne in der Kunst; Schiller–Kant, Würzburg 1989 (darin pp. II-XI eine knappe Darstellung der Bewertungen der Philosophie Schillers in der Forschung; siehe zu dieser Arbeit auch die Besprechung in: Philosophisches Jahrbuch 100 (1993), pp. 211-214); bei W. Ranke, Dichtung unter der Bedingung der Reflexion. Interpretationen zu Schillers philosophischer Poetik und ihren Auswirkungen im ›Wallenstein‹, Würzburg 1990; oder bei K. Petrus, Schiller über das Erhabene, Zeitschrift für philosophische Forschung 47 (1993), pp. 23-40.

8 Siehe z. B. Artikel ›Schiller, Friedrich‹, in: W. Ziegenfuss/G. Jung (eds.),

Philosophen Schiller dadurch glauben würdigen zu müssen, daß sie eben nicht nur die bekanntesten und bereits erwähnten philosophischen Abhandlungen auflisten, sondern auch auf Schillers philosophische Gedichte verweisen – als die philosophische Seite seiner Poesie oder eben die poetische Seite der Philosophie. In mancher Hinsicht scheint deshalb ein so »großes Subjectum« wie Schiller, das schon während seiner Schulzeit auf dem Raine zwischen Dichtkunst und Philosophie sich bewegte und von seinen Neigungen auch später nicht lassen konnte und wollte, einen besonders geeigneten Musterfall für die Frage nach der Philosophie *in* der Literatur abzugeben, und als Problemfälle, an denen ebendieses Thema zu erörtern wäre, bieten sich die vielfach zu seiner Philosophie gezählten oder gar als Philosophie betrachteten philosophischen Gedichte an, die ja auf jeden Fall auch eines sind, nämlich Poesie, und die sich anscheinend durch eines auszeichnen, nämlich auf irgendeine Weise die Grenzen zwischen Dichten und Denken zu verwischen oder aufzuheben. Damit liegt allerdings auch ein historisch distanzierter Problemfall vor, der durch die bloß reflektierte oder gar aktiv betriebene Infragestellung der Grenzen zwischen Dichten und Denken im 20. Jahrhundert – sei es bei Heidegger, bei Paul de Man, Blumenberg oder Derrida – zusätzlich unverhoffte Aktualität gewinnen könnte.[9] Die leitenden Fragestellungen, unter denen die philosophischen Gedichte Schillers untersucht werden sollen, möchte ich hier noch einmal knapp in Erinnerung rufen: (1) Auf welche Weise werden philosophische Reflexionen durch literarische Texte vermittelt? (2) Wie

Philosophen-Lexikon. Handwörterbuch der Philosophie, II, Berlin 1950, pp. 443-445; J. Elias, Artikel ›Schiller, Friedrich‹, in: P. Edwards (ed.), The Encyclopedia of Philosophy, VII, New York, London 1967, pp. 312-314.

9 Siehe hierzu allgemein G. Gabriel, Zwischen Logik und Literatur. Erkenntnisformen von Dichtung, Philosophie und Wissenschaft, Stuttgart 1991, bes. pp. 202 ff.; G. Gabriel/Chr. Schildknecht (eds.), Literarische Formen der Philosophie, Stuttgart 1990, sowie besonders J. Habermas, Exkurs zur Einebnung des Gattungsunterschiedes zwischen Philosophie und Literatur, in: ders., Der philosophische Diskurs der Moderne. Zwölf Vorlesungen, Frankfurt am Main 1985, pp. 219-247, und J. Habermas, Philosophie und Wissenschaft als Literatur? in: ders., Nachmetaphysisches Denken. Philosophische Aufsätze, Frankfurt am Main 1988, pp. 242-263.

verarbeitet Literatur philosophische Inhalte? (3) Läßt sich in literarischen Texten eine Unterscheidung von philosophischem und literarischem Diskurs nachweisen? (4) Wie bestimmt die Dichtung ihre Differenz zur Philosophie?
Insbesondere zwei der philosophischen Gedichte sollen zur eingehenden Analyse und zur Beantwortung der genannten Leitfragen herangezogen werden, nämlich (1) *Die Götter Griechenlandes* und (2) *Der Spaziergang*. Diese Gedichte sind geeignet, verschiedene Möglichkeiten der tatsächlichen oder lediglich poetisch insinuierten Vermittlung philosophischer Reflexionen zu besprechen und diese unterschiedlichen Techniken der chronologisch aufeinanderfolgenden Gedichte als eine Entwicklung in Schillers philosophischem Dichten zu interpretieren.
Die Götter Griechenlandes[10] ist dabei das jüngere der zu besprechenden Gedichte. Es wurde im März 1788 für Christoph Martin Wielands *Teutschen Merkur* verfaßt, also kurz nach der ersten Bekanntschaft mit einigen Schriften Kants im Jahre 1787 und drei Jahre vor dem Beginn der Lektüre der *Kritik der Urteilskraft*. Aus diesem Grunde wird das Gedicht auch gelegentlich zu den ›präphilosophischen‹ Gedichten gezählt, eine Einschätzung, die allerdings schon aus formalen und inhaltlichen Gründen wenig plausibel erscheint. Vergleicht man nur schon die erste Strophe des Gedichtes mit den ersten Zeilen von *Der Abend*, einem naturlyrisch-religiösen Hymnus aus dem Jahre 1776 (»Die Sonne zeigt, vollendend gleich dem Helden,/Dem tiefen Thal ihr Abendangesicht«[11]), vergleicht man es mit einer der Traueroden aus dem Jahre 1780 (z. B. *Elegie auf den frühzeitigen Tod Johann Christian Weckerlins*[12], oder vergleicht man es mit einem der Gedichte aus der *Anthologie auf das Jahr 1782* (z. B. *Die Journalisten und Minos*: »Mir kam vor wenig Tagen/Wie? fragt mich eben nicht,/Vom Reich der ewgen Plagen/Die Zeitung zu Gesicht«[13], so wird der Unterschied unmittelbar klar:

»Da ihr noch die schöne Welt regiertet,
an der Freude leichtem Gängelband
glücklichere Menschenalter führtet,

10 NA, 1, pp. 190-195.
11 NA, 1, p. 3.
12 NA, 1, p. 33.
13 NA, 1, p. 43.

schöne Wesen aus dem Fabelland!
Ach! da euer Wonnedienst noch glänzte,
wie ganz anders, anders war es da!
Da man deine Tempel noch bekränzte,
Venus Amathusia!

Da der Dichtkunst mahlerische Hülle
sich noch lieblich um die Wahrheit wand!
Durch die Schöpfung floß da Lebensfülle,
und, was nie empfinden wird, empfand.«

Auch die heftigen Reaktionen, die das in der ersten Fassung in einem Umfang von fünfundzwanzig Strophen erschienene und später (in der zweiten Fassung von 1793) auf sechzehn Strophen gekürzte und an manchen Stellen veränderte Gedicht auslöste, verdeutlichen, daß die Zeitgenossen das Gedicht als einen ernsthaften oder doch ernstzunehmenden philosophischen Beitrag auffaßten und häufig wegen seiner vermeintlich antimonotheistischen Tendenz ablehnten.[14] Noch rückblickende Erläuterungen wie diejenige Wilhelm von Humboldts verteidigen das Gedicht allerdings gegen den Vorwurf, die antiken Götter gegen den einen christlichen Gott auszuspielen:

»Der Dichter wählt darin den Gesichtspunkt der Kunst, des sinnlich Schönen, und des sittlich Schönen, insofern es durch jenes ausgedrukt wird. Aus diesem Gesichtspunkt allein vergleicht er die Religion der Alten und die unsere, den Einfluss, den beide auf Sittlichkeit und Glükseligkeit haben.«[15]

Zahlreiche neuere Interpretationen folgen dieser Sichtweise Humboldts oder entwickeln ganz ähnliche Überlegungen, betrachten *Die Götter Griechenlandes* jedenfalls als ein philosophi-

14 Dokumente zu Entstehung und Aufnahme bietet O. Fambach, Schiller und sein Kreis in der Kritik ihrer Zeit, Berlin 1957 (Ein Jahrhundert deutscher Literaturkritik, II), pp. 40-73; siehe auch W. Frühwald, Die Auseinandersetzung um Schillers Gedicht *Die Götter Griechenlands*, Jahrbuch der Deutschen Schillergesellschaft 13 (1969), pp. 251-271, und H.-D. Dahnke, Die Debatte um *Die Götter Griechenlands*, in: H.-D. Dahnke/B. Leister (eds.), Debatten und Kontroversen. Literarische Auseinandersetzungen in Deutschland am Ende des 18. Jahrhunderts, I-II, Berlin 1989, I, pp. 193-269.

15 W. von Humboldt, Über Religion, in: Werke, I, pp. 45-76, hier p. 65, zit. nach NA II, p. 166.

sche Reflexionen vermittelndes Gedicht. Dies wird allenfalls durch Interpreten wie z. B. Wolfgang Frühwald relativiert, indem behauptet wird, der *Reiz* des Gedichtes bestehe eben nicht im philosophischen Gehalt, sondern in einer in der Gestalt des Gedichtes sich offenbarenden geistigen Bewegung.[16]

Allemal dürfen zeitgenössische wie moderne Interpreten das Gedicht, das in einer verklärenden laus temporis acti den Verlust einer mythosbeherrschten Vergangenheit und die Herrschaft einer rationalitätskontrollierten, technisierten und monotheistischen Gegenwart, einer entgötterten Natur beklagt, aus (1) *inneren textstrukturellen* wie auch aus (2) *äußeren literarhistorischen* Gründen wohl zu Recht als ein reflektierendes, gar philosophische Reflexionen vermittelndes Gedicht auffassen. Als wichtigster innerer Grund ist zunächst die globale Strukturierung des Textes durch Antithesen zu nennen, die insgesamt – dem Muster einer thematisch amplifizierenden Argumentatio in einer Rede des genus iudiciale oder des genus deliberativum folgend – den Eindruck einer abwägenden Erörterung des Sachverhaltes erwecken, obwohl es sich doch tatsächlich um eine mehr oder weniger beliebige, jedenfalls nicht tatsächlich *argumentativ zwingende* Aneinanderreihung von Gedanken handelt. Antithetik und antithetische Strukturierung, die man seit langem als eine wichtige Grundform von Schillers pathetischem Stil erfaßt hat, betreffen dabei sowohl Details wie schmückende Beiwörter (schöne Welt vs. seelenloser Feuerball) und adverbiale Bestimmungen der Zeit (damals/jetzt), als auch antithetisch kontrastierte Verse und ganze Strophen. Das Stilprinzip des argumentierenden Erörterns wird zudem unterstützt durch eingefügte Exempla mit illustrativer oder belegender Funktion (»Damals trat kein gräßliches Gerippe/vor das Bett des Sterbenden. Ein Kuß/nahm das lezte Leben von der Lippe,/still und traurig senkt' ein Genius/seine Fackel. Schöne lichte Bilder/scherzten auch um die Nothwendigkeit,/und das ernste Schicksal blickte milder/ durch den Schleyer sanfter Menschlichkeit«), sowie schließlich durch rhetorische Fragen und sentenzhafte Zusammenfassungen oder Zuspitzungen von Erörterungsverläufen (z. B. in der zudem chiastisch pointierten Zeile »Da die Götter menschlicher noch waren,/waren Menschen göttlicher« oder, in der zweiten Fassung, in der Schlußzeile »Was

16 Frühwald, op. cit., p. 256.

unsterblich im Gesang soll leben,/Muß im Leben untergehn«). Dem Stilprinzip des argumentierenden Erörterns ordnet sich insofern auch die metrische Gestaltung des Textes unter, als sie überwiegend dem gleichmäßigen Muster einer achtzeiligen, fünfhebig jambischen und doppelt kreuzgereimten Strophe folgt und nur an einigen Stellen zur semantischen Akzentuierung durch verkürzte Schlußzeilen von dieser Regel abweicht. Ebenso finden sich lediglich an semantisch akzentuierten Stellen Abweichungen vom sonst gleichförmig ordnungsstiftenden Zeilenstil durch Enjambements. Der anscheinend ruhige Gang des Gedankens wird hier also nicht durch verstechnische Kabinettstückchen oder durch eruptive Freie Rhythmen, wie wir sie etwa in Goethes *An Schwager Kronos* antreffen, gestört. Wird durch das Stilprinzip des argumentierenden Erörterns so etwas wie der Anschein diskursiver Rationalität begründet, so erhält das Gedicht dadurch allein doch noch nicht die *Dignität des Philosophischen*. Schließlich kann man auch ein erörterndes Gedicht über den Ackerbau schreiben. Die Dignität des Philosophischen erwirbt das Gedicht *Die Götter Griechenlandes* durch zweierlei: (a) Durch die wiederholte allquantifizierende Rede über ›den Menschen‹, über ›die Welt‹, ›die Götter‹, ›die Dichtkunst‹ insbesondere in den Sentenzen mit der syntaktischen Form eines Behauptungssatzes suggeriert der Text, so wie dies Philosophie tut, aufs Ganze zu gehen, aufs Allgemeinste und Grundlegendste abzuzielen. (b) Zweitens aber ist die pathetisch-hohe Stillage ein Signal für die Dignität des behandelten Gegenstandes. Zu dieser Stillage tragen lexikalische und syntaktische Elemente natürlich ebenso bei wie effektvoll eingesetzte Fragen, Exclamationes und allerlei anderes aus dem reichen Schatzkästlein des Rhetorikfreundes. Ausdrücklich erwähnen möchte ich allerdings die wichtige Rolle, die die Allegorie in Schillers Gedicht spielt. Als globale Personifikation von Abstrakta ist diese semantisch wohl beschränkteste Form der Uneigentlichkeit immerhin in Fällen wie z. B. ›Amor,‹ der einen schönen Bund zwischen »Menschen, Göttern und Heroen« knüpfe, oder ›Helios‹ in seinem »goldenen Wagen«[17] die konven-

17 In einem Brief vom 25.4.1788 schreibt Körner an Schiller: »Die Diktion habe ich sehr correct gefunden, und den Vers, da wo die Ideen den meisten Gehalt haben ... sehr melodisch. Die gelehrten Namen stören zuweilen«. Das letztere muß auch Wieland so empfunden haben, denn

tionell geregelte Form der uneigentlichen Verknüpfung von abstraktem Thema und konkreter Darstellung und zugleich in Schillers Gedicht die ständige Demonstration für die »mahlerische Hülle« der Dichtkunst, die sich »lieblich um die Wahrheit« windet.

Die angesprochene *literarhistorische*, gleichsam kontextuelle Begründung dafür, daß die Zeitgenossen Schillers das Gedicht ohne Anstoßnahme als ein philosophische Reflexionen vermittelndes Gedicht betrachten durften, ist zum einen die damals noch lebendige Gattungstradition, in die sich *Die Götter Griechenlandes* durch ihr Thema wie durch das hier durchgeführte Stilprinzip der argumentierenden Erörterung einreihen. Dies ist die Gattungstradition des Lehrgedichtes[18], das im 18. Jh. eben nicht nur in seinen Untergattungen wie dem Fachwissenschaftlichen Lehrgedicht in der Tradition Vergils, dem Poetischen Lehrgedicht im Anschluß an Horaz (z. B. Pyras *Der Tempel der Wahren Dichtkunst*), oder auch dem Medizinischen Lehrgedicht in der Tradition von Renaissance-Dichtern wie Girolamo Fracastoro mit seinem Lehrgedicht *Naugerius*, 1555, über die Syphilis (z. B. Daniel Trillers *Erzeugung und Geburt des Menschen*) gepflegt wurde, sondern durchaus auch als Philosophisches Lehrgedicht in der Tradition des Lukrez (*De rerum natura*) – in Alexander Popes *Essay on Man*, in Albrecht von Hallers *Über den Ursprung des Übels* oder auch Christoph Martin Wielands *Von der Natur der Dinge*. Gerade zu dieser Gattung hat es auch im 18. Jh. zahlreiche theoretische Ausführungen gegeben wie z. B. schon die *Abhandlung über philosophische Gedichte* von Christoph Josef Sucro aus dem Jahr 1747. Interessanterweise beschäftigt sich Sucro auch mit dem Unterschied von Dichtung und Philosophie und gibt hierzu eine weitverbreitete, wenn nicht im 18. Jh. vorherrschende Meinung wieder, wenn er schreibt:

zahlreiche der ›gelehrten‹ Allegorien-Namen sind im *Teutschen Merkur* mit erläuternden Fußnoten versehen worden. Schiller hat dem allerdings nur zu entgegnen, »daß ich gerne die gewöhnlichen Nahmen vermied, die mich durch ihre Trivialität aneckeln« (Brief an Körner vom 12. Juni 1788).

18 Siehe hierzu Chr. Siegrist, Das Lehrgedicht der Aufklärung, Stuttgart 1974.

»Man gebe einen und eben denselben Satz einem Weltweisen und einem Dichter zum Ausarbeiten. Der eine wird ... die schärfste Deutlichkeit, Auflösung der Begriffe, und Verbindung mit ihren Gründen suchen ... Der Dichter hingegen ... [verwandelt] die Deutlichkeit durch Vervielfältigung der Merckmale in Lebhafftigkeit, ..., die Erklärungen in Beschreibungen, und die scharfen Beweise in sinnliche Überredungen.«[19]

Dies aber betrachtet Sucro keineswegs als Nachteil, vielmehr sind für ihn Philosophische Gedichte allen anderen gerade deshalb vorzuziehen, weil ihnen deutliche und richtige Begriffe zugrunde lägen und diese (in einer ›übersetzenden‹ Lektüre) leicht wieder deutlich gemacht werden könnten. Die *Themen*, die dem Philosophischen Lehrdichter von Theoretikern wie Johann Jacob Engel[20] und anderen wegen der Eignung zur ›Versinnlichung‹ und der Möglichkeit, Exempel herbeizuschaffen und auf eine lange thematische Tradition zurückzugreifen, empfohlen werden, sind in erster Linie *moralphilosophische Themen* sowie solche eher spekulativ metaphysischer Natur wie die ›Unsterblichkeit der Seele‹ oder auch die ›Glückseligkeit‹, kurz: Themen, in denen, nach einem Wort William Wordsworths[21], der Mensch als Mensch sowie der Mensch und seine Stellung im Kosmos interessieren; abgeraten wird hingegen von den ›abstrakten Wahrheiten‹ als Themenbereich, von mathematischen Lehrsätzen beispielsweise, »Wahrheiten der Logic, der Ontologie, der allgemeinen Naturlehre«, weil diese Themen sich eben der ›Versinnlichung‹ wiedersetzten. Dabei wird in keinem Fall die Vollständigkeit und Geschlossenheit eines (und nur eines) dargestellten Systems – wie noch bei Lukrez – angestrebt: »die neueren Lehrdichter begnügen sich mit einer Auswahl einzelner Wahrheiten, die sie wirkungsvoll arrangieren«[22], und dieses Arrangement bietet ganz eklektisch sogenannte ›Wahrheiten‹ aus allen möglichen Quellen. Der unselbständige, reproduzierende Charakter des Lehrgedichts, der Mangel an Erfindung und letztlich auch an *selbständigem* Philosophieren, der Kritiker wie Moses Mendelssohn zu der Bemerkung veranlaßt, der Inhalt sei in einem Lehrgedicht »gemeiniglich das langweilig-

19 Chr. J. Sucro, Versuche in Lehrgedichten und Fabeln, Halle 1747, pp. 6 ff. (zit. nach Siegrist, op. cit., p. 57).

20 J. J. Engel, Anfangsgründe einer Theorie der Dichtungsarten [...], in: Schriften, Berlin 1806, XI, p. 181 (zit. nach Siegrist, op. cit., p. 57).

21 Poetical Works, ed E. de Selincourt, Oxford 1965, II, p. 393.

22 Siegrist, op. cit., p. 59.

ste«[23], ist in gewisser Weise auch für Schillers *Die Götter Griechenlandes* zu konstatieren. Als wichtiger Vermittler griechischer Literatur und Philosophie an Schiller gilt hier Wieland, einzelne Gedanken des Gedichtes finden sich in Wielands Abhandlungen wie *Die Grazien* oder auch in *Über die Abnahme des menschlichen Geschlechts* (1777) vorgebildet, zudem ist in diesem Zusammenhang auf Karl Philipp Moritz' *Über die bildende Nachahmung des Schönen* (1788) und Johann Gottfried Herders *Ideen zur Philosophie der Geschichte der Menschheit* (1787) als Quellen des Gedichtes aufmerksam gemacht worden.[24]
Freilich ist im Falle Schillers wohl weniger von der Versifizierung eklektisch verbundener Partikel aus anderer Leute Philosophien zu sprechen, als vielmehr von Anregungen, die er doch in eine – zumal in den religionsskeptischen Passagen – selbständige Durchführung aufnimmt; eine argumentierende Durchführung immerhin, die auch zu einem durchaus selbständigen Ergebnis kommt (und nicht bloß in der Klage über die Unmöglichkeit des mythischen Analogons verharrt). Dieses Ergebnis läßt sich so paraphrasieren: Die Residue der mythisch verklärten Sittlichkeit und Humanität der Griechen ist in der Gegenwart allein die Poesie! Mithin haben wir es hier schon mit ethisch grundierter Kunstphilosophie zu tun. Wird dieses Ergebnis in der ersten Fassung von *Die Götter Griechenlandes* in einigen Versen lediglich angedeutet, so tritt es doch in der zweiten Fassung in den apotheotischen, sentenzhaften Schlußversen ganz deutlich hervor: »Was unsterblich im Gesang soll leben,/Muß im Leben untergehn.«
In einem ersten Resümee ist hier festzuhalten: Philosophische Reflexionen werden in *Die Götter Griechenlandes* in erster Linie in der Verbindung von philosophischer Thematik und gattungshistorisch eingeführtem Stilprinzip der argumentierenden Erörterung vermittelt; in der *Gattungspoetik* der Zeit wird dabei der Unterschied zwischen Dichtung und Philosophie deutlich gemacht: Während es der Dichtung primär um ›Versinnlichung‹ und Lebhaftigkeit der Darstellung gehe (und auch nur bestimmte Themen dafür geeignet sind), gehe es der Philosophie um Deutlichkeit, um Begriffe, um Gründe. Nach alter Metaphorik bildet die Dichtkunst also noch zusätzlich den süßen Zuckermantel um den

23 128. Literaturbrief (zit. nach Siegrist, op. cit., S. 68).
24 Vgl. NA, II. IIa, p. 170.

gleichwohl vorhandenen philosophischen Kern. Dabei muß dieser Kern freilich auch nicht so hart sein wie in ›echter‹ Philosophie; die Ansprüche an Systematik und Begründung des Gesagten beispielsweise sind deutlich geringer. Eine prinzipielle Unterscheidung von Philosophie und Dichtkunst wird allerdings in der zeitgenössischen Theorie des philosophischen Lehrgedichts wegen ihrer Fixierung auf Fragen des Inhalts nicht erkennbar, soweit diese Theorie nicht überhaupt – und unter Berufung auf Aristoteles[25] – die didaktischen Gattungen und unter ihnen das Lehrgedicht aus der Dichtkunst ausschließen will. Auch in Schillers Text selbst ist jedenfalls keine Unterscheidung von Dichtung und Philosophie auszumachen. Vielmehr wird die ars bene dicendi auch hier dazu genutzt, die ›Wahrheit‹, d. h. Schillers Wahrheit, ›zu versüßen‹, also auf angenehme Weise zu vermitteln. Diese Sachverhalte widerlegen nun sicherlich nicht die Ansicht Harald Frickes, daß man im abweichungstheoretisch geklärten[26] und im von ihm vertretenen emphatischen Sinn des Wortes *poetisch* philosophieren kann[27], sie legen jedoch die These nahe, daß dies sehr wohl in Literatur möglich ist. Die strikte prinzipielle Trennung von Literatur und Philosophie verkennt, daß es poetische Elemente in philosophischen Texten ebenso gibt und geben darf, wie es philosophische Argumentationen und Verfahren in literarischen Texten gibt und geben darf. Die strikte prinzipielle Trennnung von Literatur und Philosophie unterstellt dabei häufig, daß Dichtung ihre Leser oder Hörer grundsätzlich dazu *zwingt*, den pragmatischen Geltungstransfer von in Literatur entwickelten Ansprüchen auf

25 Die ›Problemgeschichte‹ des Lehrgedichtes beginnt mit der Bemerkung in Aristoteles' *Poetik* (1447b): »Homer und Empedokles haben außer dem Versmaß nichts gemein; den einen darf man mit Recht einen Dichter nennen, für den anderen paßt besser die Bezeichnung eines Naturforschers als eines Dichters.« Siehe hierzu insgesamt B. Fabian, Das Lehrgedicht als Problem der Poetik, in: H. R. Jauß (ed.), Die nicht mehr schönen Künste. Grenzphänomene des Ästhetischen (=Poetik und Hermeneutik, III), München 1968, pp. 67-90.

26 Siehe hierzu H. Fricke, Norm und Abweichung. Eine Philosophie der Literatur, München 1981.

27 H. Fricke, Kann man poetisch philosophieren? Literaturtheoretische Thesen zum Verhältnis von Dichtung und Reflexion am Beispiel philosophischer Aphoristiker, in: G. Gabriel/Chr. Schildknecht, op. cit., pp. 26-39.

die Wahrheit von Aussagen, die Richtigkeit von Normen, die Wahrhaftigkeit von Expressionen, den Vorrang von Werten usw. abzubrechen und diese Ansprüche lediglich als ›Als-ob-Ansprüche‹ zu behandeln.[28] Dieser Zwang läßt sich allerdings durch nichts begründen. Vielmehr steht es dem Rezipienten, dem Leser eines literarischen Textes grundsätzlich frei, literarisch entwikkelte Geltungsansprüche als tatsächliche zu behandeln. Dies wird man in vielen Fällen (etwa bei Quasi-Sachaussagen in Sience-fiction-Literatur) eher als abwegig betrachten wollen, in Fällen jedoch, in denen eine (a) Theorie in Literatur *entwickelt* oder (b) ihre Entwicklung *dargestellt* wird, muß man dies nicht zwangsläufig. Ich meine deshalb, daß man durchaus von einem Philosophieren in Literatur sprechen kann, insofern und nur insofern ein literarischer Text sich genuin philosophischen Verfahrensansprüchen anschließt oder diesen Anschluß auch nur darstellt. Dies aber trifft auf Schillers *Die Götter Griechenlandes* zu, weshalb ich auch hier von Philosophieren in Literatur sprechen möchte (ohne dabei auch etwas über die Qualität dieser Philosophie auszusagen).

Deutlich anders liegen die Dinge bei dem zweiten hier zu besprechenden Text, bei dem Gedicht *Der Spaziergang*. Zwischen diesem Text, der 1795 unter dem Titel *Elegie*[29] veröffentlicht wurde, und dem Philosophischen Lehrgedicht *Die Götter Griechenlandes* liegt in der chronologischen Abfolge der Textereignisse eine ganze Reihe von anderen philosophischen Gedichten wie *Die Künstler* (1789), *Die Macht des Gesanges* (1795), *Pegasus in der Dienstbarkeit* (1795), *Das Reich der Schatten* (1795), *Natur und Schule* (1795) oder auch *Das verschleierte Bild zu Sais*, die vielfach technisch und thematisch an *Die Götter Griechenlandes* anknüpfen, allerdings immer deutlicher das Verhältnis zwischen philosophischer Argumentation und poetischer Gestaltung verschieben. Das deuten auch schon ein wenig die überaus positiven Reaktionen auf den Text an. Johann Friedrich Reichardt etwa erklärt in seinem Journal mit dem Titel *Deutschland*:

»Die Elegie ist wohl eines der schönsten vollendetsten Gedichte, das je dem Herzen eines ächt philosophischen Dichters entfloß. Es umfaßt den

28 So z. B. J. Habermas, Philosophie und Wissenschaft als Literatur?, op. cit.
29 NA, 1, pp. 260-266.

ganzen innern und äußern Menschen, die Natur die ihn umgiebt und die er beseelt.«[30]

August Wilhelm Schlegel lobt in einer Rezension die philosophische und lyrische *Einheit* des Gedichtes[31], Schiller selbst hält es unter allen seinen »Sachen für diejenige, welche die meiste poetische Bewegung hat, und dabei dennoch nach strenger Zweckmäßigkeit fortschreitet« (Brief an Körner vom 21.9.1795), hält den Text gar für das dichterischste seiner Produkte (Brief an Körner vom 3.10.1795) und versichert in einem Brief an Wilhelm von Humboldt (29.11.1795): »Mit der Elegie verglichen ist das Reich der Schatten bloß ein Lehrgedicht«. Was das bedeutet, mag man vielleicht daran ermessen, daß Schiller noch im August 1795 ebendieses Gedicht in einem Brief an Humboldt für ein »Muster der didaktisch-lyrischen Gattung« gehalten hatte, ja sein Freund Körner gar ihn, Schiller, aufgrund ebenjenes Gedichtes in der Gattung »der philosophischen Ode« für einzig hielt (Brief von Körner vom 14.9.1795). Das Besondere und im Vergleich zu den vorangehenden philosophischen Gedichten Unterscheidende von *Der Spaziergang* bringt Hendrich in einem Brief an Charlotte Schiller zum Ausdruck, wenn er betont, hier seien »Thomsons Vergeistigungskünste mit Matthissons Farbenmischung vereinigt«, und mit dem Bezug auf die Naturdichtung Friedrich Matthissons und die Lehrdichtung *The Seasons* von James Thomson (die in einer Prosaübersetzung Ludwig Schubarts vorlag[32]) die glückliche Verbindung von ›Versinnlichung‹ und philosophischer Abstraktion hervorhebt. *Der Spaziergang*[33], dieses vermeintliche Wunder an

30 J. Fr. Reichardt, Deutschland, 1 (1796), 3. Stück, p. 375 (zit. nach NA, II. IIa, p. 288).

31 NA, II. IIa, p. 288.

32 Vgl. J.A. Walz, Schillers ›Spaziergang‹ und Thomsons ›Seasons‹, Modern Language Notes 21 (1906), pp. 117-120.

33 Siehe zum folgenden die bislang eingehendste und wichtigste Untersuchung zu *Der Spaziergang*, nämlich die Studie von W. Riedel, *Der Spaziergang*. Ästhetik der Landschaft und Geschichtsphilosophie der Natur bei Schiller, Würzburg 1989; vgl. ferner J. Stenzel, ›Zum Erhabenen tauglich‹. Spaziergang durch Schillers *Elegie*, Jahrbuch der Deutschen Schillergesellschaft 19 (1975), pp. 167-191, und J. Stenzel, Die Freiheit des Gefangenen: Schillers Elegie *Der Spaziergang*, in: W. Segebrecht (ed.), Gedichte und Interpretationen, III, Stuttgart 1987, pp. 67-77.

philosophisch-poetischer Symbiose, setzt ein mit dem bekannten Distichon: »Sei mir gegrüßt, mein Berg mit dem rötlich strahlenden Gipfel!/Sei mir, Sonne, gegrüßt, die ihn so lieblich bescheint«. Die folgenden achtundneunzig reimlosen Distichen zeigen den Weg des Wanderers über eine »blühende Au«, den Wald am Rande eines Berges und über einen geschlängelten Pfad auf diesen selbst. Von hier aus kann der Wanderer die vor ihm ausgebreitete Landschaft beobachten, unabsehbar weit in die Ferne blicken, einen Strom erkennen, den schmalen Rand eines »blauen Gebirges« sehen. Von einem »geländerten Steig« aus blickt er mit Schaudern in die Tiefe hinab und in die »ewige Höh'« hinauf.

Es wird so insgesamt im Natureingang von *Der Spaziergang* eine Ideallandschaft aus der Perspektive des Wanderers geschildert, dessen Blick sich im folgenden auf die »Natur als Lebensraum des Menschen, als bewohntes Land und kultivierte Flur«[34] richtet. Geschildert wird ein traditionsverbürgtes Landleben-Panorama, das in der ebenso traditionellen und seit Horazens »Beatus ille...«[35] oder Vergils »O fortunatos ... agricolas«[36] geläufigen laus ruris »Glückliches Volk der Gefilde!« mündet. Es entsteht bis zu dieser Stelle die Schilderung eines ›goldenen Zeitalters der Naivität‹, in der es keine Entzweiung von Mensch und Natur gibt; diesem Idealbild kontrastiert im darauf Folgenden das Gegenbild von Zivilisation und Landschaft, Entfremdung von Mensch und Natur. Es folgt sodann gewissermaßen eine Änderung der ›Blickrichtung‹, eine ›Verinnerlichung‹ des Spaziergangs, denn zum Gegenstand der Darstellung wird nun ein imaginärer Gang durch die Geschichte (Verse 69-172), eine rhetorisch durchgeformte Darstellung der Menschheitsentwicklung. Es handelt sich um einen chronologisch rückwärts gerichteten Gang, der von der städtischen Lebensform ausgeht, über die Herausbildung von nationaler Identität und Religion zurück zu den »Pflanzer(n) der Menschheit«, zu den Griechen führt. Zu Recht hat man darauf hingewiesen, daß sich hier die Phantasie des Wanderers über die Chronologie des historischen Ablaufs hinwegsetze, sich dessen Gedankenverbindungen jedoch zu einem gerafften geschichtsphilosophischen Bild der Menschheitsentwicklung fügten. Anfang

34 Riedel, op. cit., p. 51.
35 Horaz, Epodon liber, II.
36 Vergil, Georgica, II, V. 458 ff.

und Ende der solchermaßen idealisierten Universalgeschichte, Antike und Moderne würden verknüpft und zusammengezogen durch das als welthistorische Epochenschwelle verstandene Ereignis der Aufklärung. In ihr erreiche der technische, wissenschaftliche und kulturelle Fortschritt den Punkt, an dem Mensch und Natur vollständig entzweit seien, die Entmythologisierung der Natur allerdings auch mit einem Verlust der instinktiven Sittlichkeit des moralischen Gefühls bezahlt werde.[37] Der imaginierte Gang durch die Geschichte findet zum einen seinen Höhepunkt in der Vorhersage, daß der zivilisationsbedingte Verfall durch das Erwachen der Natur gestoppt werde, und zum anderen durch das Erwachen des Wanderers aus seinem Tagtraum. Während des Tagtraums ist er unbemerkt in ganz verwilderte Natur geraten, an einen locus terribilis, und der Wanderer kann sich – überraschenderweise beglückt – erwachend fragen: »Bin ich wirklich allein? In deinen Armen, an deinem/Herzen wieder, Natur, ach! und es war nur ein Traum,/der mich schaudernd ergriff mit des Lebens furchtbarem Bilde«. Der locus terribilis wird in fast schon romantischer Weise zu einem Ort des Glücks, und die Rückwendung zur Natur und der kyklosartige Bezug auf die Eingangsverse beschließen das Gedicht. Was in einem zusammenfassenden Referat des Inhalts schon fast den Anschein irgendeiner Philosophie erwecken mag, stellt sich im genauen Wortlaut ganz anders dar; dies müssen wohl auch schon andere Leser festgestellt haben: Herder und Humboldt etwa meinten beide, den philosophischen ›Faden‹ des Gedichtes klar erkennen zu können[38], ohne ihn dann allerdings auch von den anderen Elementen des Textes explizit zu scheiden. Spätere Interpreten haben dies versucht und u. a. (und nicht unwidersprochen) eine Darstellung der Steigerung vom Schönen über das Theoretisch-Erhabene zum Praktisch-Erhabenen in der Nachfolge Kants gesehen, einen geschichtsphilosophischen Entwurf mit Parallelen zu Schillers Jenaer Antrittsvorlesung und zu Elementen seiner ästhetischen Schriften erkannt, ja den Text als direkten Reflex auf die Arbeit *Über naive und sentimentalische Dichtung* betrachtet. Und tatsächlich lassen sich in *Der Spaziergang* eine ganze Reihe von inhaltlichen Parallelen zu phi-

37 Riedel, op. cit., p. 82 ff.

38 Herder an Schiller, 10. 10. 1795 (NA, xxxv, p. 375); Humboldt an Schiller, 23. 10. 1795 (NA, xxxv, p. 393 ff.).

losophischen Schriften sei es Kants, sei es Schillers entdecken, tatsächlich finden wir vereinzelt Formulierungen wieder, die auch in philosophischen Schriften Kants und Schillers anzutreffen sind (zumal in den Naturschilderungen, die als veranschaulichende Beispiele einzelnen philosophischen Begriffen wie dem des ›Erhabenen‹ zugeordnet werden können). Gleichwohl sind es doch nur Parallelen, die sich dem bereits mit den philosophischen Schriften Schillers und Kants vertrauten Leser zeigen, keineswegs jedoch sich selbst als solche zu erkennen geben oder gar im Gedicht vorgestellt werden. Wir haben es bei der philosophischen Textebene gewissermaßen mit einer ›Sapienti-sat-Ebene‹ zu tun: Derjenige, der es weiß oder durch Signale darauf kommt, kann Philosopheme in Schillers Gedicht entdecken. Diese Signale, die einen Leser auf eine philosophische Interpretation bringen könnten und diese auch in ihrem wiederholten Auftreten bestärken, sind (neben dem pathetischen Stil) in erster Linie thematischer und formulierungstechnischer Natur: Thematisch treffen wir gehäuft auf Stichwörter wie ›Welt‹, ›Freiheit‹, ›Gesetz‹, ›Mensch‹, ›Wahrheit‹ u.s.f., formulierungstechnisch immer wieder auf sentenzhafte Zeilen wie eben auch die allerletzte, die sich resümierend auf den vorangestellten Gedankengang bezieht: »Und die Sonne Homers, siehe! sie lächelt auch uns«. Die philosophische Deutung von *Der Spaziergang* ist allerdings nur eine unter anderen, im Rahmen des Wortlautes des Textes möglichen Interpretationen. Die philosophischen Partikel des Textes fügen sich nämlich als ›Sapienti-sat-Elemente‹ in eine insgesamt doch poetisch durchstrukturierte, nach dem Prinzip der impressionistischen Bilderfolge eines fiktiven Ich-Erzählers statt nach dem der quasiphilosophischen Erörterung konstituierte Darstellung. Philosophie oder Philosopheme durchdringen also den Text, sie treten allerdings nicht als thematischer, gar *systematisch erörterter* Schwerpunkt des Textes hervor und bieten sich damit der reflektierenden Urteilskraft, die der Richtungsänderung des Bedeutens dieses fiktionalen Textes folgt, lediglich als ein Anhaltspunkt *im Allgemeinen* an. Genau dies hat Schiller jedoch, wie es scheint, beabsichtigt, und genau dies haben die ersten Rezipienten als bemerkenswert hervorgehoben. So führt der Weg in Schillers philosophischen Gedichten also von der exponierenden, quasi-philosophischen Erörterung im Lehrgedicht zur fugenlosen Integration von zunächst in der Philosophie beheimateten Inhalten in den poetischen Text. Es gibt in *Der Spa-*

ziergang keine explizite oder implizite Unterscheidung von philosophischem und literarischem Diskurs, philosophische Inhalte werden hier nur noch der Entdeckung durch die reflektierende Urteilskraft anheimgestellt. Die glatte Integration von Philosophemen in Poesie aber verändert zugleich auch ihren Charakter, durch den Verlust der erörternden, systematisch entwickelten Bestimmtheit zugunsten literarischer Vieldeutigkeit im Rahmen des Wortlautes des Textes wird aus Philosophie doch Dichtkunst.

Daß es eine Differenz in der Darstellungweise zwischen Philosophie und Dichtung gibt, bleibt in der zeitgenössischen Diskussion eigentlich unbestritten. Schiller selbst hebt dies in seiner ebenfalls 1795 erschienen Schrift *Von den nothwendigen Grenzen des Schönen, besonders im Vortrag philosophischer Wahrheiten*[39] hervor, Kant unterstreicht dies z. B. in der ein Jahr später erschienenen Schrift *Von einem neuerdings erhobenen vornehmen Ton in der Philosophie*[40] und der dänische Herzog Friedrich Christian von Holstein-Augustenburg bestätigt die Existenz von Maßstäben für ›wirkliches‹ Philosophieren ex negativo, wenn er – ähnlich wie später Fichte und im Unterschied zur Poetik des Lehrgedichtes im 18. Jh. – nach der Lektüre der *Horen* in einem Brief an seine Schwester vermerkt, Schiller sei doch eigentlich nicht zum Philosophen geschaffen. Es bedürfe nämlich eines Übersetzers, der das poetisch schön gesagte »mit philosophischer Precision« entwikkele und der Schiller aus dem Poetischen in die philosophische Sprache übersetze.[41] Und so gilt für den ›Spaziergang‹ vielleicht sogar mehr noch als für andere philosophische Texte Schillers, was er 1793 an seinen Freund Körner geschrieben hat:

»Meine Philosophie wird ihren Ursprung nicht verläugnen, und, wenn sie je verunglücken sollte, eher in den Untiefen und in den Strudeln der poetisierenden Einbildungskraft untersinken, als an den kahlen Sandbänken trockner Abstraktion scheitern.«[42]

39 In: Die Horen IX (1795), pp. 99-125.

40 I. Kant, Werke, ed. W. Weischedel, III, Frankfurt am Main 1958, pp. 377-397. Siehe hierzu auch L. Weissberg, Geistersprache. Philosophischer und literarischer Diskurs im späten achtzehnten Jahrhundert, Würzburg 1990.

41 Referiert nach H. Meyer, Schillers philosophische Rhetorik, in: ders., Zarte Empirie. Studien zur Literaturgeschichte, Stuttgart 1968, pp. 337-411, hier p. 380.

Was Schillers ›Philosophie‹ in diesem nur noch philosophisch durchdrungenen Gedicht ist, läßt sich freilich nicht mit ›philosophischer Precision‹ sagen: Daß etwa die Selbstbestimmung des Subjekts in der Autonomie des poetischen Kunstwerks aufscheinen soll (Schönheit als ›Freiheit in der Erscheinung‹; *Über Anmut und Würde*, 1793) oder die Auseinandersetzung des ›modernen‹, sentimentalischen Dichters mit der naiven Dichtung gar im Kontrast von modernem Naturerlebnis und antikisierendem Metrum faßbar wird (*Über naive und sentimentalische Dichtung*, 1795), ist nicht auszuschließen, aber auch nicht als einzige Botschaft des Textes zu *bestimmen*.

Was kann man aus den diskutierten Beispieltexten über das Verhältnis von Philosophie und Literatur und über Philosophie in Literatur lernen? Statt einer systematischen Antwort, gar noch einer mit ›philosophischer Precision‹, möchte ich hier einige Thesen formulieren, die Antworten provozieren könnten:

(1) Philosophie und Literatur stehen sich nicht als Textsorten gegenüber, sondern als eine durch Themen und Verfahrensweisen bestimmte Institution (Philosophie) und eine durch ästhetische Kriterien bestimmte Institution (Literatur).

(2) Beide Institutionen sind historisch instabil: Aus der Philosophie von gestern kann die Literatur von morgen werden, aus der Literatur Philosophie, je nach dem, was als Literatur und was als Philosophie gilt.

(3) Poetische Textelemente kommen in Literatur und Philosophie vor.

(4) Bei einer konventionellen Unterscheidung der beiden Institutionen zu einem bestimmten Zeitpunkt bleibt Philosophie in Literatur solange als Philosophie erkennbar, wie die poetischen Elemente in dieser Literatur sich vor allem mit der Funktion des (verdeutlichenden) Ornaments begnügen und veranschaulichende Umschreibungen philosophischer Sachverhalte gemäß den literarhistorisch jeweils gültigen Konventionen rückübersetzbar bleiben.

(5) Literarhistorisch und philosophiegeschichtlich wechselnde Konventionen können begründen, warum jemand nicht allein im Klartext philosophiert, sondern sich des poetischen Ornaments bedient.

42 Brief vom 13.7.1793; siehe hierzu auch E. M. Wilkinson, Zur Sprache und Struktur der Ästhetischen Briefe, Akzente 6 (1959), pp. 389-418.

(6) Philosophie in Literatur bleibt als Philosophie erkennbar, wenn trotz fehlender Konventionen über die ornamentale Funktion der Poesie doch philosophische Verfahren und Zielsetzungen in Literatur imitiert oder dargestellt werden (bis hin zu dem fiktiven oder tatsächlichen Anspruch auf logische Widerspruchsfreiheit, auf empirische Triftigkeit, auf propositionale Allgemeingültigkeit und auf begriffliche Transparenz des Gesagten).

(7) Wo Verfahren und/oder Zielsetzungen der Philosophie nicht mehr explizit im literarischen Text auftauchen, sondern nur noch einzelne Inhaltselemente des Textes philosophischen Zusammenhängen entlehnt sind oder entlehnt sein könnten, ist der poetische Text allenfalls noch ›philosophisch durchdrungen‹ und sein Inhalt wie auch seine Form der Gegenstand der reflektierenden und nicht der bestimmenden Urteilskraft.

(8) Philosophische Themen, die in Literatur auftauchen, sind kaum solche, die sich als Philosophie vorzugsweise formaler Darstellungsweisen bedienen, sondern schon als Philosophie sich den Konventionen einer nichtphilosophischen Sprechergemeinschaft anschließen.

(9) Was als Philosophie gilt, hängt auch davon ab, was als Literatur gilt. Was als Literatur gilt, hängt auch davon ab, was als Philosophie gilt.

Reinhard Merkel

Strafzweck und Satire

Eine normtheoretische Analyse des satirischen Prinzips am Beispiel der *Fackel* des Karl Kraus*

Lichtenberg schreibt am 16. Januar 1777 in einem Brief an seinen Freund, den Geheimen Kanzleisekretär Johann Andreas Schernhagen in Hannover: »Hierbey hat man doch gesehen, wie Satyre das Complement der Gesetze seyn kan.«[1]
Er bezieht sich dabei auf die Wirkung seines satirischen »Anschlag-Zeddels im Namen von Philadelphia.«[2] Damit kam er einem Auftritt des zauberkünstelnden Scharlatans Philadelphia vor Göttinger Bürgern zuvor, und so deren Geldbeutel gegen einen geplanten Betrug zu Hilfe. Das sachliche Substrat des ›Complement-Gedankens‹ dürfte so alt sein wie die Satire selbst. Es ist das Fundament der einen Hälfte jenes Begriffpaares, mittels dessen die klassische Satire-Theorie seit der Zeit des Frühhumanismus ihre wesentliche typologische Abgrenzung vornimmt, oft unter paradigmatischer Zuordnung der beiden kontrastierenden Formen zu den römischen Klassikern Juvenal und Horaz: der ›strafenden‹ (ernsthaften, tragischen, pathetischen) Satire, die der ›scherzhaften‹ (lustigen, komischen, spielenden) gegenübergestellt wird.[3] Ein Menschenalter vor Lichtenbergs »Anschlag-Zeddel« schreibt Jonathan Swift im *Examiner* vom 26. April 1711:

* Texte von Karl Kraus werden ausschließlich nach der *Fackel* zitiert, und zwar in Klammern direkt im Anschluß an das jeweilige Zitat unter Angabe der Anfangsnummer des jeweiligen *Fackel*-Heftes und, durch Schrägstrich davon getrennt, der Seitenzahl. Beispiel: p. 64 der *Fackel* 572-576 vom Juni 1921 erschiene als ›(572/64)‹.

1 C. G. Lichtenberg, Briefwechsel, ed. U. Joost/A. Schöne, 1, 1765-1779, München 1983, p. 684.

2 G. C. Lichtenberg, Schriften und Briefe, ed. W. Promies, München 1968-1992, III, pp. 253 ff.

3 Dazu eingehend J. Brummack, Zu Begriff und Theorie der Satire, in: Deutsche Vierteljahresschrift für Literatur und Geistesgeschichte 45 (1971), Sonderheft, pp. 275 ff., 311 f.

»Es ist angesichts der Unvollkommenheit unserer Gesetze, der Vielzahl möglicher Sachverhalte, der Schwäche staatlicher Autorität und der Macht und Verschlagenheit niederträchtiger Menschen klar, daß zahlreiche schwere Verfehlungen öffentlich begangen werden können, die für das Strafgesetz nicht erreichbar sind ... Ich bin geneigt zu glauben, daß es gerade der Zweck einer Behebung solcher Mißstände war, weswegen die Satire einmal das Licht der Welt erblickt hat.«[4]

Das dürfte zwar historisch-faktisch gemeint, aber in der Sache bereits eine konzeptuell-logische Rationalisierung der Genesis des satirischen Prinzips sein.[5] Lichtenberg sieht diesen Sachverhalt vermutlich richtig, wenn er schreibt:

»Die erste Satyre wurde gewiß aus Rache gemacht. Sie zur Besserung seines Nebenmenschen gegen die Laster, und nicht gegen den Lasterhaften zu gebrauchen, ist schon ein geleckter, abgekühlter, zahm gemachter Gedanke.«[6]

Entscheidend hieran ist nicht die Ursprungsvermutung, obwohl sie plausibel ist[7] und im übrigen mit der für das Strafrecht geläufigen ziemlich genau übereinstimmt.[8] Entscheidend ist vielmehr das angedeutete Entwicklungsschema: vom rein persönlichen Verhältnis zwischen satirischem Angreifer und ›Opfer‹ zu einer normativ verallgemeinernden Ablösung der Satire von ihrem konkreten Gegenstand und zu ihrer Verpflichtung auf eine soziale Aufgabe. Diese ist es, was (jenseits des vermutlich gemeinsamen

4 J. Swift, The Examiner and Other Pieces Written in 1710-1711, ed. H. Davies, Oxford 1957, p. 141 (meine Übersetzung).

5 Ich begreife hier und im folgenden mit der in der Literaturwissenschaft gängigen Auffassung ›Satire‹ nicht als literarische Gattung, sondern als Formprinzip, das in praktisch allen literarischen Gattungen Anwendung finden kann.

6 G. C. Lichtenberg, Sudelbücher, D 140, in: ders., Schriften und Briefe, op. cit., I, p. 252.

7 Vgl. hierzu R. C. Elliott, The Power of Satire, pp. 49 ff. sowie 285 ff. (m.w.N.). Elliott zeigt allerdings auch eindrucksvoll, daß bereits archaische Frühformen der Satire diese Metamorphose vom rein egoistischen Reflex (›Rache‹) zum öffentlichen Ritual hinter sich hatten.

8 Vgl. nur F. v. Liszts Skizze der Entwicklung der Strafe im *Marburger Programm*, in: ders., Aufsätze und Vorträge, 1, Berlin 1905, pp. 132 ff.; vgl. auch H. Kelsen, Vergeltung und Kausalität, Wien/Köln/Graz 1982, insbes. pp. 50 ff.; Kelsens historisch-kritische Analyse weist einige geradezu schlagende Parallelen zu Elliotts Studie über die Entwicklung der Satire auf.

psychologisch-historischen Ursprungs) der Satire die funktionale Nähe auch zur modernen Konzeption einer sozial zweckgebundenen staatlichen Strafe erhält. Freilich ist die Unhaltbarkeit einer ›absoluten‹ Theorie der bloßen Vergeltung für die Satire noch evidenter als für die staatliche Strafe: ist schon der weltliche Staat als Exekutivorgan einer höheren Gerechtigkeit nicht legitimiert, dann erst recht nicht der einzelne Satiriker, und zwar auch dann nicht, wenn er im Medium der Kunst agiert. Damit ist ein Problem berührt, das die Satire seit der Entstehung ihres reflexiven Selbstbewußtseins in der Antike stets begleitet hat: das ihrer Legitimation.[9] Die folgenden Ausführungen konzentrieren sich allein auf diesen Aspekt der Normbindung des Satirischen; sie vernachlässigen bewußt alle anderen, die trotz ihres im übrigen evidenten Gewichts nichts zur Sache meiner Argumentation beitragen, etwa den ästhetischen, den semiotischen oder den psychologischen.[10]

Seit den satiretheoretischen Bemühungen im Humanismus des späten 15. Jahrhunderts ist die ›strafende‹ Form des Satirischen, freilich zunächst ohne scharfe typologische Konturen, herausgear-

9 Dazu eingehend Brummack, op. cit., p. 295; R. Merkel, »Wo gegen Natur sie auf Normen pochten ...«. Bemerkungen zum Verhältnis zwischen Strafrecht und Satire im Werk von Karl Kraus, in: J. Schönert (ed.), Erzählte Kriminalität, Tübingen 1991, pp. 607 ff.; 619 ff.

10 Die Satiretheorie ist in der angelsächsischen Literatur hinsichtlich aller drei genannten Aspekte weiter entwickelt als in Deutschland; vgl. dazu als eine Art Klassiker N. Frye; Anatomy of Criticism, Princeton 1957, pp. 223 ff.; s. aber v. a. die instruktiven Sammelbände von W. Weiss (ed.), Die englische Satire, Darmstadt 1982, sowie von B. Fabian (ed.), Satura. Ein Kompendium moderner Studien zur Satire, Hildesheim/New York 1975, mit jeweils umfangreichen Literaturangaben. Speziell zu den psychologischen Konstituentien der Satire G. Highet, The Anatomy of Satire, Princeton [4]1967. In der deutschen Satiretheorie sind neben Brummacks großangelegter begriffs- und theoriegeschichtlicher Studie insbesondere zu nennen: J. Schönert, Roman und Satire im 18. Jahrhundert, Stuttgart 1969; ders., ›Wir Negativen‹. Das Rollenbewußtsein des Satirikers Kurt Tucholsky in der ersten Phase der Weimarer Republik (1918-1924), in: I. Ackermann (ed.), Kurt Tucholsky, München 1981, pp. 45 ff.; K. Lazarowicz, Verkehrte Welt. Vorstudien zu einer Geschichte der deutschen Satire, Tübingen 1963; H. Arntzen, Satire in der deutschen Literatur, I, Darmstadt 1989; K. Schwind, Satire in funktionalen Kontexten, Tübingen 1988.

beitet worden. »Eine Satyre« heißt es in Daniel Georg Morhofs *Unterricht von der teutschen Sprache und Poesie* aus dem Jahr 1682, »ist ein Gedichte/darinnen die heimlichen Laster/die bey etlichen Personen im Schwange gehen/gestraffet und höhnisch auffgezogen werden.«[11] »Sie ist nehmlich«, schreibt Gottsched in seinem (bis zu Lessings schroffer Intervention[12]) sehr einflußreichen *Versuch einer Critischen Dichtkunst vor die Deutschen* von 1730, »ein moralisches Strafgedichte über einreissende Laster.«[13] Das tragfähige Theoriefundament für die seither klassische Unterscheidung von ›strafender‹ und ›komischer‹ Satire legte Schiller in seinem bis heute nachwirkenden Entwurf *Über naive und sentimentalische Dichtung* von 1795/96. Er ordnet, in Anlehnung an Kants analytische Differenzierung in der *Kritik der Urteilskraft*, die scherzhafte Satire dem ›Schönen‹, die strafende dem ›Erhabenen‹ und damit, nach Kant, einem unempirischen, ›intelligiblen‹ und ›ehrfurcht-erregenden‹, kurz: im weiteren Sinne normativen Horizont zu.[14]

Auf diesem Hintergrund erscheint es eher überraschend, daß die Literaturwissenschaft (soweit ich sehe) diese terminologische Assimilation einer der beiden satirischen Grundformen an das Strafrecht nicht zum Anlaß genommen hat, dessen begriffliche und theoretische Differenzierungsleistungen auf ihre Tauglichkeit zur Erhellung der satiretheoretischen Probleme zu prüfen. Statt dessen wird eher abstrakt, und, wie ich glaube, unfruchtbar, die Frage erörtert, ob die ›Normbindung‹ der Satire konstitutives Merkmal des Satirebegriffs sei oder nicht.[15] Die Diskussion bleibt

11 D. G. Morhof, Unterricht von der Teutschen Sprache und Poesie, ²1700, repr. ed. H. Boetius, Bad Homburg 1969, p. 354.

12 Im 17. Literaturbrief vom 16. Februar 1759.

13 J. C. Gottsched, Versuch einer Critischen Dichtkunst vor die Deutschen, Leipzig 1730, p. 460. – Die Fixierung der Satire auf die Versform war übrigens schon zu Gottscheds Zeiten überholt.

14 F. von Schiller, Über naive und sentimentalische Dichtung, in: ders., Werke, Nationalausgabe, ed. L. Blumenthal/B. von Wiese, xx, Weimar 1962, pp. 413 ff.; I. Kant, Kritik der Urteilskraft, Akademie-Ausgabe, v, Berlin 1908, §§ 23 ff., pp. 244 ff., sowie ders., Anthropologie in pragmatischer Hinsicht, A.-A., vii, Berlin 1907, § 68, p. 243. Es sei allerdings darauf hingewiesen, daß der normative Horizont des ›Erhabenen‹ bei Kant nicht unmittelbar der der Moral ist.

15 Exemplarisch das Symposion *Norms, Moral or other in Satire*, dokumentiert in Fabian, op. cit., pp. 386 ff.

schon deswegen ergebnisarm, weil die (freilich ebenfalls intensiv betriebene) Suche nach einer materialen Definition des Satirischen so wenig Aussicht auf Erfolg hat wie die zu anderen Termini von auch nur einiger theoretischer Komplexität.[16] Ob ein normatives Verdikt über einen satirisch intendierten Text so vernichtend ausfallen kann, daß es ihn aus den Grenzen des literarischen Genres drängt, ist eine ebenso unfruchtbare und keinem Beweis zugängliche Frage wie die, ob ein miserables Gedicht nicht das Prädikat ›schlechte‹, sondern ›keine Lyrik‹ verdiene. Wichtig ist aber, daß ein ›strafender‹ satirischer Angriff im Maße seiner Intensität und seines Personenbezugs die normative Frage nach seiner Berechtigung keinesfalls abweisen kann – etwa mit dem Verweis auf seine künstlerischen Qualitäten.[17] Wenn nach Juvenals geflügeltem Diktum für die strafende Satire das »facit indignatio versum«[18]

16 Ludwig Wittgenstein zeigt dies schlagend schon für den weit weniger komplexen Begriff des Spiels; vgl. ders., Philosophische Untersuchungen, Schriften, IV, Frankfurt am Main [4]1980, Nr. 66ff. Die Wittgensteinsche Folgerung, daß solche Begriffe nicht per definitionem, sondern nur in einem »komplizierten Netz von Ähnlichkeiten, die einander übergreifen und kreuzen«, nämlich mit der Figur einer »Familienähnlichkeit« des Einzelfalles zu paradigmatischen (quasi kanonischen) anderen zu fassen sind und damit prinzipiell keine exakten Grenzlinien aufweisen, ist in der Satiretheorie, soweit ich sehe, bisher nur von Elliott (auf dem oben zitierten Symposion) gezogen worden; vgl. Fabian, op. cit., p. 391.

17 Dies ist ein alter, vor allem bei Satirikern selbst anzutreffender Irrtum. Man vergleiche etwa Heinrich Heines in einzelnen Aspekten äußerst schäbigen Spott über August v. Platens Homosexualität in den *Bädern von Lucca* (*Reisebilder*, 3. Teil), in: ders, Sämtliche Schriften, ed. K. Briegleb, III, München/Wien 1976, pp. 391ff., insbes. Kap. X und XI, pp. 440ff., oder seinen in Teilen ebenfalls niedrigen Angriff auf Ludwig Börnes Sexualleben in: ders., Ludwig Börne. Eine Denkschrift, Sämtl. Schr. op. cit., VII, pp. 1ff., insbes. pp. 95ff., und dazu Heines vielzitierten Satz »Aber ist es nicht schön ausgedrückt?«. – In der gegenwärtigen satiretheoretischen Debatte teilen diesen Irrtum etwa E. Timms, Karl Kraus. Apocalyptic Satirist, New Haven/London 1986, pp. 169ff., insbes. p. 175; H. Arntzen, Literatur im Zeitalter der Information. Aufsätze, Essays, Glossen, Frankfurt am Main 1971, p. 167; ähnlich ders., Satire in der deutschen Literatur, op. cit., pp. X, 15, 297, Anm. 32.

18 D. Junius Juvenalis, Saturae, I.79, in: Römische Satiren, ed. O. Weinreich, Lausanne/Köln 1970, p. 204.

gilt, so kann gleichwohl weder die ›indignatio‹ noch die ästhetische Qualität des ›versus‹ *allein* die mit dem Angriff verbundene symbolische Aggression und die dadurch etwa hervorgerufene Verletzung bei einem konkreten Opfer rechtfertigen.[19] Sozial interaktives menschliches Verhalten, das a priori jeder moralischen Wertung entzogen wäre, gibt es nicht, auch nicht in der Kunst. Man kann sich das für unser Thema leicht an krassen Beispielen verdeutlichen: Es ist keine noch so hohe literarisch-stilistische Qualität denkbar, die etwa einen satirischen Angriff mit rabiat rassistischem Impetus akzeptabel machte.[20] Daß ein solcher Text ›keine Literatur‹ sein könnte, wäre freilich eine petitio principii und soll damit keineswegs behauptet werden; er wäre aber aus normativen Gründen unheilbar schlechte Literatur.[21]

Ein plausibler Standpunkt für die Klärung der normativen Ansprüche an satirische Texte läßt sich erst auf dem Hintergrund einer Analyse ihrer sozialen Funktion gewinnen.[22] Dies öffnet die Perspektive, in der ein Blick auf die strafrechtstheoretische Dis-

19 ›Strafende Satire‹ bedeutet, daß eine konkret identifizierbare Person als Angriffsziel im Text auftaucht (sonst würde niemand ›gestraft‹). Schönert bezeichnet diese Variante daher treffend auch als ›nennende Satire‹; vgl. ders., Roman und Satire, op. cit., p. 64.

20 Zu dem hiermit ebenfalls angesprochenen Problem strafrechtlich relevanter Beleidigungen oder strafbarer Volksverhetzung durch Satire vgl. E. Erhardt, Kunstfreiheit und Strafrecht. Zur Problematik satirischer Ehrverletzungen, Heidelberg 1989, pp. 152ff.

21 Daher kann Arntzen insofern zugestimmt werden, als er die These vom begrifflichen »Konstituens einer Norm« für die Satire ablehnt (vgl. Arntzen, Satire in der deutschen Literatur, op. cit, pp. 17, 297, Anm. 32). Er irrt aber, wenn er mit diesem Argument den Rang einer Satire völlig von ihrem Bezug zu ›externen‹, etwa moralischen Normen abkoppeln und alleine literarisch-ästhetisch fundieren will. Den Kunstwert einer Satire der moralischen Bewertung durch den Leser (Kritiker) entziehen zu wollen, ist eine schlichte und unhaltbare Dezision.

22 Satire gehört *nicht* zu den zahlreichen Formen nichtstrafrechtlicher sozialer Kontrolle, die in unmittelbaren Näheverhältnissen (also regelmäßig im eigenen Interesse der Beteiligten) eingesetzt werden, wie etwa Tisch-, Kleider-, Höflichkeitsregeln. Sie hat einen abstrakteren sozialen Bezug und ähnelt in dieser funktionalen Logik eben weit mehr dem Strafrecht als anderen Formen normativer Regulierung des sozialen Lebens.

kussion über Funktion und Legitimität staatlichen Strafens naheliegt. Brummack schlägt in seiner Studie eine Trias konstitutiver Elemente vor (die allerdings allenfalls notwendige, nicht aber hinreichende Kriterien darstellen, also keine *Definition* ergeben):

»... ein individuelles: Haß, Wut, Aggressionslust ...; ein soziales: der Angriff dient einem guten Zweck, soll abschrecken oder bessern und ist an irgendwelche Normen gebunden; und schließlich ein ästhetisches ....[23]

Es leuchtet unmittelbar ein, daß in unserem Zusammenhang nur das zweite, das ›soziale‹ Element in Betracht kommt. Dessen obige Formulierung könnte sich in ihrer Allgemeinheit ganz plausibel auch auf Strafrecht und Strafjustiz beziehen. Aber bereits hier wird eine Diskrepanz der Differenzierungsleistungen zwischen strafrechtlicher und satiretheoretischer Diskussion sichtbar: ›Abschrecken‹ oder ›Bessern‹ sind ja nicht die einzigen Funktionen des staatlichen, und sie sind auch keineswegs die primären des satirischen Strafens. Stellt man die Frage scharf genug (d. h. ohne sich von dem defizienten Legitimationshinweis auf die Kunst blenden zu lassen), mit welcher Berechtigung denn ein Einzelner, der sein ›Opfer‹, dessen Sozialisationsgeschichte, Lebensumstände und Motive meist genausowenig kennt wie die genaueren Hintergründe von dessen getadelter Verfehlung, sich als Satiriker die Rolle des ›Bessernden‹ oder des vor künftigen Verfehlungen analoger Provenienz ›Abschreckenden‹ anmaßen dürfe, dann fällt die Antwort nicht leicht. (Nach meiner Überzeugung gibt es keine.) Jedenfalls zeigt die Erwägung, daß, um es strafrechtstheoretisch auszudrücken, die Spezialprävention (Besserung) nicht der normative Primärzweck der Satire sein kann. Aber auch die Abschreckung im klassischen Sinn von Feuerbachs psychologischer Zwangstheorie ist es nicht. Es ist schwer zu sehen, woher ein Einzelner die Berechtigung beziehen könnte, gegenüber der Allgemeinheit mit prohibitiven Drohungen aufzutreten. Dennoch ist damit die Legitimität selbst einer so wirkungsvollen »persönlichen«[24] Satire wie der des Karl Kraus noch nicht zu wi-

23 Brummack, op. cit., p. 282. Vgl. auch Schönert, ›Wir Negativen‹, op. cit., der eine andere triadische Differenzierung vorschlägt, die sich aber mit kleineren Unschärfen auch auf Brummacks Schema projizieren läßt und deren mittleres Element unter anderem den ›Kontrast zwischen zwei Normprinzipien‹ umfaßt.

24 So schon die Formulierung und Forderung im Briefwechsel zwischen

derlegen. Vielmehr wird hieran deutlich, daß die strafende Satire in erster Linie an jenen normativen Zweck gebunden ist, der für die Kriminalstrafe in der modernen Diskussion ›positive Generalprävention‹ heißt.[25] Die Satire profiliert und verteidigt in erster Linie eine Norm des sozialen Lebens gegen deren singulär oder massenhaft, jedenfalls exemplarisch vollzogenen Bruch. Sie zielt nicht primär auf Personen (und darf dies auch nicht)[26], weder auf die des Normbrechers noch – jedenfalls nicht im Modus der Abschreckung – auf die Allgemeinheit. Sie ist, um eine pointierte strafrechtliche Formel von Jakobs zu verwenden, symbolische »Einübung in Normanerkennung«[27] oder, mit einer anderen geläufigen Wendung, symbolische Stabilisierung der Norm. Das haben genau reflektierende Satiriker in der Regel richtig verstanden. Lichtenbergs zitierte Bemerkung über die Entwicklung der Satire zeigt dies bereits.[28] Bei Kraus hat es mehrfachen, unter anderem den folgenden Ausdruck gefunden:

»Ohne Ansehen der Person reagiere ich auf Geräusche und interessiere mich nicht für die Richtung, aus der sie kommen. ... Kann ich dafür, daß die Halluzinationen und Visionen leben und Namen haben und zuständig

Mauvillon und Unzer von 1771, zit. nach G. Grimm, Nachwort, in: ders. (ed.), Satiren der Aufklärung, Stuttgart 1979, p. 361.

25 Vgl. hierzu aus der inzwischen sehr umfangreichen Literatur nur W. Hassemer/K. Lüderssen/W. Naucke, Hauptprobleme der Generalprävention, Frankfurt am Main 1979; U. Neumann/U. Schroth, Neuere Theorien von Kriminalität und Strafe, Darmstadt 1980, pp. 33 ff.; G. Jakobs, Strafrecht Allgemeiner Teil, Berlin/New York ²1991, pp. 20 ff.

26 Das ist im übrigen kongruent mit Kraus' eigener Aussage, Satire ziele nicht primär auf die Wirklichkeit, sondern auf die Möglichkeit eines realen Geschehens: Der konkrete einzelne Normbruch bedroht die vom Satiriker verteidigte Norm nur, wenn er als exemplarischer Ausdruck einer hic et nunc ständig vorhandenen sozialen Möglichkeit erscheint.

27 Jakobs, op. cit., p. 20.

28 Man vergleiche auch die treffende Bemerkung, die Bertold Brecht 1934 über Karl Kraus niederschrieb: »Aber nach einigem Nachdenken kann man erkennen, daß Kraus in drei bis vier Jahrzehnten viel erreicht hat: Es ist den finsteren Kräften zumindest nicht gelungen, die großen Bilder der Reinheit zu verwischen und die Begriffe der Sittlichkeit selbst zu entfernen.« B. Brecht, Über Karl Kraus, in: ders., Schriften zur Literatur und Kunst, 11, Berlin/Weimar, p. 207.

sind? Kann ich dafür, daß es den Münz[29] wirklich gibt? Habe ich ihn nicht trotzdem erfunden?[30] Wäre er Objekt, ich wählte anders. Erhebt er Anspruch, von der Satire beleidigt zu sein, beleidigt er die Satire. Außerhalb dieser mag er ein Dasein haben, aber keine Berechtigung. Der Leumund mag in Ordnung sein, kommt aber für die Satire nicht in Betracht. Motive und Absichten prüfe ich nicht. Die sind unbesehen gut oder schlecht. Nichts ist der Satire egaler .... So ist die Satire fern aller Feindseligkeit und bedeutet ein Wohlwollen für eine ideale Gesamtheit, zu der sie nicht gegen, aber durch die realen Einzelnen durchdringt.« (383/1 f.)[31]

Das ist zwar eine ironische Stilisierung, aber es ist die Stilisierung eines in der Sache ernst gemeinten Idealtypus des Satirischen. Die »ideale Gesamtheit« projiziert den normativen Horizont, gegen den die Satire ihre negativen Kontrastfiguren zeichnet und dessen Wertorientierungen sie dabei in Anspruch nimmt und verteidigt. Im Maße ihrer Abweichung von diesen Orientierungen riskiert sie eigene sachliche oder normative Defekte. Dabei ist zweierlei zu bedenken: Die allgemeine Formulierung in dem zitierten Passus bei Kraus umfaßt nicht nur den Bereich der strafenden, sondern auch den der spottenden Satire. Schon in der klassischen, von Schiller rationalisierten Satiretheorie gab es keinen Zweifel, daß gegenüber der Dummheit nur die als harmloser empfundene Belustigung, dagegen die schärfere Waffe des personenbezogenen ›Strafens‹ alleine gegen die zurechenbare ›Schlechtigkeit‹ zulässig sei.[32] Der Hintergrund dafür ist evidenterweise die Gerechtigkeits- bzw. Fairnesserwägung, daß Dummheit kein strafwürdiger Tatbestand ist. Kraus hat diese selbstverständliche (und die prinzipielle normative Bindung der Satire artikulierende) Differenzierung ebenfalls vorausgesetzt.[33] Dagegen hat er das extrem individualisierende, angreifende, persönlich verletzende Gegen-

29 Sigmund Münz, Reporter der *Neuen Freien Presse*, in den ersten 15 Jahren der Fackel häufig auftauchende und exemplarisch negativ besetzte Figur.

30 Vgl. auch 343/6: »Ich erfinde, was es gibt. ... (Gelegentlich mehr über die unerträgliche Qual, Leute bei lebendigem Leib herumlaufen zu sehen, die von rechtswegen in mein Manuskript gehören ...)«

31 Vgl. auch 347/27: »Die Satire beleidigt nicht und kann nicht berichtigt werden ...«

32 Vgl. Schiller, op. cit., pp. 443 f.

33 Vgl. beispielhaft 143/1: Die Aufgabe der Fackel bestehe »in der Beleidigung vaterländischer Spitzbuben und in der Verspottung landsmännischer Dummköpfe.«

stück der spottenden Satire als »Polemik« grundsätzlich und mit Recht aus dem Bereich des Satirischen ausgegrenzt.[34] Die Literaturwissenschaft kennt diese Differenzierung kaum; sie ordnet die Polemik, wenn sie sich überhaupt damit befaßt, eher intuitiv dem Bereich der strafenden Satire zu. Vor dem Hintergrund von deren Strafzweck, einer ›positiven Generalprävention‹, ist dies aber unrichtig. Die echte Polemik bedeutet, wie Heinrich Heine über seine in der Sache indiskutable Attacke gegen Platen an Varnhagen von Ense schrieb, »Krieg des Menschen gegen den Menschen«.[35] Sie ist weder general- noch spezialpräventiv orientiert; sie gehört weit eher dem archaischen Typus der Rache zu und bedarf daher anderer (stärkerer) Legitimationsgrundlagen, über die hier nicht zu reden ist.[36] Richtig ist jedenfalls die Kraussche Intuition, daß die reine Form des Polemischen nicht in den Bereich der Satire gehört, und zwar aus normativen, nicht aus semiotischen, stilistischen oder sonstwie philologischen Gründen.

Damit werden neben dem abstrakten theoretischen Koordinatensystem zur Erfassung des satirischen Legitimationsproblems eine Reihe weiterer Schwierigkeiten der strafenden Satire, um die es im folgenden ausschließlich gehen soll, sichtbar. Weder in ihrer äußeren Form noch und vor allem in ihrer Wirkung auf ein konkretes ›Opfer‹ läßt sich die strafende Satire klar von der reinen Polemik abgrenzen (wie es überhaupt bei Abweichungen der Satire von ihrer idealtypischen normativen Zweckbindung beliebig viele graduelle Abstufungen und auf jeder Stufe zusätzliche ad-hoc-Stützen ihrer Legitimität geben kann, bevor der Bereich des nor-

34 Zu dieser Differenzierung bei Kraus einleuchtend J. Stremmel, *Dritte Walpurgisnacht*. Über einen Text von Karl Kraus, Bonn 1982, pp. 5 ff.; eine genaue Analyse der umfangreichsten Krausschen Polemik (*Innsbruck und Anderes*; 531/1 ff.) bei S. P. Scheichl, Zur Struktur Krausscher Polemiken, Literatur und Kritik 22 (1987), pp. 131 ff.

35 H. Heine, Briefe, ed. F. Hirth, I, Mainz 1950, p. 412.

36 Kraus erklärt einmal die Aufdeckung des Mißverhältnisses »zwischen Wert und Geltung« zur ethischen Rechtfertigung jeder Polemik (795/67: gegen Alfred Kerr); ähnlich bereits 360/67 f. Das dürfte allerdings zur Rechtfertigungslogik der strafenden Satire und nicht der Polemik gehören. Daß eine »wirkende Null« mehr gilt, als sie verdient, wäre kein Grund, die Null persönlich dafür verantwortlich zu machen, sondern die allgemeine Norm zu restituieren, wonach Nullen eben nichts gelten sollten.

mativ Pathologischen einer Satire definitiv beginnt). Dies verschärft das Legitimationsproblem der strafenden Satire weiter: Im Maße ihrer *persönlich* destruktiven Wirkung zieht sie sich die Frage zu, ob es zulässig sein kann, zugunsten des allgemeinen normativen Nutzens ein einzelnes Individuum mit manchmal verheerenden Folgen zu ›opfern‹. Die Frage ist abstrakt nicht zu beantworten. Es kommt mir hier nur auf die Erhellung der Kriterien für die Klärung konkreter einzelner Fälle an. Daß in diesen jeweils eine ganze Reihe von Abwägungen notwendig wird – etwa: Bedeutung der verteidigten Norm, Gewicht der Verfehlung, Härte des Angriffs, Status des Opfers etc. –, ist evident. Auf eine Überlegung, die regelmäßig übersehen wird, sei aber hingewiesen: Die Nachwelt, die ein bedeutendes und inzwischen dem klassischen Kanon der Literatur dieses Jahrhunderts angehörendes Werk wie das des Karl Kraus vor sich hat, aber kaum noch irgendeine konkrete Lebens- oder ›Tat‹-Geschichte eines seiner zahllosen Opfer, ist selbstverständlich geneigt, deren Belange über dem literarischen Rang der ›Waffe‹, mit der sie einst verletzt wurden, zu ignorieren. Und das ist aus der Perspektive einer Zeit, in der Autor und Opfer nicht mehr leben, auch berechtigt. Aber zu Lebzeiten beider mag die Legitimationsfrage solcher Verletzungen auf eine inkommensurable Weise anders zu stellen und anders zu beantworten gewesen sein. Dies dürfte im übrigen zu den Hintergründen für die geradezu einmalig kontroverse Rezeptionsgeschichte des Krausschen Werkes gehören, das zwischen anbetender Hagiographie und radikaler Verdammung noch immer alle Varianten des literarhistorischen Urteils auf sich zieht.[37] Das soll hier nicht kommentiert, lediglich ein Stück weit verständlich gemacht werden.

Vor allem der Strafrechtler mag sich an dieser Stelle fragen, ob hier nicht die ›strafenden‹ Wirkungen der Satire unangemessen dramatisiert werden und deshalb etwa auch die Legitimationsdiskussion in strafrechtlichen Begriffen übertrieben erscheint. Aber das wäre durchaus irrig. Schon die legendäre Geschichte des Griechen Archilochos, des historischen und symbolischen Urbilds strafender

37 Vgl. hierzu exemplarisch die umfangreiche Dokumentation einer Kraus-Debatte in Literatur und Kritik 5 (1970), pp. 1 ff. (»Polemik um einen großen Polemiker«), sowie H. Arntzen, Karl Kraus und die Presse, München 1975, pp. 59 ff.

Satire aus dem 7. vorchristlichen Jahrhundert, sollte hier nachdenklich machen. Er habe, heißt es, seinen prospektiven Schwiegervater Lykambes und dessen Tochter mit aggressiv verfluchenden Jamben zum Selbstmord getrieben, nachdem das ihm zuvor gegebene Eheversprechen von Lykambes widerrufen worden war.[38] Der Realitätsgehalt einer solchen archaischen Parabel mag auf sich beruhen. Es gibt aber gerade in der ›strafenden‹ Wirkungsgeschichte des Karl Kraus mindestens zwei Beispiele einer sehr problematischen, ja geradezu tragischen Effizienz. Zu den der Literaturgeschichte wohl unverlierbar eingeschriebenen Negativfiguren aus dem Krausschen Werk gehört ›die Schalek‹, Kriegsberichterstatterin der *Neuen Freien Presse*, deren allerdings häßliches militaristisches Pathos als einer der markantesten Grundtöne im Stimmengewirr der »Letzten Tage der Menschheit« klingt. Freilich war der heroische Jargon der Alice Schalek damals mehr als sozialadäquat, beinahe eine nationale Ehrenpflicht, und stärker noch als auf diesen Jargon zielt der Haß des Satirikers auf die Tatsache, daß ausgerechnet eine Frau so gesprochen hat, und das mag ja ein Gerechtigkeitsproblem eigener Art aufwerfen.[39] Auf diesem Hintergrund lese man das folgende Gedicht des 1938 emigrierten Lyrikers Friedrich Bergammer über die nach dem ›Anschluß‹ Österreichs durch Hitler ebenfalls emigrierte Jüdin *Alice Schalek in New York*:

»Bei Karl Kraus bleibt sie ein Mythos.
Nun sitzt eine arme, alte,
mühselige beladene Frau
beim Nachmittagstee
eines Pastors.
Sie hat schlechtere Tage gekannt,
die sie für ihre besseren hielt.
F. W. Förster unterhält sich freundlich mit ihr –
die Kriegsberichterstatterin,
ein Star der Neuen Freien Presse

38 Eingehende Darstellung bei Elliott, op. cit., pp. 6 ff.

39 Vgl. zu dem von Alice Schalek im Juli 1916 gegen Kraus angestrengten und im Januar 1919 durch Zurückziehen der Privatklage beendeten Beleidigungsprozeß ausführlich 521/9 ff. (mit sämtlichen Schriftsätzen). Kraus betont hier ausdrücklich, seinen Angriffen liege nicht ein persönliches, sondern ein sachlich-kulturkritisches (also ›positiv generalpräventives‹) Moment zugrunde (p. 13).

antwortet unruhig und verworren.
Der erste Weltkrieg liegt sehr weit zurück,
auffindbar, doch fern ...
Um die Sünden der Lügnerin
wird es totenstill.
Einer,
der das Modell
mit der Wirklichkeit verwechselt
attackiert die Hilflose.«[40]

Das soll nicht suggerieren, daß die Zeichnung (im doppelten Wortsinn) der Alice Schalek durch Kraus falsch oder illegitim gewesen sei. Es soll durch den möglichen und nötigen Wechsel der Perspektiven ein normatives Problem zeigen, das vielleicht nicht auflösbar ist: die individuell entsozialisierende Wirkung, die auch ein generalpräventiv legitimer satirischer Angriff im Einzelfall haben und durchaus bis in die Dimensionen der Persönlichkeitsbedrohung, ja sogar -zerstörung treiben kann. Deutlicher noch als im Fall der Alice Schalek wird dies in dem des jungen expressionistischen Dichters Georg Kulka. Er hatte im Frühjahr 1920 in den *Blättern des Burgtheaters* unter dem Titel *Der Gott des Lachens* und unter eigenem Namen Passagen aus Jean Pauls *Vorschule der Ästhetik* veröffentlicht. Das war nach österreichischem Urheberrecht strafbar.[41] Allerdings ergibt schon die evidente Aussichtslosigkeit, den Plagiatcharakter des Textes auf Dauer geheimzuhalten, ein gewisses Indiz für Kulkas anschließende Rechtfertigung, er habe den wahren Urheber später nennen und so für den (angeblich) ignorierten Jean Paul werben wollen.[42] Kraus deckte die Affäre in einem Aufsatz von tatsächlich vernichtender Schärfe auf, der zwischen persönlicher Polemik und strafender Satire eine changierende Mittelposition einnimmt (546/45ff). Von Kulkas anschließender Verzweiflung gibt es glaubhafte Zeug-

40 F. Bergammer, Momentaufnahmen. Gedichte, Wien 1981, p. 20; zu diesem Gedicht W. Kraft, Ein geschichtliches Gedicht von Friedrich Bergammer, in: ders., Österreichische Lyriker. Von Trakl zu Lubomirski, Wien 1984, pp. 53 ff.

41 Nach § 53 UrhRG von 1895 (in der Fassung von 1920: § 46).

42 Vgl. Kulkas Verteidigungsschrift *Der Götze des Lachens* in: Die Gefährten 3, 7. Heft; vgl. ebenda auch die polemische Satire *Karl Kraus* von Albert Ehrenstein, sowie Kraus' Erwiderung in 552/5 ff.

nisse.[43] Er beendete seine literarischen Lebenspläne und, weitaus gravierender, im April 1929 dieses Leben selbst. Manches spricht dafür, daß der biographische Knick, den Kraus' Aufsatz für Kulka herbeiführte, der tiefere und eigentliche Grund des Selbstmords gewesen ist.[44]

Auch dies ist kein durchschlagender Einwand gegen die Legitimität einer solchen strafenden Satire. Es soll lediglich darauf hinweisen, daß bei der Frage nach der Notwendigkeit einer normativen Rechtfertigung der Satire deren möglicherweise verheerende Wirksamkeit nicht vergessen und nicht unterschätzt werden sollte. Die Funktionsbedingungen dieser Wirksamkeit genauer zu untersuchen wäre die Aufgabe einer Psychologie der menschlichen Scham. Der amerikanische Psychoanalytiker Léon Wurmser überschreibt einen Aufsatz über die »Psychoanalyse der Scham und der Schamkonflikte« mit dem sprechenden Titel »Die schwere Last von tausend unbarmherzigen Augen.«[45] Es ist die Fähigkeit und die Absicht der strafenden Satire, ihren Opfern diese Last aufzuladen (auch wenn sie es weniger um derentwillen als zugunsten der Inhaber der ›tausend Augen‹ tut), was ihre Legitimität problematisch macht. Diese »schwere Last« kann im Einzelfall weitaus gewichtiger sein als eine (etwa nur monetäre) Kriminalstrafe. »Lächerlich zu werden«, heißt es prägnant in einer von La Rochefoucaulds *Maximen*, »entehrt mehr als entehrt zu

43 S. etwa Ehrenstein, op. cit., p. 12: »Es ist ein Wunder, daß Georg Kulka noch lebt. Daß er nach einem so infernalischen Mordversuch noch lebt, von einer blutgierigen Fackel versengt, gebrandmarkt, geschmort, geröstet ...« (teilweise zitiert in 552/17).

44 Zu der ganzen Affäre aus heutiger Sicht U. Laugwitz, Albert Ehrenstein und Karl Kraus. Entwicklung einer literarischen Polemik, Hamburg (masch.), pp. 78 ff.; K. M. Gauß, Karl Kraus und seine ›kosmischen Schlieferln‹. Zur Rehabilitierung von Albert Ehrenstein, Hugo Sonnenschein und Georg Kulka, Zeitgeschichte (Wien/Salzburg) 10 (1982/83), pp. 43 ff., 54 ff.; H. Kreuzer/R. Döhl, Georg Kulka und Jean Paul, Deutsche Vierteljahresschrift für Literatur und Geistesgeschichte 40 (1966), pp. 567 ff.

45 L. Wurmser, Die schwere Last von tausend unbarmherzigen Augen, in: Forum der Psychoanalyse 1986, pp. 111 ff. Zur Soziologie der Scham bei Max Scheler s. R. H. Williams, Scheler's Contributions to the Sociology of Affective Action with Special Attention to the Problem of Shame, Philosophy and Phenomenological Research 2 (1941/1942), pp. 348-358.

werden.«[46] Schon Adolph Dietrich Weber, der Verfasser der epochemachenden juristischen Abhandlung *Ueber Injurien und Schmähschriften* von 1800, hat darauf hingewiesen, daß diejenigen, »welche zur Übertretung der Gesetze geneigt sind, oft die üble Nachrede mehr fürchten als die ordentliche Strafe«.[47] Argumentationslogisch bedeutet dies alles, daß die Satire jenem Bereich moralphilosophischen Räsonierens zugehört, der in neuerer Diktion ›allgemeiner praktischer Diskurs‹ heißt. Ob man das Strafrecht mit Alexy und Habermas[48] für einen ›Sonderfall‹ des allgemeinen praktischen Diskurses, oder mit Neumann[49] für einen strategischen Diskurs sui generis hält[50] – jedenfalls rückt die Satire auch in dieser Perspektive in ein Näheverhältnis zum Strafrecht: sei es als ›Complement der Gesetze‹ im Lichtenbergschen Sinn, sei es als deren ›familienähnliches‹ logisches Pendant in der Sphäre des ›allgemeinen praktischen Diskurses‹. Mittels der dort gültigen Argumentationsregeln und der dazu passenden Argumentformen muß die strafende Satire implizit oder explizit ihre normative Berechtigung erweisen.[51]

46 La Rochefoucauld, Reflexionen oder Moralische Sentenzen und Maximen, in: Die französischen Moralisten, ed. F. Schalk, Bremen ^{2}1980, p. 99.

47 A. D. Weber, Ueber Injurien und Schmähschriften, I, Leipzig ^{2}1811, p. 175. – Kraus hat gelegentlich seine polemische Satire in genau diesem Sinne als »üble Nachrede« bezeichnet (vgl. z. B. 242/4 sowie noch im Mai 1930 834/2).

48 R. Alexy, Theorie der juristischen Argumentation, Frankfurt am Main 1978, pp. 263 ff.; J. Habermas, Theorie des kommunikativen Handelns, I, Frankfurt am Main 1981, pp. 62 f., Anm. 63; neuerdings aber differenzierend ders., Faktizität und Geltung, Frankfurt am Main 1992, pp. 283 ff.

49 U. Neumann, Juristische Argumentationslehre, Darmstadt 1986, pp. 84 f.

50 M. E. muß hier differenziert werden: für den legislatorischen und den strafrechtsdogmatischen Diskurs dürfte die ›Sonderfall‹-, für den (konkreten) Strafprozeß eher die ›sui generis‹-These plausibel sein.

51 Ich habe an anderer Stelle einen ersten Vergleich zwischen satirischen und juristischen Argumentationsstrategien und Argumentformen vorgeschlagen und skizziert. Ein solches Projekt umfassend durchzuführen wäre die Aufgabe einer eigenen textanalytisch-empirischen Untersuchung, die hier nicht unternommen werden kann; vgl. Merkel, op. cit., pp. 620 ff.

Weder die innere normative Logik noch die konkrete strafende Wirkung stellt also ein trennscharfes Kriterium für die prinzipielle Unterscheidung von Satire und Strafrecht dar. Auf diesem Hintergrund erscheint es schon einleuchtender, daß ein Satiriker, der sich literarisch mit dem Strafrecht befaßt und sich dabei der Analogien zwischen seinem Schreiben und dessen Gegenstand bewußt wird, ein schärferes Interesse für das evidente Merkmal ihrer Unterscheidung entwickelt: die *Formalisierung* strafrechtlicher Konfliktverarbeitung. An Kraus läßt sich dies exemplarisch demonstrieren.

*

Er hat das Justizhafte seines Schreibens stark empfunden und oft zum Ausdruck gebracht. Eine »zwanzigjährige Judikatur« nennt er im Mai 1919 in einem Antwortbrief an den Präsidenten der ›Deutsch-österreichischen Nationalversammlung‹ Karl Seitz, der ihm zum 20. Jahrestag der Fackel gratuliert hatte, sein literarisches Wirken (514/51). Schon im Juli 1900 hatte es programmatisch geheißen: »Weil unser öffentlicher und mündlicher Strafprocess die Popularklage nicht kennt, habe ich ja zum Zwecke der *öffentlichen, schriftlichen Popularklage* die ›Fackel‹ gegründet« (46/20). Von da an gehört die strafrichterliche Metapher zum ständigen Repertoire der Selbstkennzeichnungen des Satirikers. »Nachrichter der Kulturgreuel« (457/19), nennt er sich doppelsinnig im Mai 1917, »Moralrichter« in einer Vorlesung vom Juni 1925, und wenige Monate später, auf dem Höhepunkt seines Kampfes gegen den Erpresserjournalisten Bekessy in Wien, schreibt er, dieser habe versucht, die Auseinandersetzung »auf ein sozusagen literarisches Gebiet abzulenken, auf welches ich aber, da ich mehr Strafrechtler bin, nicht folge« (706/107).[52] Pointiert faßt er eineinhalb Jahre später in einer Polemik gegen Franz Werfel die Richterfunktion als seine literarische differentia specifica auf: »Es ist die alte Beschwerde, daß ich innerhalb der Literatur ... den starren Rechtsbegriff verkörpere ...« (759/108). Und im Januar 1928 spricht er, mit Bezug auf das blutige Massaker, das die Polizei anläßlich des Aufruhrs am 15. Juli 1920 in Wien[53] unter

52 Vgl. aus den Texten gegen Bekessy noch 712/63 (»betätige mich ... strafrechtlich«); 730/7; 20; 25 (»Tribunal der Sittengeschichte«; »Großinquisitor«; »meine kriminalistischen Fähigkeiten«).

53 Nach dem schwurgerichtlichen Freispruch für drei Mitglieder der

Beteiligten und Unbeteiligten angerichtet hatte, von der »gnadelosen Julijustiz«. (777/2), mit der er die schuldigen Machthaber verfolge.[54]

Aber auch die mit einem solchen Status der Satire verbundenen Probleme der normativen Legitimation hat er genau reflektiert:

»... das Verhältnis der Satire zur Gerechtigkeit ist so: Von wem man sagen kann, daß er einem Einfall eine Einsicht geopfert hat, dessen Gesinnung war so schlecht wie der Witz. Der Publizist ist ein Lump, wenn er über den Sachverhalt hinaus witzig ist.« (383/2)[55]

Das hat fast eineinhalb Jahrhunderte früher Lichtenberg genauso gesehen:

»So hart es auch zuweilen widergehen sollte, eine witzige Periode wegzulassen, muß es doch geschehen, wenn sie nicht notwendig aus der Sache fließt.«[56]

Die ›Sachverhalte‹, für die schon nach dem klassischen Schema die strafende Satire zuständig war, sind die »Laster«[57]; weniger anti-

rechtskonservativen ›Frontkämpfervereinigung‹, die im Januar 1927 zwei Teilnehmer einer sozialdemokratischen Demonstration erschossen hatten, brachen am 15. Juli in Wien aufruhrartige Unruhen aus, die die Polizei blutig niederschlug. Es gab dabei 90 Tote und über 1000 teils schwer Verletzte.

54 Vgl. zur Richtermetapher noch 131/28; 155/1; 164/22; 168/20; 195/14; 208/13; 232/16; 437/89; 531/15, 23; 787/90; 800/33.

55 Es gibt in der Fackel auch Stellen, die eine gegenteilige Auffassung zu bekunden scheinen, am bündigsten der Aphorismus: »Wenn Polemik nur ein Meinungsstreit ist, so haben beide Unrecht. Anders, wenn der eine die Macht hat, Recht zu haben. Dann hat der andere nicht das Recht, Recht zu haben ...« (326/42 = S8/251). Ähnlich 324/54: »... recht hat der, der es sagen kann.« Beide Sätze stehen im Zusammenhang der ersten großen Polemiken gegen Alfred Kerr (1911). Sie beziehen sich nicht auf die Satire und besagen wenig mehr, als daß auch im literarischen »Krieg des Menschen gegen den Menschen« (Heine) der Stärkere gewinnt. In ihrer Form als Rechtfertigungsargumente wären sie allerdings nicht nur unhaltbar für die Satire, sondern sind sie auch für die Polemik zumindest sehr problematisch. Immerhin kennzeichnen sie deren funktionalen Unterschied zur Satire noch einmal deutlich.

56 Lichtenberg, Sudelbücher, B 310, op. cit., 1, p. 127.

57 Vgl. Schönert, Roman und Satire, op. cit., p. 64.

quiert: die vorsätzlichen sozialen Normbrüche. Damit stellt sich die Frage, ob innerhalb dieses Gegenstandsbereiches für denjenigen Teil, der zur Regulierungskompetenz des Strafrechts gehört, die Satire ihr Interventionsrecht verlieren oder, als eine Art Popular-Nebenklägerin, weiter behalten soll. Kraus hatte vor dem Hintergrund seines Rechtsgutsbegriffs, der ihm die Grenzen, aber auch die Pflichten des strafenden Staates markierte, ein empfindliches Bewußtsein für das Problem des Zuständigkeitswechsels von der Satire (wie auch von der Polemik) zum Strafrecht. Sein eigener Fall, an dem die Reaktionen der leibhaftigen »Romanfiguren« seiner »Glossenwelt« (676/51) gelegentlich in die Sphäre des Strafbaren spielten, bot ihm hinreichend Material zur Anschauung:

»Es gibt noch immer Satiriker... Vor allem ist es natürlich komisch, daß ich gegen die Vergewaltigung durch die bürgerliche Welt deren Justiz in Anspruch nehme.« (834/28).

Aber er scheue nicht davor zurück, heißt es in der schon zitierten Polemik gegen Werfel, »nebst den Sprachgesetzen auch noch die Strafgesetze befolgt zu wünschen« (759/108), und er habe »nun einmal den Hang zum Kadi[58] wie andere zum Morphium.« (868/27) Während seines Beleidigungsprozesses gegen Alfred Kerr in den Jahren 1927 und 1928 formulierte er dies im Rahmen eines 62seitigen Schriftsatzes an das Amtsgericht Charlottenburg programmatisch:

»... gerade der Autor, der noch keiner Polemik ausgewichen ist, folgt dem Grundsatz, in Fällen, wo die nackte Ungebühr zu publizistischem Ausdruck gelangt, durch strafrechtliche Abwehr den Mißbrauch der Druckerschwärze zu stigmatisieren.« (787/83)

Vor allem in der Zeit seines Kampfes gegen den Erpresserjournalisten Bekessy wurde die Funktionsteilung zwischen Satire/Polemik und Strafrecht in der Fackel mehrfach genauer erwogen: Er verknüpfe, heißt es im Mai 1927, sein »persönliches Interesse an dem Ereignis, zu dem hier das moralisch Unzulängliche erwächst, vielfach mit dem Mittel einer strafrechtlichen Remedur« (759/1).

58 Dieses Wort, dessen Verwendung Kraus stets als Beispiel platten und witzlosen Klischeehumors empfunden hat (vgl. etwa 847/75), hat hier parodistischen Charakter.

Acht Monate vorher hatte er, nach Bekessys Flucht aus Wien, geschrieben:

»Sollte er der irdischen Gerechtigkeit auch diesmal entwischen – mir würde weder er noch die irdische Gerechtigkeit auskommen, noch irgendein Faktor, der es listig verschuldet hätte, und für den ich den Pranger bereithalte, so wahr mir Gott helfe! ... Doch in Wahrheit habe ich mich in keiner Periode meines Lebens so sehr als Künstler gefühlt, so frei und nur bedingt von der Fülle des Anlasses, wie in der Befassung mit einer Menschenjauche, von der man wohl meinen möchte, sie wäre leichter mit dem Strafgesetz zu beseitigen als mit Kunstwerken, und von der ich mit dem lebendigsten Wunsch, daß es gelinge, mich im Geiste doch nicht trennen kann.« (732/4 f.)

Damit ist sowohl die grundsätzliche Trennung der Gegenstandsbereiche von Strafrecht und Satire als auch die Möglichkeit ihrer Überschneidung im Einzelfall sowie die quasi doppelte ›Complementfunktion‹ der Satire zur irdischen Gerechtigkeit skizziert. Logisch trennscharf wird die Differenzierung zwischen beiden erst am Kriterium ihres unterschiedlichen Verfahrensmodus. Das Strafrecht formalisiert sowohl die Trennung verschiedener Stufen der Rechtsverwirklichung – von der Normsetzung über die konkrete Sachverhaltsermittlung und die Gesetzesanwendung im Prozeß bis zum Strafvollzug[59] – als auch das (mit unterschiedlichen Zwecken verbundene) Prozedere auf jeder dieser Stufen selbst. Die strafende Satire kennt evidenterweise keine Stufenabfolge ihrer ›richterlichen‹ Tätigkeit; sie kennt, wie ich zu zeigen versucht habe, keine wechselnden Zwecke, nämlich keine personen-, sondern nur eine sozialnormbezogene Zweckbindung; und sie kennt keine Formalisierung ihrer Mittel jenseits der allgemeinen Vorgaben von Logik und Sprache. Die von ihr verhängte Sanktion (oft auch schon ihr Beweisverfahren) artikuliert und vollstreckt sich klassischerweise vor allem im Medium des Witzes.[60] Daß neben der »schweren Last von tausend unbarmherzi-

59 Da es weder in Österreich noch in Deutschland damals (und noch lange danach) ein Strafvollzugsgesetz gab, verblieb diese letzte Stufe allerdings auf einem niedrigeren Formalisierungsniveau als die drei anderen genannten.

60 Dieser darf nicht verwechselt werden mit ›Humor‹ oder ›Komik‹, die beide keineswegs notwendige, oft nicht einmal plausible Akzidentien der strafenden Satire sind. Klassisch zu diesem Unterschied Jean Paul, Vorschule der Ästhetik, in: ders., Sämtliche Werke, ed. E. Berend,

gen Augen« das Lachen ihrer Inhaber, wie Jean Paul sagt, »richtende Kraft«[61] besitzt, entspricht der ins Archaische zurückreichenden menschlichen Erfahrung offenbar aller Kulturen.[62] Den Fragen der Entstehung und Wirkung des Witzes kann hier nicht nachgegangen werden. Jedenfalls gehören für den Satiriker – bei allem Zwang einer logisch, moralisch und empirisch »kontrollierten Analogie«[63] seiner Texte zu ihren realen Gegenständen – zahllose Formen der übertreibenden und verzerrenden Stilisierung zum strategischen Repertoire. Wolfgang Preisendanz hat dies erhellend als satirisches Prinzip der »transparenten Entstellung«[64] bezeichnet.

Der hohe Wert, den Kraus der Formalisierungstrennlinie zwischen Satire und Strafrecht beimaß, läßt sich schon an seiner empfindlichen Reaktion auf jede Vermischung der jeweiligen Verfahrensmodi ablesen; das heißt konkret: auf alle ›witzigen‹ Ingredienzien seitens der Justiz im Strafverfahren.[65]

»Bei den Wiener Bezirksgerichten ist der satirische Eingriff ins Privatleben, die witzige Überschreitung richterlicher Kompetenz, manchmal in die Formen wienerischer Gemütlichkeit gekleidet. Es sind ernste Satiriker, die im Landesgericht amtieren. Den Hofrat Feigl unterschätzen die Gerichtssaalreporter, wenn sie hinter jedes seiner Apercus ›Heiterkeit‹, oder ›lebhafte, langanhaltende Heiterkeit‹ setzen. ... So lustig es aber in solchen Fällen zugeht, so läßt sich leider doch nicht leugnen, daß der Angeklagte das Urteil als Erlösung, den Prozeß als Strafe empfindet.« (116/23)[66]

Das Argument ist so deutlich wie richtig: Die aufgezwungene Lächerlichkeit im Gerichtssaal ist eine illegitime zusätzliche Sank-

1. Abt., XI, Weimar 1935, VI. Programm, § 29, pp. 102 ff; vgl. auch Schönert, op. cit., p. 13.

61 Jean Paul, Satirische Jugendwerke, in: ders., Sämtliche Werke, op. cit., 1. Abt., I, Weimar 1927, p. 563.

62 Dazu Elliott, op. cit., pp. 66 ff.

63 So die Formulierung bei Schönert, op. cit., p. 64.

64 W. Preisendanz, Zur Korrelation zwischen Satirischem und Komischem, in: ders./R. Warning (eds.), Das Komische (Poetik und Hermeneutik, VII), München 1976, pp. 411 ff., 413.

65 Eine Vermischung in umgekehrter Richtung ist evidenterweise nicht gut vorstellbar.

66 Vgl. zu dieser Kritik der unangemessenen Heiterkeit in Strafprozessen noch 113/24; 208/1 ff.; 218/24; 376/1 f.; 640/158 f. sowie noch im Juli 1931 857/126 f.

tion. Nicht nur ist der Staat zu diesem Zusatz, er ist prinzipiell zu dieser Form des Strafens nicht berechtigt. Satire und Strafrecht lassen sich beide als kalkulierte Rituale einer spezifischen Degradierung beschreiben.[67] Der Staat tritt dabei aber nicht nur als Verteidiger einer sozialen Norm, sondern auch als institutionalisierte Vertretung der Gesamtheit seiner Bürger einschließlich des Angeklagten auf. Dessen Interessen und die sie schützenden Formen darf das Strafrecht daher nicht ignorieren oder auch nur als nachrangig behandeln. Aus diesen grundsätzlichen Differenzierungen der Staatsfunktionen im Strafverfahren läßt sich das komplexe Equilibrium der verschiedenen Strafzwecke und ihrer wechselnden Akzentuierungen im Gesamtvorgang der Strafrechtspflege schlüssig entwickeln. Weiter als ein so verstandener Auftrag reicht die Sanktionsmacht des Staates nicht. Die *Formen* ihrer Realisierung, die zugleich Garanten deren materieller Grenzwahrung sind, darf er deshalb weder erweitern noch verlassen.[68]
Der Satiriker dagegen, der weder als Vertreter der Gesamtheit noch mit irgendeiner anderen Durchsetzungsmacht als der des satirischen Effekts auftritt, verteidigt ausschließlich eine soziale Norm; er ignoriert die Interessen seines Opfers. Dieses ist ihm tatsächlich in dem nach Kant verbotenen Sinne ›Mittel‹ zum Zweck einer positiven Generalprävention. Der Rest an Legitimationszweifel, der sich hieraus ergibt und den eine selektiv vergessende bzw. bewahrende Nachwelt meist weniger de jure als de facto erledigt, kann hier nicht mehr (und vielleicht grundsätzlich nicht) behoben werden. Klar ist jedenfalls, daß ein Satz wie der, mit dem Kraus den Strafzweck der Satire kennzeichnet: als Dienst an einer idealen Gesamtheit, »zu der sie nicht gegen, aber durch die realen Einzelnen« durchdringe, für das Strafrecht nicht akzeptabel wäre.

67 Vgl. für das Strafrecht K. Weis, Staatliches Strafen. Markierungen, Degradierungen und Rituale, in: Festschrift für G. Blau, Berlin/New York 1985, pp. 405 ff.; grundlegend H. Garfinkel, Bedingungen für den Erfolg von Degradierungszeremonien, in: K. Lüderssen/F. Sack (ed.), Seminar: Abweichendes Verhalten, III. Die gesellschaftliche Reaktion auf Kriminalität, II, Frankfurt am Main 1976, pp. 31 ff.

68 Zur Kritik der neuerdings gleichwohl auftretenden Entformalisierungstendenzen im Strafverfahren exemplarisch B. Schünemann, Absprachen im Strafverfahren? Grundlagen, Gegenstände und Grenzen, Gutachten zum 58. Deutschen Juristentag, München 1990.

Damit bleibt die Frage nach der Legitimität der strafenden Satire ungelöst zurück. Nicht sie zu beantworten, sondern zu zeigen, daß sie ein echtes Problem darstellt und aus welchen normlogischen Gründen, war das Anliegen dieses Beitrags.

Catherine Wilson
Vom Nutzen der Inkompetenz
Die Vermeidung von Worten in Philosophie und Fiktion

Der Begriff ›Minimalismus‹ erinnert an Entwicklungen in Theater, Musik und visueller Kunst, die 1913 mit Kazimir Malevičs revolutionärem ›schwarzen Quadrat‹ begannen. Seine späteren Entwicklungen umfassen den abstrakten Expressionismus mit seinen geometrischen Formen und reinen Farben, die unmelodische Musik John Cages, die ereignislosen Dramen Samuel Becketts und Harold Pinters sowie die ›funktionale‹ Architektur und Inneneinrichtung der fünfziger und sechziger Jahre mit ihrer Ablehnung aller ›nutzlosen‹ Dekoration. Wir können den Minimalismus in seiner allgemeinen Form als eine Ermüdungserscheinung verstehen: im Hinblick sowohl auf menschliche Beziehungen wie auf die Inneneinrichtung war das Fin-de-Siècle zu kompliziert und zu betörend geworden. Eine anschauliche Beschreibung eines typischen Wohnzimmers der Wiener Bourgeoisie finden wir bei Egon Friedell:

»Das sind keine Wohnräume, sondern Leihhäuser und Antiquitätenläden. Zugleich zeigt sich eine innere Vorliebe für alles Satinierte: Seide, Atlas und Glanzleder, Goldrahmen, Goldstuck und Goldschnitt, Schildplatt, Elfenbein und Perlmutter, und für lauter beziehungslose Dekorationsstücke: vielteilige Rokokospiegel, vielfarbige venezianische Gläser, dickleibiges altdeutsches Schmuckgeschirr; auf dem Fußboden erschreckt ein Raubtierfell mit Rachen, im Vorzimmer ein lebensgroßer hölzerner Mohr.«[1]

»Evolution der Kultur«, sagt Adolf Loos, »ist gleichbedeutend mit dem Entfernen des Ornaments aus dem Gebrauchsgegenstande.«[2]

Wie auch immer wir die »Evolution der Kultur« heute definieren

1 E. Friedell, Kulturgeschichte der Neuzeit, München 1979, p. 1301 (zitiert nach: A. Janik/S. Toulmin, Wittgensteins Wien, trad. R. Merkel, München 1984, pp. 125 f.).

2 A. Loos, Ornament und Verbrechen, in: ders., Trotzdem, Wien 1982, p. 79 (zitiert nach: A. Janik/S. Toulmin, op. cit., p. 120).

würden – ich werde dieses Problem gegen Ende kurz wieder aufgreifen – ich denke nicht, daß jemand sie als Beseitigung von Ornamenten an Gegenständen des täglichen Lebens definieren würde. Das Motto ›Weniger ist mehr‹ ist selbst den Weg von metallenen Stuhlrahmen und monochromen Wohnzimmern gegangen. Modernistische Bewegungen in den Künsten und in der Literatur sind ersetzt worden durch eine gegenrevolutionäre Postmoderne, die Handlung, Politik, Referenzialität, Leiden, Eklektizimus und den visuellen wie dekorativen Exzeß wiederbelebt hat. Friedells Wohnzimmer ist wieder in Mode.

Wir, die wir nicht mehr Teil dieser modernistischen Bewegung sind, können erkennen, daß der Modernismus nicht *die* Zukunft repräsentiert, daß er – im Gegensatz zu seinen führenden Vertretern – nicht die Entdeckung *der* richtigen Kunsttheorie war. Vielmehr war der literarische Modernismus – wie andere breitgefächerte Bewegungen auch – eine Interpretation zeitgenössischer Bedürfnisse und eine Reflexion auf zeitgenössische Anliegen. Er bestand nicht nur in einem Verwerfen der Handlungen und Charaktere des 19. Jahrhunderts, sondern stellte eine Fortführung einiger nihilistischer Themen des vorausgehenden Jahrhunderts dar, jedoch ohne deren offenkundigen Schmerz. In seiner Untersuchung der ›literarischen Eroberung der Leere‹ in der Dichtung und in den Romanen des 19. Jahrhunderts macht R. M. Adams darauf aufmerksam, daß sich die Moderne in der Literatur des 20. Jahrhunderts in ihren Repräsentanten Moravia, Musil und Beckett der Mittel der Paralyse, der Immobilität, der Erschöpfung und des Unverständnisses bedient – Mittel, die ihren Ursprung in der romantischen Literatur des 19. Jahrhunderts haben, vor allem in den Werken von Baudelaire und Gogol.[3] So wie wir die experimentelle Dichtung der ersten Hälfte dieses Jahrhunderts nicht als Verkörperung der einen richtigen Art des Schreibens betrachten können, genauso können wir nicht länger das Selbstverständnis der Begründer bestimmter Philosophien billigen. Wittgensteins *Tractatus logico-philosophicus* von 1921 ist mit seinen Aphorismen und numerierten Propositionen unzweifelhaft ein Form-Experiment. Wir können ihn als ein minimalistisches Werk im weiteren Sinne verstehen: seine sprachliche Sparsamkeit, seine Ablehnung

3 R. M. Adams, Nil: Episodes in the Literary Conquest of the Void during the Nineteenth Century, New York 1966.

geschwätziger Diskursivität und Elaboration, seine Gesten und sein fundamentaler Appell an das Schweigen stellen ihn in diesen Traditionszusammenhang. Aber Wittgenstein dachte und meinte, daß er den Hauptproblemen der Philosophie von Logik bis Ethik dadurch ewige Ruhe verschafft habe, daß er zu einem Verständnis von Wahrheit hinsichtlich der Bedeutung von Propositionen gelangt sei. Nach seinem eigenen Verständnis hat er nicht bloß einen weiteren Text verfaßt, der sich mit Problemen beschäftigt – und solch eine Erklärung im Hinblick darauf, was ein Philosoph tut, ist unvereinbar mit den meisten Ansichten über die Praxis der Philosophie.

Wir, seine späteren Leser, mögen davon überzeugt sein oder nicht, daß es eine Wahrheit jenseits des Textes gibt, aber wir können der Tatsache nicht entfliehen, daß alle auf eine Grundlegung ausgerichteten Programme die Spuren kultureller Determination tragen. Im Falle Wittgensteins war der Versuch, das Gewicht vorgängiger Philosophie abzuwerfen, durch verschiedene – persönliche und soziale – Faktoren konditioniert: nihilistische und skeptische Tendenzen, ein persönlich anspruchsvolles Wesen und ein Ekel vor Emotionalität und offensichtlicher Verschwendung, Entwicklungen hinsichtlich der Grundlagen von Logik und Mathematik, sogar die Popularität des Ingenieurwesens als eines Berufes für junge Männer der oberen Mittelschicht. Diese Determiniertheit ist nicht bloß einseitig. Politik, Medizin, visuelle Kunst und Schriftstellerei beeinflussen die Philosophie immer in eine bestimmte Richtung und unterliegen umgekehrt gleichzeitig deren Einfluß. Der ›Modernismus‹ stellt eine Reihe von Reaktionen zwischen diesen Gebieten dar, vermittelt durch Journalismus, Kritik und Rezensionen.

Aber bevor wir den oben angeführten relativistischen Ansichten nachgehen, sollten wir die Möglichkeit betrachten, daß beide, der literarische und der philosophische Modernismus, wirkliche Entdeckungen über die Welt und ihre Bewohner repräsentieren, anstatt eine bloß kulturelle Reaktion darzustellen. Die Schwierigkeit besteht darin zu sagen, was genau diese Entdeckung war, und mein Beitrag ist der Versuch, dieses mit Hilfe von ein wenig linguistischer Theorie zu erklären. In Kürze: die Betrachtung von im wesentlichen zwei Meistern der Minimaltechnik – Harold Pinter und Ludwig Wittgenstein – soll mir zur Behandlung der Frage dienen, wie Techniken der Beschränkung von menschlicher Kommunikation und Entfaltung als Beitrag zu den kommunikativen Akten selbst verstanden werden können. Können die Beschränkungen hinsichtlich Sagen und Zeigen, die wir im Modernismus beobachten, wirklich als Weisen des Sagens von Etwas – als Aufstellen, Verteidigen und Illustrieren einer Behauptung – verstanden werden? Ist das Schweigen, das Wittgenstein anordnet, ein hilfloses oder ein erfülltes, oder beides gleichermaßen? Liegt hinter ihm irgendeine Tatsache über das Schweigen, oder zeigt das Schweigen des *Tractatus*, daß es da etwas gibt, das keine ›Tatsache‹ ist, jedoch die Folgerichtigkeit und Unnachgiebigkeit von Tatsachen besitzt? Ich werde versuchen zu zeigen, daß sich diese Fragen – wie geringfügig auch immer – durch die quasi-empirische Wissenschaft der Diskursanalyse erhellen lassen. Letztere enthüllt, daß unsere transhistorische Antwort auf ästhetische Minimalismen eine Antwort auf die komplexe Stellung von Schweigen und linguistischer Inkompetenz innerhalb der menschlichen Kommunikation ist.

1. Die ›Inadäquatheit‹ von Sprache als eine philosophische These

Alle Thesen, die Philosophen und Theologen im Hinblick auf die Unangemessenheit von Sprache vertreten, sind verwirrend und beunruhigend, da uns die empirische Wissenschaft, wenn nicht der gesunde Menschenverstand, glauben macht, daß Sprache eine biologisch verankerte, evolutionär determinierte und sozial erworbene Kompetenz ist, die feingeschliffene akustische und kognitive Mechanismen beinhaltet. Die Kommunikationstheorie war dementsprechend in ihrer Anfangsphase voll von einer Art flotten Positivismus, und auch heute noch findet man Philosophen, die besonderes Gewicht auf den Nutzen der Sprache für das Erzeugen von Meinungen, Handlungen und Dispositionen legen, auf Kosten ihres Nutzens, beispielsweise im Hinblick auf die Feinabstimmung sozialer Beziehungen oder das Hervorbringen angenehmer Zustände in Sprechern und Hörern. Auch H. P. Grice behauptete 1957 in einem berühmten Aufsatz, in dem er die Verbindung des Bedeutungsproblems mit Tatsachen über soziale Interaktion und Erwartungen betont, daß es die Funktion eines deklarativen Satzes, einer ›Äußerung‹, sei, im Hörer den Glauben zu erzeugen, daß der Sprecher eine bestimmte Überzeugung besäße.[4] Und Sperber und Wilson definieren ›Kommunikation‹ in ihrem Lehrbuch *Relevance. Communication and Cognition* als den Gebrauch eines Stimulus mit der Absicht, eine Hörerschaft mit einem Satz von Annahmen bekannt oder bekannter zu machen.[5] Das Bild, das hier entsteht, ist das einer geschäftigen und effizienten Verkündung von Glaubensüberzeugungen, Artikulation von Fragen, Befehlen etc. Es ist zunächst schwierig zu sehen, wo Schweigen und Inkompetenz ihren Platz finden könnten.

Eine Rolle, die die Philosophie als reflexive Praxis oft auf sich genommen hat, ist die des skeptischen In-Frage-Stellens genau dieser Annahmen einer geschäftigen Effizienz oder die des Aufweisens ihrer Grundlosigkeit. Von daher ist es eine interessante Tatsache, daß einige minimalistische Autoren sich auf Philosophen berufen, um ihre eigenen Intentionen zu erklären. Philosophen haben umgekehrt die Adäquatheit von Sprache mindestens auf dreierlei Weise in Frage gestellt:

Erstens: Wissenschaftliche Aussagen und Theorien sind nur ›metaphorische Wiederbeschreibungen‹ der Welt, die nicht ›wörtlich‹ wahr sein können.[6]

Zweitens: Die Sätze der Metaphysik und Theologie sind ›wörtlich verstanden‹ bedeutungslos und werden mit Zeilen der Dichtung verglichen.[7]

Drittens: Philosophen haben argumentiert, daß wörtliche Aussagen der ›ordinary language‹ in einem ernstzunehmenden Sinn mangelhaft sind.

Diese drei skeptischen Positionen, die zusammengenommen die wörtliche Bedeutsamkeit von Wissenschaft, Dichtung, Metaphysik und ›ordinary language‹ bezweifeln, werden in keinem mir bekannten Fall von derselben Person artikuliert. Normalerweise wählt der Sprachkritiker eine Form der Sprache aus – entweder die Wissenschaftssprache oder die Alltagssprache – und kontrastiert sie in pejorativer Absicht.

4 H. P. Grice, Meaning, Philosophical Review 66 (1957), pp. 377-388.

5 D. Sperber/D. Wilson, Relevance. Communication and Cognition, Oxford 1986, p. 63.

6 M. Hesse, The Explanatory Function of Metaphor, in: dies., Revolutions and Reconstructions in the Philosophy of Science, Bloomington 1980.

7 A. J. Ayer, Language, Truth and Logic, New York 1952, Kap. 1.

Die Idee, daß die Alltagssprache in bestimmter Weise schadhaft ist, ist in dieser Hinsicht besonders verwirrend, da die Sprache des täglichen Lebens universal und leicht zu lernen ist und die Welt so offensichtlich in Schwung hält. Aber man kann Vertreter einer solchen Auffassung finden. In einem Essay über seine Dramatik, der über ihn selbst in der dritten Person geschrieben ist, beginnt der Dramatiker Harold Pinter mit zwei Zitaten aus A. N. Whiteheads Aufzeichnung seiner eigenen Gespräche. Das scheinbare Thema war die Inadäquatheit der gewöhnlichen Sprache:

»The notion that thought can be perfectly or even adequately expressed in verbal symbols is idiotic. ... Take the simplest statement of a fact: that we three are sitting in this room. Nearly everything of importance is left out. ›This room‹ presupposes a building, Cambridge, the university, the world around us ... It presupposes our separate individualities, each quite different and all that we know, we are, or have ever done. That verbalization of our sitting here means next to nothing; yet in much more serious subjects and on a far more ambitious scale, we are constantly accepting statements of historic fact, and philosophical speculations which are much more lacking in accuracy or in any relationship with exact truth. When such oversimplified ideas are addressed to persons who cannot supply the omitted presuppositions, they mean nothing, are not comprehended, are not even taken in.«[8]

Was philosophisch gültig ist in bezug auf Whiteheads Einsicht, daß ›wörtliche Symbole inadäquat sind‹, ist in seiner Erkenntnis enthalten, daß kontextuelle und pragmatische Kunstgriffe angewandt werden, um alltagssprachliche Äußerungen zu interpretieren. Er bemerkt, daß in der Umgangssprache viele verschiedene Repräsentationen – viele verschiedene Räume und Menschen – mit der Akzeptanz oder Aussagbarkeit dieses Satzes vereinbar sind. Und falls gefragt wird »Auf welche drei Menschen wird referiert, wenn ich ›wir drei‹ sage?«, ist die Antwort, daß diese drei Menschen nicht vorhanden sein mögen; ich könnte eine (Selbst-)Täuschung oder Halluzination ausdrücken. Wir müssen mehr darüber wissen, was vorher gesagt worden ist, bevor wir wissen, was gemeint ist, und es ist immer noch unmöglich, präzise zu sagen, was gemeint ist und was bloß dem Halbschatten der

8 A.N. Whitehead, Dialogues of Alfred North Whitehead, aufgenommen von L. Price, New York 1956, pp. 264-265 (zitiert nach: H. Pinter, Words and Silence, in: J.R. Brown (ed.), Theatre Language, London 1972, pp. 16-17).

Implikation, des Inhalts und der Suggestion angehört. Es gibt keine einzigartige Repräsentation, die mit der Bedeutung eines Ausdrucks korreliert, wie Wittgensteins ursprünglicher ›logischer Atomismus‹ annahm, daß es der Fall zumindest für eine Gruppe von Sätzen sei, die nicht unter den Sätzen der ›ordinary language‹ zu finden ist. Daß die Alltagssprache sich in dieser Hinsicht von den formalen, kontextunabhängigen Sprachen der Logik und Mathematik unterscheidet, übertrug sich selbst besonders eindringlich auf Logiker wie Whitehead und Wittgenstein. In seinen *Notebooks* sagt Wittgenstein folgendes:

»A proposition like ›this chair is brown‹ seems to say something enormously complicated, for if we want to express the proposition in such a way that nobody could raise objections to it on the grounds of ambiguity, it would have to be infinitely long.«[9]

Die ›Abbildtheorie‹ der Bedeutung behauptet, daß eine wahre Aussage irgendwie auf die Sachverhalte projizierbar ist, die sie aufgrund ihrer Beziehungen zu bestimmten atomaren Propositionen wahr machen, oder irgendwie mit diesen verknüpft werden kann. Die Aussage trifft eine Tatsache in der Welt: »[sie] reicht bis zu ihr«.[10] Offenbar borgte Wittgenstein Whiteheads Vermutung, daß wörtliche Symbole ihre Fähigkeit, genaue Aussagen auszudrücken, verlieren, wenn wir das Reich der Personen und Dinge verlassen und versuchen, abstrakte Ideen auszudrücken, aber er zog daraus den Schluß, daß ein anderes System von Namen und Benennungen hinter dem gewöhnlichen verborgen liegt.

Diese Interpretation von Whiteheads Behauptung hilft uns jedoch nicht zu verstehen, warum Pinter Whitehead zitiert, warum er denkt, daß seine eigenen Stücke eine ähnliche Untersuchung der – wie er es ausdrückt – »inadequacies of words, the presuppositions of speech, and the barriers to comprehension«[11] darstellen. Um uns bei diesem Problem zu helfen, möchte ich eine kurze Passage aus Pinters *The Birthday Party* anführen:

9 L. Wittgenstein, Notebooks, ed. G.H. von Wright/G.E.M. Anscombe, Oxford 1961, p. 5/5e (Eintrag vom 19.9.14).

10 L. Wittgenstein, Tractatus logico-philosophicus, Frankfurt am Main 1960, 2.1511.

11 Pinter, op. cit., p. 17.

»Breakfast«

Act One

The living room of a house in a seaside town. A door leading to the hall down left. Back door and small window up left. Kitchen hatch, centre back. Kitchen door, up right. Table and chairs, centre.

Petey enters from the door on the left with a paper and sits at the table. He begins to read. Meg's voice comes through the kitchen hatch.

MEG: Is that you, Petey?
[*Pause.*]
Petey, is that you?
[*Pause.*]
Petey?

PETEY: What?

MEG: Is that you?

PETEY: Yes, it's me.

MEG: What? [*Her face appears at the hatch.*] Are you back?

PETEY: Yes.

MEG: I've got your cornflakes ready. [*She disappears and reappears.*] Here's your cornflakes.
[*He rises and takes the plate from her, sits at the table, props up the paper and begins to eat. Meg enters by the kitchen door.*]
Are they nice?

PETEY: Very nice.

MEG: I thought they'd be nice. [*She sits at the table.*] You got your paper?

PETEY: Yes.

MEG: Is it good?

PETEY: Not bad.

MEG: What does it say?

PETEY: Nothing much.

MEG: You read me out some nice bits yesterday.

PETEY: Yes, well, I haven't finished this one yet.

MEG: Will you tell me when you come to something good?

PETEY: Yes.
[*Pause.*]

MEG: Is Stanley up yet?

PETEY: I don't know. Is he?

MEG: I don't know. I haven't seen him down yet.

PETEY: Well then, he can't be up.

MEG: Haven't you seen him down?

PETEY: I've only just come in.

MEG: He must be still asleep.
[*She looks round the room, stands, goes to the sideboard and takes a pair of socks from the drawer, collects wool and a needle and goes back to the table.*]

What time did you go out this morning, Petey?

PETEY: Same time as usual.

MEG: Was it dark?

PETEY: No, it was light.

MEG [*beginning to darn*]: But sometimes you go out in the morning and it's dark.

PETEY: That's in the winter.

MEG: Oh, in winter.

PETEY: Yes, it gets light later in winter.

MEG: Oh.

[*Pause.*][12]

Die Unterhaltung ist flach, sparsam, banal; die Bezugnahmen auf Vergangenheit und Zukunft sind eng begrenzt; es gibt eine Ambiguität in den Beziehungen der zwei handelnden Personen, deren Geplapper beides zeigt: ihre Verbindung zueinander sowie ihre Aggression und ihre Langeweile. Banale, ›undramatische‹ Aktivitäten werden porträtiert (Cornflakes essen, die Zeitung lesen); dennoch: dadurch, daß sie auf die Bühne gebracht werden, umgibt sie eine Aura von Bedeutung. Was hat das alles zu tun mit den Bemerkungen des Mathematiker-Philosophen Whitehead über den Satz »We three are sitting in this room«?

Eine mögliche Antwort ist, daß es einen Einfluß gibt, den die Philosophie auf die Literatur ausübt. Obwohl Whitehead – wie wir gerade gesehen haben – nicht wirklich die Ansicht vertreten hat, daß Sprache inadäquat in der Weise ist, daß wir nicht sehr erfolgreich in unserer Kommunikation mit anderen sind, könnten seine Bemerkungen über die Inadäquatheit von Sprache zu einer Art kreativer Fehlinterpretation geführt haben. Vielleicht versucht Pinter zu beweisen oder jedenfalls für die These zu argumentieren, daß wörtliche Symbole unzureichend für seine Stücke sind, in denen die gewöhnlichen Konventionen des Dramas erschüttert werden. Wie Pinter erläutert, »he [Pinter] seems to have set out consciously to use the very imprecision of speech in an art that was all precision, composed of speeches each as fine and directly meaningful as could be«.[13] Den gewöhnlichen Konventionen des Theaters gemäß sind den Schauspielern lebendige, gefühlvolle, feingeschliffene und mit direkter Bedeutung versehene Reden in den Mund zu legen, deren Äußerung zur Verstärkung einer dra-

12 H. Pinter, The Birthday Party, New York 1958, p. 27.

13 Ibid.

matischen Situation von existentiellem Interesse beiträgt, und Pinter behauptet, diese Konventionen systematisch zu verwerfen. Aber diese Ablehnung von Konventionen des Theaters kann nicht dabei helfen, die These zu vertreten, daß es unmöglich sei, Sprache von ihrer Ambiguität und Vagheit zu befreien, daß Sprache in dieser Hinsicht wesentlich oder intrinsisch defekt sei. Denn falls Sprache intrinsisch defekt wäre, wäre das traditionelle Drama selbst, das Pinter unterminiert, unmöglich zu haben.[14] Wie auch immer wir seine Anleihen bei Whitehead zu verstehen haben – Pinter kann kein literarisches Medium, sondern muß vielmehr eine erkennbare philosophische Form des Diskurses verwenden, um dafür zu argumentieren, daß wörtliche Symbole inadäquat sind.

Wir brauchen also einen neuen Gesichtspunkt im Hinblick auf diese Frage. Angenommen, man fragt, ob Pinters Dialoge und Inszenierungen ›realistisch‹ oder ›unrealistisch‹ im Vergleich zu den Dialogen und Inszenierungen des traditionellen Dramas sind. Diese Frage ist komplizierter als es scheint, da eine idealisierte Repräsentation eines sprachlichen Austausches uns normalerweise realistischer als eine wörtliche Transkription erscheint. Wie Deborah Tannen bemerkt, rühmen Roman-Kritiker im Hinblick auf Bestseller gern das »give and take of real conversation, its hesitations, repetitions, and Freudian slips«.

»Yet a conversational analyst familiar with accurate transcriptions of conversations need only glance at the dialogue to see how different from real conversation it is.... In contrast to the impression of realism made by the contrived dialogue of some fiction and drama, accurate transcripts of actual conversation often strike unaccustomed readers as repetitive, obscure, inarticulate, and generally unrealistic.«[15]

Es ist sogar dafür argumentiert worden, Pausen, Leerstellen oder Auslassungen als Teil kommunikativer Strategien zu verstehen. W. J. Samarin hat folgendes beobachtet:

14 Für einen ähnlichen Punkt cf. D. Z. Phillips Kritik an Martin Esselin in seiner Beckett-Studie: Meaning, Memory and Longing, in: Through a Darkening Glass. Philosophy, Literature and Cultural Change, Notre Dame IN 1982, pp. 127-128.

15 D. Tannen, Silence as Conflict Management in Fiction and Drama. Pinter's Betrayal and a short story, »Great Wits«, in: A. D. Grimshaw (ed.), Conflict talk, Cambridge 1990, pp. 260-280, p. 262.

»In normal social intercourse between friends and members of the same in-group, there seems to be a tendency to translate messages into an informal, redundant, even poorly structured idiom – even when one knows clearly what one wants to say.«[16]

In solchen Situationen kann ein Zuviel an informativem Gehalt der Rede den Gesprächspartner leicht aus dem Gleichgewicht bringen.

Was wir in Redesituationen des wirklichen Lebens verstehen und was wir verstehen, wenn wir eine phonetische Aufzeichnung einer realen Rede-Situation, an der wir nicht teilgenommen haben, lesen, ist verschieden. Wenn wir fiktionale Werke lesen oder uns Dramen auf der Bühne anschauen, haben wir etwas mehr, worauf wir uns stützen können, aber weniger als ein vollkommenes Eintauchen: wir stolpern sozusagen unvorbereitet in die fiktionale Welt und brauchen zusätzliche Hilfe. Die künstliche Sprache konventioneller Literatur und konventionellen Schauspiels mag dann als ein Mittel verstanden werden, das zu simulieren, was wir in einer vollständig kontextualisierten Redesituation verstehen. Hier besteht eine Analogie zur Malerei: die Kunstgriffe von perspektivischer und *trompe-l'œil*-Malerei können für uns den Anschein von Dimensionalität und Struktur erwecken; die Kunstgriffe der Literatur können für uns die Illusion des Dabeiseins erwecken. Unter Berufung auf die Chomskysche Unterscheidung zwischen Kompetenz und Performanz sind Tannen und Lakoff der Ansicht, daß der traditionelle literarische Dialog (und unter erweiterter Perspektive auch dramatisches Verhalten) das ausmacht, was Linguisten ein Kompetenz-Modell für die Sprecher einer Sprache nennen. Wir dürfen dies nicht so interpretieren, daß gewöhnliche Sprecher dann kompetente Kommunikationspartner wären, wenn sie die literarische Sprache imitieren. Vielmehr müssen Aspekte linguistischer Kompetenz, die nicht auf gewöhnliche Weise in Wörtern, sondern in kontextuellem Wissen, Präsuppositionen, Hintergrundinformation und nicht-verbalen Hinweisen kodiert sind und die die Sprecher beherrschen oder registrieren, in der Literatur künstlich ausgeglichen werden; dagegen muß – da die Aufführungszeit begrenzt ist – oder kann – da der Schriftsteller in aller Ruhe formulieren kann – Literatur hinsichtlich anderer Di-

16 W. J. Samarin, Language of Silence, Practical Anthropology 12 (1965), pp. 115-119.

mensionen haushalten. Die absichtliche Inkompetenz, über die Samarin theoretisiert, erscheint in literarischen Kontexten gleichzeitig unnötig und Zeitverschwendung zu sein.

Man beachte, daß die Kompetenz/Performanz-Unterscheidung philosophischen Thesen über die wesentliche Inadäquatheit von Sprache nicht besonders wohlgesonnen ist. Wenn man sich selbst vollkommen und angemessen in Worten des traditionellen Dialogs ausdrücken kann, und wenn diese vollständige und angemessene Bedeutung in einer normalen Unterhaltung sogar von denjenigen Sprechern erfaßt werden kann, deren ›Performanz‹ ›Mängel‹ wie Wiederholung, Umständlichkeit, Ambiguität etc. aufweist, dann sind beide – ›künstliche‹ literarische und gewöhnliche Sprache – adäquat. Wie Lakoff es beschreibt: »Like the human ear and human memory, literary dialogue distills the wheat of conversation from the chaff of hesitations, fillers, hedges, and repetitions.«[17] Aber wenn Linguistik impliziert, daß alles so, wie es ist, in Ordnung ist, wie müssen wir dann Pinters sich selbst zugeschriebene philosophische Intentionen verstehen? Drei Möglichkeiten bieten sich hier an:

(1) Der Dramatiker zeigt uns, daß unsere linguistische Kompetenz – obwohl sie für den Zweck einer Routine-Existenz ausreicht – bloß oberflächlich ist. Tatsächlich können wir über das, was uns am wichtigsten ist, nicht reden oder es angemessen ausdrücken; wir können nur über Trivialitäten wie Cornflakes oder Zeitungen plappern. Dadurch, daß wir bemerken, daß die handelnden Personen sich nicht wirklich miteinander über etwas Ernsthaftes unterhalten können, realisieren wir, wie unsere Redegewandtheit und unsere endlose Fähigkeit, ein Gespräch zu generieren, eine Leere verdecken. Falls dies die richtige Interpretation ist, dann ist alles, was Pinter von Whitehead übernommen hat, mehr eine Stimmung der Unmöglichkeit, eine Art von Trägheit, Ungenauigkeit und Banalität der Unterhaltung, denn eine philosophische These.

(2) Der Autor zeigt uns, daß unsere linguistische Inkompetenz im wirklichen Leben – wie sie sich durch Zögern, Wiederholung, Vagheit und Schweigen bemißt – vereinbar ist mit unser umfassen-

17 Zitiert nach: Tannen, Silence as Conflict Management, op. cit., p. 261; cf. R. T. Lakoff/D. Tannen, Conversational strategy and metastrategy in a pragmatic theory. The example of Scenes from a Marriage, Semiotica 59 (1984), pp. 323-346.

den Kompetenz als Kommunizierende. Tatsächlich kommunizieren die handelnden Personen sehr viel miteinander, und ihr Austausch ist ebenso emotional beladen wie derjenige des traditionellen Dramas. Pinter versucht uns vielleicht zu zeigen, daß unsere normale Kommunikation – unabhängig davon, wie abgestumpft und verarmt sie erscheint – etwas Verbindendes ist: genauso wie emotionale Verarmung Verbindungen und Abhängigkeiten schaffen kann, so kann unsere linguistische Inkompetenz, wie Samarin vermutet, dazu beitragen, Verständnis herzustellen. Fall dies die richtige Interpretation ist, dann ist das, was Pinter von Whitehead übernommen hat, erneut keine philosophische These, sondern ein Eindruck von dem Gewicht und der reichen Verflechtung so banaler Aussagen wie »Wir drei sitzen in diesem Raum«.

(3) Die Intentionen des Dramatikers sind hier ›dekonstruktiv‹. Er nimmt nicht wirklich Stellung zu der Angemessenheit oder Unangemessenheit von Sprache. Statt dessen versucht er, eine Gruppe von Gegensätzen aufzubrechen: zwischen Angemessenheit und Unangemessenheit, Kompetenz und Inkompetenz; zwischen Involviertheit und Distanz, Verbindung und Entfremdung. Kurz gesagt, Pinter manipuliert die Sprache, um uns daran zu hindern, die Frage zu entscheiden, ob die handelnden Personen kompetent, involviert, einander ähnlich sind, miteinander in Verbindung stehen etc. In diesem Fall hat Pinter von Whitehead abermals keine philosophische oder linguistische These übernommen. Er hat bloß den destabilisierenden *Effekt* des zitierten Abschnitts geborgt, der das Begrenzte, Banale, leicht zu Erfassende (»Wir drei sitzen in diesem Raum«) neben das Kosmische, Metaphysische, Unsagbare (›das Universum‹, ›unsere besonderen Individualitäten‹, ›alles, was wir wissen, sind oder je getan haben‹) stellt. Das Resultat ist, daß der Leser die Frage, ob Whiteheads Satz einen bestimmten Gedanken enthält oder nicht, für sich nicht richtig klären kann: ob er sich auf das gesamte Universum bezieht oder nur auf das, was in dem Zimmer vor sich geht. Auf ähnliche Weise versucht Pinter dadurch, daß er Sprechsituationen, die wir dramatisch aufzufassen gelernt haben, vermeidet, seine häuslichen Szenen aber mit allen Stimmungen des Dramas umgibt und seine Figuren mit einfachen und banalen Zeilen versieht, den Gegensatz zwischen Klarheit und Mystifizierung zu zerstören.

Wenn dies stimmt, dann beinhaltet der Minimalismus als literarische Technik eine Art der Dekonstruktion *avant la lettre*, und der philosophische Minimalismus beinhaltet einen Angriff auf die traditionelle Opposition zwischen Klarheit und Mystifizierung, zwischen Grundlagen und Konstruktionen. Die ›Sprache‹ des *Tractatus*, von der niemand ein einziges Wort wirklich weiß, aber mittels deren wir in der Lage sind, wahre Aussagen zu machen, ist ein genauso seltsamer philosophischer Gegenstand – zugleich das End*produkt* eines philosophischen Prozesses und die Bedingung dafür, daß es solch einen Prozeß gibt. Für ein anderes Beispiel der Verletzung einer Unterscheidung – diesmal zwischen einer *vollständigen* Lebensform und einer *begrenzten* Lebensform – verweise ich auf eine berühmte Passage Wittgensteins aus den *Blue and Brown Books*, die selbst einen gewissen Bühnencharakter hat:

»The builder's man knows by heart the series of words from one to ten. On being given the order ›Five slabs!‹, he goes to where the slabs are kept, says the words from one to five, takes up a slab for each word, and carries them to the builder. Here both parties use the language by speaking the words. Learning the numerals by heart will be one of the essential features of learning this language. The use of numerals will again be taught demonstratively. But now the same word, e.g. ›three,‹ will be taught by pointing either to slabs or to bricks or to columns, etc. And, on the other hand, different numerals will be taught by pointing to groups of stones of the same shape.«[18]

Platten, Ziegelsteine, Tische, Teetassen, Stühle, Sessel, Zangen, Stoffballen möblieren diesen philosophischen Diskurs, der selbst voll von Wiederholungen und ›Klärungen‹ ist. Der Effekt – wie in Pinters ›Oliven-Szene‹, die weiter unten behandelt wird – ist das Ausradieren der Grenzen zwischen dem Gewöhnlichen und Transparenten und dem Wundersamen und Unbegreiflichen. Der Eindruck, daß etwas Bedeutsames mit diesen mysteriösen Bauarbeitern geschieht, über die wir kaum mehr wissen, als daß sie die Folge von Wörtern von eins bis zehn auswendig können (»know by heart the series of words between one and ten«), und daß sie »Slab!« und »Brick!« in regelmäßigen Abständen rufen, ist durchgängig ein ästhetischer. Trotzdem soll Wittgensteins kleine Insze-

18 L. Wittgenstein, The Blue and Brown Books, New York 1958, p. 79. Zu Wittgenstein und ›literarischer Form‹ cf. G. Gabriel, Literarische Form und nicht-propositionale Erkenntnis in der Philosophie, in: G. Gabriel/C. Schildknecht (eds.), Literarische Formen der Philosophie, Stuttgart 1990, pp. 11 ff.

nierung die Frage, was Sprache zu verstehen heißt, dadurch klären, daß gezeigt wird, wie eine einfache Sprache mit Handlungen und Verfahrensweisen verknüpft ist, und das Interesse an dieser Art, Sprache zu betrachten, wird durch die ästhetisierende Art ihrer Vermittlung sicherlich nicht vermindert.

11. Die ›Inadäquatheit‹ von Sprache als eine psychologische Reaktion

Ein Ausschnitt aus der Autobiographie des norwegischen Schriftstellers Tarjei Vesaas, *Words, Words, Words* betitelt, bringt die Bewunderung, Frustration und Verwirrung im Hinblick auf Sprache zum Ausdruck:

»No one mentioned the matter. One's tongue was useless just then.
Words can cause trouble like large rocks in one's path.
Wrong: Words can clear the largest rock out of the way.
Wrong again: Words can turn into dark chasms unbridgeable for a whole lifetime.
We know very little about the power and destructiveness of words.«[19]

Eine große Lücke trennt die verschiedenen logisch-linguistischen Behauptungen über die Sprache, die wir erörtert haben – daß es schwierig ist, eindeutige Aussagen zu formulieren; daß es Schwierigkeiten gibt, andere dazu zu bringen, Abstraktionen und historische Aussagen zu verstehen; daß Sprecher sich in alltäglicher Konversation schwankend und umständlich verhalten – von der Behauptung, daß Sprache wesentlich unverständlich oder unangemessen ist. Dies ist ein bekanntes Thema in Religion und Mystizismus, aber es ist auch ein bekanntes Thema in modernen Sprachkritiken, z. B. bei Mauthner, der hier Maeterlinck zustimmend zitiert: »Sobald wir uns aber wirklich etwas zu sagen haben, sind wir gezwungen zu schweigen.«[20] Wittgenstein meint:

»Die richtige Methode der Philosophie wäre eigentlich die: Nichts zu sagen, als was sich sagen läßt, also Sätze der Naturwissenschaft – also etwas, was mit Philosophie nichts zu tun hat –, und dann immer, wenn ein

19 T. Vesaas, The Boat in the Evening, New York 1972, p. 123.
20 F. Mauthner, Beiträge zu einer Kritik der Sprache, I, p. 118, ²1906 (repr. Frankfurt am Main/Berlin/Wien 1982), p. 25 (zitiert nach: Janik/Toulmin, op. cit., p. 181).

anderer etwas Metaphysisches sagen wollte, ihm nachzuweisen, daß er gewissen Zeichen in seinen Sätzen keine Bedeutung gegeben hat.«[21]

An einer anderen Stelle sagt Wittgenstein, daß er, wenn er vor bestimmten philosophischen Problemen steht, gerne einen ›unartikulierten Laut‹ ausstoßen würde.

Wir können solche Aussagen als Ausdrücke schlichter Hilflosigkeit auffassen. Nach Sidney Baker gilt es dabei folgendes zu unterscheiden:

»In general terms there are two basic forms of interpersonal silence where speech breaks down or words become irrelevant. The first is represented in situations wherein fear, anger, hatred or acute anxiety strike us dumb. ... We cannot, as we say, find words to express our feelings. We are silenced by fear, we become incoherent with rage or hatred. Acute tensions, of whatever origin, make us dumb.«[22]

Trotzdem müssen wir mit der Möglichkeit rechnen, daß es in auf bestimmte Weise definierten Diskursen nicht seine hilflose Inartikuliertheit ist, die der Autor direkt zum Ausdruck bringt, sondern daß er sich diese absichtlich als ein erkennbares Signal von Bedeutung oder Wichtigkeit aneignet. Wir haben oben bemerkt, daß Sprecher manchmal eine Haltung der Inkompetenz einnehmen, um eine Überlastung des Gesprächspartners zu vermeiden. Dieses ›kultivierte Gestammel‹ oder sein Äquivalent stellen auf zweierlei Weise eine Verbindung her: dadurch, daß sie als Zeichen der Ernsthaftigkeit des Sprechers fungieren, und dadurch, daß sie als Zeichen seiner oder ihrer Nervosität in Anwesenheit des Gesprächspartners und damit der Achtung diesem gegenüber fungieren.

Das moderne Drama scheint auf den ersten Blick dadurch charakterisiert zu sein, daß es ›schwere‹ Themen vermeidet. Seine Figuren erörtern nicht in traditionell fiktionaler Weise den Wert von Liebe vs. Pflicht oder die Notwendigkeit, dem Bösen dadurch zu widerstehen, daß man sich in Gefahr begibt. Dennoch bringen sie Erfahrungen von entfremdeter Zuneigung, Betrug und Eifersucht zum Ausdruck. Es reizt, darüber zu spekulieren, ob die psychologische Verbindung von Ernsthaftigkeit und Sprachlosigkeit absichtlich zur ästhetischen Verstärkung des dramatischen Grund-

21 Wittgenstein, Tractatus, 6.53.

22 S. J. Baker, The Theory of Silences, Journal of General Psychology 53 (1955), pp. 145-167, p. 158.

problems von Unverständlichkeit und Verständnislosigkeit eingesetzt wird. »Pinters Dramen«, sagt Pinter, »need good actors. If they have not realized that his words are often smokescreens and so have not created a subtextual reality to support them, his dialogue will fall flat, his plays seem idle, trivial and often banal.«[23] Noch einmal ein weiterer Textausschnitt, verbunden mit Pinters eigenem Kommentar:

»Olives«
JAMES: I'd like an olive.
STELLA: Olive? We haven't got any.
JAMES: How do you know?
STELLA: I know.
JAMES: Have you looked?
STELLA: I don't need to look, do I? I know what I've got.
JAMES: You know what you've got?
[*Pause.*]
Why haven't we got any olives?[24]

Unter Bezugnahme auf den Text bemerkt Pinter Momente, in denen die verborgene Absicht verändert wird, in denen sich Unsicherheiten unter vermeintlich starken Aussagen zu erkennen geben, und er wägt ab, wieviel von dem, was die inneren Belange betrifft, durch Intonation oder Betonung an bestimmten Stellen ausgedrückt werden kann: »I should think that *olives* is *the* word. Whereas, as the change of concentration is very clear. Your, slight, thing ... It's a change at the silence, the change is there.«[25]
Die Idee ist hier, daß die moralischen Phänomene der Unentschiedenheit, die inneren Umschwünge und Umstürze, die inneren Täuschungen, situativ ausgedrückt werden, transformiert in Probleme der Sprachverwendung. Das Ergebnis ist, daß das moderne Drama durch Verschweigen und Schwerfälligkeit genau das leistet, was das traditionelle Drama durch ein gewandtes Gespräch leistet. Unterdessen erreicht das Stück seinen destabilisierenden Effekt durch die Verwendung von Pausen, Schweigen und Wiederholungen, die hinsichtlich Angespanntheit und Zufriedenheit ambig sind. Wie Baker bemerkt:

23 Pinter, Words and Silence, p. 31.
24 Ibid.
25 Pinter, Words and Silence, p. 30.

»There is also a placid, contented type of interpersonal silence, such as that sometimes (though not frequently) encountered between lovers or old friends. ... They can remain happily in each other's company without need for words and without any feelings of unrest at continued silence.«[26]

Die Minimal-Äußerungen der Charaktere Pinters ähneln dieser intimen Quasi-Kommunikation auf unheimliche Weise, aber sie ähneln auch gemeinen verbalen Quälereien. Die Unfähigkeit der Anwesenden, ›zur Ruhe zu kommen‹, bewirkt ebenso sicher eine Spannung im Leser wie es die alten spannungserzeugenden Kunstgriffe des traditionellen Dramas tun.

III. Diskursivität und Schweigen in der Philosophie

Es mag so scheinen, als ob Philosophie eine diskursive Disziplin *par excellence* sei: Philosophen reden noch immer über Gegenstände wie ›Freiheit‹, ›die Außenwelt‹ oder ›das Wesen wirklicher Gerechtigkeit‹, lange nachdem es anderen zu langweilig oder zu verwirrend geworden ist oder sie zu dem Entschluß gekommen sind, daß es über diese Inhalte nichts mehr zu sagen gibt. Gewiß ist es richtig zu sagen, daß Philosophie eine wesentlich ›laute‹ Disziplin ist, genauso wie man mit Recht sagen kann, daß Inneneinrichtung eine im wesentlichen ›gierige‹ Einstellung zur Welt einnimmt. Aber man sollte beachten, daß beide – laute Disziplinen und gierige Einstellungen – innere Kompensationsmechanismen aufweisen: ausdrucksvolle Stille und erworbene Nicht-Gier (ungeheuer teure kultiviert ›einfache‹ Einrichtungsgegenstände). In beiden Fällen hat der Widerstand von innen zu kommen: es reicht nicht, das einfachste, am meisten funktionale Mobiliar, das man finden kann, zu kaufen, wenn man beispielsweise den Stil von Inneneinrichtungen beibehalten und deren Lauf beeinflussen will, und es reicht nicht, zu schweigen, wenn man die Methode des Philosophierens beibehalten und ihre Richtung ändern will.
Die philosophische Ablehnung der Sprache muß dann als einer der Auswege angesehen werden, die die Philosophie hat, aber diese Intervention muß so kurz und dramatisch wie möglich sein. Wir lesen in der *Metaphysik* des Aristoteles von Kratylos, der »zuletzt gar nichts mehr glaubte sagen zu dürfen, sondern nur den

26 Baker, The Theory of Silences, op. cit., p. 158.

Finger zum Zeigen bewegte und dem Herakleitos Vorwürfe darüber machte, daß er erklärt, man könne nicht zweimal in denselben Fluß einsteigen; denn er selbst meinte, man könne es auch nicht *einmal*«.[27] Und G. E. Moore unterbrach 1910 die umfangreiche und überladene Darlegung seines *Proof of an External World* betitelten Vortrags vor der Britischen Akademie, um nicht nur einen Finger, sondern *zwei Hände* – begleitet von den Worten »Here is one hand – and here is the other« – hochzuhalten, um die Existenz der Außenwelt zu beweisen.[28] Üblicher sind Angriffe auf die Diskursivität der Philosophie, die selbst in hohem Maße diskursiv sind. Locke und Kant fallen einem hier ein, die die Art ihrer Vorgänger, über traditionelle Probleme der Metaphysik, Gott, die Seele und die Welt zu reden, kritisierten. Lockes konkrete Sprache der Empfindungen und Gegenstände – die Rede von ›simple ideas‹ – hat wenig gemein mit Kants eher technischer Darlegung von dem, ohne das wir auskommen können, und dem, was wir haben müssen, außer daß beide Autoren keinen Sinn für linguistische Sparsamkeit besaßen.

»For people with deep feelings, argumentation may become a kind of recreation, and they are invigorated and refreshed by it«[29], bemerkt ein Linguist. Zugestanden, aber die Moralphilosophie ist bekannt dafür, daß sie das kritisiert, was Menschen, inbesondere zur Erholung, gerne tun. Stärkung und Erfrischung durch Argumente sind Werte und als solche der Kritik unterworfen. Wittgensteins Appell an das Schweigen war ursprünglich auf den Gegenstand der Ethik, einer ›lauten‹ Disziplin, gerichtet.

»I regard it as very important to put an end to all the chatter about ethics – whether there is knowledge in ethics, whether there are values, whether the good can be defined, etc. Ethics, constantly tries to say something that does not concern and can never concern the essence of the matter.«[30]

27 Aristoteles, Metaphysik, 1010 a 12 ff.

28 G. E. Moore, Proof of an External World, Proceedings of the British Academy 25 (1939), pp. 273-300.

29 G. E. Saunders, Silence and Noise as Emotion Management Style. An Italian Case, in: D. Tannen/M. Saville-Troike (eds.), Perspectives on Silence, Norwood NY 1985, pp. 165-184, p. 177.

30 M. Schlick, Notes on talks with Wittgenstein, 30. December 1929, in: Wittgenstein's Lectures on Ethics, Philosophical Review 74 (1965), pp. 3-26, p. 13.

Die Inartikuliertheit des einfachen Bauern, die Tolstoi thematisiert, hat einen starken literarischen Widerhall: Ich habe oben den experimentellen norwegischen Schriftsteller Tarjei Vesaas zitiert, der wie viele skandinavische Kollegen Themen kultureller und individueller Stummheit explizit behandelt.[31]
Zum Abschluß möchte ich noch ein paar Bemerkungen über die Beziehung zwischen der Postmoderne, die im großen und ganzen den Minimalismus ablehnt, und der Moderne machen. Erstens: der ironische und spielerische Geist der Postmoderne ist der Ernsthaftigkeit und dem Anschein des Definitiven, die den Minimalismus ausmachen, wesentlich entgegengesetzt. Denn für die postmoderne Kritik, die für die desorientierende Funktion des Minimalismus, wie ich sie oben beschrieben habe, nicht empfänglich ist, ist dieser bloß eine andere anmaßende Doktrin, die absolute Werte eher auf die eine denn auf die andere Weise festlegt.[32] In Richard Rortys liberaler Idealwelt beispielsweise gibt es konstantes Geplapper und ein Ringen um Überlegenheit, wie temporär auch immer, zwischen den verschiedenen miteinander wetteifernden Diskursen, die alle einander nur teilweise verständlich sind.[33] Aber es gibt noch einen anderen Grund, dem Minimalismus den Rücken zuzukehren, der denjenigen, die die postmoderne Ironie unbedeutend finden, zwingender erscheint: ›Schweigen‹ hat in unserer Zeit einen negativen Wert durch den Eindruck erhalten, daß es nicht immer Ausdruck einer freien Wahl, einer kommunikativen Strategie ist. Schweigen kann erzwungen und unabsichtlich sein, und es kann eine Ausnutzung oder Degradierung des Schweigenden bedeuten. Menschen, die nicht ermutigt worden sind, über sich selbst zu sprechen, werden möglicherweise wie Gegenstände behandelt oder sogar als solche angesehen.[34] Ein derartiges unfreiwillig erzwungenes oder kulturell bedingtes Schweigen haben bestimmte Gruppen historisch erfahren: unterworfene Völker, Diener, Frauen (unter bestimmten Bedingungen), Tiere, Kinder, Gefangene, Kranke, die Alten.[35] Fiktion und

31 So z. B. in: T. Vesaas, The Birds, London 1968.

32 Ich danke Bjorn Ramberg für diesen Hinweis.

33 R. Rorty, Contingency, Irony, Solidarity, Cambridge 1989, insbesondere pp. 73-95.

34 Für ein derartig unangemessenes Theoretisieren cf. M. le Dœuff, Hipparchia's Choice, Oxford 1991, pp. 1-52.

35 A. Jaworski, The Politics of Silence, in: The Power of Silence. Social

Drama kompensieren dies in gewissem Ausmaß dadurch, daß sie uns mit Erzählungen konfrontieren, in denen Tiere, Kinder, Gefangene und Frauen reden, und diese Gesprächigkeit hält man nun für auf interessante Weise – positiv oder negativ – mit der Ausübung kultureller Macht durch andere nicht-künstlerische Mittel verwandt. Ein solches Mittel ist sicherlich das moralisch-politische Argument: Philosophie. Auf jeden Fall hat die Entdeckung dieses unfreiwilligen Schweigens die Rezeption von Werken, in denen Mitglieder dominanter Gruppen auf irgendeine Weise Schweigen gewählt oder bevorzugt haben, verändert. Adornos Ansicht, daß es nicht die Wahl eines künstlerischen Inhalts, sondern der Sturz traditioneller Formen ist, der die Methode politischen Widerstands unter Künstlern ausmacht, scheint nun so zeitgebunden wie diese Formen selbst. Er versucht dem Vorwurf des Ästhetizismus dadurch gerecht zu werden – dem Vorwurf, daß der Modernismus bloß ein Produkt von Taubheit und Erschöpfung sei –, indem er zeigt, daß die experimentellen Formen nicht einfach Ausdruck einer Flucht vor politischen und moralischen Realitäten sind, sondern ein Protest gegen diese, daß ihr Mangel an einem offenen inhaltlichen Bezug – in unserer Terminologie – Ausdruck expressiven Schweigens war. Und in dem Kontext, in dem er schrieb, war dies möglicherweise der Fall. Aber man kann nicht erwarten, daß die Ablehnung von Wörtern – einschließlich der analytischen Erfahrungsberichte – diejenigen anspricht, die glauben, daß jemand sie bis heute zum Schweigen verurteilt hat.

Somit hat unsere Untersuchung uns von dem Problem, wie man sein Heim einrichten soll, zu verschiedenen Arten und Bedingungen von Inartikuliertheit, zu dem Problem dessen, was nicht gesagt werden kann, zu den Problemen von Repression und Leid gebracht: ein schauriges Beispiel, könnte man sagen, für die permanente Versuchung der Philosophie durch Diskursivität.

and Pragmatic Perspectives, Newbury Park CA 1993, pp. 98-139; M. Picard, The World of Silence, London 1948.

Bernd Gräfrath

Lem und Golem

Erkenntnis durch Science Fiction

1. Einleitung

Vom 22. bis 24. September 1981 fand in Berlin ein vom Bundesminister für Forschung und Technologie geförderter Workshop statt, dessen Mittelpunkt das Werk Stanislaw Lems bildete. Dieser Workshop war ein Teil des Projekts INSTRAT: »Informationssysteme als informationspolitisches Gestaltungspotential und gesellschaftliche Entwicklungsstrategie – Informationswissenschaftliche Grundlagen organisierter Information und Kommunikation als Komponenten individueller und gesellschaftlicher Problembewältigung«. Angesichts dieses schwergewichtigen Titels mag es manchen erstaunen, daß sich solche seriösen Akademiker mit einer Textgattung – nämlich Science Fiction – beschäftigen, die allgemein als Schundliteratur gilt. Die Veranstalter des Workshops scheinen auch tatsächlich einen entsprechenden Rechtfertigungsdruck empfunden zu haben. In dem veröffentlichten Tagungsbericht heißt es in vorauseilender Verteidigung: »Zu keiner Zeit bestand die Gefahr, daß die Tagung zu einem literaturwissenschaftlichen Seminar verkam.«[1] Hier werden geschulte Philosophen natürlich hellhörig und vermuten sofort szientistische Vorurteile von Naturwissenschaftlern, die kein Gespür für die kognitive Bedeutsamkeit literarischer Formen haben. Dieser Verdacht erweist sich denn auch als berechtigt: Zwar sprechen die Veranstalter des Workshops davon, daß es ein Arbeitsschwerpunkt war, »unterschiedliche Wissensformen gegenüberzustellen, hier vor allem spekulative Literatur und ›seriöse‹ Wissenschaft«[2]; aber eingelöst wurde diese Ankündigung nicht. Dies soll nun hier geschehen. Dabei soll uns zunächst eine ästhetisch-philosophi-

1 R.-D. Hennings et al. (eds.), Informations- und Kommunikationsstrukturen der Zukunft. Bericht anläßlich eines Workshop mit Stanislaw Lem, München 1983, p. 20.
2 Cf. Hennings., op. cit., p. 19.

sche Frage beschäftigen: Welche Arten von Erkenntnis lassen sich durch Science Fiction erwerben oder vermitteln? In einem zweiten Teil soll dann auf einer konkreteren Ebene vorgeführt werden, wie Science Fiction einen kognitiven Beitrag bei der Bearbeitung philosophischer Fragen liefern kann. Als Beispiel nehme ich ein Thema der praktischen Philosophie, das mich besonders beschäftigt: die ethische Bewertung der Gentechnologie, und zwar in ihrer Anwendung hin bis zur Steuerung der natürlichen Evolution selbst der menschlichen Gattung. Stanislaw Lem wird dabei aus verschiedenen Gründen im Mittelpunkt stehen: Er ist der wichtigste – wenn nicht der einzige – intellektuell anspruchsvolle Science-Fiction-Autor der Gegenwart[3], und er hat neben seinen fiktionalen auch bedeutsame nicht-fiktionale Werke verfaßt, die von einer Theorie der phantastischen Literatur (*Phantastik und Futurologie*[4]) über eine »empirische Theorie der Literatur« (*Philosophie des Zufalls*[5]) bis zu Fragen der deskriptiven Technikfolgenforschung und der normativen Technikfolgenabschätzung (*Summa technologiae*[6]) reichen.[7]

II. Science Fiction

Gerade für die Gattung der Science Fiction ist es wichtig, zwischen einem *unmittelbaren* und einem *mittelbaren* Umgang mit Literatur zu unterscheiden. Soziologen und Psychologen, die sich professionell mit Literatur beschäftigen, lesen diese mit anderen

3 Auf diesem temporalen Zusatz wird zumindest Gottfried Gabriel bestehen, der – wie auch ich – das Werk von Kurd Laßwitz (1848-1910) hochschätzt, dem wir die Geburt der deutschen Science Fiction aus dem Geiste des Kantianismus zu verdanken haben.

4 S. Lem, Phantastik und Futurologie (2 Teile), Frankfurt am Main 1984 (ursprünglich polnisch 1970).

5 S. Lem, Philosophie des Zufalls. Zu einer empirischen Theorie der Literatur, I-II, Frankfurt am Main 1989 (ursprünglich polnisch 1968/1984).

6 S. Lem, Summa technologiae, Frankfurt am Main 1981 (ursprünglich polnisch 1964).

7 Zum Folgenden cf. ausführlicher: B. Gräfrath, Ketzer, Dilettanten und Genies. Grenzgänger der Philosophie, Hamburg 1993, besonders Kapitel 5 (»Reflexionen über Erkenntnis durch Science-fiction«) und Kapitel 10 (»Vom Zufall der Natur zur Vernünftigkeit des Künstlichen: Lem und Golem«).

Augen als der »normale« Leser.[8] Für diesen »normalen« Leser kann Literatur in einem ihr eigenen Sinne Erkenntnis vermitteln, indem sie uns etwa die Welt in einer neuen Weise sehen läßt. In diesem Falle geht es nicht um propositionales Wissen oder um Hypothesen, die aus einem fiktionalen Text extrahiert werden; sondern es geht um eine spezifische Erfahrung bei der Lektüre »schöner« Literatur, die man philosophisch als »nicht-propositionale Erkenntnis« bezeichnen könnte.[9] Diese Herangehensweise an fiktionale Texte ist auch durchaus angemessen; aber gerade für den Bereich der Science Fiction kann ein *mittelbarer* Umgang, der nach dem propositionalen Erkenntniswert der im Text vorkommenden wissenschaftlichen und technischen Möglichkeiten fragt, besonders interessant sein.
In diesem Punkt ist die Einseitigkeit der traditionellen Literaturkritik und Literaturgeschichtsschreibung negativ hervorzuheben: Ihre Auswahlkriterien sind allzu einseitig; und einige wichtige Werke, die sowohl historisch als auch systematisch interessant sind, fallen durch die Maschen der verschiedenen Netze, die die offizielle Geschichte belletristischer und wissenschaftlicher Literatur hervorbringt. Um es mit Lem zu sagen: »Die Qualität der Poetik [wird] so hoch über die Qualitäten der Semantik gestellt, daß dies einer Desertion mit langfristig unberechenbaren Folgen gleichkommt.«[10] Lem macht diese mißliche Lage deutlich anhand eines Beispiels des von Literaten geschätzten Jorge Luis Borges und des selbst unter Science-Fiction-Fans fast völlig unbeachteten W. Olaf Stapledon:

»Borges' Prinzip ist die ironisch-ästhetische, also eher spielerische Kombinatorik, während sie bei Stapledon pathetisch-romantisch und daher assertorisch ist. ... Die nicht romanhafte, weil essayistische Form macht Stapledons Buch (*Last and First Men*) zu einem sozusagen außerhalb der Literatur befindlichen Werk, weil zur Zeit seines Entstehens ein phantastischer Essay keine belletristische Qualität hatte, und als der Roman ihn

8 Cf. dazu G. Gabriel, Literaturwissenschaft zwischen Literatur und Wissenschaft (1979), in: ders., Zwischen Logik und Literatur. Erkenntnisformen von Dichtung, Philosophie und Wissenschaft, Stuttgart 1991, pp. 110-117.

9 Cf. dazu G. Gabriel, Literarische Form und nicht-propositionale Erkenntnis in der Literatur, in: G. Gabriel/C. Schildknecht (eds.), Literarische Formen der Philosophie, Stuttgart 1990, pp. 1-25.

10 S. Lem, Phantastik und Futurologie, 2. Teil, p. 316.

aufgesaugt hatte, war es zu spät für einen erneuten Anspruch auf Rehabilitierung ... Es ist der klare Fall eines Sieges des zufällig statistischen Faktors in der Literaturkritik und -geschichte.«[11]

Es soll allerdings nicht verschwiegen werden, daß die meisten Werke des Genres Science Fiction purer Schund sind: Sie haben weder ästhetischen noch wissenschaftlichen Wert, und die in den Kosmos verlegten Räuber-und-Gendarm-Spiele sind im Regelfall leicht durchschaubar und nicht gerade unterhaltsam. Bei Stanislaw Lem ist das jedoch anders: Bei ihm hat die literarische Form einen methodischen Sinn. Auch hat er sich selbst über die kognitive Funktion geäußert, die die Science Fiction übernehmen kann. Nach seiner Analyse

»zerfällt die Summe aller SF-Texte in zwei Teile. (1) Entweder redet die Science Fiction darüber, was sich im realen Kontinuum ereignen kann (in der Zukunft) oder ereignen konnte (in der Vergangenheit), und dann versucht sie, ein Hypothesen aufstellender Zweig der realistischen Literatur zu werden, oder (2) eröffnet sie ein Spiel nach ganz autonom aufgestellten Regeln, welche sich beliebig von den Regeln unterscheiden können, denen unsere Welt unterworfen ist. Dieses Spiel kann wiederum zwei einander ausschließende Eigenschaften haben: entweder ist es ein »leeres« Spiel, welches keine Beziehung zu der wirklichen Welt hat – wie das Schachspiel; oder es ist semantisch an diese Welt adressiert: dann handelt es sich um eine Parabel, Allegorie, usw.«[12]

11 Op. cit., 2. Teil, pp. 478 f. William Olaf Stapledon (1886-1950) lehrte Philosophie an der Universität Liverpool. In seinen philosophischen Anschauungen war er von Schopenhauer beeinflußt, und er veröffentlichte u. a. die philosophische Abhandlung »A Modern Theory of Ethics: A Study of the Relations of Ethics and Psychology« (1929). Seine denkwürdigsten Werke sind aber seine phantastischen Essays bzw. Romane »Last and First Men. A Story of the Near and Far Future« (1930) und »Star Maker« (1937). Lem geht in »Phantastik und Futurologie« ausführlich auf Stapledon ein. Umfassende Darstellungen sind in den folgenden Werken zu finden: L. A. Fiedler, Olaf Stapledon. A Man Divided, Oxford 1983; J. Kinnaird, Olaf Stapledon, Mercer Island, Washington 1986; P. A. McCarthy/C. Elkins/M. H. Greenberg (eds.), The Legacy of Olaf Stapledon. Critical Essays and an Unpublished Manuscript, New York/Westport/London 1989.

12 S. Lem, Roboter in der Science Fiction (1969), in: E. Barmeyer (ed.), Science Fiction. Theorie und Geschichte, München 1972, pp. 163-185, hier: p. 168.

In Lems literarischen Werken ist das »realistische« Verständnis der Science Fiction am prominentesten vertreten – was sein Werk schon aus dem Genre heraushebt. Nach seinem eigenen Urteil »haben 99 Prozent dessen, was die Science-fiction-Bücher füllt, mit Realismus nicht das geringste zu tun.«[13] Lem verwendet allerdings auch Formen, die weniger realistisch sind – was aber nicht, wie bei seinen »Kollegen«, auf Unvermögen beruht, sondern spezifische Gründe hat. Bevor wir daher auf den hypothesenhaft »realistischen« Zweig seines literarischen Werks eingehen – der seinen diskursiven Werken sehr nahe steht –, wollen wir zum besseren Verständnis der Zusammenhänge kurz seine fiktionalen Werke grob klassifizieren.

Werke der reinen Phantasie, die sich in keiner Weise an den Regeln der Logik und den Erkenntnissen der wissenschaftlichen Forschung orientieren, kommen bei Lem nicht vor. Wie weitreichend seine Extrapolationen vom gegenwärtigen Erkenntnisstand auch immer sein mögen: Er stellt niemals Hypothesen auf, die den Grundfesten unseres naturwissenschaftlichen Weltbilds zuwiderlaufen. Ebensowenig kommen bei ihm bloße Wiederholungen etablierter Genre-Konventionen vor, die aus Gründen der unterhaltenden Abwechslung von der Erde auf einen fremden Planeten verlegt werden.

Lems literarisches Schaffen beschränkt sich aber nicht auf wissenschaftlichen Realismus im Sinne eines Weiterdenkens der gegenwärtigen Naturwissenschaft. Am deutlichsten wird dies an seiner *Kyberiade*.[14] Einige der dort versammelten Erzählungen ähneln Märchen, Fabeln und Allegorien, andere denken bestimmte kulturelle Entwicklungen modellhaft zu Ende. Eine Erfahrung, die rein diskursiven Erkenntnisformen noch recht fern steht, ist die in seinen Romanen oft vermittelte Erfahrung der Fremdheit des Kosmos und der zu erwartenden völligen Fremdartigkeit außerirdischer Lebens- und Intelligenzformen. In diesem Sinne läßt er seinen Helden Pirx einmal reflektieren:

13 S. Lem/S. Beres, Lem über Lem. Gespräche, Frankfurt am Main 1989 (ursprünglich polnisch 1984), p. 110.

14 Vgl. S. Lem, Wie die Welt noch einmal davonkam. Der Kyberiade erster Teil, Frankfurt am Main 1985 (ursprünglich polnisch 1965); S. Lem, Altruizin und andere kybernetische Beglückungen. Der Kyberiade zweiter Teil, Frankfurt am Main 1985 (ursprünglich polnisch 1965, 1968, 1971).

»Gute Bücher sind immer wahr, auch wenn sie Dinge beschreiben, die sich nie ereignet haben und die sich nie ereignen werden. Sie sind wahr in einem anderen Sinne: Wenn sie, sagen wir, von der Kosmonautik handeln, dann lernt man etwas von der Stille kennen, die so ganz, ganz anders ist als die irdische Stille, von dieser Ruhe, die von so vollkommener Unbeweglichkeit ist ... Was immer sie auch schildern, sie sagen stets dasselbe, nämlich daß der Mensch dort nie zu Hause sein wird.«[15]

Gute Beispiele für die Vermittlung der Fremdheit außerirdischer Lebens- und Intelligenzformen sind Lems Romane *Solaris*[16] und *Das Fiasko*.[17] (Dabei muß man wohl sagen, daß allein nach künstlerischen Kriterien gemessen das erstgenannte Werk das eindeutig bessere ist.) Auf dem Planeten Solaris befindet sich ein seltsamer Ozean, dessen genaue Bestimmung unmöglich bleibt, der aber an Bord des ihn umkreisenden Raumschiffs Phänomene (u. a. die scheinbare Verdopplung von Personen) hervorruft, die die Besatzungsmitglieder kognitiv und emotional überfordern. Diese kurze und dunkle Beschreibung von *Solaris* kann nur verdeutlichen, daß bei guter Literatur eine Inhaltsangabe in keiner Weise ein Ersatz für die eigene Lektüre ist – eben weil sich dieser Roman nicht auf eventuelle Hypothesen reduzieren läßt, die man aus ihm extrahieren könnte. Diese Nichtreduzierbarkeit hat zur Folge, daß der Leser erst durch eigene Interpretation zu einer greifbaren »Bedeutung« dieses Werkes kommt: Die »Botschaft des Autors«

15 S. Lem, Pirx erzählt (ursprünglich polnisch 1965), in: ders., Die phantastischen Erzählungen, ed. W. Berthel, Frankfurt am Main 1988, pp. 15-33, hier: p. 15. Ich übertrage hier nicht ungerechtfertigt die Äußerungen eines Romanhelden auf die Ansichten des Autors. Wie oft bei Lem wird auch hier eine seiner eigenen Thesen literarisch verpackt präsentiert. Zum – außerliterarischen! – Nachweis der Übereinstimmung cf. in diesem Falle W. Gröbchen, Interview mit Stanislaw Lem (geführt im Januar 1984), in: F. F. Marzin (ed.), Stanislaw Lem. An den Grenzen der Science Fiction und darüber hinaus, Meitingen 1985, pp. 59-71, hier: p. 63.

16 S. Lem, Solaris, München 1983 (ursprünglich polnisch 1961). Zur Datierung der Originalausgabe dieses Werks siehe F. Rottensteiner, Bibliographie der Werke Stanislaw Lems, in: W. Berthel (ed.), Stanislaw Lem: Der dialektische Weise aus Krakau. Werk und Wirkung (Insel Almanach auf das Jahr 1976), Frankfurt am Main 1976, pp. 213-219, hier: p. 214.

17 S. Lem, Das Fiasko, Berlin-Ost 1987 (ursprünglich polnisch).

läßt sich nicht separat per Telegramm beilegen.[18] Lem ist sich selbst dieses Aspekts der Lektüre bewußt: In seinem Vorwort zur russischen Ausgabe von *Solaris* schreibt er, daß Schriftsteller eigentlich keine Vorworte zu ihren Werken schreiben sollten.[19] Entsprechend vielfältig waren dann auch die Interpretationen dieses Werks, und diese Vielfalt war ein wesentlicher Anstoß für Lem, sich in seiner *Philosophie des Zufalls* mit literaturtheoretischen Fragen der Wirkungsweise und Rezeptionsgeschichte von Literatur zu beschäftigen.[20] Dort schreibt er über die Welt von *Solaris*:

»Es ist um so schwieriger, eine ›andere Welt‹ zu bauen, je größer die biologischen, historischen und kulturellen Unterschiede gegenüber dem irdischen ›Hier und Jetzt‹ sind. Die Aufgabe ist lösbar, wenn man diesen drei Kategorien ausweicht, wenn sich herausstellt, daß man gar nicht weiß, *ob* die fremde Welt überhaupt irgendwelche biologischen Eigenschaften besitzt, *ob* sie irgendeine Geschichte (im Sinne einer Spielart der menschlichen Universalgeschichte) hat und ob damit der Begriff ›Kultur‹ überhaupt auf sie anwendbar ist. (Versuche, diesen Begriff und seine – z. B. ethischen – Derivate auf den Ozean von Solaris anzuwenden, enden mit einem Fiasko.)«[21]

Ein solches Fiasko erleben wir in einer schrecklichen Dimension in *Das Fiasko*. Ein irdisches Raumfahrerteam soll Kontakt mit den intelligenten Lebensformen eines fremden Planeten aufnehmen; aber alle Versuche der Verständigung schlagen auf tragische Weise fehl, weil die Menschen keine Vorstellung davon haben, wie radikal verschieden von ihnen die dortigen Bewohner sind. Sie suchen nach Lebewesen, die zumindest insofern den Produkten der irdischen Evolution ähneln, als sie sich mit einem genau abgrenzbaren Körper über oder unter der Oberfläche des Planeten bewegen. Dies ist zwar im Vergleich mit der gängigen Produktion der Science Fiction (in der die fremden Wesen fast immer Zweibeiner

18 Cf. dazu unter anderem das ironische Motto von Woody Allen bei B. Gräfrath, Vernünftige Gelassenheit. Zur Bedeutung der Dialogform im Werk David Humes, in: G. Gabriel/C. Schildknecht (eds.), op. cit., pp. 121-138.

19 S. Lem, Vorwort zur russischen Ausgabe von *Solaris* (russisch 1973), in: ders., Science-fiction. Ein hoffnungsloser Fall mit Ausnahmen (Essays III), Frankfurt am Main 1987, pp. 33-35.

20 Cf. S. Lem/S. Beres, op. cit., p. 63.

21 S. Lem, Philosophie des Zufalls, Band II, pp. 157 f.

mit vergrößerten oder verkleinerten humanoiden Organen sind) schon recht kosmopolitisch gedacht, kommt aber doch noch nicht der Wirklichkeit dieses Planeten nahe, wie sie am Ende entschleiert wird.

Lem kommt es nicht darauf an, mit seinen Beschreibungen konkreter alternativer Lebensformen sozusagen ›ins Schwarze‹ zu treffen – er selbst ist einer der schärfsten Kritiker der überzogenen Erkenntnisansprüche der Futurologie. Ihm geht es hier vielmehr darum, den anthropozentrischen Blick zu weiten. Genau hierauf beziehen sich auch Evolutionsbiologen, wenn sie den kognitiven Wert der Science Fiction hervorheben: Fiktionale Darstellungen können veranschaulichen, welche vielfältigen biologischen Entwicklungsmöglichkeiten nicht nur auf anderen Planeten möglich sind, sondern auch auf unserem Planeten möglich waren.[22] Damit ist *Das Fiasko* leichter als *Solaris* auf eine bestimmte Botschaft reduzierbar. Die Freiheit des Interpretierens ist hier beschränkter, und spezifisch ästhetische Erfahrungen sind hier nicht im gleichen Ausmaß möglich. Lem steht grundsätzlich vor der Entscheidung, ob er sich in seinen nicht-diskursiven Werken stärker an literarischen oder an wissenschaftlichen Werten orientieren soll. In wenigen Meisterwerken gelingt Lem die Verbindung beider, so etwa in seinem Roman *Die Stimme des Herrn*.[23] Im Zweifelsfall behält Lems wissenschaftliches Interesse aber die Oberhand,[24] was manche bedauern werden, aber akzeptiert werden muß. Vom Standpunkt der philosophischen Forschung ist diese Entscheidung Lems jedenfalls zu begrüßen.

Neben der Veranschaulichung der Bedeutung des Zufalls in der Evolution stehen für Lem zwei kognitive Funktionen der Science Fiction im Vordergrund: Sie kann dienen als *Versuchsgelände für gewagte Hypothesen* und als *Forum zur Diskussion utopischer Gesellschaftsentwürfe im Sinne einer experimentellen Geschichtsphi-*

22 Cf. z. B. S. J. Gould, Zufall Mensch. Das Wunder des Lebens als Spiel der Natur, München/Wien 1991 (ursprünglich englisch 1989), besonders pp. 319 f.

23 S. Lem, Die Stimme des Herrn, Frankfurt am Main 1983 (ursprünglich polnisch 1968).

24 Cf. S. Lem/S. Beres, op. cit., p. 168: »Nehmen Sie bitte zur Kenntnis, daß ich auf Dinge wie ästhetischen Wert oder Ausdruckskraft überhaupt nicht mehr achte, da ich der Meinung bin, daß das nicht mehr so wichtig ist.«

losophie. Beide Konzepte kommen der positiven Erwartung, die von intelligenten Naturwissenschaftlern an die Science Fiction herangetragen wird, entgegen. So spricht Richard Dawkins davon, daß die Theorien von A[lexander] G[raham] Cairns-Smith über die Entstehung des Lebens bislang nach Science Fiction klingen, aber sich doch als wahr herausstellen könnten (wobei beachtet werden sollte, daß Cairns-Smith seine Theorien *nicht* als Science Fiction präsentiert!).[25] Die zweite Variante wurde betont in dem Projekt INSTRAT, in dem u. a. das von Stanislaw Lem in seinem Roman *Lokaltermin*[26] entwickelte Konzept einer »Ethikosphäre« (bzw. »Ethosphäre«[27]) auf seine Machbarkeit und Wünschbarkeit hin diskutiert wurde.[28]

Die Heranziehung literarischer Modelle ist im übrigen gerade für die praktische Philosophie ein ganz legitimes Mittel: Hier kommt

25 Cf. R. Dawkins, Der blinde Uhrmacher. Ein neues Plädoyer für den Darwinismus, München 1990 (ursprünglich englisch 1986), p. 187: »Das ist Science-fiction und klingt wahrscheinlich weit hergeholt. Doch das macht nichts. Wichtiger ist, daß Cairns-Smiths eigene Theorie und eigentlich auch alle anderen Theorien über die Entstehung des Lebens dem Leser weit hergeholt und schwer glaubhaft vorkommen können.«

26 S. Lem, Lokaltermin, Frankfurt am Main 1987 (ursprünglich polnisch 1982).

27 In den deutschen Übersetzungen der Werke Lems wird der Begriff »Ethosphäre« öfter verwendet als der Begriff »Ethikosphäre«. Ich bevorzuge dennoch den letzteren, weil der erstere inzwischen auch in einem ganz anderen Zusammenhang gebraucht wird. Vgl. U. Müller-Herold, Umwelthygiene: Gesundheit für die Ethosphäre, Gaia. Ökologische Perspektiven in Natur-, Geistes- und Wirtschaftswissenschaften 1 (1992), pp. 26-33.

28 Dabei muß kritisch vermerkt werden, daß Lem anscheinend auch normative Probleme in weitem Ausmaß (wie etwa die Frage des weiteren Ausbaus von Kernkraftwerken) nicht dem Urteil der Gesamtbevölkerung bzw. deren Vertretern, sondern bestimmten Experten (für welche Fragen!?) überlassen will. Cf. dazu S. Lem/S. Beres, op. cit., pp. 256 f; S. Lem, Dialoge, Frankfurt am Main 1980 (ursprünglich polnisch 1957), pp. 253 f.; W. Gröbchen, op. cit., pp. 68 f. Allerdings wendet er sich andererseits auch gegen einen »intellektuellen Elitarismus«, der die Rechte der weniger intelligenten Menschen einschränken oder gar grob mißachten würde. Cf. S. Lem, Dialoge, p. 259 und p. 303. Es ist nicht ganz klar, wie diese beiden Positionen konsistent zu vereinbaren sind – falls dies überhaupt möglich ist.

es bei der Prüfung normativer Prinzipien oft genug darauf an, unsere wohlerwogenen Urteile anhand der extremen Folgerungen vorgeschlagener Prinzipien zu prüfen. Die negativen Folgen z. B. eines Staatsmodells, das Sicherheit in jedem Fall vor Datenschutz gehen läßt, kann man am besten dadurch allen klar vor Augen führen, daß man George Orwells *1984* zur Lektüre empfiehlt. In ähnlicher Weise verweist Robert Nozick in seinem Buch *Anarchy, State, and Utopia* auf eine Kurzgeschichte von Kurt Vonnegut, die verdeutlicht, wohin eine Gesellschaft führt, die eine falsch verstandene »Gleichstellung« (im Sinne einer Gleichmacherei) aller Bürger zum obersten Staatsziel erhebt.[29] In solchen grundlegenden Fragen kommt man mit logischen Deduktionen nicht weit genug, sondern muß auf Plausibilitätserwägungen zurückgreifen, die an die gesamte Weltsicht eines Argumentationspartners appellieren.

Auch wenn Lem also literarische Formen und Stilmittel benutzt, geht es ihm dabei dennoch um »todernste Probleme«.[30] Er schreibt:

»Ich ersinne mögliche und unmögliche Welten, aber die einen wie die anderen sind für mich der Werkstoff zur Konstruktion von Problemmodellen, die ich für real halte – das heißt, für solche, die als eben diese Probleme, obwohl in freilich anderer Gestalt, mit anderer historischer Ausstattung, anderer äußerer Erscheinung, in dieser einzigen, nicht ausgedachten Welt, in der wir leben, entstehen können.«[31]

Wie schon erwähnt, dient Science Fiction für Lem nicht nur der Prüfung verschiedener langfristiger gesellschaftlicher Entwicklungsmöglichkeiten; er faßt sie auch als *Brutstätte für neue Ideen und gewagte Hypothesen* auf. Die Science Fiction könnte in diesem Sinne als »Inkubator für erkenntnismäßig häretische Gedanken«[32] fungieren. Lem schreibt im Überblick:

29 Cf. R. Nozick, Anarchy, State, and Utopia, New York 1974, p. 348. Nozick verweist auf K. Vonnegut Jr./Harrison Bergeron (1961), in: ders., Welcome to the Monkey House, New York 1974, pp. 7-13.

30 S. Lem/S. Beres, op. cit., p. 313.

31 Op. cit., pp. 139 f.

32 S. Lem, Die Geschichte eines Einfalls, Akzente. Zeitschrift für Literatur 26 (1979), pp. 72-89, hier: p. 88. Cf. Hans-Joachim Schulz, Science Fiction, Stuttgart 1986, p. 102.

»Die Science fiction scheint wie geschaffen für die riskantesten Versuche unorthodoxen Denkens, für die wagemutigsten, der Front der institutionalisierten Wissenschaft vorauseilenden Spekulationen und für das Aussprechen von Hypothesen, die der Wissenschaftler noch nicht aussprechen darf, weil sie die Spitze eines aus lauter Vermutungen errichteten Turmbaus zu Babel bilden. Die Science fiction könnte zum Exerzierplatz neuer, auch philosophischer Versuche werden (zur Domäne der ›phantastischen Philosophie‹, von der Borges träumte), zum Asyl einer soziologisch orientierten Phantasie und zur Brutstätte oder zum Aufbewahrungsort für Einfälle, die kritisch zu überprüfen die Wissenschaft noch nicht imstande ist.«[33]

Beispiele für solche unorthodoxe Vorschläge finden sich in nichtfiktionalem Gewand auch in Lems nicht-fiktionalen Veröffentlichungen, etwa in seinem Beitrag zu einem Sammelband, in dem sich Wissenschaftler mit dem Problem der extrem langfristigen Markierung gefährlicher Lagerstätten für atomaren Abfall zu befassen hatten.[34] Solche Gedanken erwecken, weil sie nach Science Fiction klingen, in einer seriösen Zeitschrift einen eher verdächtigen Eindruck – obwohl uns nicht nur bei diesem Problem vielleicht nur noch unorthodoxe Ideen weiterhelfen können. Es ist aber verständlich, daß Lem viele seiner Gedanken probeweise erst einmal in fiktionaler Form serviert.

Ein Großteil seiner Theorien taucht allerdings gleichermaßen in seinen Romanen *und* in seinen diskursiven Werken auf, etwa in der *Summa technologiae*. Dieses sehr ungewöhnliche Werk wird nach Lems eigener Einschätzung allerdings – vielleicht im Gegensatz zu manchen seiner literarischen Werke (etwa der *Kyberiade*) – nicht dauerhaft bestehen können: Wenn sich ein Buch auf diskursive Äußerungen über mögliche zukünftige Entwicklungen beschränkt, erscheint es künftigen Generationen entweder als haarsträubend falsch oder als banalerweise wahr. Im letzteren Fall bliebe lediglich der Ruhm des genialen Vorläufers, aber nach Lem bleiben Genies, die ihrer Zeit allzuweit voraus sind, nicht in dauerhafter Erinnerung – und gelesen werden sie schon gar nicht mehr.[35]

In literarischen Werken ist es möglich, Thesen zumindest mit Iro-

33 S. Lem, Die Geschichte eines Einfalls, pp. 88 f.
34 S. Lem, Mathematische Codierung auf lebendem Trägermaterial, Zeitschrift für Semiotik 6 (1984), pp. 253-256.
35 Cf. S. Lem/S. Beres, op. cit., pp. 199 f.

niesignalen zu versetzen, im Sinne eines »Augenzwinkerns«.[36] Grotesken können dadurch auch dann noch einen literarischen Wert haben, wenn darin erwähnte Thesen (die etwa einem Protagonisten in den Mund gelegt werden) sich – wörtlich genommen – als falsch erweisen. Diese Vorteile der gewählten literarischen Form haben allerdings auch ihre Kehrseite: Es ist schwierig, sicherzustellen, daß der Leser diejenigen Probleme, die Lem wichtig sind, tatsächlich ernst nimmt[37] – gerade, wenn seine Romane einem Genre zugerechnet werden, in dem allgemein nur Schund zu finden ist, so daß der kompetente Leser gerade nicht auf die richtige Weise – wenn überhaupt! – erreicht wird.

Lem kann des öfteren auf Gedanken hinweisen, die er literarisch entwickelte und die er zu seinem eigenen Erstaunen noch zu Lebzeiten in der wissenschaftlichen Forschung wiederfand – wenn nicht als bestätigte Theorien oder als erfolgreich umgesetzte Technik, so doch zumindest als von etablierten Forschern ernstgenommene Hypothesen.[38] Das gelegentliche Spiel mit literarischen Formen und Stilmitteln bei Lem darf jedenfalls nicht von der Ernsthaftigkeit seiner kognitiven Bemühungen ablenken: Die auf diverse Art behandelten Probleme sind ihm tatsächlich »todernst«. Das zeigt sich schon daran, wie sehr Lem den Forschungsstand der Wissenschaften rezipiert, denn, wie er selbst schreibt: »In der Belletristik bin ich Szientist – oder versuche es jedenfalls zu sein.«[39] Seine wissenschaftliche Strenge, auf deren Hintergrund erst das Weiterdenken in unorthodoxe Bereiche erlaubt ist, wird besonders deutlich in seiner Kritik der Werke anderer Autoren des Genres Science Fiction, die sich an diese Regel nicht halten. Sie wird aber auch deutlich an seiner bis auf kleinste Ungenauigkeiten eingehenden Diskussion eines Science-Fiction-Romans, den Lem so sehr schätzt, daß er ihn selbst gerne geschrieben hätte: *Picknick am Wegesrand* von den Brüdern Arkadi und Boris Strugatzki.[40] Lem wehrt sich dabei gegen den Vorwurf der allzu weit getriebenen Pedanterie bei der Besprechung eines Romans:

36 Op. cit., p. 117 und p. 138.
37 Cf. op. cit., p. 134.
38 Cf. z. B. S. Lem, Die Geschichte eines Einfalls, p. 74.
39 S. Lem/S. Beres, op. cit., p. 91.
40 A. Strugatzki/B. Strugatzki, Picknick am Wegesrand, Frankfurt am Main 1981 (ursprünglich russisch 1972). Zu Lems Hochschätzung dieses Romans siehe S. Lem/S. Beres, op. cit., p. 186. Lems Diskussion

»Die vollwertige *wissenschaftliche* Phantastik zeichnet sich ... gerade dadurch aus, daß man die von ihr beschriebenen Ereignisse und deren rationale Darstellung den gleichen Kohärenzprüfungen unterwerfen kann wie Erscheinungen, die sich in der außerliterarischen Wirklichkeit abspielen... Wenn also mit einem Wort die *Tatsachen* in der wissenschaftlichen Phantastik fiktiv sein dürfen, so darf die *Art und Weise*, in der die Wissenschaft innerhalb der Erzählung jene Tatsachen interpretiert, nicht fiktiv sein. Die wissenschaftlichen Theorien ändern sich ja; was sich aber nicht ändert, ist die für die Wissenschaft charakteristische *Erkenntnismethode*, und gerade sie diktiert der wissenschaftlichen Phantastik einen bestimmten Typus der Hypothesenbildung.«[41]

Ein Science-Fiction-Roman, der die Invasion der Erde durch Außerirdische beschreibt, hat sich z. B. nicht nur an die Regeln der logischen Kohärenz zu halten, sondern muß auch das große Problem der zu erklärenden Motivation lösen; denn »die Vorstellung, eine solche Macht, die über Armeen von Sternfahrzeugen verfügt, könne auf unseren Besitz erpicht sein, [ist] ebenso naiv wie die Vorstellung, eine irdische Großmacht würde ihre Armee mobilisieren, um ein Lebensmittelgeschäft an sich zu reißen.«[42] Lem weist darauf hin, daß in der üblichen Science Fiction dieses Problem so »gelöst« wird, daß fremden Zivilisationen – kraß gesagt – Sadismus unterstellt wird.[43] Das ist aber keine überzeugende Sicht der Dinge. Hier ist die Vermutung einer der Romanfiguren, daß es sich bei der Landung auf der Erde für die Außerirdischen quasi nur um ein »Picknick am Wegesrand« handelte, wahrscheinlicher.[44]
Es muß betont werden, daß ein solches radikales Ernstnehmen einer Romanhandlung kein Selbstzweck ist, sondern nur zeigt, welche strengen Maßstäbe eine *recht* verstandene Science Fiction – wenn es sie denn überhaupt außerhalb der Werke von Stanislaw Lem gibt – erfüllen sollte. Den Hauptwert des diskutierten Romans hebt auch Lem hervor:

»In *Picknick am Wegesrand* ist der Besuch ... nicht eine Seltsamkeit um der Seltsamkeit willen, sondern er legt die Anfangsbedingungen für ein

findet sich u. a. in seinem ›Nachwort‹ (verfaßt 1975) zu dem genannten Roman (in der deutschen Ausgabe pp. 189-215).

41 S. Lem, Nachwort (zu ›Picknick am Wegesrand‹), pp. 214 f. (Anm.).

42 Op. cit., p. 191.

43 Ibid.

44 Cf. op. cit., p. 204.

Gedankenexperiment auf dem Gebiet der ›experimentellen Geschichtsforschung‹ fest, und gerade das macht den Wert dieses Buches aus.‹[45]

III. Golem

Eine Sonderrolle in Lems Werk nimmt *Also sprach GOLEM*[46] ein, das eine fiktive Darstellung von Vorlesungen eines dem Menschen an Intelligenz weit überlegenen Computers enthält. Hier wird schon an der literarischen Form deutlich, daß es Lem um einen Blick auf die Stellung des Menschen im Kosmos (und seine Möglichkeiten für die Zukunft) aus einer Perspektive geht, die sich von der alltäglichen Weltsicht stark unterscheidet. Dabei geht er auch inhaltlich über die Theorien der gegenwärtigen Wissenschaft hinaus – nicht im Sinne einer Ablehnung des wissenschaftlichen Weltbilds, sondern als *Weiterdenken*, wobei Hypothesen entwikkelt werden, die noch keiner empirischen Prüfung durch die Wissenschaften fähig sind. Anders als in seinem diskursiven Werk *Summa technologiae*, das sich mit ähnlichen Themen beschäftigt, kann Lem in den Ausführungen des GOLEM noch gewagtere Hypothesen entwickeln und den a-humanen Standpunkt auf die Spitze treiben. Diese Vorgehensweise – die gerade bei der Darstellung einer dem Autor überlegenen Intelligenz die größten Anforderungen an die intellektuellen und literarischen Fähigkeiten dieses Autors stellt[47] – ist charakteristisch für Lems »authentisches Suchen nach den Grenzen oder den Grenzzonen des Menschen, der Vernunft, der Gesellschaft.«[48]

Seine Untersuchung dieser Grenzzonen – bzw. sein Anrennen gegen diese Grenzen, um diese zurückzuschieben – soll im folgenden anhand der Frage nach den Grenzen der menschlichen Gattung exemplarisch vorgeführt werden. Dabei soll der Funktionalisierung von Romanen der Gattung Science Fiction unser besonderes Augenmerk gelten. Lem stellt die generellen technischen Möglichkeiten und die daraus sich ergebenden normativen

45 Op. cit., p. 201.

46 S. Lem, Also sprach GOLEM, Frankfurt am Main 1986 (ursprünglich polnisch 1981), p. 79.

47 Cf. S. Lem/S. Beres, op. cit., p. 115-142 (»Diesmal nur über ›Golem‹«), besonders pp. 115 f.

48 Op. cit., p. 103.

Probleme bevorzugt über eine literarische *Persona* dar: Auf diese Weise kann er verschiedene Positionen radikal zu Ende denken, ohne in einer Frage, in der er selbst noch zu keiner abschließenden Bewertung gekommen ist, zu einer eindeutigen Stellungnahme gezwungen zu sein. Die vorurteilslose Prüfung der verschiedenen Positionen auf ihre Plausibilität und Akzeptabilität hin wird durch solche »eingeklammerten« Argumentationen jedenfalls erleichtert. In *Also sprach GOLEM* wird z. B. die Empfehlung ausgesprochen, daß der Mensch seine hergebrachte biologische Konstitution aufgeben sollte, wenn er nicht auf Dauer verkümmern will. Lem sieht dieses Werk zwar in wesentlichen Zügen als die Summe seines gegenwärtigen Erkenntnisstandes; aber dennoch stimmt er mit den Bewertungen, die er seinen Computer-Philosophen aussprechen läßt, nicht notwendig überein:

»In bezug auf die Zufälligkeit der Entstehung des Menschen deckt sich viel von dem, was Golem äußert, mit meinen eigenen Überzeugungen – nur daß alles eben mit großer Emphase ausgesprochen wird. Golem behauptet, das Gefühlsleben des Menschen sollte gänzlich abgeschafft werden, zugleich mit den Geboten des Evangeliums. Ich bin selbstverständlich nicht dieser Ansicht. Der Golem befürwortet die Auffassung, der Mensch möge ›den Menschen preisgeben‹, um ein vollkommeneres und klügeres Wesen werden zu können. Natürlich habe ich niemals ein solches Programm vertreten – und es kann überhaupt nicht ernsthaft empfohlen werden.«[49]

Ganz ernst zu nehmen ist diese persönliche Ablehnung Lems aber nicht; er ist zumindest fasziniert von den Möglichkeiten eines vernünftig-steuernden Eingriffs in die Evolution – was ja auch naheliegt, wenn man die darwinistische Sicht über die zufällige Entstehung der Arten teilt.[50] Neben der Darstellung der vielfältigen Auswirkungen solcher neuen Techniken – die uns unvermeidlich auch die Verantwortung für das eventuelle Unterlassen (sowohl der Anwendung als auch der weiteren Forschung) auf-

49 Op. cit., p. 117.

50 Cf. dazu op. cit., p. 283: »Ich kann nicht sagen, daß ich ausschließlich auf seiten Golems bin, denn das wäre Wahnsinn. Ein bißchen bin ich auch auf seiten dieser Hussiten, ein bißchen – jedenfalls begreife ich die Gründe ihres Handelns.« Cf. dazu auch Lems »Fragebogen« in: Frankfurter Allgemeine Magazin, 8. 6. 1984 (Heft 223), p. 22, wo er unter der Rubrik ›Ihr Traum vom Glück?‹ einträgt: »Eine andere Menschheit«.

bürdet! – kommt Lem ebenfalls immer wieder auf die Frage von deren angemessener *Bewertung* zurück – wenn auch meist wieder in literarischem Gewand. So heißt es in der fiktiven Rezension von »Wilhelm Klopper, ›Die Kultur als Fehler‹«, daß nach Klopper das Erschrecken des traditionellen Humanisten angesichts dieser Möglichkeiten nur »das Heimweh des Hundes nach dem abgenommenen Halsband ist.«[51] Nach »Klopper« wird durch die technische Veränderung des Menschen

»... nichts Notwendiges zerstört, wohl aber verreckt in langsamem Absterben das Gerüst der Vorurteile, Trugschlüsse, Ausflüchte, Augenwischereien, mit einem Wort die ganze Sophistik, an der sich die unselige Menschheit seit Jahrhunderten festgehalten hat, um sich ihre ekelhafte Beschaffenheit annehmbar zu machen.«[52]

Zur Stützung dieser Position »Kloppers« läßt sich (*mit* Lem!) darauf hinweisen, daß die Grenzen, die zur Autoevolution der Gattung führen, fließend sind. Man denke etwa an die Grenzziehung zwischen der *Therapie* und der planvollen *Änderung* (und damit überspitzt gesagt: *Züchtung*) des Menschen:[53] Soll z. B. das Phänomen der Senilität erhalten bleiben? Auch was das Ausmaß des technischen Eingriffs angeht, ist die Grenzziehung schwierig. Lem weist in seiner *Summa technologiae* auf das (zumindest in den USA) zunehmend anzutreffende Phänomen der Heiratsvermittlung per Computer hin, die dafür sorgt, daß für ein Individuum unter einer größeren Zahl von Partnern, als es jemals selbst zufällig kennenlernen könnte, ein passender herausgefunden

51 S. Lem, Wilhelm Klopper: ›Die Kultur als Fehler‹, in: ders., Die vollkommene Leere, Frankfurt am Main 1981 (ursprünglich polnisch 1971), pp. 143-158, hier: p. 155.

52 Op. cit., p. 157.

53 Eine ausführlichere Untersuchung müßte hier zusätzlich die wichtige Unterscheidung zwischen einer *somatischen* Gentherapie (die nur den Körper des jeweils behandelten Individuums betrifft und keinen Einfluß auf seine eventuellen Nachkommen hat) und einer *Keimbahn*therapie (wodurch das Genom aller künftigen Nachkommen des Betroffenen dauerhaft geändert wird) behandeln. Für unseren Zusammenhang wollen wir uns auf das zweite, radikalere Programm konzentrieren. Bei beiden Programmen unterscheidet man üblicherweise zwischen einer negativen und einer positiven Einflußnahme.

wird.[54] Wenn auf diese Weise angebahnte Ehen tatsächlich harmonischer sind und länger halten als die traditionellen, könnte sich eine kulturelle Norm entwickeln, diese maschinelle Partnervermittlung zu Rate zu ziehen. Diese zunächst noch harmlos erscheinende Praxis hat aber weitreichende Auswirkungen, wenn nach und nach auch eine »Gen-Karte« jedes einzelnen berücksichtigt wird und die Vermittlung dafür sorgt, daß nicht nur die Phänotypen, sondern auch die Genotypen zueinander passen – etwa wenn die beiden Beteiligten es vermeiden wollen, daß ihre Kinder an bestimmten Erbkrankheiten leiden werden:

»Von der Stabilisierung der Genotypen einer Population ist es nur ein kleiner Schritt zur Lenkung ihrer weiteren Entwicklung. Damit geraten wir in den Bereich einer planmäßigen Kontrolle, die nichts anderes bedeutet, als daß wir unmerklich zur Steuerung der Evolution unserer Gattung übergehen ... Ein ›Zusammenstückeln von Gehirnen und Körper‹ erregt Abscheu, während eine ›maschinelle Eheberatung‹ als ein ganz unschuldiges Mittel erscheint – und dennoch sind beides nur Wege von unterschiedlicher Länge, die zu den gleichen Resultaten führen können.«[55]

Wir wollen uns nun den Argumenten in *Also sprach GOLEM* zuwenden, um zu prüfen, was für einen steuernden Eingriff in die bislang zufällige Entwicklung der menschlichen Gattung spricht. Danach wollen wir anhand der Erörterung von Argument und Gegenargument in Lems *Summa technologiae* zu einer abschließenden Darstellung und Bewertung seiner Position zur Autoevolution des Menschen kommen.
Nach GOLEM »wird der vernunftbegabte Mensch entweder den natürlichen Menschen aufgeben oder seiner Vernunft entsagen müssen.«[56] Er erläutert diese These mit dem Gleichnis eines Wanderers, der an einem Scheideweg die Aufschrift findet: »Gehst du nach links, so kostet's den Kopf, gehst du nach rechts, so kommst du um, und einen Rückweg gibt es nicht.«[57] Dies entspricht den folgenden drei Möglichkeiten der Menschheit:
1. Die Menschen können sich darauf beschränken, für den weiteren Fortschritt der Wissenschaft künstliche Intelligenzen (wie den

54 Vgl. zum Folgenden S. Lem, Summa technologiae, p. 586-592 (»Die Autoevolutive Maschine«).
55 Op. cit., p. 589 und p. 592.
56 S. Lem, Also sprach GOLEM, p. 79.
57 Ibid.

Golem) zu schaffen, die schließlich über solch große Verstandeskräfte verfügen werden, daß die Menschen nur mehr Informationen von ihnen erhalten, aber zu keinem Nachvollziehen des Wissens der Elektronengehirne mehr fähig sind. GOLEM verkündet die Konsequenz: »Ihr werdet also unter Kuratel geraten wie ein Kind, allerdings mit dem Unterschied, daß jedes Kind einmal erwachsen wird, ihr dagegen nie mehr aus der Bevormundung herauswachst.«[58] Diese Richtung kostet die Menschheit also den Kopf.

2. Wenn die Menschheit an dem Ziel festhält, mit der künstlichen Intelligenz intellektuell mitzuhalten, wird sie an die Grenzen der Leistungsfähigkeit des natürlichen Baumaterials stoßen und gezwungen sein, die menschliche Gattung einschneidend zu ändern, und zwar unter der bestmöglichen Verwendung aller zur Verfügung stehenden technischen Möglichkeiten – also nicht nur durch radikale Eingriffe in das menschliche Erbgut, sondern auch durch die unterschiedlichsten Arten von Prothesen: »Der vernünftige Mensch wird dann den natürlichen Menschen opfern, und so wird, wie das Märchen versichert, der homo naturalis zugrunde gehen.«[59]

3. Die dritte Möglichkeit, nämlich das Stehenbleiben oder Umkehren, wird nach GOLEM dem Menschen auf Dauer unerträglich sein: Wer einmal um die Möglichkeit des steuernden Eingriffs weiß und die gegenwärtigen Mängel erkennt, wird sich als Gefangener fühlen, was zu »fruchtloser Niedergeschlagenheit«[60] führt. Es gibt keinen Weg zurück in die unschuldige Unwissenheit.

Lems *Golem* will nach eigener Aussage den Menschen nicht zur Autoevolution – also zu der zweiten Möglichkeit – überreden, aber er glaubt doch, daß die Menschheit nach und nach diesen Weg einschlagen wird.[61] In ähnlicher Weise klingt die Diskussion auch in Lems *Summa technologiae* aus. Dort heißt es, daß diese »Rekonstruktion der Gattung« wohl unausweichlich sein wird, aber immerhin zu hoffen ist, daß diese Entwicklung auch ihr Gutes hat.[62] (Wobei man allerdings anmerken muß, daß der Pessimist

58 Op. cit., p. 82.

59 Ibid.

60 Op. cit., p. 83.

61 Cf. op. cit., p. 76 und p. 83.

62 Zum Folgenden siehe S. Lem, Summa technologiae, p. 502-513 (»Rekonstruktion der Gattung«).

Lem im allgemeinen davon ausgeht, daß das Grundgesetz der menschlichen Geschichte lautet: »Vom Regen in die Traufe«, weil jede Lösung der gegebenen Probleme neue und größere heraufbeschwört.[63])

Lem unterscheidet drei Arten des Eingriffs in die menschliche Gattung: a) Therapie von Krankheiten; b) Höherentwicklung des Menschen als biologischer Gattung; und c) radikale Rekonstruktion des Menschen bei einer Orientierung an neuen technischen Zielen, zu deren Verwirklichung es die natürliche Evolution prinzipiell nicht bringen konnte. Uns soll hier – wie auch Lem – das radikalste Programm interessieren. Zur Bewertung dieses Programms unterscheidet er drei mögliche Positionen:

1. Der Befürworter prinzipiell grenzenloser Eingriffe hält seine Gegner für »intellektuelle Feiglinge«, die sich nicht wesentlich von denjenigen unterscheiden, die in früheren Jahrhunderten die Untersuchung des menschlichen Körpers ohne überzeugende Begründung ablehnten.[64]

2. Die eine Gruppe der Gegner solcher Eingriffe reagiert nach Lem »eher emotional als rational ... Sie hält die Konstitution des Menschen, wie sie heute ist, für unantastbar, auch wenn sie zugibt, daß diese mit zahlreichen Gebrechen behaftet ist.«[65] Nach Ansicht dieser Gruppe würde die Umgestaltung des Menschen den »kollektiven Selbstmord der Rasse«[66] bedeuten, die auf diese Weise stillschweigend die denkenden Maschinen als Nachfolger des Menschen akzeptiert.

3. Die andere Gruppe der Gegner wird dem Befürworter der Rekonstruktion des Menschen wohl zustimmen in der Ansicht, daß diese Entwicklung nicht den Roboter zum Nachfolger des Menschen macht: »Eine Rekonstruktion des Organismus muß nicht den Verzicht auf wertvolle Merkmale bedeuten, sondern lediglich die Eliminierung solcher Merkmale, die gerade beim Menschen

63 Cf. z. B. S. Lem, Waffensysteme des 21. Jahrhunderts, oder The Upside Down Evolution (Die verkehrte Evolution), Frankfurt am Main 1983 (ursprünglich polnisch), p. 85.

64 Ein gutes Beispiel ist hier das Buch »Religio Medici« (1635 bzw. 1643) von Sir Thomas Browne, dessen Titel für die Zeitgenossen paradox klang.

65 S. Lem, Summa technologiae, p. 511.

66 Op. cit., p. 507.

unvollkommen und primitiv sind.«[67] Diese Gruppe von Kritikern weist aber auf interne Probleme des Befürworters radikaler Maßnahmen hin. Sie fragt z. B.: »Welche konkreten Verbesserungen und Rekonstruktionen schlägt der ›Autoevolutionist‹ vor? ... Und woher weiß er, daß die bis heute unerreichte Vollkommenheit der biologischen Lösungen irgendwann überholt sein wird?«[68]

Diese zweite Gruppe von Kritikern weist also auf *pragmatische* Erwägungen hin, die zur Zurückhaltung mahnen. Und tatsächlich wird man, auch wenn man akzeptiert, daß es keine *prinzipiellen* Einwände gibt, doch auf die großen Risiken hinweisen müssen, die die Änderung der Gattung zur Folge haben kann – ganz abgesehen von den Problemen, z. B. Intelligenz genetisch abzulesen und zu steuern. Wie stark solche pragmatischen Erwägungen sein können, die gegen eine »Autoevolution« der Gattung sprechen, macht Lem sowohl in diskursiver Form als auch in literarischer Darstellung deutlich.[69] So weist er etwa auf die nachteiligen Folgen hin, die sich ergeben, wenn Eltern über das Geschlecht ihres Kindes frei entscheiden können: Wenn solche Dinge nicht mehr dem Zufall der Natur überlassen bleiben und sich deshalb aufgrund menschlicher Handlungen ein unausgewogenes Verhältnis ergeben könnte, müßte hier letztlich der Staat steuernd (und unter bestimmten Umständen *verbietend*!) eingreifen – etwa, wenn ein bestimmtes »Kontingent« für einen gegebenen Zeitraum schon ausgeschöpft ist.[70] Noch weitreichender sind die gesellschaft-

67 Op. cit., p. 508.

68 Op. cit., p. 512.

69 Beachtenswert ist in diesem Zusammenhang die Position von Kurt Bayertz. Er ist nicht nur einer der wenigen Philosophen, die Lems Thesen zur Autoevolution ernsthaft zur Kenntnis nehmen, sondern er macht auch deutlich, daß es schwerwiegende nicht-metaphysische Argumente gegen Keimbahneingriffe beim Menschen gibt. Siehe K. Bayertz, GenEthik. Probleme der Technisierung menschlicher Fortpflanzung, Reinbek bei Hamburg 1987, z. B. pp. 70-72 (»Autoevolution«); K. Bayertz, Drei Typen ethischer Argumentation, in: H.-M. Sass (ed.), Genomanalyse und Gentherapie. Ethische Herausforderungen in der Humanmedizin, Berlin/Heidelberg/New York 1991, pp. 291-316.

70 Siehe S. Lem, Ethik der Technologie und Technologie der Ethik (ursprünglich polnisch 1966/1967), in: ders., Technologie und Ethik. Ein Lesebuch, ed. J. Jarzebski, Frankfurt am Main 1990, pp. 321-394, hier: p. 327.

lichen Folgen, wenn Eltern in der Lage wären, durch gezielte Handlungen ihren Kindern bestimmte Talente »einzupflanzen«. Denn auf der einen Seite könnte z. B. »eine ausschließlich aus Genies bestehende Gesellschaft ... wahrscheinlich nicht funktionieren«[71]; auf der anderen Seite würde aber auch eine gezielt durchgeführte Ausstattung mit Talenten, die nur einem bestimmten Teil der Bevölkerung zugänglich gemacht wird, nicht zu unterschätzende gesellschaftliche Spannungen erzeugen: Es würde als ungerecht empfunden werden, daß die einen zusätzliche Talente erhalten und die anderen nicht – gerade wenn man bedenkt, daß weder im »natürlichen« noch im »künstlichen« Fall das Kind selbst durch irgendetwas seine Talente »verdient« hat.[72] Welche haarsträubenden – und nach Lems eigener Einschätzung »entsetzlichen«[73] – Folgen das selbstbestimmte Experimentieren mit der menschlichen Gattung haben kann, wird am deutlichsten in einer literarischen Darstellung Lems, durch die die möglichen Folgen plastisch vor Augen geführt werden. Auf seiner »21. Reise« beschreibt Lems Protagonist Ijon Tichy ein Volk, das über Jahrhunderte solche Techniken erprobt hat.[74] Hier seien nur einige der Fraktionen genannt, die sich in dieser Gesellschaft bildeten:

»Die Imnudisten verlangten, die Obrigkeit müsse einen vollkommenen körperlichen Prototyp festlegen, der dann mit einem Schlag eingeführt werden solle. Die Zielophilen, die kritischer eingestellt waren, glaubten, daß sich eine solche Vollkommenheit nicht sofort erreichen lasse, sie sprachen sich daher eher für einen Weg zum idealen Körper aus, aber es war nicht eindeutig, was für ein Weg das sein sollte und vor allem, inwieweit er für die Übergangsgenerationen *unangenehm* sein konnte ... Die Knetianer hingegen waren Radikale; sie bezeichneten das Skelett als altmodisches Überbleibsel, verkündeten das Abgehen vom Wirbelsäulenbau und priesen die weiche Allplastizität ... Um der Gefahr der körperlichen Anarchie vorzubeugen, wurde das BÜPROKÖPS ins Leben gerufen, ein Büro für Projekte des Körpers und der Psyche, das den Markt mit verschiedenen, aber stets erprobten Varianten von Körpergestaltungsplänen beliefern sollte.«[75]

71 Ibid.; cf. dazu S. Lem, Dialoge, p. 303.
72 Cf. S. Lem, Ethik der Technologie und Technologie der Ethik, p. 328.
73 Cf. S. Lem, Philosophie des Zufalls, II, p. 185.
74 S. Lem, Sterntagebücher, Frankfurt am Main 1978 (ursprünglich polnisch 1971), pp. 212-274.
75 Op. cit., p. 233.

Auch wenn Lem seinen Protagonisten in diesem Zusammenhang davon sprechen läßt, daß »der Begriff Grauen ... zu Fleisch«[76] wurde, nimmt er letztlich doch nicht selbst Stellung. Vielmehr sagt er in seiner *Summa technologiae*, daß der »Autoevolutionist« bereit ist, die Beweislast, die ihm seine Kritiker aufbürden wollen, auf seine Schultern zu nehmen. Was für Lems zumindest versuchsweise Identifikation mit dem »Autoevolutionisten« spricht, ist außerdem, daß er auf das Verständnis hinweist, das dieser für die Einwände seiner Kritiker hat:

»(Er gibt) zu erkennen, daß ihm die zuerst beschriebene Einstellung nicht fremd ist. Denn angesichts der Pläne für eine Rekonstruktion der Gattung empfindet er im Grunde seiner Seele denselben heftigen Widerstand wie derjenige, der diese Rekonstruktion kategorisch verurteilte. Er hält jedoch diese künftige Veränderung für unausweichlich.«[77]

Die Menschheit steht hier vor einem Dilemma, das man als Folge der »technologischen Falle«[78] ansehen könnte, die sich automatisch ergibt, wenn Wissenschaft und Technik sich einmal entwikkelt haben und eine Zivilisation – wie die unsere – von ihnen abhängig geworden ist. Das muß keine Verdammung dieser Zivilisation bedeuten – schließlich hat es auch niemals ein vorindustrielles Paradies gegeben. Aber es muß anerkannt werden, daß der Nutzen dieser Zivilisation uns auch von ihr abhängig gemacht hat. Vielleicht muß man sich deshalb letztlich mit Lems Fazit über den Autoevolutionisten begnügen: »Er ist kein apriorischer Opportunist: er glaubt nicht, daß das Notwendige unbedingt das Gute sein *muß*. Er hofft aber, daß es das wenigstens sein *kann*.«[79]

76 Op. cit., p. 260.
77 S. Lem, Summa technologiae, p. 512f.
78 Dieser Gedanke einer ›Technologiefalle‹ ist ebenfalls ein zentraler Gedanke von Lem. Siehe z.B. S. Lem, Waffensysteme des 21. Jahrhunderts, besonders pp. 83-85. Cf. S. Lem/S. Beres, op. cit., p. 285.
79 S. Lem, Summa technologiae, p. 513.

IV. Schluß

Es wurde hoffentlich deutlich, daß Science Fiction eine ernstzunehmende Gattung sein kann – wie schlecht die meisten ihrer Autoren auch immer sein mögen. Noch mehr würde ich mich aber freuen, wenn ich zur Lektüre der Werke Stanislaw Lems angeregt habe, den ich für einen der am meisten unterschätzten Philosophen des 20. Jahrhunderts halte (und der hoffentlich noch die ihm gebührende Anerkennung finden wird). Das letzte Wort will ich deshalb Lem überlassen, der im Nachwort seiner formal an Berkeley anknüpfenden *Dialoge* schreibt,

»... daß ich zum Philosophen geboren wurde in einer Zeit, in der es nicht mehr möglich ist, im Reich der Philosophie große Systeme zu errichten, weil dieses Reich durch die Invasion der Wissenschaft zerfiel, so daß der Philosoph nicht mehr der souveräne Schöpfer eines Weltbildes sein kann ... So ließ ich mich, als ich nach einer Stellung und einem Fach suchte, in dem ich tun konnte, wozu mein Intellekt sich am besten eignete, in jenem Ramschladen nieder, den man Science Fiction nennt, weil ich ihre falsche und irreführende Bezeichnung wörtlich nahm. Science Fiction – das hieß für mich wissenschaftliche Strenge und zugleich das Privileg schöpferischer Freiheit, welches die Kunst noch gewährt. Also trotz allem Philosophie, wenn auch eine verkleidete, weil in Literatur überführte Philosophie.«[80]

80 S. Lem, Dialoge, pp. 307-319 (›Nachwort‹ von 1979), hier: pp. 307 f.

Christiane Schildknecht/Dieter Teichert
Bibliographie zu *Philosophie in Literatur*

Die vorliegende Bibliographie ist nicht auf das Thema *Philosophie in Literatur* eingeschränkt. Sie umfaßt vielmehr Publikationen, die im weiteren Umkreis dieses Themas entstanden sind. Daher wurden hier auch Arbeiten aus den Bereichen der Fiktions-, Literatur- und Metapherntheorie sowie Abhandlungen aus dem Umfeld der traditionellen Geistesgeschichte aufgenommen. Ein Anspruch auf Vollständigkeit wird selbstverständlich nicht erhoben.

Für die Mithilfe und Unterstützung bei der Auswahl der Titel danken wir Gottfried Gabriel und Margit Sutrop.

T. W. Adorno (1970): Ästhetische Theorie, Frankfurt am Main 1970.
– (1974): Noten zur Literatur, Frankfurt am Main 1974.
J. Agassi (1970): Philosophy as Literature. The Case of Borges, Mind 79 (1980), pp. 287-293.
C. Altieri (1987): From Expressivist Aesthetics to Expressivist Ethics, in: Cascardi (1987), pp. 132-166.
F. Amrine (ed.) (1989): Literature and Science as Modes of Expression, Dordrecht/Boston/London 1989.
F. R. Ankersmit (1983): Narrative Logic. A Semantic Analysis of the Historian's Language, The Hague/Boston/London 1983.
J. Arac/W. Godzich/W. Martin (eds.) (1983): The Yale Critics. Deconstruction in America, Minneapolis 1983 (Theory and History of Literature, VI).
P. B. Armstrong (1986): The Multiple Existence of a Literary Work, Journal of Aesthetics and Art Criticism 44 (1986), pp. 321-329.
K. Aschenbrenner (1968): Implications of Frege's Philosophy of Language for Literature, British Journal of Aesthetics 8 (1968), pp. 319-334.
J. E. Bachrach (1991): Fictional Objects in Literature and Mental Representation, British Journal of Aesthetics 31 (1991), pp. 134-139.
R. Bambrough (1974): Literature and Philosophy, in: ders. (ed.), Wisdom. Twelve Essays, Oxford 1974, pp. 274-292.
M. Baron (1988): Was Effi Briest a Victim of Kantian Morality?, Philosophy and Literature 12 (1988), pp. 114-117.
G. C. F. Bearn (1992): The Formal Syntax of Modernism: Carnap and Le Corbusier, British Journal of Aesthetics 32 (1992), pp. 227-241.
R. Bellour (1989): Vers la fiction, in: G. Canguilhelm (ed.), Michel Foucault philosophe (Rencontre internationale Paris, 9,10,11 janvier 1988), Paris 1989, pp. 172-181.

W. Benjamin (1972-1985): Gesammelte Schriften, ed. R. Tiedemann/ H. Schweppenhäuser, Frankfurt am Main 1972-1985.
– (1972a): Der Begriff der Kunstkritik in der deutschen Romantik, in: Benjamin (1972-1985), I.1, pp. 7-122.
– (1972b): Ursprung des deutschen Trauerspiels, in: Benjamin (1972-1985), I.1, pp. 203-430.
– (1982): Das Passagen-Werk, in: Benjamin (1972-1985), V.1 und V.2, pp. 46-1205.
R. Bentekoe (1987): The Function of Metaphor, Philosophy and Rhetoric 20 (1987), pp. 209-226.
H. Berger (1987): Levels of Discourse in Plato's Dialogues, in: Cascardi (1987), pp. 75-100.
C. Bezzel (1985): Philosophisches Wissen und poetische Gewißheit. Wittgensteins Fragmente *Über Gewißheit* und Heißenbüttels Gedicht *Alles was ich weiß*, Kodikas/Code 8 (1985), pp. 269-311.
M. Black (1962): Models and Metaphors, Ithaca 1962.
– (1979): More on Metaphor, in: Ortony (1979), pp. 19-45.
H. Blumenberg (1960): Paradigmen zu einer Metaphorologie, Archiv für Begriffsgeschichte 6 (1960), pp. 7-142.
V. Bohn (ed.) (1987): Romantik. Literatur und Philosophie, Frankfurt am Main 1987.
H. Bonnet (1987): Proust and Bergson, in: B. J. Bucknall (ed.), Critical Essays on Marcel Proust, Boston 1987, pp. 29-50.
W. C. Booth (1988): The Company We Keep. An Ethics of Fiction, Berkeley/Los Angeles/London 1988.
L. Bornscheuer (1990): Zur Ursprungsgeschichte des europäischen Argumentierens im historischen Kontext von Mythos (Tragödie), Rhetorik und Philosophie, Poetica 22 (1990), pp. 217-241.
H. Börnsen (1985): Leibniz' Substanzbegriff und Goethes Gedanke der Metamorphose, Stuttgart 1985.
T. Borsche/F. Gerratana/A. Venturelli (eds.) (1994): ›Centauren-Geburten‹ – Wissenschaft, Kunst und Philosophie beim jungen Nietzsche, Berlin/New York 1994 (Monographien und Texte zur Nietzsche-Forschung, XXVII).
K. Boullart (1989): On the Essential Difference between Science, Art and Philosophy, or Philosophy as the Literature of Necessity, Communication and Cognition 22 (1989), pp. 285-301.
A. Braet (1987): The Classical Doctrine of *Status* and the Rhetorical Theory of Argumentation, Philosophy and Rhetoric 20 (1987), pp. 79-93.
H. Bredin (1992): Metaphorical Thought, British Journal of Aesthetics 32 (1992), pp. 97-109.
C. Brodsky (1987): Knowledge and Narrative in Kant's *Logic*, in: Marshall (1987), pp. 185-204.

J. Brody (1990): Freud, Racine, and the Epistemology of Tragedy, Philosophy and Literature 14 (1990), pp. 1-23.
L. B. Brown (1980): Philosophy, Rhetoric, and Style, The Monist 63 (1980), pp. 425-444.
F. J. Bryan (1986): Vico on Metaphor. Implications for Rhetorical Criticism, Philosophy and Rhetoric 19 (1986), pp. 255-265.
R. Bubner (1978): Hegel und Goethe, Heidelberg 1978 (Beiheft 12 zu *Euphorion*).
D. M. Burks (ed.) (1978): Rhetoric, Philosophy, and Literature. An Exploration, West Lafayette 1978.
M. D. Bybee (1991): Abduction and Rhetorical Theory, Philosophy and Rhetoric 24 (1991), pp. 281-300.
– (1993): Logic in Rhetoric. And Vice Versa, Philosophy and Rhetoric 26 (1993), pp. 169-190.
P. N. Campbell (1973): Poetic-Rhetorical, Philosophical, and Scientific Discourse, Philosophy and Rhetoric 6 (1973), pp. 1-29.
R. Campbell (1945): J.-P. Sartre ou une littérature philosophique, Paris 1945.
J. D. Caputo (1987): Derrida, a Kind of Philosophy. A Discussion of Recent Literature, Research in Phenomenology 17 (1987), pp. 245-259.
B. G. Caraher (ed.) (1992): Intimate Conflict. Contradiction in Literary and Philosophical Discourse, Albany N. Y. 1992.
D. Carr (1986): Time, Narrative, and History, Bloomington 1986.
A. J. Cascardi (1983): The Place of Language in Philosophy; or, The Uses of Rhetoric, Philosophy and Rhetoric 16 (1983), pp. 217-227.
– (1986): The Bounds of Reason: Cervantes, Dostoevsky, Flaubert, New York 1986.
– (ed.) (1987): Literature and the Question of Philosophy, Baltimore/London 1987.
E. Cassirer (1961): Freiheit und Form. Studien zur deutschen Geistesgeschichte, Darmstadt 1961.
– (1981): Idee und Gestalt. Goethe, Schiller, Hölderlin, Kleist, Darmstadt 1981.
– (1991): Rousseau, Kant, Goethe, ed. R. A. Bast, Hamburg 1991.
H.-N. Castañeda (1982): Fiktion und Realität, in: ders., Sprache und Erfahrung, Frankfurt am Main 1982, pp. 301-350.
L. B. Cebik (1980): What is Philosophy of Literature?, Clio 9 (1980), pp. 435-455.
H. Cellbrot (1988): Die Bewegung des Sinnes. Zur Phänomenologie R. Musils im Hinblick auf E. Husserl, München 1988.
W. Charlton (1974): Is Philosophy a Form of Literature?, British Journal of Aesthetics 14 (1974), pp. 3-16.
U. Charpa (1981): Künstlerische und wissenschaftliche Wahrheit. Zur Frage der Ausgrenzung des ästhetischen Wahrheitsbegriffes, Poetica 13 (1981), pp. 327-344.

C. Clausen (1986): The Moral Imagination. Essays on Literature and Ethics, Iowa City 1986.
M. Cogan (1981): Rhetoric and Action in Francis Bacon, Philosophy and Rhetoric 14 (1981), pp. 212-233.
A. Collett (1989): Literature, Fiction and Autobiography, British Journal of Aesthetics 29 (1989), pp. 341-352.
J. M. Connolly (1986): Gadamer and the Author's Authority. A Language-Game Approach, Journal of Aesthetics and Art Criticism 44 (1986), pp. 271-277.
D. Cook (1985): Writing Philosophy and Literature. Apology for Narcissism in Merleau-Ponty, Eidos 4 (1985), pp. 1-9.
– (1989): Nietzsche, Foucault, Tragedy, Philosophy and Literature 13 (1989), pp. 140-150.
K. L. Cope (1987): Satire. The Conquest of Philosophy, in: Marshall (1987), pp. 175-184.
R. Cormier (1978): Silence in Philosophy and Literature, Philosophy Today 22 (1978), pp. 301-306.
S. Corngold (1987): Hölderlin's Poetry and Persistence of the Self, in: Marshall (1987), pp. 205-231.
J. Culler (1982): On Deconstruction. Theory and Criticism after Structuralism, Ithaca 1982.
T. F. Curley (1987): The *Consolation of Philosophy* as a Work of Literature, American Journal of Philosophy 18 (1987), pp. 343-367.
J. V. Curran (1986): The Rhetorical Technique of Plato's *Phaedrus*, Philosophy and Rhetoric 19 (1986), pp. 66-72.
G. Currie (1990): The Nature of Fiction, Cambridge 1990.
E. R. Curtius (1978): Poesie und Philosophie, in: ders., Europäische Literatur und lateinisches Mittelalter, Bern/München 1978, pp. 210-220.
H. M. Curtler (1978): Does Philosophy Need Literature?, Philosophy and Literature 2 (1978), pp. 110-116.
J. Daley (1989): Philosophy in Literature, Diogenes 145 (1989), pp. 59-76.
S. H. Daniel (1982): Myth and the Grammar of Discovery in Francis Bacon, Philosophy and Rhetoric 15 (1982), pp. 219-237.
– (1985): The Philosophy of Ingenuity. Vico on Proto-Philosophy, Philosophy and Rhetoric 18 (1985), pp. 236-243.
A. C. Danto (1984): Philosophy as/and/of Literature, Proceedings of the American Philosophical Association 58 (1984), pp. 5-20 (repr. in: Cascardi [1987], pp. 3-23).
– (1985): Narration and Knowledge, New York 1985.
– (1991): Narrative and Style, Journal of Aesthetics and Art Criticism 49 (1991), pp. 201-209.
D. Davidson (1984): What Metaphors Mean, in: ders., Inquiries into Truth and Interpretation, Oxford 1984, pp. 245-264.

G. Deleuze (1964): Proust et les signes, Paris 1964.
D. C. Dennett (1990): Memes and the Exploitation of Imagination, Journal of Aesthetics and Art Criticism 48 (1990), pp. 127-135.
J. Derrida (1967a): De la Grammatologie, Paris 1967.
– (1967b): L'écriture et la différence, Paris 1967.
– (1967c): La voix et le phénomène, Paris 1967.
– (1972): Marges de la philosophie, Paris 1972.
– (1981): Glas. Que reste-t-il du savoir absolu?, Paris 1981.
W. Desmond (1985): Hegel, Dialectic, and Deconstruction, Philosophy and Rhetoric 18 (1985), pp. 244-263.
W. Dilthey (1985): Das Erlebnis und die Dichtung. Lessing, Goethe, Novalis, Hölderlin, Göttingen 1985.
– (1991): Weltanschauung und Analyse des Menschen seit Renaissance und Reformation, ed. G. Misch, Stuttgart/Göttingen 1991.
K. Discherl (1985): Der Roman der Philosophen. Diderot, Rousseau, Voltaire, Tübingen 1985.
K. Dorter (1990): Conceptual Truth and Aesthetic Truth, Journal of Aesthetics and Art Criticism 48 (1990), pp. 37-41.
R. J. Dostal (1979): Kant and Rhetoric, Philosophy and Rhetoric 13 (1979), pp. 233-244.
S. D. Dowden (ed.) (1988): Hermann Broch. Literature, Philosophy, Politics (The Yale Broch Symposium 1986), Columbia 1988.
B. K. Duffy (1983): The Platonic Functions of Epideictic Rhetoric, Philosophy and Rhetoric 16 (1983), pp. 79-93.
M. Durzak (ed.) (1972): Hermann Broch. Perspektiven der Forschung, München 1972.
R. Eldridge (1989): On Moral Personhood. Philosophy, Literature, Criticism, and Self-Understanding, Chicago/London 1989.
– (1992): ›Reading for Life‹. Martha C. Nussbaum on Philosophy and Literature, Arion 2 (1992), pp. 187-197.
G. Engler (1990): Aesthetics in Science and in Art, British Journal of Aesthetics 30 (1990), pp. 24-34.
R. L. Enos (1981): Notions, Presumptions, and Presuppositions in Hellenic Discourse: Rhetorical Theory as Philological Evidence, Philosophy and Rhetoric 14 (1981), pp. 173-184.
C. Falck (1986): Poetry and Wittgenstein, in: S. Shanker (ed.), Ludwig Wittgenstein. Critical Assessments, IV, London 1986, pp. 371-381.
J. Farness (1987): Missing Socrates. Socratic Rhetoric in a Platonic Text, Philosophy and Rhetoric 20 (1987), pp. 41-59.
H. Felperin (1985): Beyond Deconstruction. The Uses and Abuses of Literary Theory, Oxford 1985.
H. A. Fischel (1973): Rabbinic Literature and Greco-Roman Philosophy. A Study of Epicurea and Rhetorica in Early Midrashic Writings, Leiden 1973.

M. Fischer (1988): Accepting the Romantics as Philosophers, Philosophy and Literature 12 (1988), pp. 179-189.
– (1991): Redefining Philosophy as Literature: Richard Rorty's Defence of Literary Culture, in: A. Malachowski (ed.), Reading Rorty. Critical Responses to *Philosophy and the Mirror of Nature* (and Beyond), Cambridge 1991, pp. 233-243.
W. R. Fisher (1980): Rationality and the Logic of Good Reasons, Philosophy and Rhetoric 13 (1980), pp. 121-130.
B. E. Fleming (1989): Proust and Pierce, Time and Memory, Philosophy and Literature 13 (1989), pp. 127-133.
A. Fletcher (1991): Colors of the Mind. Conjectures on Thinking in Literature, Cambridge Mass./London 1991.
M. Foucault (1974): Schriften zur Literatur, München 1974.
M. Frank (1983): Auf der Suche nach einem Grund. Über den Umschlag von Erkenntniskritik in Mythologie bei Robert Musil, in: K. Bohrer (ed.), Mythos und Moderne, Frankfurt am Main 1983, pp. 318-362.
S. Fuller (1987): When Philosophers are forced to be literary, in: Marshall (1987), pp. 24-39.
R. J. Gabin (1987): Aristotle and the New Rhetoric. Grimaldi and Valesio. A Review Essay, Philosophy and Rhetoric 20 (1987), pp. 171-182.
G. Gabriel (1975): Fiktion und Wahrheit. Eine semantische Theorie der Literatur, Stuttgart-Bad Cannstatt 1975.
– (1991): Zwischen Logik und Literatur. Erkenntnisformen von Dichtung, Philosophie und Wissenschaft, Stuttgart 1991.
G. Gabriel/C. Schildknecht (eds.) (1990): Literarische Formen der Philosophie, Stuttgart 1990 (mit Bibliographie).
H.-G. Gadamer (1972): Wahrheit und Methode. Grundzüge einer philosophischen Hermeneutik, Tübingen 1972.
– (1990): Gedicht und Gespräch. Essays, Frankfurt am Main 1990.
– (1993a): Ästhetik und Poetik I. Kunst als Aussage (Gesammelte Werke, VIII), Tübingen 1993.
– (1993b): Ästhetik und Poetik II. Hermeneutik im Vollzug (Gesammelte Werke, IX), Tübingen 1993.
F. Gado (1983): Toward a Definition of the Philosophical in Literature, in: Strelka (1983), pp. 191-206.
D. Gallop (1991): Can Fiction be Stranger than Truth? An Aristotelian Answer, Philosophy and Literature 15 (1991), pp. 1-18.
R. N. Gaines (1986): Aristotle's Rhetorical Rhetoric?, Philosophy and Rhetoric 19 (1986), pp. 194-200.
E. Garver (1986): Aristotle's *Rhetoric* as a Work of Philosophy, Philosophy and Rhetoric 19 (1986), pp. 1-22.
R. Gaskin (1993): The Truth in Fiction, British Journal of Aesthetics 33 (1993), pp. 177-179.
H.-B. Gerl (1978): On the Philosophical Dimension of Rhetoric. The

Theory of *ornatus* in Leonardo Bruni, Philosophy and Rhetoric 11 (1978), pp. 178-190.
R. J. Gerrig (1989): Reexperiencing Fiction and Non-Fiction, Journal of Aesthetics and Art Criticism 47 (1989), pp. 277-280.
P. Geyer/R. Hagenbüchle (eds.) (1992): Das Paradox. Eine Herausforderung abendländischen Denkens, Tübingen 1992.
R. W. Gibbs (1992): When Is Metaphor? The Idea of Understanding in Theories of Metaphor, Poetics Today 13 (1992), pp. 575-606.
E. Gilson (1939): Dante et la philosophie, Paris 1939.
W. Glannon (1987): Why there is no Fact of the Matter about Meaning, in: Marshall (1987), pp. 94-105.
L. Goehr (1989): Being True to the Work, Journal of Aesthetics and Art Criticism 47 (1989), pp. 55-67.
N. Goodman (1968): Languages of Art. An Approach to a Theory of Symbols, Indianapolis 1968.
– (1978): Ways of Worldmaking, Indianapolis 1978.
– (1992): Contraverting a Contradiction: A Note on Metaphor and Simile, Reply to Tomas Kulka, Poetics Today 13 (1992), pp. 807-808.
C. S. Gould (1990): Plato, George Eliot, and Moral Narcissism, Philosophy and Literature 14 (1990), pp. 24-39.
A. C. Graham (1990): Studies in Chinese Philosophy and Philosophical Literature, Albany 1990.
E. Grassi (1978): Can Rhetoric Provide a New Basis for Philosophizing? The Humanist Tradition, Philosophy and Rhetoric 11 (1978), pp. 1-18 und pp. 75-97.
– (1987): Why Rhetoric is Philosophy, Philosophy and Rhetoric 20 (1987), pp. 68-78.
A. P. Griffiths (ed.) (1984): Philosophy and Literature, Cambridge 1984 (Supplement to *Philosophy* [1983]).
C. Griswold (1980): Style and Philosophy. The Case of Plato's Dialogues, The Monist 63 (1980), pp. 530-546.
P. Guyer (1990): Feeling and Freedom. Kant on Aesthetics and Morality, Journal of Aesthetics and Art Criticism 48 (1990), pp. 137-146.
G. Guzzoni (1986): Dichtung u. Metaphysik am Beispiel Rilke, Bonn 1986.
J. Habermas (1985): Exkurs zur Einebnung des Gattungsunterschiedes zwischen Philosophie und Literatur, in: ders., Der philosophische Diskurs der Moderne, Frankfurt am Main 1985, pp. 219-247.
– (1988): Philosophie und Wissenschaft als Literatur?, in: ders., Nachmetaphysisches Denken, Frankfurt am Main 1988, pp. 242-263.
J. M.G. Hackett (1987): Moral Philosophy and Rhetoric in Francis Bacon, Philosophy and Rhetoric 20 (1987), pp. 18-40.
G. Hagberg (1989): Wittgenstein, Henry James, and Epistemological Fiction, Philosophy and Literature 13 (1989), pp. 75-95.
K. Hamburger (1957): Die Logik der Dichtung, Stuttgart 1957.

G. J. Handwerk (1985): Irony and Ethics in Narrative. From Schlegel to Lacan, New Haven/London 1985.
C. Harlos (1986): Structuralism, Rhetoric, and Figurative Discourse. Gérard Genette's Concept of Rhetoric, Philosophy and Rhetoric 19 (1986), pp. 209-223.
W. D. Harpine (1985): Can Rhetoric and Dialectic Serve the Purposes of Logic, Philosophy and Rhetoric 18 (1985), pp. 96-112.
B. Harrison (1986): The Truth about Metaphor, Philosophy and Literature 10 (1986), pp. 38-55.
D. Harth (1970): Philologie und praktische Philosophie. Untersuchungen zum Sprach- und Traditionsverständnis des Erasmus von Rotterdam, München 1970.
H. Harth/V. Roloff (eds.) (1986): Literarische Diskurse des Existentialismus, Tübingen 1986.
I. E. Harvey (1985): Contemporary French Thought and the Art of Rhetoric, Philosophy and Rhetoric 18 (1985), pp. 199-215.
C. R. Hausman (1991): Language and Metaphysics. The Ontology of Metaphor, Philosophy and Rhetoric 24 (1991), pp. 25-42.
A. Haverkamp (ed.) (1983): Theorie der Metapher, Darmstadt 1983 (mit Bibliographie).
P. Heckman (1991): Nietzsche's Clever Animal. Metaphor in *Truth and Falsity*, Philosophy and Rhetoric 24 (1991), pp. 301-322.
E. Heftrich (1962): Die Philosophie und Rilke, Freiburg 1962.
– (1969): Novalis. Vom Logos zur Poesie, Frankfurt am Main 1969.
M. Heidegger (1959): Unterwegs zur Sprache, Pfullingen 1959.
– (1981): Erläuterungen zu Hölderlins Dichtung (Martin Heidegger Gesamtausgabe, IV), ed. F.-W. v. Herrmann, Frankfurt am Main 1981.
– (1989): Hölderlins Hymnen *Germanien* und *Der Rhein* (Martin Heidegger Gesamtausgabe, IXL), ed. S. Ziegler, Frankfurt am Main 1989.
– (1992): Hölderlins Hymne *Andenken* (Martin Heidegger Gesamtausgabe, LII), ed. C. Ochwadt, Frankfurt am Main 1992.
– (1993): Hölderlins Hymne *Der Ister* (Martin Heidegger Gesamtausgabe, LIII), ed. W. Biemel, Frankfurt am Main 1993.
J. Heintz (1979): Reference and Inference in Fiction, Poetics 8 (1979), pp. 85-99.
E. Heller (1980): The Poet in the Age of Prose. Reflections on Hegel's *Aesthetics* and Rilke's *Duino Elegies*, The Monist 63 (1980), pp. 465-479.
D. Henrich (1965/1966): Hölderlin über Urteil und Sein. Eine Studie zur Entstehungsgeschichte des Idealismus, Hölderlin-Jahrbuch 14 (1965/1966), pp. 73-96.
– (1971): Hegel und Hölderlin, in: ders., Hegel im Kontext, Frankfurt am Main 1971, pp. 9-40.
– (1986): Der Gang des Andenkens. Beobachtungen und Gedanken zu Hölderlins Gedicht, Stuttgart 1986.

– (1992): Grund im Bewußtsein. Untersuchungen zu Hölderlins Denken (1794-1795), Stuttgart 1992.
D. Henze (1980): The Style of Philosophy, The Monist 63 (1980), pp. 417-424.
E. Hidalgo-Serna (1979): The Philosophy of Ingenium. Concept and Ingenious Method in Baltasar Gracián, Philosophy and Rhetoric 13 (1979), pp. 245-263.
L. M. Hinman (1980): Philosophy and Style, The Monist 63 (1980), pp. 512-529.
W. Hirsch (1995): Das Drama des Bewußtseins. Literarische Texte in philosophischer Sicht, Würzburg 1995.
J. Hoffmeister (1932): Goethe und der deutsche Idealismus, Leipzig 1932.
– (1944): Hölderlin und die Philosophie, Leipzig 1944.
R. Hollinger (1985): Practical Reason and Hermeneutics, Philosophy and Rhetoric 18 (1985), pp. 113-122.
P. Horden (ed.) (1983): The Novelist as Philosopher. Modern Fiction and the History of Ideas, Oxford 1983.
J. Hospers (1948): Meaning and Truth in the Arts, Chapel Hill 1948.
– (1960/1961): Implied Truth in Literature, Journal of Aesthetics and Art Criticism 19 (1960/1961), pp. 37-46.
J. Hughes (1989): Philosophy and Style. Wittgenstein and Russell, Philosophy and Literature 13 (1989), pp. 332-339.
J. Humphries (1987): The Puritan and the Cynic. Moralists and Theorists in French and American Letters, New York/Oxford 1987.
S. Ijsseling (1982): Philosophie und Textualität. Über eine rhetorische Lektüre philosophischer Texte, in: Zur Phänomenologie des philosophischen Textes (Phänomenologische Forschungen, XII, ed. E. W. Orth), Freiburg/München 1982, pp. 56-76.
A. Isenberg (1987): Analytical Philosophy and the Study of Art, Journal of Aesthetics and Art Criticism 46 (1987) (Sonderheft: Analytical Aesthetics), pp. 125-136.
C. Jamme (1986): ›Ein ungelehrtes Buch‹. Die philosophische Gemeinschaft zwischen Hölderlin und Hegel in Frankfurt 1797-1800, Bonn 1986.
– (1983): Liebe, Schicksal und Tragik. Hegels *Geist des Christentums* und Hölderlins *Empedokles*, in: ders./O. Pöggeler (eds.), ›Frankfurt aber ist der Nabel dieser Erde ...‹. Das Schicksal einer Generation der Goethezeit, Stuttgart 1983, pp. 300-324.
C. W. Johnson (1992): Philosophy in Literature, I-II, Lewiston 1992.
C. L. Johnstone (1980): An Aristotelian Trilogy. Ethics, Rhetoric, Politics, and the Search for Moral Truth, Philosophy and Rhetoric 13 (1980), pp. 1-24.
– (1983): Dewey, Ethics, and Rhetoric. Toward a Contemporary Conception of Practical Wisdom, Philosophy and Rhetoric 16 (1983), pp. 185-207.

H. W. Johnstone (1983): Truth, *Anagnorisis*, and Argument, Philosophy and Rhetoric 16 (1983), pp. 1-15.
P. Jones (1975): Philosophy and the Novel. Philosophical Aspects of *Middlemarch, Anna Karenina, The Brothers Karamazov, A la recherche du temps perdu* and of the Methods of Criticism, Oxford 1975.
M. D. Jordan (1981): A Preface to the Study of Philosophical Genres, Philosophy and Rhetoric 14 (1981), pp. 199-209.
– (1985): Authority and Persuasion in Philosophy, Philosophy and Rhetoric 18 (1985), pp. 67-85.
D. Judovitz (1987): Philosophy and Poetry, in: Cascardi (1987), pp. 24-51.
E. Kahler (1972): Werttheorie und Erkenntnistheorie bei Hermann Broch, in: Durzak (1972), pp. 350-370.
S. Kaiser (1994): Über Wahrheit und Klarheit. Aspekte des Rhetorischen in *Ueber Wahrheit und Lüge im aussermoralischen Sinne*, Nietzsche Studien 23 (1994), pp. 65-78.
J. Kalin (1977): Philosophy needs Literature. John Barth and Moral Nihilism, Philosophy and Literature 2 (1977), pp. 170-182.
J. L. Kastley (1987): Convention, Necessity, and the Concept of Literature, Journal of Aesthetics and Art Criticism 45 (1987), pp. 285-295.
– (1991): *Persuasion*. Jane Austen's Philosophical Rhetoric, Philosophy and Literature 15 (1991), pp. 74-88.
A. N. Katz (1992): Psychological Studies in Metaphor Processing. Extension to the Placement of Terms in Semantic Space, Poetics Today 13 (1992), pp. 607-632.
D. Kelly (1987): Writing Difference Itself, in: Marshall (1987), pp. 232-261.
G. A. Kennedy (1980): Later Greek Philosophy and Rhetoric, Philosophy and Rhetoric 13 (1980), pp. 181-197.
A. P. Kerby (1988): The Adequacy of Self-Narration. A Hermeneutical Approach, Philosophy and Literature 12 (1988), pp. 232-244.
– (1991): Narrative and the Self, Bloomington 1991.
M. Kessler/P. M. Lützeler (eds.) (1987): Hermann Broch. Das dichterische Werk. Neue Interpretationen, Tübingen 1987.
B. Keysar/S. Glucksberg (1992): Metaphor and Communication, Poetics Today 13 (1992), pp. 633-658.
M. Kienpointer (1991): Rhetoric and Argumentation. Relativism and Beyond, Philosophy and Rhetoric 24 (1991), pp. 43-53.
P. Kivy (1980): Melville's *Billy* and the Secular Problem of Evil. The Worm in the Bud, The Monist 63 (1980), pp. 480-493.
E. W. Knight (1957): Literature Considered as Philosophy. The French Example, London 1957.
K. Kolenda (1982): Philosophy in Literature. Metaphysical Darkness and Ethical Light, Totowa N. J. 1982.
C. Korsmeyer (1989): The Eclipse of Truth in the Rise of Aesthetics, British Journal of Aesthetics 29 (1989), pp. 293-302.

H. Krapoth (1971): Dichtung und Philosophie. Eine Studie zum Werk Hermann Brochs, Bonn 1971.
R. F. Kuhns (1970): Structures of Experience. Essays on the Affinity between Philosophy and Literature, London 1970.
T. Kulka (1992a): How Metaphor Makes Its Wonders, Poetics Today 13 (1992), pp. 795-806.
– (1992b): False Metaphors and Nonsense. Retort to Nelson Goodman, Poetics Today 13 (1992), pp. 809-811.
Z. Kulka (1989): Art and Science: An Outline of a Popperian Aesthetics, British Journal of Aesthetics 29 (1989), pp. 197-212.
E. Kutash (1993): Anaxagoras and the Rhetoric of Plato's Middle Dialogue Theory of Forms, Philosophy and Rhetoric 26 (1993), pp. 134-152.
A. La Branche (1987): How is Poetry Philosophical, in: Marshall (1987), pp. 3-13.
G. Lakoff/M. Johnson (1980): Metaphors We Live By, Chicago 1980.
P. Lamarque (ed.) (1983): Philosophy and Fiction, Aberdeen 1983.
P. Lamarque/S. H. Olsen (eds.) (1994): Truth, Fiction, and Literature, Oxford 1994.
B. Lang (1983): Philosophy and the Art of Writing. Studies in Philosophical and Literary Style, Lewisburg 1983.
– (1987): Postmodernism in Philosophy, in: Cascardi (1987), pp. 314-332.
– (1990): The Anatomy of Philosophical Style. Literature, Philosophy and the Philosophy of Literature, Oxford 1990.
H. S. Lang (1985): Philosophy as Text and Context, Philosophy and Rhetoric 18 (1985), pp. 185-170.
E. G. Lawry (1980): Literature as Philosophy. *The Moviegoer*, The Monist 63 (1980), pp. 547-557.
T. Leddy (1983): Davidson's Rejection of Metaphorical Meaning, Philosophy and Rhetoric 16 (1983), pp. 63-78.
– (1993): The Socratic Quest in Art and Philosophy, Journal of Aesthetics and Art Criticism 51 (1993), pp. 399-410.
A. W. Levi (1962): Literature, Philosophy and the Imagination, Bloomington 1962.
– (1976): Philosophy as Literature. The Dialogue, Philosophy and Rhetoric 9 (1976), pp. 1-20.
D. Lewis (1983): Truth in Fiction, in: ders., Philosophical Papers, I, New York/Oxford 1983, pp. 261-275.
U. Link-Heer/V. Roloff (eds.): Proust und die Philosophie (Publikation der Marcel Proust Gesellschaft), Frankfurt am Main (in Vorbereitung).
P. Livingston (1991): Literature and Rationality. Ideas of Agency in Theory and Fiction, Cambridge 1991.
G. Lloyd (1986): The Self as Fiction. Philosophy and Autobiography, Philosophy and Literature 10 (1986), pp. 168-185.

– (1993): Being in Time: Selves and Narrators in Philosophy and Literature, New York 1993.
M. T. López de la Vieja (ed.) (1994): Figuras del Logos. Entre la Filosofía y la Literatura, Madrid 1994 (mit Bibliographie).
K. Lorenz (1986): Brochs erkenntnistheoretisches Programm, in: P. M. Lützeler (ed.), Hermann Broch, Frankfurt am Main 1986, pp. 246-259.
– (1988): Broch's Concept of ›Philosophische Dichtung‹, in: Dowden (1988), pp. 303-314.
– (1993): Was können Philosophie und Dichtung miteinander gemeinsam haben?, Magazin Forschung der Universität des Saarlandes 1 (1993), pp. 33-37.
N. Lukacher (1986): Primal Scenes. Literature, Philosophy, Psychoanalysis, Ithaca 1986.
B. Magnus/S. Stewart/J.-P. Mileur (1992): Nietzsche's Case. Philosophy and/as Literature, New York 1992.
P. de Man (1979): Allegories of Reading. Figural Language in Rousseau, Nietzsche, Rilke and Proust, New Haven 1979.
– (1983): Blindness and Insight. Essays in the Rhetoric of Contemporary Criticism, London 1983.
S. Mandelker (1987): Searle on Fictional Discourse. A Defence against Wolterstorff, Pavel and Rorty, British Journal of Aesthetics 27 (1987), pp. 156-168.
J. Margolis (1987): The Options of Contemporary Ethical Theory, Philosophy and Literature 11 (1987), pp. 37-56.
– (1988): Ontology Down and Out in Art and Science, Journal of Aesthetics and Art Criticism 46 (1988), pp. 451-460.
D. G. Marshall (ed.) (1987): Literature as Philosophy/Philosophy as Literature, Iowa City 1987.
G. D. Martin (1975): Language, Truth and Poetry. Notes Towards a Philosophy of Literature, Edinburgh 1975.
I. Massey (1987): Find You the Virtue. Ethics, Image, and Desire in Literature, Fairfax 1987.
G. B. Mathews (1976): Philosophy and Children's Literature, Metaphilosophy 7 (1976), pp. 7-16.
P. McCormic (1987a): Philosophical Discourse and Fictional Texts, in: Cascardi (1987), pp. 52-74.
– (1987b): Real Fictions, Journal of Aesthetics and Art Criticism 46 (1987), pp. 259-270.
M. McGuire (1982): The Structure of Rhetoric, Philosophy and Rhetoric 15 (1982), pp. 142-169.
H. Mellor (1968): Literarische Wahrheit, Ratio 10 (1968), pp. 124-140.
K. Menges (1970): Kritische Studien zur Wertphilosophie Hermann Brochs, Tübingen 1970.

M. Meyer (1982): Argumentation in the Light of a Theory of Questioning, Philosophy and Rhetoric 15 (1982), pp. 81-103.
P. Michielsen (1989): Philosophy and Literature. Their Relationship in the Works of Paul de Man, Communication and Cognition 22 (1989), pp. 277-284.
F. D. Miller/N. D. Smith (1989): Thought Probes. Philosophy Through Science Fiction Literature, Englewood Cliffs 1989.
L. O. Mink (1970): History and Fiction as Modes of Comprehension, New Literary History 1 (1970), pp. 541-558.
W. T. Mitchell (ed.) (1981): On Narrative, Chicago 1981.
J. Mitschderling (1988): The Aesthetic Experience and the ›Truth‹ of Art, British Journal of Aesthetics 28 (1988), pp. 28-39.
A. Montefiore (1986): Philosophy, Literature and the Restatement of a Few Banalities, The Monist 69 (1986), pp. 56-67.
J. J. A. Mooij (1975): Some Remarks on the Relation between Philosophy and the Study of Literature, Philosophica 16 (1975), pp. 85-98.
J. Naeher (1983): Philosophical Concepts in Literary Criticism, in: Strelka (1983), pp. 89-112.
L. Nagl/H. J. Silverman (eds.) (1994): Textualität der Philosophie – Philosophie und Literatur, Wien/München 1994 (Wiener Reihe. Themen der Philosophie, VII).
B. Nardi (1942): Dante e la filosofia medievale, Bari 1942.
C. Nash (ed.) (1990): The Uses of Storytelling in the Sciences, Philosophy and Literature, New York 1990.
J. Neel (1988): Plato, Derrida, and Writing, Carbondale/Edwardsville 1988.
A. Nehamas (1987): Writer, Text, Work, Author, in: Cascardi (1987), pp. 265-291.
A. Neill (1991): Fear, Fiction and Make-Believe, Journal of Aesthetics and Art Criticism 49 (1991), pp. 47-56.
C. Norris (1986): Home Thoughts from Abroad. Derrida, Austin, and the Oxford Connection, Philosophy and Literature 10 (1986), pp. 1-25.
– (1988a): Deconstruction and Philosophy. Some Analytic Bearings, in: ders., Paul de Man. Deconstruction and the Critique of Aesthetic Ideology, New York/London 1988, pp. 65-101.
– (1988b): Deconstruction and the Interests of Theory, London 1988.
D. Novitz (1986): Metaphor, Derrida, and Davidson, Journal of Aesthetics and Art Criticism 44 (1986), pp. 101-114.
– (1987): Knowledge, Fiction, and Imagination, Philadelphia 1987.
M. C. Nussbaum (1986): The Fragility of Goodness. Luck and Ethics in Greek Tragedy and Philosophy, Cambridge 1986.
– (1990): Love's Knowledge. Essays on Philosophy and Literature, New York/Oxford 1990.

– (1992): Reply to Richard Eldridge's ›Reading for Life‹. Martha C. Nussbaum on Philosophy and Literature, Arion 2 (1992), pp. 198-207.
A. T. Nuyen (1989): The Kantian Theory of Metaphor, Philosophy and Rhetoric 22 (1989), pp. 95-109.
S. H. Olsen (1978): The Structure of Literary Understanding, Cambridge 1978.
G. A. Olson (ed.) (1994): Philosophy, Rhetoric, Literary Criticism. (Inter)views, Carbondale/Edwardsville 1994.
A. Ortony (ed.) (1979): Metaphor and Thought, Cambridge 1979.
A. Palmer (1990): Philosophy and Literature, Philosophy 65 (1990), pp. 155-166.
F. Palmer (1992): Literature and Moral Understanding. A Philosophical Essay on Ethics, Aesthetics, Education, and Culture, Oxford 1992.
T. Parsons (1975): A Meinongian Analysis of Fictional Objects, Grazer Philosophische Studien 1 (1975), pp. 73-86.
T. Pavel (1979): Fiction and the Causal Theory of Names, Poetics 8 (1979), pp. 179-191.
C. Perelman (1984): Rhetoric and Politics, Philosophy and Rhetoric 17 (1984), pp. 129-134.
K. L. Pfeiffer (1990): Zum systematischen Stand der Fiktionstheorie, Zeitschrift für allgemeine Wissenschaftstheorie 21 (1990), pp. 135-156.
J. Pizer (1991): Gadamer's Reading of Goethe, Philosophy and Literature 15 (1991), pp. 268-277.
R. le Poidevin (1988): Time and Truth in Fiction, British Journal of Aesthetics 28 (1988), pp. 248-258.
H. Puszko (1988): Philosophy and Literature in the Works of Jean-Paul Sartre, Dialectics and Humanism 15 (1988), pp. 233-241.
H. Putnam (1978): Literature, Science, and Reflection, in: ders., Meaning and the Moral Sciences, London 1978, pp. 83-94.
– (1992): Irrealism and Deconstruction, in: ders., Renewing Philosophy (The Gifford Lectures), Cambridge Mass. 1992, pp. 108-133.
K. Quandt (1982): Socratic Consolation: Rhetoric and Philosophy in Plato's *Crito*, Philosophy and Rhetoric 15 (1982), pp. 238-256.
C. Radford (1975): How Can We Be Moved by the Fate of Anna Karenina?, Proceedings of the Aristotelian Society 69 (1975) (Suppl. Vol.), pp. 67-80.
C. Rapp (1987): Philosophy and Poetry. The New Rapprochement, in: Marshall (1987), pp. 120-134.
O. Reboul (1988): Can There Be Non-Rhetorical Argumentation?, Philosophy and Rhetoric 21 (1988), pp. 220-233.
J. Rée (1987): Philosophical Tales. An Essay on Philosophy and Literature, London/New York 1987.
W. E. Reeves (1986): Deconstruction, Language, Motive: Rortian Pragma-

tism and the Uses of ›Literature‹, Journal of Aesthetics and Art Criticism 44 (1986), pp. 351-356.
I. A. Richards (1936): The Philosophy of Rhetoric, Oxford 1936.
H. P. Rickman (1981): Rhetoric and Hermeneutics, Philosophy and Rhetoric 14 (1981), pp. 100-111.
P. Ricoeur (1975): La métaphore vive, Paris 1975.
– (1983-1985): Temps et récit, I-III, Paris 1983-1985.
J. Ritter (1974): Dichtung und Gedanke. Bemerkungen zur Dichtung T. S. Eliots, in: ders., Subjektivität. Sechs Aufsätze, Frankfurt am Main 1974, pp. 93-104.
R. Rorty (1978): Philosophy as a Kind of Writing. An Essay on Derrida, New Literary History 10 (1978), pp. 141-160.
– (1983): Is there a Problem about Fictional Discourse?, in: D. Henrich/W. Iser (eds.), Funktionen des Fiktiven (Poetik und Hermeneutik, X), München 1983, pp. 67-93.
– (1984): Deconstruction and Circumvention, Critical Inquiry 11 (1984), pp. 1-23.
– (1989): Philosophy as Science, as Metaphor, and as Politics, in: A. Cohen/M. Dascal (eds.), The Institution of Philosophy. A Discipline in Crisis?, La Salle 1989, pp. 13-33.
S. Rosen (1988): The Quarrel between Philosophy and Literature. Studies in Ancient Thought, New York/London 1988.
S. P. Rosenbaum (ed.) (1971): English Literature and British Philosophy, Chicago/London 1971.
J. L. Ross (1949): Philosophy in Literature, Syracuse 1949.
S. D. Ross (1986): Belonging to a Philosophical Discourse, Philosophy and Rhetoric 19 (1986), pp. 166-177.
M.-L. Roth (1972): Robert Musil. Ethik und Ästhetik. Zum theoretischen Werk des Dichters, München 1972 (mit Bibliographie).
G. Ryle (1971): Jane Austen and the Moralists, in: Rosenbaum (1971), pp. 168-184.
E. Sans (1993): Littérature et philosophie, in: D. Folscheid (ed.), La philosophie allemande de Kant à Heidegger, Paris 1993, pp. 387-402.
J.-P. Sartre (1979): Was kann Literatur? Interviews, Reden, Texte, ed. T. König, Reinbek 1979.
– (1988): L'idiot de la famille. Gustave Flaubert de 1821 à 1857, I-III, Paris 1988.
C. Schildknecht (1990): Philosophische Masken. Literarische Formen der Philosophie bei Platon, Descartes, Wolff und Lichtenberg, Stuttgart 1990.
H. J. Schings (ed.) (1994): Der ganze Mensch. Anthropologie und Literatur im 18. Jahrhundert, Stuttgart/Weimar 1994.
K. Schlechta (1938): Goethe in seinem Verhältnis zu Aristoteles, Frankfurt am Main 1938.

H. J. Schnackertz (1992): Darwinismus und literarischer Diskurs. Der Dialog mit der Evolutionsbiologie in der englischen und amerikanischen Literatur, München 1992.
H. Schnelle (1979): Paul Valéry. Philosophie des Geistes, der Sprache und der Dichtung, Poetica 11 (1979), pp. 1-37.
R. A. Schultz (1975): Sense and Reference in the Languages of Art, Philosophical Studies 28 (1975), pp. 77-89.
W. R. Schultz/L. L.B. Fried (eds.) (1992): Jacques Derrida. An Annotated Primary and Secondary Bibliography, New York/London 1992.
W. Schulz (1985): Zur Problematik des Welt- und Selbstbezuges im Roman des späteren 19. Jahrhunderts und der Gegenwart, in: ders., Metaphysik des Schwebens. Untersuchungen zur Geschichte der Ästhetik, Pfullingen 1985, pp. 428-510.
J. Searle (1982): Der logische Status des fiktionalen Diskurses, in: ders., Ausdruck und Bedeutung, Frankfurt am Main 1982, pp. 80-97.
E. S. Shaffer (ed.) (1991): Literature and Science, Comparative Criticism 13 (1991), pp. 3-181.
B. Shanon (1992): Metaphor. From Fixedness and Selection to Differentiation and Creation, Poetics Today 13 (1992), pp. 659-685.
Y. Shen (1992): Metaphors and Categories, Poetics Today 13 (1992), pp. 771-794.
R. Shusterman (1986): Deconstruction and Analysis. Confrontation and Convergence, British Journal of Aesthetics 26 (1986), pp. 311-327.
– (1988): Interpretation, Intention, and Truth, Journal of Aesthetics and Art Criticism 46 (1988), pp. 399-411.
A. Silvers (1987): Letting Sunshine In. Has Analysis Made Aesthetics Clear?, Journal of Aesthetics and Art Criticism 46 (1987) (Sonderheft: Analytic Aesthetics), pp. 137-149.
R. R. Singh (1990): Heidegger and the World in an Artwork, Journal of Aesthetics and Art Criticism 48 (1990), pp. 215-222.
M. Sirridge (1975): Truth from Fiction?, Philosophy and Phenomenological Research 35 (1975), pp. 453-471.
A. Skillen (1992): Fiction Year Zero. Plato's *Republic*, British Journal of Aesthetics 32 (1992), pp. 201-208.
H. Skulsky (1968): Literature and Philosophy. The Common Ground, Journal of Aesthetics and Art Criticism 7 (1968), pp. 183-197.
H. Slater (1987): Fictions, British J. of Aesthetics 27 (1987), pp. 145-155.
E. W. Slinn (1988): Deconstruction and Meaning. Textuality Game, Philosophy and Literature 12 (1988), pp. 80-87.
J. H. Smith (1985): Rhetorical Polemics and the Dialectics of *Kritik* in Hegel's Jena Essays, Philosophy and Rhetoric 18 (1985), pp. 31-57.
J. L. Smith (1987): Meaning and Poetic Expression, in: Marshall (1987), pp. 106-119.

G. Steen (1992): Literary and Nonliterary Aspects of Metaphor, Poetics Today 13 (1992), pp. 687-704.
R. S. Stewart (1989): The Epistemological Function of the Platonic Myth, Philosophy and Rhetoric 22 (1989), pp. 260-280.
E. W. Stoddard (1988): Reason on Trial. Legal Metaphors in the Critique of Pure Reason, Philosophy and Literature 12 (1988), pp. 245-260.
J. Stolnitz (1992): On the Cognitive Triviality of Art, British Journal of Aesthetics 32 (1992), pp. 191-200.
J. P. Strelka (ed.) (1983): Literary Criticism and Philosophy (Yearbook of Comparative Criticism), London 1983.
J. und J. Strutz (eds.) (1984): Robert Musil. Literatur, Philosophie, Psychologie, München/Salzburg 1984.
S. R. Sutherland (1970): Imagination in Literature and Philosophy. A Viewpoint on Camus's *L'étranger*, British Journal of Aesthetics 10 (1970), pp. 261-274.
S. Sverdlik (1986): Hume's Key and Aesthetic Rationality, Journal of Aesthetics and Art Criticism 45 (1986), pp. 69-76.
B. Szabaos (1992): Autobiography after Wittgenstein, Journal of Aesthetics and Art Criticism 50 (1992), pp. 1-12.
P. Szondi (1974): Poetik und Geschichtsphilosophie, I-II, Frankfurt am Main 1974.
– (1975): Rilkes *Duineser Elegien*, in: ders., Das lyrische Drama des Fin de siècle, Frankfurt am Main 1975, pp. 377-510.
M. C. Taylor (1986): Deconstruction in Context. Literature and Philosophy, Chicago 1986.
D. Teichert (1991): Erfahrung, Erinnerung, Erkenntnis. Untersuchungen zum Wahrheitsbegriff der Hermeneutik Gadamers, Stuttgart 1991.
V. Tejera (1978): History and Rhetoric in Plato's *Meno*, or the Difficulties of Communicating Human Excellence, Philosophy and Rhetoric 11 (1978), pp. 19-42.
B. Thönges (1993): Das Genie des Herzens. Über das Verhältnis von aphoristischem Stil und dionysischer Philosophie in Nietzsches Werken, Stuttgart 1993.
B. R. Tilghman (1990): Literature, Philosophy and Nonsense, British Journal of Aesthetics 30 (1990), pp. 256-265.
C. W. Tindale/J. Gough (1987): The Use of Irony in Argumentation, Philosophy and Rhetoric 20 (1987), pp. 1-17.
L. Tirrell (1990): Storytelling and Moral Agency, Journal of Aesthetics and Art Criticism 48 (1990), pp. 115-126.
P. Trembath (1989): The Rhetoric of Philosophical ›Writing‹. Emphatic Metaphors in Derrida and Rorty, Journal of Aesthetics and Art Criticism 47 (1989), pp. 169-173.
C. Trinkaus (1979): The Poet as Philosopher. Petrarca and the Formation of Renaissance Consciousness, New Haven 1979.

G. Ujlaki (1993): The Logic of Representation, British Journal of Aesthetics 33 (1993), pp. 121-131.
L. Vax (1985): La poésie philosophique, Paris 1985.
M. Verdicchio (1986): The Rhetoric of Epistemology in Vico's *New Science*, Philosophy and Rhetoric 19 (1986), pp. 178-193.
P. Verstraeten (1981): Autour de J.-P. Sartre. Littérature et philosophie, Paris 1981.
K. Walton (1990): Mimesis as Make-Believe. On the Foundations of the Representational Arts, Cambridge, Mass., 1990.
M. Warner (1986): Philosophical Poetry. The Case of *Four Quartets*. Philosophy and Literature 10 (1986), pp. 222-245.
– (1989): On Not Deconstructing the Difference between Literature and Philosophy, Philosophy and Literature 13 (1989), pp. 16-27.
L. Waters/W. Godzich (eds.) (1989): Reading de Man Reading, Minneapolis 1989 (Theory and History of Literature, LIX).
M. Weitz (1963): Philosophy in Literature: Shakespeare, Voltaire, Tolstoy, and Proust, Detroit 1963.
– (1983): Literature and Philosophy. Sense or Nonsense, in: Strelka (1983), pp. 3-40.
M. Weston (1975): How Can We Be Moved by the Fate of Anna Karenina?, Proceedings of the Aristotelian Society 69 (1975) (Suppl. Vol.), pp. 81-93.
H. White (1973): Metahistory. The Historical Imagination in Nineteenth-Century Europe, Baltimore/London 1973.
– (1978): Tropics of Discourse. Essays in Cultural Criticism, Baltimore/London 1978.
– (1987): The Content of the Form. Narrative Discourse and Historical Representation, Baltimore/London 1987.
D. T. Wight (1990): Metaphysics through Paradox in Eliot's *Four Quartets*, Philosophy and Rhetoric 23 (1990), pp. 63-69.
K. E. Wilkerson (1982): From Hero to Citizen. Persuasion in Early Greece, Philosophy and Rhetoric 15 (1982), pp. 104-125.
C. Willett (1990): Hegel, Antigone, and the Possibility of Ecstatic Dialogue, Philosophy and Literature 14 (1990), pp. 268-283.
C. Wilson/C. Schildknecht (1988): The Cogito Meant ›No More Philosophy‹. Valéry's Descartes, History of European Ideas 9 (1988), pp. 47-62.
L. Wittgenstein (1968): Vorlesungen über Ästhetik, in: ders., Vorlesungen und Gespräche über Ästhetik, Psychologie und Religion, ed. C. Barrett, Göttingen 1968, pp. 19-66.
N. Wolterstorff (1987): The Philosophy of Art after Analysis and Romanticism, Journal of Aesthetics and Art Criticism 46 (1987) (Sonderheft: Analytic Aesthetics), pp. 151-168.
D. Wood (1980): Style and Strategy at the Limits of Philosophy: Heidegger and Derrida, The Monist 63 (1980), pp. 494-511.

– (ed.) (1990): Philosophers' Poets, London/New York 1990.
M. Wood (1989): Montaigne and the Mirror of Example, Philosophy and Literature 13 (1989), pp. 1-15.
K. Wright (1990): Literature and Philosophy at the Crossroads, in: dies. (ed.), Festivals of Interpretation. Essays on Hans-Georg Gadamer's Work, Albany 1990, pp. 229-248.
T. Zangwill (1991): Metaphor and Realism in Aesthetics, Journal of Aesthetics and Art Criticism 49 (1991), pp. 57-62.
J. P. Zappen (1993): The Logic and Rhetoric of John Stuart Mill, Philosophy and Rhetoric 26 (1993), pp. 191-200.
L. Zerby (1947): Philosophy and Literature, Journal of Aesthetics and Art Criticism 5 (1947), pp. 281-286.
P. Ziff (1987): Remarks about Judgements, Painters and Philosophers, Journal of Aesthetics and Art Criticism 46 (1987) (Sonderheft: Analytic Aesthetics), pp. 193-200.
P. V. Zima (1994): Die Dekonstruktion. Einführung und Kritik, Tübingen/Basel 1994.

Hinweise zu den Autorinnen und Autoren

Gérard Bornet, geb. 1952, Studium der Philosophie, Ethnologie und Urgeschichte an der Universität Bern; 1982 Promotion in Philosophie in Bern; seit 1992 wissenschaftlicher Mitarbeiter am Institut für Philosophie der Universität Bern.
Veröffentlichungen: *Naive Semantik und Realismus. Eine sprachphilosophische Untersuchung der Frühphilosophie von Bertrand Russell (1903-04)*, Bern 1991; Aufsätze zur Semantik sowie zur Philosophie und Geschichte der Logik.

Lutz Danneberg, geb. 1953, Studium der Mathematik, Philosophie und Germanistik; seit 1993 Professor für Literaturwissenschaft an der Humboldt-Universität Berlin.
Veröffentlichungen: *Methodologien. Struktur, Aufbau und Evaluation*, Berlin 1989; (Hg. mit A. Kamlah/L. Schäfer) *Hans Reichenbach und die Berliner Gruppe*, Braunschweig/Wiesbaden 1994; Aufsätze zur Hermeneutik und Wissenschaftstheorie sowie zur Sprachphilosophie und Literaturwissenschaft.

Gottfried Gabriel, geb. 1943, Studium der Philosophie und Germanistik an den Universitäten Münster und Konstanz; 1992 Professor für Philosophie an der Ruhr-Universität Bochum; seit 1995 an der Friedrich-Schiller-Universität Jena.
Veröffentlichungen: *Definitionen und Interessen. Über die praktischen Grundlagen der Definitionslehre*, Stuttgart 1972; *Fiktion und Wahrheit. Eine semantische Theorie der Literatur*, Stuttgart 1975; (Hg. mit C. Schildknecht) *Literarische Formen der Philosophie*, Stuttgart 1990; *Zwischen Logik und Literatur. Erkenntnisformen von Dichtung, Philosophie und Wissenschaft*, Stuttgart 1991; *Grundprobleme der Erkenntnistheorie. Von Descartes zu Wittgenstein*, Paderborn 1993; Editionen zu Gottlob Frege und Hermann Lotze sowie Aufsätze zu den genannten Gebieten.

José González García, geb. 1950, Studium der Philosophie und Soziologie an der Universidad Complutense in Madrid; von 1980-1988 Professor für Soziologie an der Universidad Complutense in Madrid; seit 1988 Mitarbeiter am Philosophischen Institut des Consejo Superior de Investigaçiones Científicas in Madrid.
Veröffentlichungen: *La Sociología del Conocimiento, Hoy*, Madrid 1979; *La Máquina Burocrática. Afinidades Electivas entre Max Weber y Kafka*, Madrid 1989; *Las Huellas de Fausto. La Herencia de Goethe en la Sociología de Max Weber*, Madrid 1992; (mit E. Lamo de Espinosa/C. Torres)

La Sociología del Conocimiento, Madrid 1994; Aufsätze zur Wissenssoziologie, Soziologie der Literatur, Geschichte der Soziologie sowie zur Politischen Philosophie.

Bernd Gräfrath, geb. 1958, Studium der Philosophie und Anglistik an den Universitäten Münster, Tucson/Arizona, Konstanz und Pittsburgh; 1989 Promotion in Konstanz; seit 1993 Akademischer Rat an der Universität Essen.
Veröffentlichungen: *»Moral Sense« und praktische Vernunft: David Humes Ethik und Rechtsphilosophie*, Stuttgart 1991; (mit R. Huber/B. Uhlemann) *Einheit, Interdisziplinarität, Komplementarität: Orientierungsprobleme der Wissenschaft heute*, Berlin/New York 1991; *John Stuart Mill: »Über die Freiheit«. Ein einführender Kommentar*, Paderborn/München/Wien/Zürich 1992; *Wie gerecht ist die Frauenquote?: Eine praktisch-philosophische Untersuchung*, Würzburg 1992; *Ketzer, Dilettanten und Genies: Grenzgänger der Philosophie*, Hamburg 1993.

Kuno Lorenz, geb. 1932, Studium der Mathematik und Physik an den Universitäten Tübingen, Hamburg, Bonn und Princeton, N.J.; seit 1974 Professor für Philosophie an der Universität des Saarlandes in Saarbrücken.
Veröffentlichungen: *Elemente der Sprachkritik*, Frankfurt am Main 1970; (mit P. Lorenzen) *Dialogische Logik*, Darmstadt 1978; *Einführung in die philosophische Anthropologie*, Darmstadt 1990; (Hg.) *Konstruktionen versus Positionen*, Berlin 1979; (Hg.) *Identität und Individuation*, I-II, Stuttgart-Bad Cannstatt 1982; (Hg. mit M. Dascal/G. Meggle/D. Gerhardus), *Sprachphilosophie. Ein internationales Handbuch zeitgenössischer Forschung*, Berlin 1992-1994.

Reinhard Merkel, geb. 1950, Studium der Rechtswissenschaft, Philosophie und Literaturwissenschaft; 1993 Promotion im Strafrecht; 1986-1990 wissenschaftlicher Assistent am Institut für Rechtsphilosophie in München, von 1992-1994 am Institut für Kriminologie in Kiel; derzeit Arbeit an einer strafrechtlichen, rechts- und moralphilosophischen Habilitationsschrift zur Bioethik.
Veröffentlichungen: (Hg. mit R. Hegselmann) *Zur Debatte über Euthanasie. Beiträge und Stellungnahmen*, Frankfurt am Main 1991; *Strafrecht und Satire im Werk von Karl Kraus*, Frankfurt am Main 1994; 1996 erscheinen (Hg. mit R. Wittmann) *200 Jahre ›Zum ewigen Frieden‹ von Immanuel Kant* und *›Schnürbrüste überall!‹ – Essays zur Aufklärung im 20. Jahrhundert*; Aufsätze zu philosophischen, rechtsphilosophischen, strafrechtlichen und literaturwissenschaftlichen Themen.

Klaus Petrus, geb. 1967, Studium der Philosophie und Literaturwissenschaft an der Universität Bern; seit 1992 Assistent am Institut für Philosophie der Universität Bern.

Veröffentlichungen: (Hg. mit A. Graeser/L. Danneberg) *Metapher und Innovation*, Bern/Stuttgart 1995; Aufsätze zur Philosophie des 17. und 18. Jahrhunderts sowie zur Hermeneutik und Wissenschaftsphilosophie.

Zdravko Radman, geb. 1951, Studium der Philosophie, Literaturwissenschaft und Anglistik an der Universität Zagreb; seit 1989 wissenschaftlicher Mitarbeiter am Zentrum IV für Philosophie und Wissenschaftstheorie der Universität Konstanz, seit 1994 Professor für Philosophie an der Universität Zagreb.
Veröffentlichungen: *Sprache, Wahrheit und Schöpfung: Ein Essay über die Wahrnehmung*, Zagreb 1988; (Hg.) *From a Metaphorical Point of View*, Berlin/New York 1995; Aufsätze zur Erkenntnistheorie, Sprachphilosophie, Ästhetik und allgemeinen Wissenschaftstheorie.

Christiane Schildknecht, geb. 1958, Studium der Philosophie, Linguistik und Literaturwissenschaft an der Universität Konstanz und am University College London; 1989 Promotion in Philosophie; seit 1989 wissenschaftliche Angestellte am Zentrum IV für Philosophie und Wissenschaftstheorie der Universität Konstanz; 1991 Visiting Assistant Professor an der University of Oregon, Eugene/Oregon, USA; 1992 Visiting Lecturer an der University of Auckland, Auckland, Neuseeland.
Veröffentlichungen: *Philosophische Masken. Studien zur literarischen Form der Philosophie bei Platon, Descartes, Wolff und Lichtenberg*, Stuttgart 1990; (Hg. mit Gottfried Gabriel) *Literarische Formen der Philosophie*, Stuttgart 1990; Aufsätze zur Erkenntnistheorie sowie zum Verhältnis von Philosophie und Literatur.

Dieter Teichert, geb. 1958, Studium der Philosophie, Literaturwissenschaft und Linguistik an den Universitäten Tübingen, Paris und Konstanz; 1990 Promotion in Philosophie; seit 1990 wissenschaftlicher Mitarbeiter am Zentrum IV für Philosophie und Wissenschaftstheorie der Universität Konstanz.
Veröffentlichungen: *Erfahrung – Erinnerung – Erkenntnis. Untersuchungen zum Wahrheitsbegriff der Hermeneutik Gadamers*, Stuttgart 1991; *Immanuel Kant: Kritik der Urteilskraft. Ein einführender Kommentar*, Paderborn 1992. Aufsätze und Handbuchartikel zur philosophischen Hermeneutik, Ästhetik und Praktischen Philosophie.

Bernhard Teuber, geb. 1954, Studium der romanischen und klassischen Philologie an den Universitäten München, Tours und Salamanca; 1981-1991 Assistent am Münchner Institut für Romanische Philologie; 1986 Promotion, 1994 Habilitation; derzeit Privatdozent für romanische Philologie in München.
Veröffentlichungen: *Sprache, Körper, Traum: Zur karnevalesken Tradition*

in der romanischen Literatur der frühen Neuzeit, Tübingen 1989; *Sacrificium litterae – Buchstabenopfer: Zum Verhältnis von allegorischer Rede und mystischer Erfahrung in der Dichtung des heiligen Johannes vom Kreuz* (in Vorbereitung); Aufsätze zur romanischen und klassischen Philologie.

Carlos Thiebaut, geb. 1949, Studium der Philosophie an der Universidad Complutense in Madrid; 1979-1990 Professor für Ethik an der Universidad Autónoma in Madrid; seit 1990 Mitarbeiter am Philosophischen Institut des Consejo Superior de Investigaçiones Científicas in Madrid.
Veröffentlichungen: *Cabe Aristóteles*, Madrid 1978; *Historia del Nombrar*, Madrid 1990; *Los Límites de la Comunidad*, Madrid 1992; Aufsätze zur Ethik sowie zur Politischen Philosophie.

Catherine Wilson, geb. 1951, Studium der Philosophie an den Universitäten Yale und Oxford; von 1978-1992 Professorin für Philosophie an der University of Oregon/USA, seit 1992 an der University of Alberta, Edmonton/Alberta, Canada.
Veröffentlichungen: *Leibniz's Metaphysics*, Princeton 1989; *The Microscope in Early Modern Science*, Princeton 1995; Aufsätze zur Philosophie und Wissenschaftsgeschichte des 17. und 18. Jahrhunderts sowie zur Philosophie der Literatur.

Rüdiger Zymner, geb. 1961, Studium der Deutschen Philologie und der Mittleren und Neueren Geschichte in Göttingen; seit 1986 Assistent am Seminar für Deutsche Literatur der Universität Freiburg (Schweiz); Promotion 1990, Habilitation 1993.
Veröffentlichungen: *Uneigentlichkeit. Studien zur Semantik und Geschichte der Parabel*, Paderborn 1991; (mit H. Fricke) *Einübung in die Literaturwissenschaft*, Paderborn ²1993; *Manierismus. Untersuchungen zur poetischen Artistik bei Johann Fischart, Jean Paul und Arno Schmidt* (im Druck); Aufsätze zu Johann Fischart, Georg Philipp Harsdörffer, Gotthold Ephraim Lessing, Jean Paul, Clemens Brentano, Arno Schmidt u. a.

Sachregister

Namenregister

suhrkamp taschenbücher wissenschaft
Sprachphilosophie, Linguistik, Soziolinguistik, Semiotik

Barthes: S/Z. stw 687
– Sade – Fourier – Loyola. stw 585
Bühler: *siehe Eschbach*
Chomsky: Reflexionen über die Sprache. stw 185
– Regeln und Repräsentationen. stw 351
– Sprache und Geist. stw 19
Chvatík: Mensch und Struktur. stw 681
Coulmas: Über Schrift. stw 378
– Die Wirtschaft mit der Sprache. stw 977
Derrida: Grammatologie. stw 417
– Die Schrift und die Differenz. stw 177
Ehlich (Hg.): Sprache im Faschismus. stw 760
Eschbach (Hg.): Bühler-Studien. Bd. 1. stw 481
– Bühler- Studien. Bd. 2. stw 482
Flader/Grodzicki/Schröter (Hg.): Psychoanalyse als Gespräch. stw 377
Giesecke: Sinnenwandel, Sprachwandel, Kulturwandel. stw 997
Goody/Watt/Gough: Entstehung und Folgen der Schriftkultur. stw 600
Grewendorf (Hg.): Rechtskultur als Sprachkultur. stw 1030
– Sprechakttheorie und Semantik. stw 276
Grewendorf/Hamm/Sternefeld: Sprachliches Wissen. stw 695
Grewendorf/Meggle (Hg.): Sprache und Ethik. stw 91
Hörmann: Meinen und Verstehen. stw 230
Holenstein: Von der Hintergehbarkeit der Sprache. stw 316
Hymes: Soziolinguistik. stw 299
Jakobson: Hölderlin – Klee – Brecht. stw 162
– Poetik. stw 262
– Semiotik. stw 1007
Jakobson/Gadamer/Holenstein: Das Erbe Hegels II. stw 440
Jakobson/Pomorska: Poesie und Grammatik. Dialoge. stw 386
– *siehe auch Schnelle*
Lenneberg: Biologische Grundlagen der Sprache. stw 217
Leroi-Gourhan: Hand und Wort. stw 700
Maas: Sprachpolitik und politische Sprachwissenschaft. stw 799
Martens (Hg.): Kindliche Kommunikation. stw 272
Morris: Pragmatische Semiotik und Handlungstheorie. stw 179
– Symbolik und Realität. stw 342
Peirce: Naturordnung und Zeichenprozeß. stw 912
– Phänomen und Logik der Zeichen. stw 425
Schnelle (Hg.): Sprache und Gehirn. stw 343
Searle: Ausdruck und Bedeutung. stw 349
– Geist, Hirn und Wissenschaft. stw 591

203/1/8.92

203/2/8.92